I0815645

CUANDO LA JUSTICIA DESAMPARA

PREMIO PULITZER 2025

AZAM AHMED

CUANDO LA JUSTICIA DESAMPARA

La historia de una madre que vengó el secuestro y asesinato de su hija a manos de un cártel

Título original: *Fear Is Just a Word: A Missing Daughter, a Violent Cartel, and a Mother's Quest for Vengeance*

Formación: Alejandra Ruiz Esparza
Traductora: M. S.
Título de fotografía de portada: A ocho años del asesinato de 72 migrantes en San Fernando
Autora de la fotografía: © Imelda Robles
Fecha de creación: 21 de agosto de 2018
Titular: Grupo Reforma
Diseño de portada: Planeta Arte & Diseño / Erik Pérez Carcaño

Bajo el sello editorial PLANETA M.R.
Avenida Presidente Masarik núm. 111,
Piso 2, Polanco V Sección, Miguel Hidalgo
C.P. 11560, Ciudad de México
www.planetadelibros.com.mx

Primera edición en formato epub: octubre de 2025
ISBN: 978-607-39-3057-4

Primera edición impresa en México: octubre de 2025
ISBN: 978-607-39-2943-1

Impreso en los talleres de Litográfica Ingramex, S.A. de C.V.
Centeno núm. 162-1, colonia Granjas Esmeralda, Ciudad de México
Impreso y hecho en México — *Printed and made in Mexico*

ÍNDICE

A Shahnaz Ahmed,
quien me enseñó que el amor de una madre lo abarca todo.

Mortui vivos docent.
Que los muertos guíen a los vivos.
PROVERBIO LATINO

El desaparecido se lleva hasta su silencio.
ELENA PONIATOWSKA, *Fuerte es el silencio*

Tomé conciencia, tal vez como nunca antes, de que la comunidad que se había formado alrededor de un puñado de moribundos estaba desaparecida. Y desaparecidas nuestras voces, nuestros olores, nuestros deseos. Vivíamos, por decirlo así, a medias. O mejor: vivíamos con un pie dentro de la muerte y otro todavía pisando el terreno de algo parecido solamente de manera remota a la vida. Pocos sabían de nosotros y aún menos se preocupaban por nuestro destino.
CRISTINA RIVERA GARZA, *La cresta de Ilión*

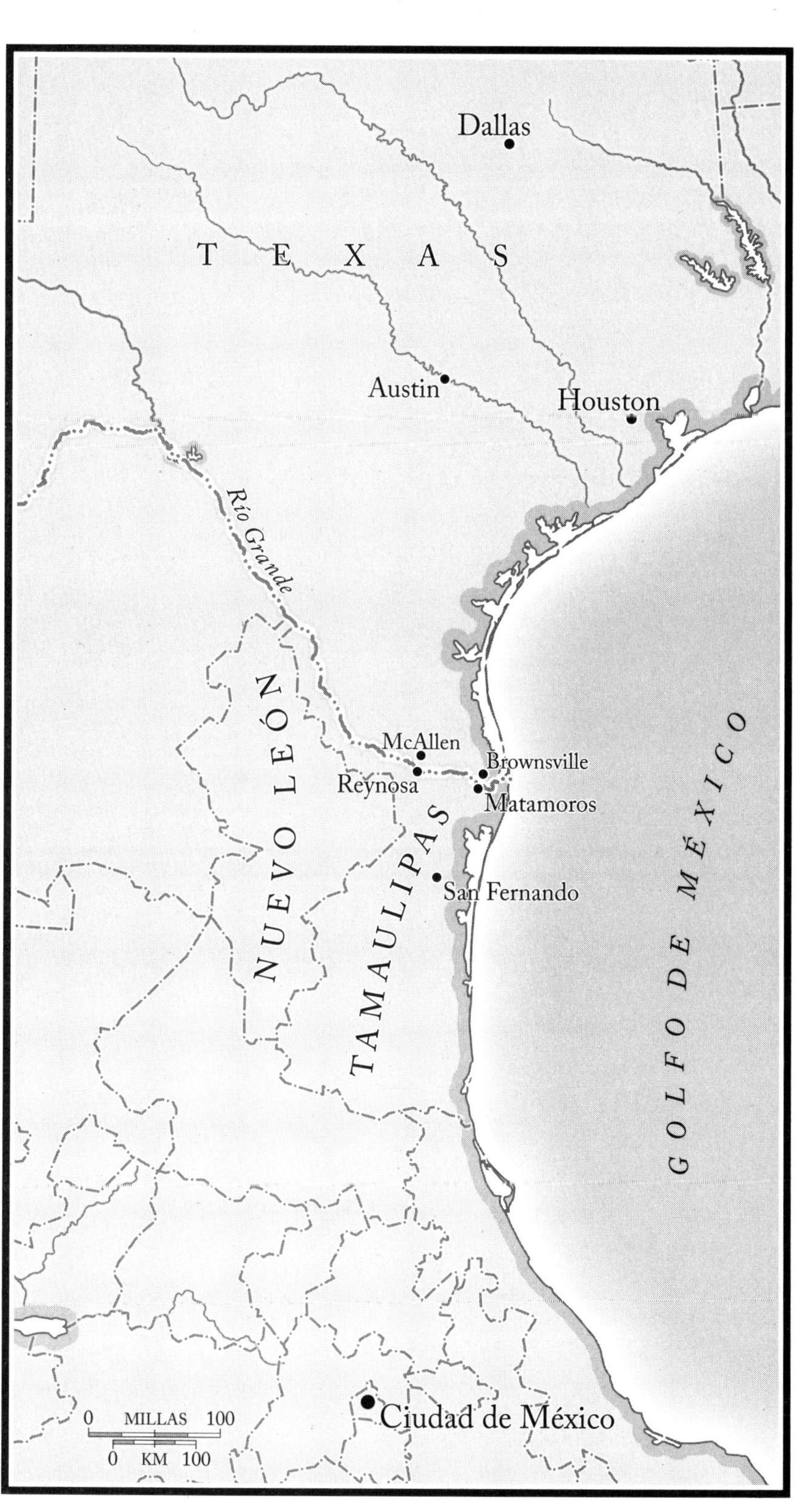

Dallas
TEXAS
Austin
Houston
Río Grande
NUEVO LEÓN
McAllen
Brownsville
Reynosa
Matamoros
TAMAULIPAS
San Fernando
GOLFO DE MÉXICO
Ciudad de México
0 MILLAS 100
0 KM 100

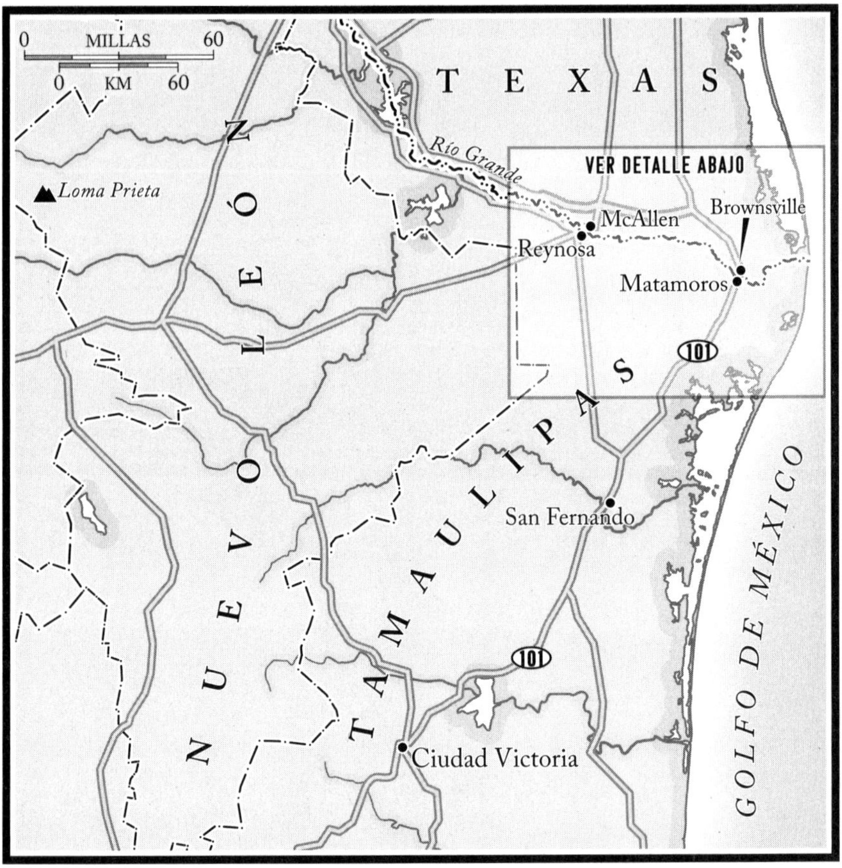

0 MILLAS 60
0 KM 60
TEXAS
Río Grande
VER DETALLE ABAJO
Loma Prieta
McAllen
Brownsville
Reynosa
Matamoros
101
NUEVO LEÓN
TAMAULIPAS
San Fernando
GOLFO DE MÉXICO
101
Ciudad Victoria

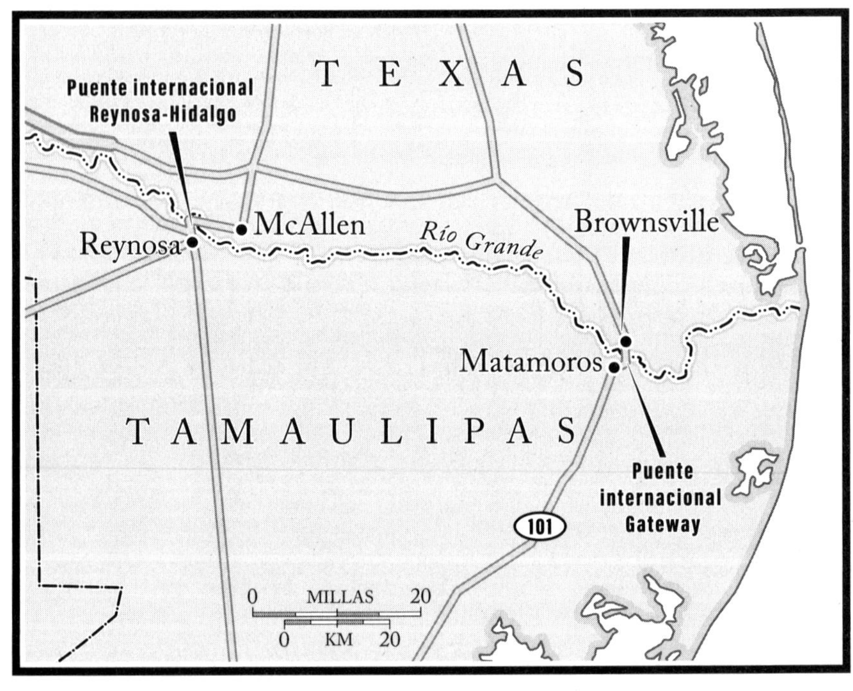
TEXAS
Puente internacional
Reynosa-Hidalgo
McAllen
Reynosa
Río Grande
Brownsville
Matamoros
TAMAULIPAS
Puente
internacional
Gateway
101
0 MILLAS 20
0 KM 20

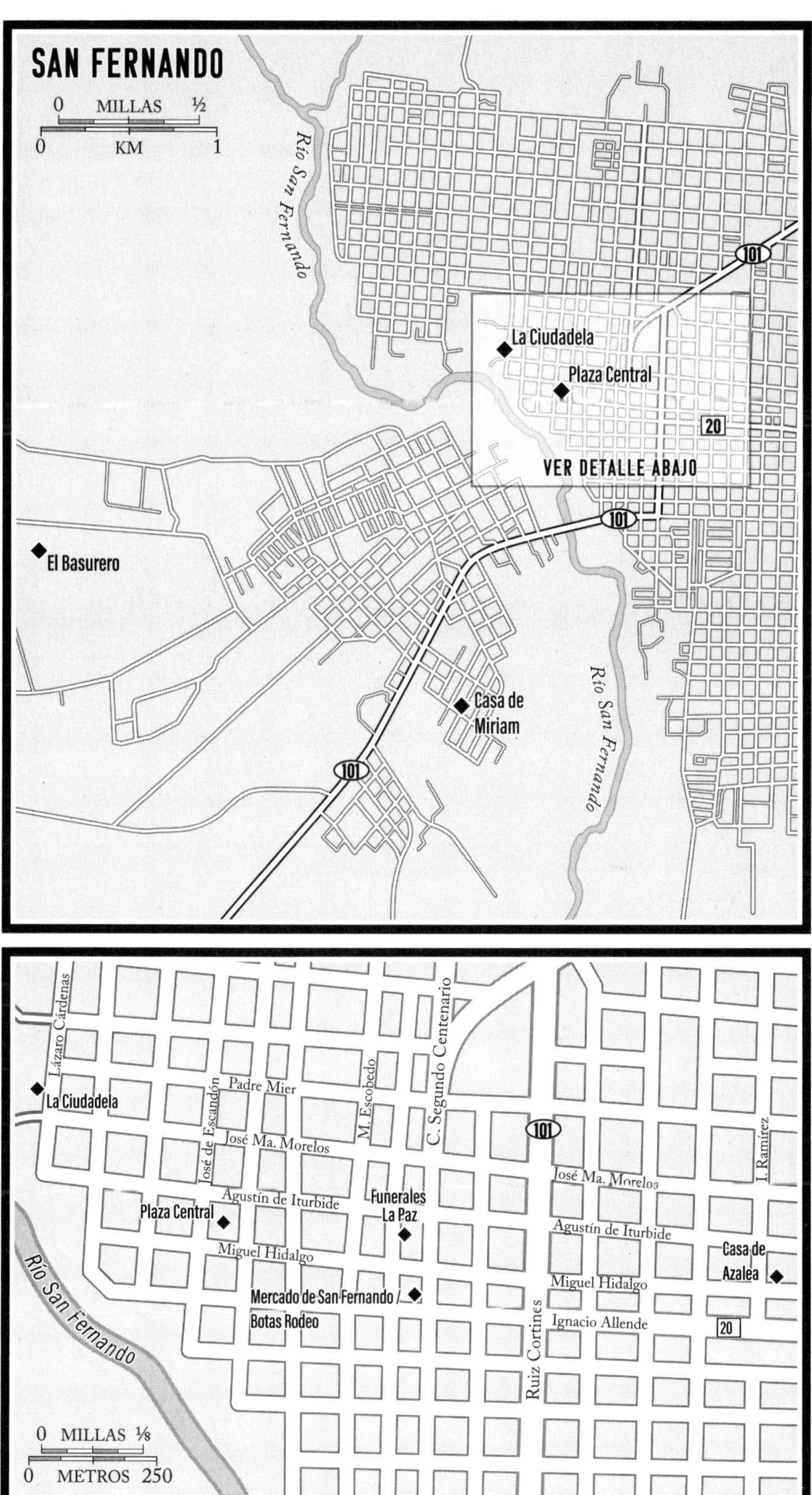
SAN FERNANDO
0 MILLAS ½
0 KM 1
Río San Fernando
La Ciudadela
Plaza Central
101
20
VER DETALLE ABAJO
El Basurero
Casa de
Miriam
Río San Fernando
Lázaro Cárdenas
La Ciudadela
Padre Mier
José de Escandón
José Ma. Morelos
M. Escobedo
C. Segundo Centenario
101
I. Ramírez
José Ma. Morelos
Agustín de Iturbide
Funerales
La Paz
Plaza Central
Agustín de Iturbide
Miguel Hidalgo
Casa de
Azalea
Río San Fernando
Mercado de San Fernando /
Botas Rodeo
Miguel Hidalgo
Ignacio Allende
20
Ruiz Cortines
0 MILLAS ⅛
0 METROS 250

PRÓLOGO

A la caza: el Florista, objetivo # 11, 27 de marzo de 2016

En las primeras horas de la mañana, en el puente internacional de Matamoros entre México y Texas, el aire frío tenía una cualidad vigorizante. Miriam Rodríguez se había apresurado para salir de su casa y vestía una gabardina sobre su pijama. Una gorra de beisbol cubría su cabello, teñido de rojo brillante como parte de un disfraz para desviar la atención de su rostro. En el bolsillo de su abrigo llevaba una pistola calibre .38 cargada. Examinó a la multitud de vendedores ambulantes que ofrecían agua fría, lentes de sol de imitación y películas pirata a lo largo de la explanada de concreto que conducía al puente. Apenas habían pasado las ocho de la mañana del domingo 27 de marzo de 2016.[1]

[1] Entrevista con Luis Héctor; Azalea; un informante anónimo; el comandante de policía Mariano de la Fuente, y Yazmín Sánchez, la hermana de la mejor amiga de Karen.

Luis, el esposo de Miriam, había estacionado la camioneta en un lugar seguro, donde se mantenía apartado, lo que hacía a menudo cuando Miriam iba de cacería.

Miriam acechaba a uno de los asesinos de su hija Karen. Conocido como el Florista, era miembro del cártel de la droga Los Zetas, al que las autoridades estadounidenses consideraban el grupo delictivo más violento de todo México.[2] En su campaña para dominar la economía criminal del país, Los Zetas abrieron una ráfaga de violencia en más de una docena de estados en México, con el tráfico de drogas y migrantes,[3] y secuestros para obtener dinero por el rescate.

Dos años antes, en enero de 2014, la célula de Los Zetas a la que pertenecía el Florista había secuestrado a Karen. Miriam había rogado, suplicado y pagado rescates que no podía solventar, siguiendo todas las instrucciones de Los Zetas. No obtuvo nada a cambio, ni siquiera el conocimiento de lo que le había sucedido a su hija. Las autoridades gubernamentales no le habían hecho caso, ignoraron sus súplicas o las respondieron con una ensayada formalidad que apenas si enmascaraba su apatía. En ese vacío, su dolor dio paso a la aceptación y luego a la resolución: buscar venganza y justicia por sí misma, para Karen y para las familias de otros desaparecidos.

Para Miriam, el nacimiento de Karen, la menor de sus hijos, fue el resultado de un embarazo inesperado; la llegada de la bebé había revitalizado a su matrimonio en crisis. Tras la desaparición de Karen, Miriam había prometido localizar a todos los responsables o morir en el intento. Cuatro de las personas que figuraban en su lista de objetivos, personas a las que ella consideraba responsables de la desaparición de su hija, estaban ahora en prisión; otras seis habían muerto a manos de la Marina de México, abatidos a tiros en una redada en el rancho desde donde operaba

---

[2] National Drug Intelligence Center, «National Drug Threat Assessment 2008», octubre de 2007, https://www.justice.gov/archive/ndic/pubs25/25921/border.htm.

[3] Arthur Brice, «Human Trafficking Second Only to Drugs in Mexico», CNN, 27 de agosto de 2010, http://edition.cnn.com/2010/WORLD/americas/08/26/mexico.human.trafficking/index.html.

el grupo. Para Miriam, cobrar venganza por mano propia fue, primero, una forma de transformar el dolor en propósito, y después, una fuerza capaz de consumirlo todo. Y ahora, gracias a un dato, estaba cerca de su nuevo objetivo, el número 11: el Florista.

Mientras se abría paso entre los vendedores hacia el puente, sostenía con firmeza una fotografía, la única imagen que tenía del Florista.[4] Huesudo, con ojos entrecerrados, la piel acartonada y pómulos altos, el Florista tenía aspecto de roedor. Miriam lo conocía desde que era niña, cuando él vendía rosas en las calles donde vivían, en San Fernando, en el estado de Tamaulipas. El Florista se había mudado de niño a ese pueblo y había dejado de asistir a la escuela para ganarse la vida,[5] por lo que, en los años posteriores, se le dificultó leer y escribir. En sus rondas diarias, solía pasar por la tienda de Miriam con un ramo de rosas envuelto bajo el brazo. Miriam alguna vez había sentido cariño por el niño: en su opinión, era flaco y estaba descuidado. Si él pasaba por su local del mercado cuando ella y sus tres hijos, más afortunados, estaban comiendo, Miriam invitaba al Florista a comer con ellos.

Pero como el pueblo mismo, el Florista de aquellos años no era ya más que un recuerdo. San Fernando, que alguna vez fue un pequeño pueblo de agricultores y ganaderos, ahora estaba maldito. Gobernado por el Cártel de Los Zetas con violencia y miedo, era consumido a plena luz del día por los mismos tiroteos, decapitaciones y desapariciones que asolaban a todo Tamaulipas, en el extremo noreste del país. El pueblo ahora era tristemente famoso por las atrocidades que habían llegado a definir la guerra de México contra el narcotráfico, una campaña militar lanzada por el Gobierno mexicano en 2006 para reducir el flujo de narcóticos a Estados Unidos[6] (y el creciente poder de los cárteles de la droga que los maneja-

---

[4] La fotografía formaba parte de los archivos de la investigación de Miriam, a los que el autor tuvo acceso.

[5] Declaración informativa de Trini, 29 de marzo de 2016. PGJT, Kike, expediente 0049 /2016, vol. 3, 2864-2875.

[6] Claudia Herrera, «El gobierno se declara en guerra contra el hampa; inicia acciones en Michoacán», *La Jornada*, 12 de diciembre de 2006, https://www.jornada.com.mx/2006/12/12/index.php?article=014n1pol§ion=politica.

ban).[7] Con los soldados mexicanos en las calles, la violencia entre el Ejército y los cárteles se volvió omnipresente e impredecible; los militares luchaban contra los cárteles, los cárteles luchaban entre sí, y los inocentes, atrapados entre los frentes de batalla, caían presas de los volátiles caprichos de los grupos armados.

Ahora, en la calle que conducía al puente, Miriam pasaba junto a fondas, cambistas y farmacias que vendían Viagra, analizando los rostros de todas las personas con las que se cruzaba. Su amigo Chalo le había llamado esa mañana para contarle que había visto al Florista en el puente internacional vendiendo lentes de sol. Después de colgar el teléfono, Miriam llamó a Luis para que la llevara al puente, ubicado a dos horas hacia el norte, en Matamoros, una ciudad bulliciosa de medio millón de habitantes.[8] Aunque ella y Luis se habían separado años antes, todavía trabajaban juntos, como un improbable par de justicieros, para encontrar a los asesinos de Karen. Miriam hacía una pausa cada pocos minutos para mostrar a los lugareños la foto del Florista, esperando que alguien lo hubiera visto en el área. Los vendedores ambulantes con frecuencia se reconocían entre sí, aunque fueran completos desconocidos. Luis vendía artículos para el hogar y sombreros de vaquero en el mercado San Fernando, un edificio de un solo piso con una columnata de ladrillos al frente, cerca del centro del pueblo. Ella también trabajaba allí, vendiendo botas de vaquero en su propia tienda, y

---

[7] El término «cártel», acuñado por autoridades estadounidenses para identificar y perseguir a los grupos delictivos, es, en realidad, una ficción. El autor Benjamin T. Smith lo explica con claridad: «Los estadounidenses los agruparon [a los grupos criminales] en zonas geográficas, les asignaron líderes y los llamaron cárteles. Esta estrategia taxonómica había funcionado en Colombia, así que ¿por qué no en México? A principios de la década de 1990, existía el Cártel de Juárez, dirigido por el exagente de la DFS Rafael Aguilar Guajardo y, posteriormente, por Amado Carrillo Fuentes. Estaba el Cártel de Tijuana, dirigido por el sobrino de Pedro Avilés, Jesús Labra Avilés, y el clan Arellano Félix. Y estaba el Cártel del Golfo, dirigido por Juan García Ábrego. Los cárteles eran una taquigrafía, una ficción conveniente. Daban nombre a lo que era un ecosistema de mercado fluido, amorfo y (aunque no se atrevieran a decirlo) imbatible». Benjamin T. Smith, *La droga: The Real History of the Mexican Drug Trade* (Nueva York: W. W. Norton & Company, 2021), 368; Luis Astorga, *El siglo de las drogas* (México: Espasa-Calpe Mexicana, 1996), 160-161.

[8] Data México, «Matamoros, municipio de Tamaulipas», https://datamexico.org/en/profile/geo/matamoros-28022.

podía recordar el rostro de casi todos los que iban y venían con regularidad. Pero ninguna de las personas a las que les preguntó recordaba haber visto al Florista, al menos no por su vieja foto. Se acercó a la caseta de peaje al final de la calle, donde vehículos y peatones subían hacia los dos vanos del puente para entrar y salir de México.

Miriam se movía con una destreza que disimulaba su edad; se deslizaba al interior de las tiendas, salía de ellas y pasaba entre las personas apiñadas en la banqueta. Medía alrededor de 1.67 m, tenía el cabello corto, la cara redonda y portaba anteojos con armazón metálico. Con 56 años, se movía con mayor facilidad que cuando tenía entre 30 y 40. Durante la mayor parte de su vida, Miriam había sido obesa. A pesar de que siempre había sido exigente con su apariencia, al llevar aretes, maquillaje y ropa combinada que seleccionaba cuidadosamente incluso para las salidas básicas, a mediados del año 2000 su peso había rebasado los 158 kg. Sus amigos la llamaban «gordita bonita». Harta de la restricción física, Miriam decidió hacerse un *bypass* gástrico en 2007.

Ahora pesaba alrededor de 61 kg y estaba más orgullosa que nunca de su apariencia. Sin embargo, más que eso, la transformación le permitió rastrear con mayor facilidad a los asesinos de su hija. El esfuerzo requería movilidad: Miriam pasaba días enteros caminando a través de ranchos abandonados y áridos matorrales bajo el sol abrasador; conduciendo de ida y vuelta hacia Ciudad Victoria, la capital de Tamaulipas, para presionar a los fiscales y funcionarios del lugar; y vigilando casas de seguridad donde ella creía que los secuestradores podían estar ocultando a sus víctimas. En más de una ocasión, había perseguido y atacado a miembros de Los Zetas pertenecientes a la célula del Florista.

Como investigadora criminal, Miriam era intrépida e implacable, atributos gemelos que le daban buen servicio a su misión, aunque dejaban inquietos a quienes la rodeaban. Sus hijos (Azalea, Luis Héctor y Karen) a menudo bromeaban con su madre diciéndole que en secreto quería ser policía, pero que no era lo suficientemente corrupta para calificar. En 1997, cuando unos ladrones vaciaron la caja fuerte de su esposo, Miriam encontró a los culpables y recuperó los bienes robados. En 2012, cuando unos secuestradores habían amenazado a Ernesto, el esposo de Azalea, Miriam insistió en acudir a pagar ella misma el rescate. Mientras que algunas personas en San Fernando expresaban su sorpresa por lo mucho que Miriam había cambiado a lo largo de los años, hasta volverse tan audaz e implacable como Los Zetas a los que cazaba; otros veían a la misma mujer que conocían desde siempre.

En la época de la transformación física de Miriam, San Fernando estaba atravesando su propia metamorfosis. Como tantas otras personas que crecieron ahí, Miriam había observado con asombro y en silencio cómo su pueblo se sumía en la violencia. Ella había crecido en el área de San Fernando, una de nueve hijos de peones de rancho y agricultores, y pasó toda su vida allí, desde la preparatoria y el matrimonio hasta la maternidad. Las muertes violentas eran raras; en la década de 1960, cuando era niña, un solo homicidio dejó atónitos a los habitantes del pueblo.

En aquel entonces, el grupo criminal que después sería conocido como el Cártel del Golfo dominaba el estado de Tamaulipas y, como resultado, siempre tuvo algún tipo de presencia en el pueblo.[9] Pero sus acciones habían sido relativamente pacíficas. Los delincuentes nunca molestaban a la gente común, trabajadora y, de hecho, dependían de su apoyo para llevar a cabo sus negocios. En aquellos días, Miriam los veía por ahí, cuando conducían camionetas de lujo, organizaban fiestas, comían opulentos banquetes en los restaurantes del pueblo y luego pagaban las cuentas de los comensales para ganarse el favor de la población. Los lugareños habían aprendido a coexistir con los operadores del grupo de San Fernando, y Miriam, como otros, llegó a aceptar la simbiosis entre ellos: cada uno dejaba al otro hacer lo suyo.

---

[9] El nombre Cártel del Golfo surgió por primera vez en la década de 1990, apareciendo en periódicos y declaraciones de funcionarios públicos. El nombre se aplicó retroactivamente para describir al grupo criminal original que operaba en el noreste de México, fundado en la década de 1930 por Juan Nepomuceno Guerra, quien más tarde entregó el control de su organización a su sobrino, Juan García Ábrego, quien lo sucedió como el llamado «jefe» del Cártel del Golfo. Aunque el siguiente líder, Osiel Cárdenas, no tenía relación con Juan Guerra, Juan García Ábrego o su organización criminal, también fue referido como el líder del Cártel del Golfo.

Entonces, de repente, el año 2010 cambió todo lo que creía saber sobre San Fernando y su vida ahí. Una feroz ruptura en el Cártel del Golfo en Tamaulipas, una ruta clave de contrabando hacia Estados Unidos, condujo a que el área quedara dividida entre dos principales grupos, el Cártel del Golfo y Los Zetas.

La organización criminal que se convirtió en el Cártel del Golfo había dirigido las cosas en Tamaulipas durante más de setenta años, primero con el contrabando a Estados Unidos de alcohol, artículos para el hogar y productos electrónicos;[10] y luego, en la década de 1990, con el tráfico de vastas cantidades de cocaína, una medida que elevó sus ganancias a miles de millones de dólares. A medida que la competencia con los traficantes rivales se intensificaba, el líder del cártel decidió en 1998 formar un ala paramilitar dentro de su organización para proteger sus intereses. Ese grupo, que en sus orígenes estaba formado por desertores del Cuerpo de Fuerzas Especiales del Ejército Mexicano, fue conocido como Los Zetas.[11]

Durante más de una década, el Cártel del Golfo y Los Zetas trabajaron juntos, lado a lado, como los dedos de un guante, contrabandeando cocaína a Estados Unidos y enfrentándose a cárteles rivales en todo el país. Pero en 2010, a medida que aumentaban los desacuerdos entre los dos grupos, el Cártel del Golfo y Los Zetas se separaron, y estos decidieron establecer su propio negocio.[12] La lucha resultante entre los del Golfo y Los Zetas por el control del tráfico de drogas cambió la forma en que operaban los cárteles en México.

Los Zetas, dada su formación militar, eran más estudiados en temas de violencia que sus antiguos jefes del Golfo, y mucho más

---

[10] Ignacio Alvarado Álvarez, «Una historia de narcopolítica», *El Universal*, 17 de junio de 2012, https://archivo.eluniversal.com.mx/notas/853903.html.

[11] George W. Grayson y Samuel Logan, *Executioner's Men: Los Zetas, Rogue Soldiers, Criminal Entrepreneurs, and the Shadow State They Created* (New Brunswick, N.J.: Transaction Publishers, 2012), 28 [PDF].

[12] Justice in México, «Cartel-Related Violence», Trans-Border Institute, News Report, septiembre de 2010, https://justiceinmexico.org/wp-content/uploads/2010/10/2010-09-september_news_report.pdf; Gustavo Castillo, «Autoridades alertan por riesgo de ataques en el municipio fronterizo», *La Jornada*, 26 de febrero de 2010, 7, https://www.jornada.com.mx/2010/02/26/politica/007n2pol.

expertos en logística y planificación.[13] En 2010 comenzaron a librar una guerra por el territorio y las rutas de contrabando que incluso asombró a los asesinos más curtidos de los cárteles. La sed de sangre de Los Zetas hizo que la ya sombría violencia que marcó la guerra del Gobierno contra las drogas pareciera, en comparación, pintoresca. Los Zetas decapitaban a sus víctimas o las disolvían en tinas de ácido; obligaban a los cautivos a luchar hasta la muerte para su propia diversión, como un rito de muerte medieval, y mataban a centenares de inocentes.[14]

Después, el estilo de deshumanización de Los Zetas se hizo popular y se extendió. Aunque existen excepciones, con frecuencia la economía de las drogas sigue las leyes de los mercados y exige adaptación, flexibilidad. Una vez que el Cártel del Golfo se militarizó agregando a Los Zetas a sus filas, otros cárteles en México también lo hicieron. Después de eso, la competencia entre grupos criminales se volvió mucho más letal. En 2011, un año después de la separación entre los del Golfo y Los Zetas, México registró casi 28 000 asesinatos, más que en cualquier año desde que el Gobierno comenzó a recopilar datos sobre homicidios dos décadas antes.[15]

El Gobierno mexicano no pudo combatir ni limpiar el desastre que había contribuido a suscitar con su guerra contra las drogas. Incluso la declaración de guerra, expresada en un lenguaje tan crudo, había fijado las condiciones para una confrontación violenta. Pero en una nación en la que el Estado de derecho por lo general no existía, en la que la corrupción gubernamental y la complicidad con el crimen organizado se remontaban a casi un

---

[13] Ioan Grillo, «Special Report: Mexico's Zetas Rewrite Drug War in Blood», Reuters, 23 de mayo de 2012, https://www.reuters.com/article/us-mexico-drugs-zetas-idUSBRE84M0LT20120523.

[14] Dane Schiller, «Mexican Crook: Gangsters Arrange Fights to Death for Entertainment», *Houston Chronicle*, 11 de junio de 2011, https://www.chron.com/news/nation-world/article/Mexican-crook-Gangsters-arrange-fights-to-death-1692716.php; Guadalupe Correa-Cabrera, *Los Zetas Inc.: Criminal Corporations, Energy, and Civil War in Mexico* (Austin: University of Texas Press, 2017), 64.

[15] *El Economista*, «Fue 2011 año histórico en homicidios: Inegi», 20 de agosto de 2012, https://www.eleconomista.com.mx/politica/Fue-2011-ano-historico-en-homicidios-INEGI-20120820-0136.html.

siglo atrás, mucho antes incluso de que existiera el propio Cártel del Golfo, la policía y los fiscales eran, en gran medida, impotentes.[16] Tras haber ignorado la criminalidad durante décadas, en una época en la que los políticos se enriquecían dirigiendo sus propios negocios criminales y los cárteles se hacían cada vez más poderosos en las sombras, las fuerzas policiales del país apenas estaban en condiciones de imponer el nuevo mandato de confrontación. Entonces, los cárteles salieron a las calles para tomar el control mientras los ciudadanos comunes y corrientes sufrían el peso del conflicto abierto.

Tamaulipas, ubicado a lo largo de un tramo privilegiado de la frontera con Estados Unidos, era un epicentro de la guerra; la localidad de San Fernando, ubicada en el centro del estado, se convirtió en epicentro del epicentro.

Cuando todo cambió, Miriam Rodríguez todavía veía al Florista vendiendo rosas en las principales avenidas del pueblo; todo el estado estaba sumergido en el conflicto.

Al tener perspectivas económicas limitadas, el Florista se había unido a Los Zetas en 2013, reclutado por un compañero vendedor de flores que poco después fue decapitado por el cártel.[17] Para entonces, hacía tiempo que habían desaparecido los líderes originales de Los Zetas, los antiguos operadores de fuerzas especiales altamente capacitados, que incorporaron habilidades militares para satisfacer sus ambiciones. Con el aumento de la violencia y el derramamiento de sangre, y con batallas cada vez más feroces en todo el país, Los Zetas habían necesitado más reclutas dispuestos a unirse a la lucha, sin importar su experiencia.[18]

Con pocas habilidades que lo recomendaran para el mundo del crimen organizado, el Florista se unió como vigía, y ganaba en una

---

[16] Astorga, *El siglo de las drogas*, *op. cit.*, 161, 163, 164, 166.

[17] El apodo que el Florista tenía entre algunos de sus compañeros Zetas era el Trini, que fue el apodo que las autoridades de Tamaulipas eligieron usar para su expediente. Declaración informativa del Trini, 29 de marzo de 2016. PGJT, Kike, expediente 0049/2016, vol. 3, 2864-2875.

[18] Michael Lohmuller, «Witness Reveals Zetas Recruitment, Structures in Guatemala», *Insight Crime*, 24 de enero de 2014, https://insightcrime.org/news/brief/witness-reveals-zetas-recruitment-structures-in-guatemala/.

semana lo que ganaba en un mes vendiendo flores y lavando cristales de autos. Pero a medida que se desarrollaba su descenso hacia el hampa, comenzó a participar en los secuestros que la célula Zeta en San Fernando utilizaba para financiarse. Uno de esos secuestros, en enero de 2014, fue el de la hija de Miriam Rodríguez, Karen.

El crimen organizado afectó a todos los habitantes de San Fernando, ya fuera de forma directa o a través de amigos o familiares asesinados, vecinos desaparecidos o la simple privación de la vida que marcaba las rutinas cotidianas. Y, sin embargo, Miriam se aferró con firmeza durante años a la creencia de que mientras mantuviera a su familia fuera de problemas, mientras siguieran trabajando en el mercado vendiendo sombreros y botas de vaquero, mientras su hijo permaneciera a dos horas de distancia, en Ciudad Victoria, la capital de Tamaulipas, y su hija se mantuviera dentro de los límites de las costumbres de la clase trabajadora, no les pasaría nada. Esa era la promesa de la coexistencia con los cárteles, tal como ellos habían llegado a entenderla: dejar en paz a los inocentes y ajenos.

Aun cuando las cosas empezaron a cambiar en 2010, Miriam seguía anclada a esa creencia. Les advertía a sus hijos que debían mantener un perfil bajo y no meterse en lo que no les importaba. Esto era una violación de su propio carácter: si bien Miriam siempre era directa con los demás y nunca tuvo reparo en compartir una opinión o rechazar algo que considerara injusto o arbitrario, todo eso había cambiado para ese momento. Le dijo a su hijo Luis Héctor que no fuera a casa con tanta frecuencia, que mejor ella lo visitaría en la capital del estado. Esa era otra falacia que alguna vez había albergado: que la violencia solo se dirigiría a los hombres, que ella, Karen y su hija mayor, Azalea, estaban a salvo.

Mientras los homicidios se disparaban y una quinta parte de la población abandonaba San Fernando, Miriam resistió. Claro, había secuestros, pero solo de ricos. Y sí, la gente desaparecía, pero era probable que la mayoría estuviera de alguna manera involucrada en el crimen organizado. ¿Los espantosos asesinatos? Aquello se trataba solo de dos cárteles en guerra. La negación les permitía sobrevivir en las circunstancias más abyectas, evitar reconocer los horrores de la vida cotidiana y perseverar ante ellos. La alternativa era admitir que la vida que había construido para su familia se había ido; la alternativa era huir o, en el caso de Miriam, luchar.

Fue solo después de que se llevaron a Karen en 2014 que Miriam en verdad comprendió cuán terrible era la situación en San Fernando; entendió el alcance del daño causado por el crimen organizado y que sus efectos eran ineludibles. Karen había estado viviendo en casa debido a un descanso de la universidad. A los 21 años deseaba cambiar de carrera, de Psicología a Radiología, y necesitaba unos meses para hacer la transición.

Miriam y Luis estaban recién separados, una separación que Karen había tomado mal. Incapaz de convencer a sus padres de que se reconciliaran, Karen había encontrado la salida en un comportamiento rebelde: permanecía fuera hasta tarde, bebía con amigos en fiestas, conducía sola a todas horas. Con su tez sonrosada y su cabello rubio, Karen siempre había llamado la atención. Los jóvenes le hacían señas en la calle principal del pueblo para que detuviera su camioneta y pudieran regalarle flores que compraban a los vendedores ambulantes, incluido el Florista.[19]

A Miriam le preocupaba la seguridad de Karen, pero tenía dificultades para controlar a su hija. No ayudaba que ella misma estuviera lidiando con un cambio dramático en su vida doméstica después de más de treinta años de matrimonio con Luis. Al haber aceptado la infidelidad, la falta de respeto y la crueldad de su esposo, Miriam realmente no estaba en condiciones de exigirle nada a su hija. Al menos, Karen así lo creía.

Cuando secuestraron a Karen, Miriam estaba viviendo en Estados Unidos, trabajando como ama de llaves y niñera para un par de médicos en la ciudad fronteriza de McAllen, Texas. Había tenido la necesidad de alejarse de Luis y del mercado donde ambos trabajaban, para poner cierta distancia entre ella y las partes de sus vidas que se superponían y que en un principio habían dificultado tanto la separación. Así que Miriam puso a Karen a cargo de su tienda, Rodeo Boots, y se fue al norte para ganar dólares.

---

[19] Declaración informativa del Trini, 29 de marzo de 2016. PGJT, Kike, expediente 0049/2016, vol. 3, 2864-2875.

Miriam apenas había estado fuera dos meses cuando recibió la llamada en la que Los Zetas exigían un rescate para devolverle a Karen.

Dos años después, Miriam persiguió a los hombres y las mujeres responsables y con bastante éxito: cuatro de ellos estaban en prisión, esperando juicio, y seis habían muerto en una redada de la Marina mexicana. Pero el rastro del Zeta número 11, el Florista, había sido muy vago. La información sobre su paradero nunca iba más allá de rumores y susurros. El joven había huido de San Fernando después de la desaparición de Karen y, hasta donde ella sabía, nunca volvió a aparecer por el pueblo. Miriam había localizado a su familia, amigos y antiguos compatriotas del cártel, e incluso se había hecho amiga de la viuda de un compañero Zeta cercano al Florista.[20] Por esta mujer supo que el Florista había regresado a vivir a Matamoros, su ciudad natal.

Conforme el sol ascendía sobre el arco rojo del puente, Miriam buscó en vano al Florista. No estaba entre los vendedores apostados a lo largo de la explanada ni en las banquetas, ni en la estrecha entrada al puente donde los peatones pagaban peaje para cruzar a Estados Unidos. La plaza al lado de esa entrada estrecha, un área triangular de concreto con bancas blancas de hierro forjado y un gran árbol creciendo en el centro, estaba llena de gente. Pero el Florista no estaba ahí.

Desde la desaparición de Karen, había pocos amigos en quienes pudiera confiar, cuyas vidas y realidades fueran lo suficientemente cercanas a las suyas como para que no sintiera la necesidad de hacer advertencias ni dar explicaciones. Uno de esos amigos era Chalo, el administrador de la principal funeraria de San Fernando. Chalo admiraba a Miriam por ser quizá la única persona en San Fernando a quien el miedo no silenciaba; ella le había dicho una vez que el miedo era solo una palabra.

Después de pasar casi media hora recorriendo la zona que conducía al puente, se preguntó si la información no habría estado

---

[20] Comparecencia de Miriam en la que solicita que se obtenga la declaración de un testigo anónimo. PGJT, Güera Soto, expediente 008/2017, vol. 3, 3749; declaración del testigo PGJT, Sama, expediente 0029/2014, vol. 1, 613-617.

equivocada. Sin más opciones, decidió cruzar hacia el puente y buscar ahí al Florista.

Miriam pasó la caseta y empezó a subir por el sendero cubierto. El camino daba una sensación de encierro, todo circunscrito y delimitado: techo de lámina corrugada, losas texturizadas bajo los pies y una cerca de malla ciclónica a cada lado de los pasamanos, demarcando los límites del acceso público. Barricadas de concreto dirigían los autos hacia los carriles de aduanas de color amarillo brillante. El tráfico, humano y vehicular, avanzaba a duras penas en ambas direcciones a lo largo de las dos plataformas de asfalto, mientras las aguas verdes y opacas del Río Grande pasaban por debajo en silencio.

A la derecha del camino, a través de la cerca oxidada adosada a la balaustrada, el río separaba a Estados Unidos y México. De un lado, el estado de Tamaulipas, donde en los últimos años el crimen organizado había asesinado a un destacado candidato a gobernador, a dos alcaldes y a numerosos policías.[21] Y del otro, Texas, donde una serie de escaparates vacíos ofrecía la única señal explícita de crisis, a lo largo de la línea divisoria.

Miles cruzaban cada día de un país a otro, conectados por la familia, la cultura, la historia y el comercio. Miriam había trabajado en Estados Unidos, como lo habían hecho su esposo y su hijo. Había cruzado este puente en Matamoros más veces de las que podía contar, con frecuencia para visitar los grandes centros comerciales con aire acondicionado de Texas. Ya en una ocasión, Miriam había cruzado otro puente en la ciudad de Reynosa,

---

[21] Martín Sánchez Treviño y Gustavo Castillo, «Comando asesina a Torre Cantú y 4 acompañantes», *La Jornada*, 29 de junio de 2010, https://www.jornada.com.mx/2010/06/29/politica/002n1pol; BBC *News*, «México: asesinan a alcalde en Tamaulipas», 30 de agosto de 2010, https://www.bbc.com/mundo/america_latina/2010/08/100830_0426_mexico_asesinato_alcalde_hidalgo_tamaulipas_jg; *El Economista*, «Matan a cuatro policías en Tamaulipas», 16 de abril de 2010, https://www.eleconomista.com.mx/noticia/Matan-a-cuatro-policias-en-Tamaulipas-20100416-0039.html; Lalo Eduardo, «Asesinan a MP que investigaba masacre en Tamaulipas», *Animal Político*, 27 de agosto de 2010, https://www.animalpolitico.com/2010/08/asesinan-a-funcionarios-que-investigaban-masacre-en-tamaulipas; *La Jornada*, «Emboscan y asesinan al titular de seguridad pública en Nuevo Laredo», 4 de febrero de 2011, https://www.jornada.com.mx/2011/02/04/politica/009n2pol.

cuando cargó a su pequeña Karen para hacerle una cirugía en Texas que le cambiaría la vida.

A Miriam le encantaba ir de compras, una pasión que le había transmitido a sus dos hijas. Excepto que Karen, a diferencia de su madre y de su hermana mayor, siempre había sido menos materialista. Regalaba cosas con gran libertad: ropa, zapatos, dinero. Sus hermanos pensaban que Karen simplemente era malcriada, que no podía entender el valor de su relativo privilegio, puesto que había crecido durante los años de prosperidad, cuando Miriam y Luis ya habían dejado de luchar para lograr que su negocio despegara.

Pero Karen era bondadosa, una característica que la diferenciaba de sus hermanos. Retiraba a las mujeres indigentes de la calle, se encargaba de que se bañaran y les daba ropa que vestir. Karen se había perdido los años de escasez, cuando sus padres batallaban para llegar a fin de mes, y tal vez creía que la relativa comodidad era algo que debía compartir, no a lo que aferrarse. Karen había tratado al Florista con amabilidad antes de que este se uniera a Los Zetas.[22] Lo veía en la calle principal de San Fernando, conocida como la Calle Ancha, donde vendía flores, y mientras la mayoría de los automovilistas pasaban frente al Florista sin reparar en él, Karen le entregaba uno o dos dólares, solo por ser buena gente. La amabilidad de su hija hacia el Florista era una idea alojada en lo más profundo del ser de Miriam.

Miriam siguió estudiando la fotografía del Florista, aunque ya la sabía de memoria. El Florista estaba con otras tres personas, vestidas con camisas vaqueras y bebiendo cerveza. Era difícil encontrarlo en las redes sociales: mientras los demás se jactaban en Facebook de sus hazañas, tomándose fotos con ametralladoras, montones de drogas y sus compañeros Zetas en sórdidas habitaciones de hotel, el Florista apenas si aparecía en alguna. Sus perfiles en línea habían hecho más fácil rastrear a los hombres y mujeres jóvenes involucrados en el asesinato de Karen. Que el

---

[22] Declaración informativa del Trini, 29 de marzo de 2016. PGJT, Kike, expediente 0049/2016, vol. 3, 2864-2875.

Florista no tuviera uno, por otra parte, lo había ayudado a evadir a Miriam por más tiempo.

Al caminar por el sendero, volteó hacia arriba y vio a un joven que vendía discos compactos. El que midiera aproximadamente 1.70 m de estatura y el que fuera delgado hasta el punto de la desnutrición aumentaba las probabilidades de que fuera él. Al acercársele, no tuvo duda.

Miriam metió la mano en el bolsillo. Le preocupaba que el Florista la reconociera; a estas alturas, todos los miembros de su antiguo grupo lo hacían: Sama, Cristiano, Chepo, el Flaco, el Mario. Incluso con la gorra puesta, el brillante cabello rojo de Miriam era difícil de ocultar. Observó al Florista a distancia, frustrada por la logística, y llamó a una fuente policial para solicitar que acudieran al puente. Los policías tardarían años en llegar y realizar el arresto, avanzando con dificultad por las calles congestionadas por el tráfico del centro de Matamoros, y luego tendrían que enfrentar el tráfico del puente internacional. Eso le daba ventaja al Florista. Aun así, si intentaba escapar, tendría que pasar primero cerca de Miriam; no era como si pudiera huir hacia Texas.

Miriam se mantenía a un lado del camino, haciendo todo lo posible por pasar inadvertida. Pero a lo largo del estrecho sendero, la multitud estaba menos dispersa que en la explanada de abajo, lo que les daba a los pocos vendedores que había en el puente la oportunidad de ofrecer sus productos directamente a cada persona que pasaba. Pero también significó que el Florista notó de inmediato a la mujer que lo acechaba de cerca, observándolo, con las manos metidas de forma sospechosa en su abrigo. Abandonando sus mercancías en el camino, el Florista se echó a correr. Para entonces Miriam ya había sacado su arma. Los peatones pasaron corriendo mientras ella asía al Florista de la camisa y le clavaba la pistola en la parte baja de la espalda.

—Si te mueves, te disparo, cabrón —le dijo.

«La capital de la felicidad»: la toma de San Fernando por parte de Los Zetas, 31 de marzo de 2010

Cuando Miriam estaba creciendo en la década de 1960, San Fernando era un pequeño pueblo, tranquilo y bucólico.[23] La gente no cerraba sus coches ni sus casas. Un ranchero local podía emborracharse y hacer el ridículo, un marido celoso podía ponerse violento, pero San Fernando traficaba con el drama de un pueblo pequeño. La economía giraba en torno al sorgo:[24] la gente llamaba a San Fernando «el granero de México». También lo llamaban la «capital de la felicidad».

Eso cambió en 2010, cuando se separaron dos cárteles de la droga, el del Golfo y Los Zetas, y se produjo una espectacular batalla por el poder, el dinero y el control, conforme Los Zetas luchaban por apoderarse del estado de Tamaulipas.[25] Parecía mucho peor debido a lo pacífico que había sido San Fernando en las décadas anteriores. Pero México estaba cambiando: desde 2006, cuando el Gobierno anunció su guerra contra las drogas, la violencia se había hecho más notoria.[26] El antes oculto submundo de la violencia quedó al descubierto en cuanto los militares y los cárteles comenzaron a luchar por el control de las calles, con frecuencia a plena luz del día.

En un inicio, San Fernando se había librado de lo peor de esa violencia. El inquietante silencio incluso les permitió a algunos lugareños, entre ellos Miriam y su familia, creer que tal vez, solo tal vez, el pequeño tamaño de su pueblo los salvaría. ¿Quién querría

---

[23] Octavio Herrera, *Breve historia de San Fernando* (Ayuntamiento de San Fernando, 2001), 97.

[24] *Ibid.*, 104.

[25] *Todo San Fernando Blogspot*, «Balacera en San Fernando Tamaulipas 31/mar/2010», 31 de marzo de 2010, http://todosanfernando.blogspot.com/2010/03/.

[26] Herrera, «El Gobierno se declara en guerra contra el hampa...», *op. cit.*

un pequeño pueblo sin economía? Al final resultó que lo querría cualquiera que traficara mercancías a través del estado de Tamaulipas, que compartía una frontera de 370 km con Estados Unidos.

San Fernando se convertiría de forma gradual en un ícono del fracaso del Estado, la encarnación del oscuro giro que México había tomado durante la guerra contra las drogas del Gobierno y la incapacidad del país para corregir el rumbo a medida que el conflicto entre los dos cárteles, el del Golfo y Los Zetas, reformulaba la forma de violencia conocida en México.[27]

○●○

La guerra entre el Cártel del Golfo y Los Zetas llegó durante las horas previas a la madrugada del 31 de marzo de 2010, con lo que parecía ser una llamada de rutina a la policía: un camión de pescadores se había volcado en la carretera al sur de San Fernando, unos kilómetros antes de que la autopista de entrada al pueblo se divida en dos.[28] Un pequeño grupo de policías y paramédicos salió a toda prisa de San Fernando hasta el lugar en el kilómetro 153, agazapado entre los pliegues de las montañas de Loma Prieta. A lo largo de las colinas, los ranchos privados se extendían por kilómetros, accesibles a través de caminos de tierra que atravesaban densos sotobosques de creosota y mezquite.

Durante meses habían circulado rumores sobre una guerra entre el Cártel del Golfo y el de Los Zetas. Después de que los dos grupos se separaron, publicaciones anónimas en las redes sociales comenzaron a advertir sobre un inminente asalto a San Fernando por parte de Los Zetas, quienes se habían separado de los del

---

[27] Gary Moore, «Unravelling Mysteries of Mexico's San Fernando Massacre», *InsightCrime*, 19 de septiembre de 2011, https://insightcrime.org/investigations/unravelling-mysteries-of-mexicos-san-fernando-massacre/.

[28] Mexicanos al grito, «¿Zona caliente? Sí, Tamaulipas, de nuevo. 31 de marzo», 31 de marzo de 2010, https://mexicanosalgrito.wordpress.com/2010/03/31/¿zona-caliente-31-de-marzo/; YouTube, «Balacera en "sanfernando el mas visto"» [*sic*], https://www.youtube.com/watch?v=U2NnGzBLs8Y&t=2s; Vigilantes del Mante, «Fotos de la balacera de sanfernando tamaulipas» [*sic*], 31 de marzo de 2010, http://vigilantesmante.blogspot.com/2010/03/fotos-de-la-balacera-de-sanfernando.html.

Golfo en enero de 2010 y habían sido expulsados de San Fernando por ellos. Todos se habían estado preparando para lo peor: la ciudad fronteriza de Reynosa, entre otras en Tamaulipas, ya había ardido en llamas, daño colateral en la batalla por el control territorial que se libraba entre ambos cárteles.[29] Pero incluso cuando otras partes del estado de Tamaulipas estallaron en violencia, San Fernando permaneció relativamente tranquilo.

Para marzo de 2010, más de tres meses después de la escisión, la vigilancia de la policía en San Fernando había derivado en una seguridad superficial. La policía recibía órdenes del Cártel del Golfo y algunos elementos comenzaron a pensar que las advertencias sobre un ataque de Los Zetas a San Fernando no eran más que bravuconería. En lugar de colocar vigías a lo largo de la carretera que conduce a la capital, Ciudad Victoria, un bastión de Los Zetas, la policía colocó unas 15 unidades dentro de los límites del pueblo de San Fernando, junto a una escuela de oficios local cerca de la entrada sur del pueblo, no muy lejos de la casa de Miriam.

Cuando la policía recibió la llamada sobre el camión volcado, alrededor de las 4:00 a. m., diez de las unidades se dirigieron al lugar del accidente, que estaba a unos 9.5 km al sur del pueblo. Los demás permanecieron atrás, apostados afuera de la escuela, sentados en sus unidades o fumando cigarros en el frío previo al amanecer.[30]

El accidente en el kilómetro 153 no parecía gran cosa: un conductor solitario que se negó a ir al hospital y un camión volcado que otra división de carreteras tendría que solucionar. Los paramédicos, policías locales y agentes federales de carreteras permanecían en el silencioso estupor que a menudo acompañaba a los incidentes de tráfico de primera hora de la mañana, en espera de órdenes.

---

[29] Óscar M. Hernández-Hernández, «Antropología de las masacres en San Fernando, Tamaulipas», *Nexos*, 24 de agosto de 2020, https://seguridad.nexos.com.mx/antropologia-de-las-masacres-en-san-fernando-tamaulipas/; Víctor Manuel Sánchez Valdés y Manuel Pérez Aguirre, *El origen de Los Zetas y su expansión en el norte de Coahuila*, México, El Colegio de México, 16-20.

[30] Entrevista con un oficial de policía anónimo y Ángel.

El capitán del escuadrón de bomberos que operaba como socorrista en el pueblo, Ángel, inspeccionó el área alrededor del lugar del accidente.[31] La carretera estaba ondulada y luego giraba abruptamente al sur, hacia la capital del estado; la curva estaba oculta por una gran montaña que se levantaba detrás de ella, una masa negra grabada en el cielo oscuro. «Un lugar incómodo», pensó Ángel. Él había oído hablar cada vez más de tiroteos en las carreteras. Un día antes, dos policías federales de carreteras habían sido asesinados en Las Norias, justo al sur de donde ahora se encontraban todos.

Ángel les dijo a sus hombres que guardaran todo; no había necesidad de quedarse en la carretera sin motivo, como blancos fáciles. Algunos objetaron, quejándose de que no habían terminado de fumar.

—Recuerden lo que pasó hace unos días —señaló Ángel, refiriéndose a Las Norias—. Bueno, pues esa gente todavía está allá afuera.

Fornido, con corte militar y rasgos afilados, Ángel tenía toda la apariencia de un capitán de bomberos. Aunque era nuevo en el trabajo, sus hombres le hicieron caso. Los fumadores apagaron sus cigarros y se dispusieron a marcharse, mientras la policía local que se encontraba en el lugar se preguntaba cuánto tiempo más tendría que permanecer allí. Les parecía que había sido una falsa alarma: no hubo heridos ni restos de un accidente, solo un anciano que quizá se había quedado dormido al conducir.

Cuando comenzaron a levantar sus cosas, los oficiales escucharon movimiento a lo largo de los bordes de la carretera, un ruido sordo como el de una tormenta que se avecina. Como si operaran con un cronómetro sincronizado, una cascada de luces comenzó a perforar el oscuro campo de matorrales y a recorrer los caminos de tierra cercanos dispuestos a lo largo de la periferia de la autopista, y el sonido se esclareció de repente: el zumbido de los motores y el crujido de las llantas sobre la arena. Por un momento, los policías se quedaron paralizados, hipnotizados y aterrorizados al mismo tiempo por el extraño e inesperado espectáculo de luces.

---

[31] Entrevista con Ángel.

La visión de decenas de camiones los sacó de su parálisis. Alguien se acercaba, y quienquiera que fuera había estado esperando en la oscuridad el momento adecuado. No había manera de que eso pudiera ser una buena noticia.

Un desfile de vehículos pesados apareció de pronto salpicando la carretera, un extraño espectáculo de rarezas con camiones, remolques, camionetas todoterreno y armas montadas en vehículos de plataforma, todos con la letra zeta trazada con pintura en aerosol.[32] El convoy se dirigía hacia San Fernando a toda velocidad, como combatientes desquiciados por la libertad, preparándose para su primera degustación de la guerra. Los policías, con unos segundos de ventaja, huyeron antes que ellos, vociferando por sus radios.

—Nos están disparando, nos están disparando. Estos cabrones vienen de todos lados.

Cerca de la entrada al pueblo, el convoy Zeta se dividió: algunos vehículos se desviaron hacia la carretera de circunvalación, un cruce que giraba hacia el este y luego se dirigía hacia el centro de San Fernando, mientras que los demás fueron directo hacia el convoy de la policía en el lado sur del pueblo. El segundo contingente perseguía a las patrullas de policía que huían, disparándoles con tal salvajismo, que los patrulleros casi chocaron contra sus compañeros estacionados fuera de la escuela de oficios del pueblo, donde permanecían en formación en el puesto de control. Los oficiales del bloqueo, después de abandonar sus puestos, se escondieron en un sitio de construcción abandonado al costado de la carretera mientras sus vehículos sufrían una lluvia de disparos que duró casi 10 minutos y redujo las patrullas a láminas de metal ametralladas y encendidas como pequeñas hogueras. Los gritos penetrantes de las frecuencias de radio de la policía quedaron desatendidos.

Ángel, el socorrista, escuchó los gritos de pánico mientras él y sus hombres conducían de regreso al pueblo. Decidió llevar a sus hombres a un lado de la circunvalación, hacia el margen, fuera de la carretera. Su jefe lo llamó justo en ese momento para

---

[32] Entrevista con un oficial de policía anónimo.

advertirle que el pueblo ya no era seguro: el convoy Zeta del sur había vencido el bloqueo policial con fuego y estaba causando estragos, bombardeando todos los edificios gubernamentales con ametralladoras. Fue una locura disparar en la estación de policía, la presidencia municipal, en todo lo relacionado con el Gobierno y, por ende, con el Cártel del Golfo. La profunda explosión de balas calibre .50 resonó por el pueblo como pequeña artillería. ¿Qué hacer? Ángel pensó que quedarse donde estaba o abandonar su vehículo, como sugirió su jefe, eran las únicas opciones reales. Pero ya era demasiado tarde.

Por el espejo retrovisor, Ángel podía ver que otro convoy se acercaba hacia él: los mismos camiones modificados con soldadura y transformados en transporte de tropas.[33] Uno era un autobús escolar. Respiró hondo y se reclinó en su asiento, aceptando, en ese momento, que moriría. Si iba a ser por fuego automático, pensó, no quería verlo de antemano. Con cada resonancia, contaba otro vehículo que pasaba. No fue sino hasta el tercero o el cuarto que se dio cuenta de que no solo no le disparaban, sino que tocaban las bocinas, se burlaban de él y le gritaban que se uniera a la diversión. Contó 49 vehículos en total y luego no escuchó más.

En el pueblo, el convoy Zeta se dividió en subgrupos, cada uno con la tarea de atacar una instalación gubernamental diferente. Durante las siguientes seis horas, el ejército de Los Zetas arrasó San Fernando, atacando todos los edificios públicos que pudieron localizar, todos excepto las instalaciones de protección civil, donde trabajaba Ángel.[34] Miriam Rodríguez y su familia podían escuchar, desde su casa, la ráfaga de disparos; el lejano sonido de las explosiones resonó durante la noche y hasta la mañana siguiente, el sonido intermitente de la conquista. Nadie supo por qué se salvó la instalación de protección civil, pero, como eran los socorristas médicos, Ángel supuso más tarde que Los Zetas habrían pensado que podrían necesitarlos en algún momento. En cuanto al edificio de la presidencia municipal, las oficinas de la fiscalía y el centro de

---

[33] Entrevista con Ángel.

[34] Entrevista con Tomás Gloria.

seguridad pública, los disparos salpicaron casi todas las paredes, puertas y ventanas, un acto destinado a ejercer control, pero también a transmitir lo que todos ya sabían: el pueblo que alguna vez perteneció al Cártel del Golfo había desaparecido. Ahora Los Zetas estaban a cargo.

Al mediodía, los vehículos de Los Zetas desaparecieron de la vista de manera tan repentina como habían llegado. Las calles volvieron a estar en silencio y no hubo más reportes de disparos. Los militares salieron de sus escondites para retirar los vehículos ennegrecidos y barrer los montones de casquillos de bala que cubrían las calles.

Durante el asalto, Miriam Rodríguez y su familia se habían refugiado en su casa, al sur del pueblo, cerca de donde habían destruido los coches de policía junto a la escuela de oficios. El asalto al pueblo los asombró a ellos y a todos los demás también, y su magnitud no tenía precedentes en San Fernando.

Lo que sorprendió a quienes se aventuraron a salir después de la violencia fue el número de muertos: cero. El hecho de que ni una sola persona hubiera muerto durante la toma de su pueblo por Los Zetas y, hasta donde sabían, que nadie hubiera resultado gravemente herido, parecía un presagio de los planes del nuevo régimen en San Fernando: una demostración de fuerza destinada a someter, pero no a romper, el espíritu local.

○●○

Durante las horas previas a la entrada estruendosa de Los Zetas a San Fernando, Miriam Rodríguez y su familia dormían en su casa de la colonia Paso Real, sin sospechar el desastre que se avecinaba.[35] Pero más temprano ese mismo día, Ángel, el capitán del escuadrón de bomberos que operaba como socorrista en el pueblo, había recibido una advertencia críptica de su jefe, un rumor de una guerra inminente entre el Cártel del Golfo y Los Zetas para definir quién controlaría San Fernando.

---

[35] Entrevista con Luis Héctor.

Su jefe había ido en persona al dormitorio de Ángel y de los demás, en la estación de bomberos, y le había pedido que saliera. Eran las 2:00 a. m. Ángel se sentó en la gran escalera que daba al edificio y miró a Ramírez, quien sacudía la cabeza en silencio como si estuviera discutiendo consigo mismo.

—Ángel, mantente alerta esta noche —dijo su jefe, mirándolo—. Hay problemas.

Todos sabían que había problemas. El reto era descubrir, en el panorama incierto de la guerra, exactamente qué los causaba y qué implicaban esos problemas para civiles como Miriam Rodríguez y otros, atrapados en medio de todo. Cada día traía noticias de tiroteos, explosiones y cadáveres tirados sobre vehículos, acribillados a balazos. Sin embargo, esto no se veía con frecuencia en las noticias. Gran parte llegaba a través de correos electrónicos anónimos o grupos aleatorios de WhatsApp.

Ángel, que había sido ascendido a capitán solo dos días antes del asalto a San Fernando, se preguntaba si su ascenso era de algún modo un acto de hostilidad en sí. ¿Quién querría ser socorrista en tiempos de conflicto, responsable de hombres que sabía que no había forma de proteger?

Era claro que Ramírez estaba asustado.

—Se separaron, el Golfo y Los Zetas se separaron —continuó— y ambos están atacando todas las instalaciones de seguridad del estado.

Hasta ese momento, con el Cártel del Golfo a cargo de San Fernando, las cosas se mantenían relativamente tranquilas, al menos en comparación con el resto del estado, en particular a lo largo de la frontera con Estados Unidos. Los Zetas habían huido de San Fernando sin pelear en enero de 2010, cuando su asociación con el Cártel del Golfo terminó de manera oficial.[36] Pero Los Zetas prometían una y otra vez regresar, y eso inquietaba a todos.

Ramírez le dijo a Ángel que permaneciera adentro, si era posible. Si tenía que salir de la estación, debía apagar las luces perimetrales.

---

[36] Sánchez Valdés y Pérez Aguirre, *El origen de Los Zetas…*, *op. cit.*, 16.

—Para que no te vean —añadió.

Esto fue cuatro horas antes del accidente en el kilómetro 153, donde comenzó el asalto de Los Zetas a San Fernando, cinco horas antes de que el edificio de seguridad pública fuera ametrallado, y seis horas antes de que San Fernando perteneciera por completo a Los Zetas, una ocupación que perduraría de una u otra forma hasta el día de hoy y cambiaría para siempre la vida de Miriam Rodríguez.

Todas las guerras comienzan con una ruptura, un rompimiento, una liberación. Un momento en el que el potencial para el conflicto se transforma en algo cinético, cuando el objeto que está bajo presión se quiebra y las tensiones acumuladas se liberan. Y, en enero, el asesinato de un jefe de Los Zetas en Reynosa por parte del Cártel del Golfo había sido la gota que derramó el vaso.

La guerra comenzó durante la siguiente semana, un evento repentino registrado entre los pliegues de un suceso. La violencia estalló a lo largo de la frontera y en todo el estado: explosiones en cadena que detonaban en una aterradora secuencia de estruendos percusivos, uno tras otro. Cada día se producían nuevas y crecientes cifras de muertes, y los cadáveres se exhibían en las zonas públicas.[37] Coches bomba estallaban en centros urbanos. Los cárteles comenzaron a robar camionetas todoterreno de los concesionarios y las sacaban directamente del estacionamiento, como reclutas de guerra de cuatro ruedas.

Los combates se extendieron a los estados vecinos del norte, incluidos Coahuila, Nuevo León y Durango, lo que abrió una veta de violencia que cobró la vida de miles de personas en solo unos pocos años, espectáculos de asesinatos espantosos que evocaban las decapitaciones y la horrible propaganda de asesinos en el Medio Oriente, como Al Qaeda y el Estado Islámico.[38]

---

[37] *Proceso*, «Balacera entre Zetas y el Cártel del Golfo cerca de Matamoros», 24 de febrero de 2010, https://www.proceso.com.mx/nacional/2010/2/24/balacera-entre-zetas-el-cartel-del-golfo-cerca-de-matamoros-10824.html; *Expansión*, «Agencia consular de EU en Reynosa cierra por tiroteos», 25 de febrero de 2010, https://expansion.mx/nacional/2010/02/25/agencia-consular-de-eu-en-reynosa-cierra-por-tiroteos.

[38] Sánchez Valdés y Pérez Aguirre, *El origen de Los Zetas…*, *op. cit.*, 16-20.

Tamaulipas se convirtió en una lección objetiva sobre las frágiles alianzas que, quizá más que cualquier otro factor, determinan el grado de violencia registrado en México. La paz no es, y rara vez ha sido, una creación del Estado. Organizaciones entran y salen de acuerdos y convenios, y con ello provocan que los asesinatos se desplomen o aumenten según los caprichos de hombres para quienes la muerte es poco más que una regulación del mercado.

A los periodistas no se les permitía informar sobre la mayor parte de lo que estaba sucediendo. Si la prohibición se ignoraba, si un periódico se atrevía a poner a prueba la determinación de un cártel u otro, el periodista infractor recibía una paliza para recordárselo.[39] Todo lo que alguna vez existió en las sombras ahora había asomado la cabeza ante el público. Mientras que antes el asesinato de dos periodistas por uno de los tres líderes históricos del Cártel del Golfo, Juan García Ábrego, había sido una crisis de Estado, atendida por el nivel más alto del Gobierno, ahora asesinatos similares apenas provocaban una leve conmoción.[40]

Era imposible conocer cifras exactas, no solo porque a veces los muertos no estaban registrados y las familias no estaban dispuestas a contarle a la policía lo que había sucedido, sino también porque muchas personas se esfumaban sin dejar rastro, secuestradas y desaparecidas.

A finales de marzo de 2010, la guerra había llegado a San Fernando.

○●○

Temprano en la noche del 30 de marzo de 2010, el hijo de Miriam, Luis Héctor, cerró la tienda de su padre en el mercado San Fernando

---

[39] Dana Priest, «Censor or Die: The Death of Mexican News in the Age of Drug Cartels», *The Washington Post*, 11 de diciembre de 2015, https://www.washingtonpost.com/investigations/censor-or-die-the-death-of-mexican-news-in-the-age-of-drug-cartels/2015/12/09/23acf3ae-8a26-11e5-9a07-453018f9a0ec_story.html.

[40] Carlos Antonio Flores Pérez, *Historias de polvo y sangre. Génesis y evolución del tráfico de drogas en el estado de Tamaulipas* (México: Centro de Investigaciones y Estudios Superiores en Antropología Social, 2013), 139-153, 235-240.

y se fue a ver a unos amigos.[41] Era noche de póquer y habían estado esperando a que él saliera del trabajo. Aunque mientras terminaba la universidad vivía en la capital del estado, Ciudad Victoria, muchas veces pasaba los fines de semana trabajando con su padre, para ganarse el dinero que le daban para gastar en la escuela. Esa noche, Luis Héctor y sus amigos jugaron una mano tras otra casi hasta el amanecer. Todavía estaba oscuro cuando el juego al fin terminó y Luis Héctor decidió quedarse a dormir ahí para evitar tener que conducir a casa. Su cuenta de Facebook se había inundado de advertencias de un inminente ataque de Los Zetas a San Fernando, amenazas que no estaba seguro de si debía creer, pero que de todas formas tomó en serio. Después de una breve siesta, se fue.

Las calles estaban vacías y silenciosas, envueltas por la luz azul que precedía al amanecer. Pocos años después, casi todos sus amigos de aquella noche estarían muertos, asesinados por Los Zetas.

De regreso a casa, dejó las llaves sobre la mesa de la cocina y se quitó los zapatos. Todos dormían: su madre y su padre en su habitación; Karen, su hermana de 17 años, en la de ella, junto a su abuela Lupita, quien ya no podía caminar y vivía con ellos en ese momento.

Luis Héctor llevaba menos de 10 minutos en la casa cuando comenzaron los disparos, chasquidos agudos en sucesión, choques metálicos y golpes sordos que parecían provenir de la calle, justo afuera. Todos ahí llegaron corriendo a la sala, incluso Lupita, que no podía caminar. Se rieron cuando la vieron salir volando de la habitación de Karen y caer al suelo. La familia estaba tendida en el piso de la sala mientras, a unas cuadras de la casa, Los Zetas disparaban contra el puesto de control de la policía, cerca de la escuela de oficios.

Luis Héctor se acercó a las ventanas de la sala para mirar hacia afuera: su padre había estacionado la nueva camioneta Chevy de la familia en la calle y le preocupaba que pudiera sufrir algún daño.

—¡Quítate de la ventana! —gritó su hermana Karen y asustó a todos—. ¡Agáchate!

---

[41] Entrevista con Luis Héctor.

Esperaron lo que pareció una eternidad mientras escuchaban los desconocidos sonidos de los disparos, cada uno anunciando un paso entre mundos, el que conocían y el que estaba por venir. El asalto de Los Zetas a San Fernando destruyó mucho más que automóviles y edificios; hizo trizas el pasado.

Cuando cesaron los disparos, Miriam y su esposo decidieron conducir hasta el mercado para revisar sus tiendas. Luis Héctor fue con ellos. Se llevaron la camioneta nueva, que resultó ilesa. En la calle principal pasaron por la escuela de oficios, donde las patrullas de policía estaban en ruinas humeantes.[42] La estación de policía, o lo que quedó de ella después del ataque, parecía más una coladera que un edificio.

—¿Cómo lograron Los Zetas montar una operación tan descomunal y precisa, como si fuera militar? —preguntó Miriam en voz alta.

Una extraña sensación se apoderó de ellos mientras atravesaban el pueblo, como si estuvieran viendo San Fernando bajo una luz inquietante y surrealista, como los restos de una casa después de un incendio, con la arquitectura familiar rota y saqueada.

—¿Cómo pueden dejar que algo así suceda? —continuó Miriam—. ¿Qué está haciendo el Gobierno? ¿Por qué no detienen esto?

---

[42] Entrevista con un oficial de policía anónimo y Ángel.

CAPÍTULO 1

I. UNA HIJA PERDIDA

Eran las 4:00 a. m. del 24 de enero de 2014 cuando sonó el teléfono de Miriam y en la pantalla apareció el nombre de su hija Azalea.[1]

—¿Qué pasó? —preguntó Miriam.

—Algo horrible.

—¿Con Ernesto? —preguntó Miriam.

—No —respondió Azalea, ahora sollozando—. Con Karen.

Después de colgar con su hija, Miriam rápidamente hizo las maletas y le dejó una nota a la familia para la que trabajaba, en McAllen, Texas. Les dijo que no volvería. A las 6:00 a. m., cuatro años después de que Los Zetas tomaron San Fernando, Miriam Rodríguez estaba de pie afuera, en el duro invierno de enero, esperando el autobús que iba de Reynosa a San Fernando, un viaje de dos horas a través del centro del estado.

Había llegado al puente internacional en Reynosa, el mismo por el que había cruzado con Karen en brazos hacía más de veinte años, cuando era una bebé. En el autobús a San Fernando, Miriam se sentó cerca de la parte trasera y lloró silenciosa, en la casi total oscuridad. Algunas personas intentaron consolarla. Ahora comprendía que la empatía de las personas ajenas no podría estar jamás a la altura del abismo que dejaba un ser querido secuestrado.

Un anciano al otro lado del pasillo le dio su pañuelo.[2]

—¿Está usted bien? —le preguntó.

Miriam, normalmente cautelosa con los extraños, le dijo que su hija había sido secuestrada por el Cártel de Los Zetas.

El hombre asintió, sacó un trozo de papel de su bolsillo, escribió algo en él y se lo entregó.

---

[1] Entrevista con Azalea.

[2] Entrevista con Luis Salinas.

—Ese es el nombre y teléfono de mi hijo —le explicó—. Es teniente en la infantería de Marina.[3]

Miriam guardó el número en su bolsa y se olvidó de él. Poco después de las 8:00 a. m. el autobús ingresó al municipio de San Fernando.

Horas antes, Azalea, que tenía 34 años y estaba casada, dormitaba cuando escuchó un movimiento cerca de la puerta de entrada, un lento arrastrar de pies sobre las losetas del patio y un leve quejido que podría reconocer en cualquier lugar: el de su padre.

Después de haber hablado con su hermana a las 3:30 p. m. del día anterior, Azalea no había vuelto a saber de Karen. Azalea le había pedido que la acompañara a una lectura en la iglesia, pero Karen se negó, diciendo que comería más tarde con su primo.[4] Azalea volvió a intentarlo alrededor de las 8:00 p. m., con la esperanza de que su hermana hubiera cambiado de opinión, pero Karen no respondió. Luego, le preguntó a su esposo Ernesto si había visto a Karen durante el día. Ernesto dijo que sí, ella iba conduciendo por el pueblo alrededor de las 7:00 p. m., sobre la calle principal de San Fernando, la Calle Ancha. Azalea se relajó un poco; tal vez el teléfono de Karen se había quedado sin batería, o quizá lo había perdido o se le había descompuesto.

A las 10:00 p. m., Karen aún no había respondido a sus mensajes, fue entonces que Azalea supo que algo estaba mal y comenzó a llamarla cada 15 minutos. Revisó Facebook y le escribió a Karen por Messenger, luego le envió un WhatsApp: «Oye, carga tu teléfono. Estoy intentando llamarte».

Después de quedarse medio dormida mientras esperaba una respuesta, Azalea se sobresaltó con el sonido de su padre acercándose a la puerta principal. Desde la ventana de su habitación podía ver su sombra extenderse bajo la luz del porche delantero. No habían hablado en casi dos años.

---

[3] *Idem.*

[4] Entrevista con Azalea.

Bajó las escaleras y abrió la puerta antes de que él pudiera tocar el timbre. Apenas si lo reconoció; estaba desaliñado y asustado.

—Karen —adivinó ella.

Él asintió.

Mientras Luis cruzaba la puerta, sonó su teléfono.[5] Azalea se acercó para escuchar, presintiendo que se relacionaba con Karen.

—Don Luis —comenzó la persona que llamó—. A estas alturas ya sabe que tenemos a su hija.

Quien llamaba le informó que después de una larga discusión, su grupo había decidido pedir un millón de pesos por regresarle a Karen, unos 77 000 dólares en aquel entonces.[6]

Luis escuchó el susurro del viento y luego escuchó a Karen al teléfono.

—Papá, ellos solo quieren el dinero, no se trata de nada más —dijo.

Luis no esperaba escuchar su voz y su sonido lo desarmó.[7] Antes de que él pudiera responder, ella continuó:

—Si les pagas, me dejarán ir —aseguró Karen—. Si no, entonces, supongo que esto es un adiós.

Azalea sintió que algo en la voz de su hermana sugería que no estaba tan segura de que su padre la salvaría.

El secuestrador le dio las buenas noches a Luis y colgó.

Azalea y su padre se sentaron juntos en el sillón, en silencio. Finalmente, Azalea le preguntó cómo reuniría esa cantidad de dinero, que era más de lo que tenían, e incluso de lo pudieran pedir prestado. Él sacudió la cabeza.

—Lo quieren mañana a las 3:00 p. m. —señaló.

Eran casi las 3:00 a. m. cuando Azalea llamó a su hermano Luis Héctor.[8] Él respondió de inmediato y preguntó qué pasaba, una pregunta habitual para entonces. Supuso que la llamada te-

---

[5] «Denuncia y/o querella por comparecencia del ciudadano Luis Héctor Salinas Castillo», Ciudad Victoria, Tamaulipas, 26 de marzo de 2014. PGJT, Sama, expediente 0029/2014, vol. 1, 6-13.

[6] *Idem.*

[7] *Idem.*

[8] Entrevista con Luis Héctor.

nía algo que ver con Ernesto, o quizá con la salud de su padre. Le dijo a Azalea que iría a casa de inmediato, y con ello le dejó a su hermana la tarea de hacer la llamada que ella más temía: a su madre.

○●○

Para Azalea, se instaló sobre la noche una confusión onírica, irreal, pero táctil y formada por completo. Su padre estaba sentado en el sillón, mudo. Azalea se preguntó si era posible que despertaran y se dieran cuenta de que nada de esto (el secuestro, el contacto con su padre, las llamadas telefónicas) había sucedido jamás.

En algún momento se dirigieron a la casa de Miriam, donde vivía Karen. En el camino, su padre le dijo a Azalea que ya había estado en la casa, luego de recibir la primera llamada de los secuestradores a medianoche. La camioneta de Karen no estaba y la casa estaba cerrada, le dijo, aunque habían dejado las luces y la televisión encendidas.

Eran casi las 6:00 a. m. cuando llegaron a la casa de nuevo; afuera todavía estaba oscuro. Azalea esperaba encontrar a Karen adentro, durmiendo, objeto de un secuestro virtual, donde el criminal solo finge tener a la víctima.

Azalea probó abrir la puerta principal, que ahora estaba sin llave. En el interior encontraron la bolsa de Karen sobre la mesa de la sala, con su contenido desparramado. La bolsa no estaba ahí la última vez que fue Luis.

—Alguien debe de haber venido —dedujo él.

La casa estaba desordenada, con cables eléctricos por todos lados, papeles en el piso y muebles volcados.[9] Ambos vieron, y a la vez no, la magnitud de la escena; estaban concentrados en buscar a Karen.

Azalea sugirió que fueran a hablar con el primo que había estado con Karen la noche anterior y que vivía cruzando la calle.

---

[9] «Denuncia y/o querella por comparecencia del ciudadano Miriam Elizabeth Rodríguez Martínez», Ciudad Victoria, Tamaulipas, 26 de marzo de 2014. PGJT, Sama, expediente 0029/2014, vol. 1, 6-13.

El primo les comentó que Karen había estado comiendo con él cuando recibió una llamada. De pronto, dejó su comida y le dijo que se iba, que necesitaba llevar a un amigo.

—¿Qué amigo? —preguntó Azalea.

—Ulises —respondió el primo.

Antes de que Azalea siguiera preguntando, el primo señaló:

—Yo tampoco sé quién es.

Eran casi las 8:00 a. m. cuando Luis llegó a su casa a bañarse antes de dirigirse al banco a pedir un préstamo para pagar el rescate de Karen. Quería estar limpio y bien vestido.

Azalea fue a buscar a su madre a la estación de autobuses.

En el autobús, unas cuadras antes de la terminal de San Fernando, Miriam le había gritado al conductor que se detuviera; la estación estaba bajo vigilancia de Los Zetas y ella quería llegar fuera del radar.

En la calle, Miriam bajó sus maletas y abrazó a Azalea.[10] Después de instalarse en el auto, sonó su teléfono. Por el sonido de la voz de quien llamó, Azalea supo que era el mismo joven que había llamado a su padre. Solo que esta vez fue brusco con Miriam; el tono respetuoso que había usado con Luis ahora estaba ausente.

Le dijo a Miriam que guardara silencio mientras describía las demandas, y luego le pasó el teléfono a Karen.[11] Miriam sintió que se le revolvían las entrañas; entre otras cosas, la atormentaba un sentimiento de remordimiento, como si de alguna manera todo esto fuera culpa suya, la responsabilidad de una madre.

—¿Estás bien? —preguntó con la voz quebrada—. ¿Te hicieron algo? ¿Estás herida? ¿Te lastimaron?

—Mamá, por favor, déjame hablar —gritó Karen—. Se trata de dinero —aseguró—. Por favor, reúnan lo que puedan.

---

[10] Entrevista con Azalea.

[11] «Denuncia y/o querella por comparecencia del ciudadano Miriam Elizabeth Rodríguez Martínez», Ciudad Victoria, Tamaulipas, 26 de marzo de 2014. PGJT, Sama, expediente 0029/2014, vol. 1, 6-13; y entrevista con Azalea.

Mientras Azalea escuchaba, Karen le dijo a su madre lo mismo que le había dicho a su padre horas antes, como si las frases hubieran sido ensayadas. Que se trataba solo de dinero y que, si pagaban, todo estaría bien.

El secuestrador tomó el teléfono y colgó de forma abrupta.

Miriam se echó a llorar. Azalea nunca había visto a su madre llorar así.

Luis, para entonces, ya se había bañado y se dirigía al banco. Tras haber sido propietario durante más de veinte años, se llevaba bien con los gerentes del lugar y mantenía un buen historial crediticio. Los bancos locales, respondiendo a la demanda, habían comenzado a emitir préstamos para pagar rescates, un sombrío indicador de lo comunes que se habían vuelto.

Mientras Luis finalizaba todavía los detalles del préstamo, los secuestradores lo llamaron de nuevo. Eran las 10:00 a. m. La persona que llamó le informó a Luis que había habido un cambio de plan; querían el dinero antes de lo pactado.

Luis objetó, pero el interlocutor lo hizo callar:[12]

—Oye, viejo, esto va a salir como nosotros decimos, no como tú dices.

Luis debía llevar el dinero en una bolsa al Centro de Salud de San Fernando. Alguien estaría allí para recoger el efectivo e indicarle dónde podía la familia encontrar a Karen. Debía llegar solo al lugar de la entrega.

La familia reunió los ahorros de toda su vida y el dinero que el banco estaba dispuesto a prestarles; el total era poco menos de 10 000 dólares, en aquel entonces unos 130 000 pesos.

○●○

Miriam se estacionó en la calle del Centro de Salud, donde pudo presenciar la entrega sin ser vista. En el interior, algunas personas estaban sentadas en sillas plegables mientras otros caminaban dando vueltas. Luis se quedó en la calle, esperando.

---

[12] «Denuncia y/o querella por comparecencia del ciudadano Luis Héctor Salinas Castillo», Ciudad Victoria, Tamaulipas, 26 de marzo de 2014. PGJT, Sama, expediente 0029/2014, vol. 1, 6-13.

El hombre del bolso llegó dos horas más tarde. Parecía adolescente, sin apenas vello facial y un pecho tan pequeño que parecía cóncavo. Llevaba sombrero y una chamarra verde.[13]

Luis se aferró al dinero mientras el joven extendía su brazo derecho como un corredor buscando la estafeta.

—¿Y mi hija? —preguntó Luis en voz alta, llamando la atención de la gente que estaba afuera.[14]

—En el cementerio en 20 minutos —respondió el joven, tirando de la bolsa hasta que Luis la soltó.

Miriam observó desde su auto cómo el adolescente se subía a una Ford Explorer rojo cereza, que después aceleró.

La pareja condujo con lentitud hasta el cementerio, que se encontraba a solo unos cientos de metros de distancia. Pasaron por una hilera de casas en ruinas, abandonadas durante los días malos, con el pasto cubierto de maleza y las estructuras en mal estado. A pesar de todo, al cementerio le habían dado mantenimiento, habían podado el pasto y los arbustos. En los días soleados, árboles gigantes daban sombra sobre las tumbas. Pero ese día, una tormenta apareció en el horizonte, acumulando nubes que daban forma a un cielo gris.

Miriam y Luis esperaron en el estacionamiento del cementerio hasta que oscureció, pero nadie llegó. De regreso, en casa de Azalea, llamaron a los secuestradores, quienes les aseguraron que todo estaba en orden, no había problema, solo que había mal tiempo y con la lluvia no era posible llevar a Karen en ese instante. Era cierto, las nubes se habían convertido en aguacero y las calles de San Fernando se inundaron por un momento. Si se trataba solo del dinero, como les decían Karen y los secuestradores, era solo cuestión de tiempo antes de que la liberaran.

Al día siguiente, el sábado, la familia se quedó en casa de Azalea esperando noticias. Cada sonido generaba un asedio de emociones: una llamada telefónica; la bocina de un auto errante; la entrada o salida de un vecino. A medida que pasaban las horas y la oscuridad

[13] *Idem.*

[14] *Idem.*

caía sobre San Fernando, un miedo tácito comenzó a apoderarse de cada uno de ellos. ¿Y si Karen no regresaba?

Luis Héctor descartó este temor.[15] La familia había pagado y los secuestradores de su hermana no tenían motivos para faltar a su palabra. Los demás pasaron la noche aferrados a esta convicción, aunque nadie durmió. Las luces de cada vehículo que pasaba por la calle hacían que cualquiera de ellos saliera dando tropiezos para ver si podía ser Karen.

Esas horas solitarias llenaron una eternidad, mientras todos navegaban por el tenso espacio entre la esperanza y la desesperación. Juntos por primera vez en años, apenas si hablaban, incapaces de expresar con palabras los siguientes pasos, porque estos requerían noticias de Karen. Abrir la posibilidad de que Karen no regresara habría sido como cerrar su propio futuro; pero asumir que regresaría era algo similar a poner a prueba al destino.

A la mañana siguiente, Miriam recibió una llamada de uno de sus vecinos.[16] Una Explorer rojo cereza se había detenido frente a la casa de Miriam y dos mujeres habían bajado.[17]

Entraron a la casa con una llave y luego salieron con una chamarra, un par de zapatos negros y el bolso de Karen en los brazos.

Todos estuvieron de acuerdo en que esta debía ser una buena noticia. Habían ido por ropa para Karen. Afuera hacía frío. La familia se obligó a creer que todo estaría bien porque no podían imaginar que no fuera así; era preferible buscar destellos de esperanza que afrontar los oscuros recovecos de sus propias dudas.

○●○

Los secuestradores llamaron ese mismo día para pedir más dinero. Luis se limitó a mirar el teléfono, negándose a responder. Sacudió la cabeza y contuvo las lágrimas, agotado. Cuando Miriam escuchó la demanda, gritó:

---

15 Entrevista con Luis Héctor.

16 Entrevista con Azalea.

17 *Idem.*

—¡Cómo diablos crees que tenemos más dinero!

Los rescates eran más un arte que una ciencia, cálculos puntuales y negociaciones sobre lo que una familia podía permitirse. Si uno pagaba demasiado rápido, a veces los secuestradores podrían intentar renegociar el trato, pensando que habían dejado dinero por tratar. Pero la familia pidió un préstamo, vació sus ahorros y no tenía nada más que dar. Su parte era esperar y ver qué pasaba. Llamar a la policía estaba fuera de discusión; no ayudarían, y si los secuestradores se enteraban, la vida de Karen correría aún más peligro.

Sin mucho más que hacer, Miriam le pidió a su yerno Ernesto que la llevara a casa. Luis y Azalea le habían descrito la escena en su casa, con los muebles desordenados y los objetos tirados por el suelo. Hasta entonces, Miriam se había abstenido de ir allí, pues no quería nublar sus emociones con la angustia de ver dónde habían raptado a su hija. Pero sentía cada vez más curiosidad por las personas que estaban detrás del secuestro y las pistas que podrían haber dejado.

En el camino pasaron por Las Palmas, un sencillo restaurante que servía café y desayuno y que era muy querido por los viejos del pueblo, quienes se reunían allí en tiempos más seguros para contarse chismes. En el estacionamiento, vio la Explorer rojo cereza y le gritó a Ernesto, a quien llamaba Neto, que se detuviera al otro lado de la calle.

Miriam vio cómo dos hombres salían del restaurante. Antes de entrar en la Explorer, el más alto se giró para inspeccionar la esquina de la calle. Giró la cabeza hacia los autos detenidos frente al semáforo y hacia los demás que pasaban con rapidez por la calle perpendicular, antes de detener los ojos en la camioneta de Ernesto. Miriam estaba segura de que la había visto mirándolos.

Dentro de su casa, Miriam encontró los cables de un cargador de celular y de una plancha para alaciar el cabello cortados y tirados en el suelo, con las puntas deshilachadas.[18] Había una bolsa de plástico

---

[18] «Denuncia y/o querella por comparecencia del ciudadano Miriam Elizabeth Rodríguez Martínez», Ciudad Victoria, Tamaulipas, 26 de marzo de 2014. PGJT, Sama, expediente 0029/2014, vol. 1, 6-13.

cerca de la entrada de la habitación de Karen y papeles esparcidos por todas partes. Había señales de lucha: en la sala, los muebles habían sido movidos y los armarios estaban desordenados.

Recogió una identificación laboral de la compañía petrolera PJP4, que pertenecía al novio venezolano de Karen. Miriam había tenido dudas sobre él, pues era mayor y sospechaba que estaba casado. En el piso del baño encontró un par de botas de hombre.

Era difícil discernir el orden entre los residuos que habían dejado los secuestradores: los papeles, la ropa, las identificaciones y los cables de carga cortados. Miriam sabía que Los Zetas habían estado en su casa, pero ¿qué habían hecho allí? El rastro de pruebas no conducía a conclusiones claras.

Esa noche, de regreso en la casa de Azalea, Miriam escuchó un golpe en la puerta y corrió a abrir.[19] La visitante se presentó como la mamá de Carlos, nombre que le tomó a Miriam un momento ubicar. Carlos había estado con Karen la noche del 23, dijo la mujer, la noche del secuestro. Miriam la invitó a entrar.

Carlos trabajaba para el hermano de Miriam en su taller de automóviles y era como un miembro más de su familia extendida. Miriam lo conocía desde que era niño. Tenía aproximadamente la misma edad que Karen.

La noche del secuestro, Karen necesitaba ayuda con su camioneta y Carlos había prometido ir a revisarla después del trabajo. Esa noche había ido a verla a casa de Miriam con su primo foráneo, que estaba de visita. Y esa fue la última vez que la madre de Carlos supo de ellos.

Los secuestradores la habían llamado esa mañana exigiendo un rescate. Cuando la madre de Carlos les dijo que no tenía dinero, se rieron a carcajadas.

—Bueno, entonces se lo enviaremos en pedazos.[20]

[19] *Idem.*; y entrevista con Azalea.

[20] «Declaración ministerial de Juan Carlos López García», PGR, México, 9 de febrero de 2015. Güera Soto, expediente 008/2017, vol. 1, 988-1002.

Al día siguiente, Miriam se incorporaba a la Calle Ancha cuando notó que la Explorer roja la seguía de cerca, la que había visto afuera del restaurante.[21] Intentó mantener la calma, pero antes de que pudiera cambiar de rumbo, el conductor se le adelantó y le cerró el paso en medio de la calle.

Dos jóvenes habían saltado del vehículo.

—¿Es la mamá de Karen? —preguntó el alto.

Miriam asintió.

—Nos vemos en 10 minutos en el restaurante Junior —y añadió—: Venga sola.

Más tarde, dentro del restaurante Junior, Miriam estaba sentada frente al comandante Zeta, estudiándolo. Lo reconoció como el hombre que había visto desde el auto de Ernesto: alto, de rostro demacrado, piel clara y cabello chino. Su radio de mano cobraba vida de vez en cuando con informes estáticos de los vigías apostados en el pueblo que transmitían los movimientos de las unidades policiales y militares en San Fernando. Aunque nunca mencionó su nombre, en la radio de mano se referían a él como Sama. Era comandante, le dijo, y le podía ayudar a recuperar a su hija.

Sentado al lado de Sama había un hombre más pequeño, un niño en realidad, tal vez todavía en su adolescencia. Tenía una cara redonda y ojos que parecían demasiado grandes para su cabeza. Era, con claridad, el subordinado y aprovechó la oportunidad para comer mientras Sama hablaba. Cuando terminó de comer, miró el sándwich intacto de Miriam y le preguntó si se lo iba a terminar.

Ella empujó su plato hacia él.

Mientras el más joven comía, Sama le aseguró a Miriam que Karen estaba viva, segura y de buen humor.

—¿Ella fuma marihuana o algo así? —preguntó—. Quiero decir, así de tranquila está. Superrelajada.[22]

---

[21] «Denuncia y/o querella por comparecencia del ciudadano Luis Héctor Salinas Castillo», Ciudad Victoria, Tamaulipas, 26 de marzo de 2014. PGJT, Sama, expediente 0029/2014, vol. 1, 6-13.

[22] «Declaración informativa de la ciudadana Miriam Elizabeth Rodríguez Martínez», Ciudad Victoria, Tamaulipas, 15 de septiembre de 2014. PGJT, Sama, expediente 0029/2014, vol. 1, 167-168.

Dijo que era fácil tratar con Karen y que su comportamiento despreocupado era una de las razones por las que Sama quería dejarla ir. Pero la decisión no era solo suya, dijo. El Larry, que dirigía el Cártel de Los Zetas en San Fernando, tendría que tomar la decisión final. Miriam tomó nota mental de los nombres. Sama. El Larry.

Sama dijo que podía ayudar. Por 1 600 dólares (200 000 pesos de aquella época), podía hacer que las cosas sucedieran, podía asegurarse de que las personas adecuadas dijeran que sí.

Miriam lo miró con desconfianza. El deseo de creer que Karen estaba viva era abrumador. Pero ya habían pagado el rescate, y ahora Sama estaba pidiendo otro, alegando que podía ayudar y al mismo tiempo afirmando, de alguna manera, que no estaba a cargo. No tenía sentido, aunque tal vez ese era el punto.

Gran parte de lo relacionado con Los Zetas en 2014 no tenía sentido. Era una organización diferente a la que había aterrorizado a San Fernando en 2010. La mayoría de los archicriminales de aquella época estaban muertos o en prisión,[23] lo que dejó en su lugar a una generación más joven.[24] Que la estructura estuviera desintegrada significaba que la organización era impredecible, en especial a escala local, y que tenía mucha menos experiencia. El pueblo estaba bajo un mayor control gubernamental que en los últimos cuatro años, con patrullas regulares y bases militares y de

---

[23] Para 2005, entre treinta y cuarenta de los ochenta líderes originales de Los Zetas habían desaparecido. Para llenar sus filas, Los Zetas se vieron obligados a bajar sus estándares, contratando a militares menos calificados, policías y delincuentes comunes. El grupo estableció campamentos de entrenamiento diseñados para aumentar su capacidad, donde les enseñaban a los nuevos reclutas tácticas de disparo, evasión, contrainteligencia y explosivos. Para completar sus filas, Los Zetas incluso llevaron su reclutamiento al extranjero, a otras naciones con combatientes altamente entrenados. Los kaibiles de Guatemala eran legendarios por sus habilidades —y por sus abusos a los derechos humanos—. Durante la guerra civil de Guatemala, que duró décadas y cobró la vida de un cuarto de millón de personas, los kaibiles masacraron a decenas de miles de presuntos rebeldes y sus familias. Cuando la guerra terminó en 1996, miles quedaron sin trabajo. Algunos encontraron propósito y pago con los cárteles en México. Fredy Martín Pérez, «Desempleo orilla a soldados a involucrarse en el narco: coronel», *El Universal*, 3 de octubre de 2006.

[24] Guadalupe Correa-Cabrera, *Los Zetas Inc.: Criminal Corporations, Energy, and Civil War in Mexico* (Austin: University of Texas Press, 2017), 80.

la Marina permanentes en las cercanías.[25] Pero eso no significaba que San Fernando estuviera a salvo. Los secuestros continuaban y Los Zetas todavía hacían lo que querían.

En teoría, eso significaba que tal vez Sama estaba diciendo la verdad; era posible que algunos subordinados se hubieran llevado a Karen sin el permiso o conocimiento de los superiores. En cuyo caso —pensó Miriam— tenía que seguirles la corriente, o al menos jugársela. Fingir que ella le creía, hacer los favores que él pedía y esperar que estuviera diciendo la verdad.

A través de los grandes ventanales de El Junior que daban a la calle, Miriam podía ver la Explorer roja estacionada afuera y el tráfico de la tarde que pasaba por ahí a gran velocidad. A izquierda y derecha, los comensales comían. Dejó de lado sus dudas de que todo esto podría ser solo otra forma de sacar ventaja de su dolor y aceptó hacer el pago extra.

Después de la comida, Sama le dijo a Miriam que la llevaría a casa. Solo que Luis la había llevado a la reunión, contra las órdenes de Los Zeta, y estaba estacionado en una calle lateral, fuera de la vista del restaurante. Si ella no aceptaba que él la llevara, Los Zetas sabrían que los había desobedecido; si lo aceptaba, los llevaría directo a la casa de Azalea.

Al final no importó. Pronto se dio cuenta de que Sama ya sabía a dónde iba.[26] Dejó a Miriam frente a la casa de Azalea y le dijo que se pondría en contacto.

○●○

Miriam miraba su teléfono fijamente. Ya había pasado más de una semana desde que había pagado los 1 600 dólares, no el suficiente tiempo para perder la esperanza, pero sí para empezar a implorar-

---

[25] Héctor González, «Llegan 650 militares a nuevo cuartel en San Fernando, Tamaulipas», *Excélsior*, 19 de enero de 2012, https://www.excelsior.com.mx/2012/01/19/nacional/802854.

[26] «Denuncia y/o querella por comparecencia del ciudadano Luis Héctor Salinas Castillo», Ciudad Victoria, Tamaulipas, 26 de marzo de 2014. PGJT, Sama, expediente 0029/2014, vol. 1, 6-13.

le a un teléfono celular sin conciencia que sonara. La sala de casa de Azalea había adquirido el aspecto de un escenario temporal, un centro de operaciones de una sola mujer en medio de la madera barnizada y las telas con estampados oscuros. Vasos vacíos sobre la mesa de centro, papeles esparcidos sobre el sillón, el desorden de una familia distraída por la preocupación y el miedo.

El teléfono de Miriam sonaba de vez en cuando con llamadas de números desconocidos, lo que despertaba oleadas momentáneas de esperanza que se desvanecían casi tan rápido como ella tardaba en responder. A veces, eran nuevas exigencias de rescate de un grupo no relacionado que se había enterado de la difícil situación de la familia y había decidido aprovecharla. Pero después de dos semanas, Miriam recibió una llamada de los que parecían ser los verdaderos secuestradores, y no los farsantes que pescaban en la miseria ajena. Estaba en el baño cuando sonó su teléfono y Azalea corrió con él por el pasillo para entregárselo.

—El comandante ya dio la orden y estamos listos para devolverle a su hija —dijo la voz en la línea—. Solo necesitamos un pequeño pago, algo de cambio para el bolsillo.

Miriam sospechó de inmediato. ¿Por qué ahora, después de todo este tiempo, y por qué otra pequeña petición?

—Si dices que tienes a mi hija, necesito hablar con ella —exigió.

—Eso no es posible —respondió la voz—. Pero la vamos a regresar ahora.

Miriam ignoró su buen juicio y pagó el rescate, depositando 400 dólares en una tienda de conveniencia en la plaza principal del pueblo.[27] Sabía que era casi imposible que el hombre tuviera a Karen, pero ese «casi» era mejor que nada. Así era la penuria del amor: vaciar tus ahorros en la cuenta de un desconocido ante la remota posibilidad de que en realidad fueran ellos quienes habían secuestrado a tu hija, de que en realidad estuviera viva y de que, en efecto, la devolvieran.

Los secuestradores se aprovechan de la esperanza y de la necesidad asimétrica de que los seres queridos de la víctima la preser-

---

[27] *Idem.*

ven. En ese sentido, una mentira descarada podría ser preferible a la verdad, una razón para seguir adelante, para no caer al abismo; un rescate podría funcionar tanto para mantener la fantasía como para recuperar a un ser querido.

Miriam permaneció en la plaza hasta el anochecer esperando a Karen, mucho después de la hora señalada para la reunión, hasta ya entrada la noche. Cuando las luces de los vendedores nocturnos se encendieron, proyectando charcos fluorescentes sobre la plaza, supo que era hora de irse.

○●○

Los días se hicieron difusos, indistinguibles unos de otros, unidos en sus límites borrosos. Los recuerdos se desvincularon de la hora y la fecha, arrebatados del abstracto paso del tiempo y registrados en él. Solo más tarde, reflexionando, pudieron aquellas instantáneas obtener un sentido, momentos cruciales cuyo significado aún no se había revelado.

Dos semanas después de la desaparición de Karen, Miriam y Azalea iban en camioneta por el pueblo, para buscar la Explorer rojo cereza y para mantenerse en movimiento y evitar que el peso de la tristeza se instalara. Atravesaron el centro del pueblo, bajaron por la Calle Ancha y llegaron al cruce en dirección sur. Miriam escaneaba calles, escaparates, espacios públicos y banquetas.

Cruzaron el río y se siguieron, más allá de la entrada a la colonia de Miriam, en Paso Real. Miriam le preguntó a Azalea si tenía hambre y se detuvo en una tienda de carnes a la parrilla a un costado de la carretera. Miriam bajó de un salto de la camioneta para pedir comida y de pronto regresó apurada. Había visto a la amiga de Karen a la que llamaban la Chaparra, sentada en una mesa de plástico en el restaurante.

—¿Ves a la Chaparra ahí sentada? —le preguntó a Azalea.

Azalea la miró.

—Solo está bebiendo un refresco —señaló Miriam. No había ni un plato vacío ni una servilleta arrugada. Miriam y Azalea se sentaron en una mesa cercana, y Miriam llamó a la chica.

La Chaparra se levantó y caminó hacia donde estaban sentadas. Era baja de estatura y tenía el cabello chino. Todavía era adolescente, un poco más joven que Karen.

Miriam le preguntó a la Chaparra si se había enterado de lo que le sucedió a Karen. La chica negó con la cabeza. Miriam le contó algunos detalles del secuestro y la Chaparra parecía nerviosa y volvía la mirada hacia su asiento una y otra vez.

Después de que regresó a sentarse a su lugar, Miriam miró a Azalea.

—Hay algo que no está bien con ella —comentó—. Todo el mundo sabe sobre el secuestro.

Unos días después, Miriam volvió a ver a la Chaparra en el mismo restaurante de carnes a la parrilla, sentada en el mismo lugar.

Ubicado en la carretera hacia la salida sur del pueblo, el restaurante tenía un claro campo de visión en línea hacia la entrada del antiguo basurero municipal donde, según los rumores, Los Zetas tenían un campamento. Un buen lugar para observar, advirtió Miriam.

○●○

No mucho después, Miriam estaba comprando en el supermercado principal del pueblo cuando notó a una figura alta, delgada y con cabello chino en el estacionamiento.

Sama estaba con un hombre mayor que supuso que era su jefe por la forma en que Sama parecía especialmente atento a cada uno de sus pasos.[28]

Miriam se apresuró a confrontarlo.

—Me dijiste que me traerías de vuelta a mi hija —se dirigió a Sama—. Dime dónde está.

Sorprendido, Sama se alejó del hombre mayor.

—No puedo hablar ahora, estoy con el jefe —informó en voz baja. Agregó que podían hablar más tarde. Sacó una hoja de papel

---

[28] «Declaración informativa de la ciudadana Miriam Elizabeth Rodríguez Martínez», Ciudad Victoria, Tamaulipas, PGJT, 15 de septiembre de 2014, Sama, expediente 0029/2014, vol. 1, 167-168.

de su bolsillo y anotó su número; luego persiguió a su socio, que subía a una camioneta blanca todoterreno con varios hombres armados.

Miriam se dirigió hacia Luis.

—Los vamos a seguir —le informó.

La pareja siguió al convoy hasta una calle residencial tranquila. Luis se estacionó en la esquina y vio cómo la camioneta blanca se detenía frente a una casa morada y entraban Sama, su jefe y los demás. Miriam tomó nota de la dirección.[29]

Conforme transcurrían las semanas, Miriam se hundió en un estado depresivo, un ritmo circadiano de desaliento.[30] Dormía a ratos, se despertaba por la noche con el vacío de la pérdida y pasaba las horas en ataques de llanto. Algunos días le costaba levantarse de la cama. Si lo hacía, con trabajo salía de la sala de Azalea. Siempre bien vestida en el pasado, a Miriam ahora le había dado por estar en pijama. Pasaba horas revisando su teléfono, como si solo él tuviera las respuestas a su miseria. Los tres pagos de rescate habían sostenido la posibilidad de que Karen estuviera viva, le habían dado algo en qué creer y habían llenado el doloroso vacío. Con aquellas esperanzas ahora desvanecidas, su melancolía se profundizó.

Azalea empezó a preocuparse por su mamá. Siempre había sido en la que todos se apoyaban por su fortaleza. Ella nunca se obsesionaba con algo malo, no importaba cuán grave o tremenda fuera la pérdida. Miriam todavía tenía dos hijos y un esposo, además de una tienda que administrar, Rodeo Boots.

El día que se cumplió un mes de la desaparición de Karen, el 23 de febrero de 2014, Miriam se levantó del sillón y subió a darse un baño. Se sentó frente al espejo y se cepilló el cabello por primera vez en lo que parecieron siglos.[31] Se maquilló y se vistió.

---

[29] Entrevista con Luis Salinas.

[30] Entrevista con Azalea.

[31] Entrevista con Azalea y una amiga anónima de la familia.

Bajó las escaleras y encontró a Azalea en la sala.

—Bueno, ya pasó un mes y no me la van a regresar. Lo sé en mi corazón de madre.

Dijo que Karen nunca volvería a casa, al menos no como lo había esperado, porque su hija menor estaba muerta. No había autocompasión en su voz, ni lágrimas ni corrientes de dolor que se extendieran por su rostro. Se mantuvo de pie por un momento, eligiendo sus palabras.

—Por el resto de mi vida, con el tiempo que tenga, voy a encontrar a las personas que le hicieron esto a mi hija —afirmó—. Y las voy a hacer pagar.

Con el tiempo, Miriam poco a poco desarrolló tanto una lista de objetivos, incluido el número uno, el joven Sama, quien los había extorsionado para obtener más dinero por el regreso de Karen, como una lista de sus compañeros Zetas:

1. Cristiano
2. El Flaco
3. El Florista
4. El Mario
5. El Kike
6. La Chaparra
7. La Güera Soto
8. La Machorra

Azalea vio a su madre salir de la casa y subirse a la camioneta de Ernesto, su esposo. Miriam nunca volvió a ser la misma después de eso.

II. LOS PRIMEROS AÑOS

Karen y Miriam en el Puente Reynosa, 1994

Antes de que Los Zetas tomaran San Fernando, y veinte años antes de que secuestraran a Karen Rodríguez, Miriam había estado caminando de ida y vuelta en el extremo mexicano del puente internacional de Reynosa con su hija de un año, Karen. Tenían una consulta médica de alto riesgo para la pequeña con un panel de médicos estadounidenses al otro lado de la frontera. Miriam observaba el otro extremo del puente, donde agentes fronterizos estadounidenses uniformados hojeaban pasaportes con fría indiferencia.

A base de pura fuerza de voluntad, Miriam había conseguido esta cita médica en Texas para revisar el caso de Karen, que los profesionales médicos mexicanos consideraban sin esperanza.[1] Los médicos estadounidenses eran la última y quizá la única oportunidad que Miriam tenía de salvar a su hija de una vida relegada a una silla de ruedas. Pero Miriam no le había tramitado a Karen una visa para Estados Unidos; la niña no tenía ni siquiera pasaporte.

Con la piel sonrosada y el cabello color canario, Karen parecía un nenuco con vida. En la tienda, en las calles, en el mercado San Fernando donde trabajaban sus padres, todos querían cargar a la pequeña. La habían cargado tanto (no solo los extraños y sus padres, sino también sus hermanos mayores, Azalea y Luis Héctor, quienes

[1] Entrevista con Azalea.

estaban enamorados de la pequeña personita que había aparecido entre ellos) que Karen rara vez tenía que gatear hacia algún lado.[2]

Y fue por eso por lo que, unos meses antes, en el verano de 1994, Miriam sospechó que Karen tenía problemas para caminar. Cada vez que Miriam colocaba a la niña de pie en el suelo, notaba que perdía el equilibrio, como si su cadera se doblara hacia abajo. La niña tenía dificultades para levantarse, como un juguete descompuesto, y sin importar cuánto la persuadieran o de cuántas formas la apoyaran, no había manera.

Al principio, Miriam y su entonces esposo Luis asumían que, a diferencia de sus hermanos mayores, a Karen simplemente la habían malcriado por cargarla demasiado. Había crecido en la comodidad del éxito de sus padres. Azalea y Luis tenían en aquel entonces 17 y 10 años, respectivamente, y habían vivido los años de escasez, cuando la familia dormía en una casa sin electricidad y trabajaba largas jornadas en el mercado para ganarse el sustento. Por su parte, Karen nació en el relativo lujo de una vida de clase media. Tal vez —pensaron— le costaba caminar porque prefería no hacerlo.

Pero cuando Karen cumplió un año, Miriam supo que algo estaba mal. Llevó a la niña con un médico de San Fernando, quien le dio un pronóstico funesto: Karen nació con una malformación en la cavidad ósea de la cadera, lo que la dejaría incapaz de caminar por sí sola durante toda su vida. Peor aún, el médico le dijo a Miriam que no había nada que él pudiera hacer.

Una vida sin libertad de movimiento era una vida limitada y ningún padre quería eso para su hija. Con su típica brusquedad, Miriam se negó a aceptar el pronóstico del médico.

—¿Y usted qué diablos sabe? —le dijo.

Luego viajó a la capital del estado, a un hospital público especializado en niños.[3] Miriam tenía grandes esperanzas en el equipo médico que trabajaba ahí: eran lo mejor que Tamaulipas tenía para ofrecer. Pero unas semanas más tarde, estando con Karen en la sala de exploración del hospital, Miriam se sintió abrumada una

---

2 Entrevista con Luis Héctor.

3 Entrevista con Azalea.

vez más por las malas noticias: Karen no solo tenía una malformación en la cadera, sino que también tenía un soplo cardiaco.

Miriam sabía del soplo cardiaco; el obstetra le había dicho que lo más probable era que Karen lo superara al crecer. Pero los médicos del Hospital Infantil le dijeron a Miriam que el soplo hacía que el tratamiento de la displasia de cadera fuera demasiado peligroso. Le dijeron que la niña podría sufrir un infarto.

Miriam negó con la cabeza.

—Voy a encontrar a alguien más que pueda hacerlo —señaló.

En ciudades de todo México, un diagnóstico negativo puede ser una sentencia de muerte, aunque la enfermedad no lo sea.[4] La mayoría de las personas, carentes de recursos y de opciones, están condenadas a acudir a médicos con educación y experiencia limitadas. O peor aún, a un sistema de salud pública en el que las citas básicas tardan meses en conseguirse y los procedimientos avanzados se niegan con frecuencia a todos, excepto a los afortunados y a quienes tienen conexiones.[5]

Miriam confiaba en que siempre había una manera de resolver los problemas. Siempre, no importa qué puertas se te cerraran o cuánta resistencia encontraras. Así fue como había logrado construir una vida para su familia, a pesar del desempleo de Luis, crisis económicas y tragedias personales.

Recordó a una mujer en San Fernando cuyo hijo pequeño padecía una rara enfermedad que los médicos en México no habían podido tratar. La madre de este niño había logrado que lo atendieran en un hospital especializado en Houston, Texas. El tratamiento lo mantuvo vivo y le dio esperanza a la familia. Al salir del hospital de Ciudad Victoria, Miriam fue a ver a la mujer.

El hospital Shriners Children's de Houston, uno de los centros de cirugía infantil más respetados del mundo, aceptaba casos espe-

---

[4] Rocío García-Díaz, «Effective Access to Health Care in Mexico», BMC *Health Services Research*, 12 de agosto de 2022, https://bmchealthservres.biomedcentral.com/articles/10.1186/s12913-022-08417-0.

[5] Nathaniel Parish, «Is Mexico Prepared to Confront Coronavirus?», *Americas Quarterly*, 17 de marzo de 2020, https://www.americasquarterly.org/article/is-mexico-prepared-to-confront-coronavirus/.

ciales de forma gratuita, incluidos los que provenían de México.[6] Las familias debían presentar la solicitud y luego llevar al paciente a Estados Unidos, pero el formulario estaba en inglés, idioma que Miriam no hablaba. Entonces fue a la biblioteca local en San Fernando y contrató a un bibliotecario que sí lo entendía para que le ayudara a completar la solicitud. Por otro lado, viajar a Houston para entregar la solicitud de forma presencial era demasiado costoso. Por ello, Miriam le preguntó a la madre del niño si la podía llevar por ella en persona la siguiente vez que viajara para allá.

Unos meses más tarde llamaron del hospital Shriners Children's. Miriam y Karen tendrían que llegar a La Feria, Texas, donde los médicos revisarían el caso de Karen en persona y tomarían una decisión sobre si el hospital podría ayudarles. Después de haber atravesado una prueba difícil con los médicos mexicanos, que solo ofrecían su negativa, y de haber encontrado no solo una alternativa en Estados Unidos, sino la mejor disponible, Miriam necesitaba llevar a su hija de un año al otro lado del puente y llegar a McAllen, donde un autobús las conduciría a La Feria para la entrevista inicial. Pero Miriam no contaba ni con la visa ni con el pasaporte de Karen.

El puerto de entrada al puente estaba a cargo de un par de bruscos agentes fronterizos, que revisaban los pasaportes antes de conceder la entrada a Estados Unidos. Miriam explicó su dilema: su hija necesitaba llegar a Estados Unidos para que le hicieran una cirugía crucial. Les mostró pruebas de sus cruces fronterizos habituales y la documentación que el hospital había enviado desde Houston.

Después de media hora de negociaciones, los agentes dejaron pasar a Miriam y a Karen.

Las familias se reunían en el centro de convenciones de La Feria, donde el personal del hospital Shriners revisaba casos indi-

---

[6] Shriners Children's, «Financial Assistance. Shriners Children's Provides Care for Families Regardless of Financial Circumstances», https://www.shrinerschildrens.org/en/patient-information/billing-insurance-and-financial-assistance/financial-assistance; Shriners Children's, «Shriners Hospitals for Children Recognized Six Times by U.S. News & World Report», 18 de junio de 2021, https://www.shrinerschildrens.org/en/news-and-media/news/2021/06/us-news-and-world-report-21-22.

viduales. Los médicos se sentaban con los pacientes en cubículos improvisados, evaluando la viabilidad de las operaciones. Miriam sabía que era una oportunidad remota, un momento angustiante por la posibilidad real de que, aunque ella hubiera hecho todo lo que estaba en sus manos, su hija nunca podría llegar a caminar.

Después de revisar el caso de Karen, el médico le dijo a Miriam que creía que había buenas probabilidades de que pudieran ayudarla y ofreció llevarla a Houston de inmediato.

Miriam permaneció en Texas durante un mes para la operación y los procesos de seguimiento. Los médicos implantaron una placa de platino dentro de la cadera de Karen y le colocaron un yeso de cuerpo entero para la recuperación. Cuando Miriam y Karen regresaron a México, Azalea y Luis Héctor se turnaron para cambiarle el pañal a Karen a través de un pequeño corte en la parte trasera del yeso, en la que hundían sus manos a ciegas; parecía una caja negra de olores y texturas repugnantes. Pero lo hicieron, respetando el credo familiar de la responsabilidad compartida.

A medida que la placa de la cadera se adaptó a su cuerpo, a Karen le dieron aparatos ortopédicos para las piernas y una pequeña andadera. Miriam se llevaba a Karen al mercado todos los días, donde el atractivo de jugar con los hijos de otros vendedores era demasiado difícil de resistir. Al poco tiempo, Karen estaba persiguiendo a los demás por los pasillos de cemento, cojeando con una gran sonrisa… y sin la andadera.

Miriam viajaba con Karen a Houston cada mes para darle seguimiento; los médicos necesitaban monitorear cómo se estaba adaptando el cuerpo de la niña después de la cirugía. Todos observaban a Karen con atención, en especial Miriam, como si en cualquier momento algo pudiera ocurrirle al milagro de su movilidad. Los viajes a Houston continuaron hasta que Karen cumplió 18 años. Para entonces, había alcanzado su máxima estatura y los médicos se sentían seguros de que la copa de la cadera seguiría funcionando.

La familia siempre supo que, si Karen se embarazaba, podría haber un problema. Pero ella corría y nadaba, saltaba y bailaba de tal forma que todos, incluida Karen, prácticamente olvidaron lo precaria que había sido su vida temprana. Todos menos Miriam.

Un refugio alguna vez seguro: la Villa San Fernando

Durante casi toda su historia, Tamaulipas ha sido un centro de tránsito de personas y mercancías que atraviesan el norte del continente americano.[7] Aunque rico en recursos naturales, petróleo y gas, agua y minerales, viento, arena y luz solar, gran parte del valor económico del estado se deriva de su ubicación a lo largo de la costa del Golfo de México y la frontera. El contrabando era una economía natural en la región, dada su cercanía con Estados Unidos y la costa del Golfo. Tamaulipas ofrecía la ruta más rápida para cruzar México y llegar a Estados Unidos, lo que transformó a sus pueblos fronterizos en bastiones del comercio ilícito, en especial a Matamoros.

Esas redes de contrabando se adaptaron a los cambios históricos que se extendieron por todo México a principios del siglo XX. La Revolución mexicana, que tuvo lugar entre 1910 y 1920, ayudó a alimentar la economía regional, incluido el movimiento ilícito de mercancías.[8] Hacia el final de la lucha, cuando entró en vigor la Ley Volstead, en 1919, la prohibición estadounidense de la venta de alcohol abrió una nueva oportunidad para los contrabandistas de Tamaulipas.[9] La venta de alcohol, y más tarde de drogas y cocaí-

---

[7] La Corona española, preocupada por las incursiones francesas e inglesas en su dominio, tenía lo que necesitaba con San Fernando: una cabeza de playa estratégica en la costa del Golfo. El fundador del moderno estado de Tamaulipas, José de Escandón, se había dado cuenta durante una misión de reconocimiento, en 1747, que San Fernando era un punto necesario en la ruta desde el Texas español hasta el Golfo de México, y que «su tránsito es necesario para asegurarlo». El contrabando era tan extenso que, a principios del siglo XIX, el emperador Agustín de Iturbide envió un grupo de soldados para detenerlo y establecer oficinas de aduanas en la región. Eligieron el futuro Matamoros, fundado por contrabandistas a principios de 1800 y llamado El Refugio, como la ubicación de la primera oficina de aduanas. Octavio Herrera, *Historia breve de Tamaulipas* (Fondo de Cultura Económica, México, 2011), 118, 203, 280.

[8] *Ibid.*, 203.

[9] History, Art & Archives, «The Volstead Act», United States House of Representatives, https://history.house.gov/Historical-Highlights/1901-1950/The-Volstead-Act/#:~:text=Known%20as%20the%20Volstead%20Act,as%20their%20production%20and%20distribution.

na, se convertiría en un elemento central del futuro Cártel del Golfo.

○●○

Miriam había crecido en un rancho de 526 hectáreas conocido como Rancho Loma Prieta, ubicado 19 km al sur de San Fernando. Sus padres habían subsistido a duras penas en una parcela subdividida de tierra que comprendía unas 120 hectáreas, donde cultivaban sorgo y maíz y criaban animales para uso propio. Miriam, la menor de nueve hermanos, nació veinte años después que su hermano mayor, y la brecha generacional le dio a Miriam la oportunidad de disfrutar los modestos beneficios de los cambiantes tiempos. Mientras que sus hermanos mayores trabajaban en el rancho con su padre, a Miriam y a su hermano Jorge los enviaron al pueblo para asistir a la escuela.

Durante la mayor parte de doscientos años, San Fernando había sido un pequeño pueblo ganadero. Enormes extensiones de tierra relativamente plana dominan el territorio, ideales para la cría y el pastoreo de los caballos y las vacas que los primeros colonos españoles llevaron consigo en su viaje para colonizar el noreste de México, en 1748.[10] Pero todo eso comenzó a cambiar entre 1940 y 1960; la población aumentó el 100% a medida que el pueblo se desarrolló y familias como la de Miriam Rodríguez emigraron de las afueras en busca de trabajo o educación. Cuando nació Miriam, en 1960, se estaban produciendo cambios importantes en San Fernando, los cuales se reflejaban en la mayor parte de México.[11] La población crecía y el pueblo mismo se urbanizaba. Conocido en aquel entonces como Villa San Fernando, todavía era el tipo de lugar en que todos los habitantes se conocían entre sí y, si no, solo necesitaban un apellido para rastrear la historia familiar de la persona con quien estuvieran hablando.

---

[10] Octavio Herrera, *Breve historia de San Fernando* (Ayuntamiento de San Fernando, 2001), 39.

[11] *Ibid.*, 103-104.

Cada año que pasaba traía consigo grandes avances en el desarrollo del pueblo. Para 1970, cuando Miriam iba a empezar la escuela secundaria, la población era de 30 000 personas, el triple de lo que había sido solo 20 años antes,[12] y las tierras que antes se habían dedicado a la ganadería habían sido transformadas: las limpiaron de mezquites, cactus y maleza del desierto y las labraron para convertirlas en superficies cultivables. Esto marcó el inicio de un movimiento agrícola que el Gobierno llamó «la revolución verde».[13] La visión que se tenía para San Fernando era el cultivo de sorgo, una planta resistente que requería poco riego; este era un requisito, ya que no era posible regar la mayor parte de la tierra en San Fernando y la precipitación anual era modesta.[14]

Pero a Miriam no le interesaba la agricultura. Destilaba una sofisticación que el resto de su familia no tenía; incluso cuando era niña, aconsejaba a sus hermanos mayores sobre cómo resolver problemas financieros y sociales. Era muy buena en la escuela. Obtuvo buenas calificaciones en sus clases y aprendió a mecanografiar por sí misma antes de graduarse.

De adolescente, Miriam era de carácter fuerte. Le resultaba doloroso conceder un punto o retroceder después de haber tomado una decisión. En la preparatoria, se enamoró de Luis Salinas, un atleta vanidoso, de piel clara, cabello rubio y ojos gris pálido. Comenzaron a salir, escabulléndose y pasando tiempo juntos lejos de la atenta mirada de los padres de Miriam.

Miriam era tres años menor que Luis, un hijo de comerciantes que vendían enseres domésticos en el pueblo. A ella le gustaba

---

[12] *Ibid.*, 104.

[13] Enrique Cárdenas se convirtió en gobernador de Tamaulipas en 1975, cuando Miriam Rodríguez tenía 15 años. Lanzó la revolución verde para promover la agricultura y despejó las tierras salvajes de San Fernando para construir una red de caminos de tierra que conducían a la frontera, caminos que serían ideales para el contrabando hacia Estados Unidos. Entrevista con Octavio Herrera; Alejandro Cuevas, «Revolución verde», *El Mañana*, 2 de marzo de 2018, https://www.elmanana.com/opinion/columnas/revolucion-verde-4336830.html; Gobierno de Tamaulipas, comunicado de prensa, «Reconocen diputados a Don Enrique Cárdenas González exgobernador de Tamaulipas», 7 de marzo de 2018, https://www.congresotamaulipas.gob.mx/SalaPrensa/Boletines/Boletin.asp?IdBoletin=2759.

[14] Herrera, *Breve historia de San Fernando, op. cit.*, 104.

desde mucho tiempo antes, cuando eran niños, pero no fue sino hasta la preparatoria que comenzaron a verse. No llevaban mucho tiempo saliendo cuando Luis se graduó y dejó San Fernando para irse a Estados Unidos a trabajar en una fábrica. En aquel entonces, no había muchas oportunidades en San Fernando más allá de la agricultura y la ganadería.

Poco después, Miriam descubrió que estaba embarazada. Tenía 17 años.

En el México de la década de 1970, un embarazo fuera del matrimonio era similar a un suicidio social para la familia de la futura madre. Prevalecían los valores conservadores, arraigados en raíces católicas y reforzados por una sociedad incondicionalmente patriarcal. Por ello, cuando Miriam se lo contó a sus padres, casi la desheredaron. Luis no sabía del embarazo y Miriam no se lo contó. Él estaba en Texas, trabajando, ganando dinero para sí mismo, y la pareja no hablaba por teléfono ni se comunicaba por carta. Entre ellos no hubo promesas de amor eterno ni de que él regresaría por ella. Tampoco se había hablado de matrimonio, al menos no al principio.

Miriam no ofreció disculpas por cómo sucedieron las cosas. Hizo las maletas y partió hacia el extremo opuesto del país, donde vivía su hermana mayor Socorro, quien tenía poco más de 30 años y mantenía a su propia familia con un trabajo bien remunerado.[15] Recibió a Miriam con los brazos abiertos.

Para ganar su propio dinero, Miriam vendía productos Avon por catálogo a las mujeres que vivían cerca de su hermana, y recorría las calles de norte a sur y de este a oeste con el vientre cada vez más grande. Tenía una habilidad especial para hablar con la gente, crear intimidad y convencer a extraños de que compartieran su vida privada con ella. Era encantadora, inofensiva e insistente de un modo que hacía reír a la gente. Ganaba bien vendiendo cremas y productos de belleza a las vecinas de Socorro.

Pero Miriam empezó a sentirse inquieta por volver a casa. Su incursión en los negocios había estado al servicio de un único

---

[15] La hermana de Miriam, Socorro, vivía en el pueblo de Guaymas, Sonora.

objetivo: regresar a San Fernando y comenzar una vida propia; al demonio con su pareja y sus padres. El 2 de diciembre de 1977 Miriam dio a luz a una niña a la que llamó Azalea. Tres semanas más tarde, con el dinero que había ahorrado, compró un boleto de autobús de ida hacia San Fernando y atravesó la latitud de México con una recién nacida para comprobar si sus padres, que le habían advertido que habían terminado con ella, hablaban en serio.

Resultó que no. Los padres de Miriam se ablandaron al ver a su nieta. La familia hizo las paces y Miriam regresó a su casa. Seguía sin llamar a Luis, aferrada con terquedad a la idea de que si él quería volver a verla, encontraría la manera de ponerse en contacto con ella. Quizá nunca habría hablado con él si no hubiera sido porque se encontró con sus hermanas en las calles de San Fernando, mientras cargaba a Azalea. Las hermanas no habían visto a Miriam desde su misteriosa desaparición, pero cuando vieron a la niña, de piel blanca y cabello claro, supieron que era hija de Luis.

Las hermanas de Luis lo llamaron de inmediato para comunicarle la noticia y convocarlo a regresar a San Fernando, donde le propuso matrimonio a Miriam unos días después. La pareja se casó el 30 de enero de 1978. Para proteger a Azalea de la vergüenza de haber nacido fuera del matrimonio, cambiaron su fecha de nacimiento al 2 de febrero de 1978.

○●○

Ansioso por volver a trabajar, Luis regresó a Estados Unidos casi tan rápido como se había ido. Miriam volvió a ser madre soltera, aunque ahora sus padres estaban tranquilos por su casamiento con Luis. Ella misma comenzó a buscar trabajo y encontró empleo en el Gobierno.

El Estado estaba ampliando sus esfuerzos para modernizar la agricultura en todo México, y Tamaulipas tenía la tarea de convertirse en uno de los principales graneros al norte del país. En esos años, la economía de México estaba en pleno auge: una época dorada a la que ahora los economistas se refieren con afecto como «el milagro mexicano».[16] Encontrar trabajo en el Gobierno no solo significaba tener un salario alto, sino también el tipo de beneficios que le permitían a uno construir una vida para su familia.

Si la mayoría de las agencias gubernamentales eran lentas o algo ineficaces, el Departamento de Agricultura era un caso atípico. Mantenía un banco de semillas, consultaba con los agricultores los patrones climáticos estacionales y los tipos de suelo y, en general, se aseguraba de que el país y el gobernador del estado cumplieran su promesa de hacer del territorio la región más productiva de sorgo en todo México. Construyeron los drenajes y las zanjas necesarios para la producción de cultivos industriales, junto con cientos de kilómetros de caminos de tierra, una enorme red de rutas de tránsito construida para ayudar al transporte de cultivos que iban desde San Fernando hasta la frontera, a casi 130 km de distancia, caminos que con el tiempo serían incautados por los delincuentes para el contrabando.

La oficina era responsable de un territorio de casi 10 360 km^2 y Miriam era el primer punto de contacto para los agricultores y ganaderos que buscaban asesoramiento o asistencia.[17] Por ser hija de un peón, conocía a las personas con las que trabajaba y entendía sus necesidades. Ella asesoraba sobre todo tipo de temas, incluso sobre cómo moverse en los caminos de la burocracia. Hizo amistades con sus compañeros y sus familias, e incluso lanzó un negocio paralelo vendiendo botas vaqueras a los hombres que llegaban en busca de ayuda. La idea se le ocurrió durante un viaje a la ciudad de León, Guanajuato, donde encontró vendedores que elaboraban a mano ese calzado, de uso generalizado en el norte de México. En San Fernando no había nada parecido. Compró algunos pares y los vendió todos en una semana. Al poco tiempo, ya hacía viajes mensuales para recoger pedidos por mayoreo.

---

[16] Richard Salvucci, «The Economic History of Mexico», EH.net, https://eh.net/encyclopedia/the-economic-history-of-mexico/.

[17] En una oficina de trescientas personas que cubría 10 360 km^2, Miriam trabajaba como secretaria en un distrito que iba desde Las Norias en el sur hasta la Laguna Madre en el este y las afueras de Matamoros al norte. Entrevista con Carlos Verdugo.

Fue una época excitante en Tamaulipas, y en particular en el campo de la agricultura. También fue emocionante para Miriam. Amaba su independencia y, cuando Azalea llegó a la edad escolar, decidió salirse de la casa de sus padres.[18] Con el dinero que Luis enviaba desde Estados Unidos, Miriam pudo alquilar una pequeña casa cerca del centro del pueblo. Luis iba a casa durante las vacaciones y en ocasiones los fines de semana, pero por lo general no tenía mucha presencia, al menos no física. No fue sino hasta que Azalea cumplió cuatro años que regresó a San Fernando, deportado por las autoridades estadounidenses por quedarse más tiempo del que permitía su visa.

Juan Nepomuceno Guerra, el fundador pionero del Cártel del Golfo

Al crecer en San Fernando en las décadas de 1960 y 1970, Miriam rara vez había visto acciones criminales en el estado de Tamaulipas. La presencia de delincuentes era sutil, casi imperceptible para quienes no tenían motivos para interactuar con ellos. Y, además, se sabía que la mayor concentración de bandidos estaba en Matamoros, que entonces era el centro neurálgico de la mayor parte de la actividad criminal en el estado, y hogar del que llegaría a llamarse el Cártel del Golfo, el grupo criminal más complejo y organizado de la región.

[18] Miriam todavía no tenía auto, y todas las mañanas y tardes caminaba entre sus oficinas y la escuela de Azalea. Por la noche, Miriam asistía a sus propias clases en Prep Arreaga, un centro de educación para adultos. Entrevista con Azalea.

En aquel entonces, su negocio consistía básicamente en el contrabando. A partir de la década de 1920,[19] después de que Estados Unidos prohibió la venta de alcohol, un grupo de contrabandistas había logrado aprovechar la enorme oportunidad de enriquecerse introduciendo tequila y otros licores de forma ilegal al otro lado del Río Grande, a Texas.[20] Pero los contrabandistas prosperaron incluso después de que se derogó la Ley Volstead. Una vez establecida una red, comenzaron a traficar todo aquello para lo que pudieran encontrar un mercado, y en ambos lados de la frontera: partes de automóviles, aparatos electrónicos para el hogar, llantas e incluso cigarros.

La organización, que muchas décadas después el Gobierno y los medios de comunicación denominarían de manera retroactiva Cártel del Golfo, fue fundada durante la década de 1930 por un exoficial de policía llamado Juan Nepomuceno Guerra.[21] Bajo su mando, las raíces del crimen organizado comenzaban apenas a hundirse en los cimientos de la nación. La red de contrabandistas de Guerra contaba con la ayuda de su red de conexiones políticas, que aseguraban el flujo libre y constante de mercancías. El Gobierno se convirtió en socio de la empresa de contrabando, con lo que sentó las bases para la corrupción y la complicidad integradas que vendrían después, y para los patrones de delincuencia y violencia que surgirían en las décadas siguientes.[22]

Estados Unidos se convirtió en el socio audaz e involuntario del crecimiento del crimen organizado en México, en especial en Tamaulipas; primero al prohibir el alcohol, lo que ayudó a Juan N. Guerra y sus acólitos a crear la organización, y luego al prohibir los narcóticos, lo que impulsó al sucesor de su fundador, Juan García Ábrego, a ex-

---

[19] Ignacio Alvarado, «Una historia de narcopolítica», *El Universal*, 17 de junio de 2012, https://archivo.eluniversal.com.mx/notas/853903.html.

[20] History, Art & Archives, *op. cit.*

[21] PGJ, Expediente «Juan N. Guerra Cárdenas agente de cuarta de la Policía Judicial del D.F.», México, Procuraduría General de Justicia.

[22] Carlos Antonio Flores Pérez, *Historias de polvo y sangre. Génesis y evolución del tráfico de drogas en el estado de Tamaulipas* (México: Centro de Investigaciones y Estudios Superiores en Antropología Social, 2013), 140.

pandir el negocio al contrabando de cocaína.[23] La expansión hacia el contrabando de drogas aumentó los ingresos del Cártel del Golfo y de otras organizaciones criminales por miles de millones de dólares, y tuvo un costo de cientos de miles de muertes en todo México.

Muy pronto, familias como la de Miriam ya no podrían darse el lujo de ignorar al crimen organizado, como lo había hecho ella durante su infancia. A muchos les costaba trabajo entender cómo las cosas habían llegado a ser tan malas: cómo el asesinato se había vuelto tan común que apenas si se mencionaba en los titulares, cómo los criminales podían operar con tanta impunidad y cómo el Gobierno parecía por completo incapaz de detenerlos.

Esa historia comienza, en parte, con Juan N. Guerra.

El asesinato de Gloria Landeros

El 23 de julio de 1947, Gloria Landeros, una querida actriz mexicana, fue asesinada a tiros en la ciudad de Matamoros.[24] Landeros, de 23 años, y su familia eran actores muy admirados en el norte de México, y dueños de una compañía de teatro ambulante. Las primeras planas de México se lamentaban por la muerte de la actriz, ocurrida a tiros en su propia casa.[25] La ciudadanía quería saber por qué.

---

[23] U.S. District Court, United States of America v. Juan García Ábrego, CR. NO. H-93-167-SS, Docket's document 443, 4-6.

[24] *Noticiero*, «Comerciante de H. Matamoros que asesina a su joven esposa. Horrible tragedia que se incubó con los humos del licor y un complejo absurdo», 24 de julio de 1947, Ciudad Victoria, Tamaulipas.

[25] *The Brownsville Herald*, «Matamoros Wife Is Shot to Death», 24 de julio de 1947, Brownsville, Tex., 1., citado en Flores Pérez, *Historias de polvo y sangre…*, *op. cit.*, 139; *El Mundo*, «Una tragedia impresionante registrada en H. Matamoros. La Sra. Gloria Landeros fue muerta a balazos por su marido. Porque la visitaron sus padres [*sic*]. Delante de sus hijos y de sus suegros, la dejó moribunda», 24 de julio de 1947, Tampico, Tamaulipas, 1.

Desde el principio, los detalles de su muerte plantearon más preguntas que respuestas. Algunos dijeron que el disparo fue accidental, el rebote de un arma fallida; otros sugirieron algo más siniestro, un ataque de celos que escaló a asesinato. La mayoría de los periódicos coincidían en un factor: los dudosos antecedentes y el carácter del presunto agresor, el esposo de Landeros, Juan Nepomuceno Guerra.

Él era, según el *Noticiero*, periódico publicado en Tamaulipas, un «sujeto con un terrible historial; alguien que siempre ha vivido al margen de la ley y que ha amasado una enorme fortuna a base de contrabando de todo tipo».[26]

Nacido en 1915, Guerra pertenecía a una familia de contrabandistas y delincuentes que en un inicio construyeron su fortuna llevando whisky hacia el norte, a Estados Unidos, durante los años de la prohibición. Cuando aquello terminó, a principios de la década de 1930, la familia solo cambió de giro y comenzó a introducir de todo, desde tabaco hasta llantas de automóvil, por la frontera sin vigilancia.[27]

México en ese momento atravesaba una profunda transformación. Una década de guerra durante la Revolución mexicana había allanado el camino para las promesas gubernamentales de igualdad social, redistribución de la riqueza y una ruptura con la cultura de la política autoritaria. Una nueva clase política estaba alcanzando la mayoría de edad, líderes civiles que definirían la arquitectura política mexicana durante las siguientes décadas.

Juan Guerra y su familia utilizaron su fortuna para insertarse en esa arquitectura política, invitando a políticos y policías a un acuerdo que funcionaba más como una cooperativa que como una operación clandestina. Con estrechos vínculos financieros y personales que llegaban hasta la Ciudad de México, la familia no

---

[26] *Noticiero*, «No quedará impune el salvaje asesinato de la señora G. Landeros», 25 de julio de 1947, Ciudad Victoria, 1.

[27] Ignacio Alvarado, «Una historia de narcopolítica», *El Universal*, 17 de junio de 2012, https://archivo.eluniversal.com.mx/notas/853903.html; Eduardo Guerrero, «El dominio del miedo», *Nexos*, 1.º de julio de 2014, https://www.nexos.com.mx/?p=21671; Guillermo Valdés Castellanos, *Historia del narcotráfico en México* (México: Aguilar, 2013), 155.

se ocultaba en los márgenes de la sociedad, como la mayoría de los delincuentes se veían obligados a hacer. Al contrario: fueron acogidos por esta.[28] La organización que iniciaron los Guerra consolidó y controló el contrabando en Tamaulipas durante la mayor parte de cien años, y con el tiempo se convirtió en el Cártel del Golfo.

Gobernadores, senadores estatales e incluso ministros de gabinete encontraron su camino para ganarse el favor de Guerra, y viceversa.[29] El hermano de Guerra, Roberto, trabajó un breve periodo en el propio Gobierno, como alto administrador de las finanzas estatales en Tamaulipas. El sobrino de Guerra fue alcalde de Matamoros.[30]

Para el verano de 1947, el año en que Juan Guerra mató a Gloria Landeros, su familia tenía un control decisivo sobre gran parte del contrabando que atravesaba Tamaulipas, así como profundos vínculos con los políticos y las autoridades encargadas de detenerlo.

La familia disfrutaba del tipo de impunidad que solo se producía cuando los políticos estaban integrados de forma plena en la nómina y en la operación, a cambio de que les entregaran sobres con dinero en efectivo aquí y allá. Guerra había determinado desde el principio que pagarles a las personas no era suficiente: convertirlas en cómplices de la empresa aseguraba su interés personal y permitía que fuera un negocio en marcha. Y dado que los políticos controlaban a la policía, a los agentes de aduanas y al Ejército, su integración implicaba que la operación de contrabando se asemejara lo más posible a una empresa estatal.[31]

En los años posteriores a la revolución, México siguió siendo un Estado autoritario, una estructura centralizada que respondía al presidente, quien ejercía un enorme poder. Durante la mayor

---

[28] Flores Pérez, *Historias de polvo y sangre…*, *op. cit.*, 130-131.

[29] *Idem.*

[30] *Ibid.*, 196-198.

[31] *Ibid.*, 130-131.

parte del siglo XX, México estaba gobernado por un partido político, el Partido Revolucionario Institucional (PRI), cuyo nombre en apariencia contradictorio resumía en realidad su mayor activo: que podía ser al mismo tiempo institucional y revolucionario, todo para todos, una ideología amorfa cuyo único principio era el dominio político.

El partido único demostró ser una forma notable de controlar la política de un país.[32] El partido trabajaba con líderes empresariales y sindicales, trabajadores y capitalistas, criminales y policías. Como todos los líderes de todos los niveles jugaban para el mismo equipo, no había oposición externa con la que lidiar ni disputas políticas públicas que sofocar. Con ese tipo de poder, los criminales se doblegaban ante el Estado y le servían según su gusto.

El propio Juan Guerra alardeaba de su respaldo al PRI. En una rara entrevista con un reportero del *Brownsville Herald,* un periódico fronterizo de Texas, dijo que siempre había apoyado al PRI y mostró su tarjeta de miembro del partido para que el periodista visitante la inspeccionara.[33]

Pero fue solo después del asesinato de la esposa de Juan Guerra, Gloria Landeros, que se hizo evidente todo el peso del poder político de la familia.

Poco después de su arresto, Guerra proclamó que no pasaría más de un mes en prisión, una burla que pareció solo pulir su reputación de malhechor.[34] Al ser un hombre corpulento con nariz aguileña y piel clara, parecía villano de una ciudad fronteriza. Un periodista que visitó a Guerra en la cárcel lo comparó

---

[32] Ingrid Bleynat, «The Business of Governing: Corruption and Informal Politics in Mexico City's Markets, 1946-1958», *Journal of Latin American Studies,* 50:2 (mayo de 2018): 355-381, https://www.cambridge.org/core/journals/journal-of-latin-american-studies/article/business-of-governing-corruption-and-informal-politics-in-mexico-citys-markets-19461958/5B09CFA8B021FCB75C153E3AF5D70A42.

[33] *Proceso,* «A los 77 años y en silla de ruedas», 26 de octubre de 1991, https://la-via-lactea.livejournal.com/62890.html.

[34] *Noticiero,* «No quedará impune el salvaje asesinato de la señora G. Landeros», 25 de julio de 1947, Ciudad Victoria, 1.

con un enorme oso erguido[35] que tenía la mirada asesina de un criminal.[36]

Los funcionarios gubernamentales a escala estatal y nacional prometieron procesar a Guerra. El gobernador de Tamaulipas emitió acaloradas condenas en la prensa local y el fiscal general del estado viajó a Matamoros para supervisar el caso. Pero ambos hombres pertenecían a una red de políticos que se enriquecían gracias a la corrupción rampante de la época, incluida la de la empresa de contrabando de Guerra.[37]

El poder en México es a la vez estridente y sutil; se ejerce entre bastidores cuando es más conveniente, y se manifiesta de manera pública cuando es necesario. Para Guerra, la situación ideal del caso en su contra habría sido una resolución privada y silenciosa. Y de seguro lo habría logrado, de no ser por la lucha incansable de su suegro, Carlos Landeros.[38]

---

[35] *Noticiero*, «Entrevista Noticiero con el torvo asesino de Gloria. "Debías haber matado a los dos viejos también, pues de la cárcel te saco con dinero", dijo su padre al criminal. Los hermanos Guerra desde hace mucho tienen a toda la ciudad bajo sus pistolas», 2 de agosto de 1947, Ciudad Victoria, 4.

[36] Años más tarde, en 1991, y después de su arresto, un periodista lo describió así: «Juan N. Guerra, en mi opinión, parece encarnar quizá al último representante de una era, de una actitud mental: el complejo del Cow Boy, y el recuerdo del Lejano Oeste, que en Tamaulipas dominó la frontera durante muchos años, dando carácter y fuerza a los vaqueros legendarios». *El Sol de Tampico*, «Cosas del determinismo», 17 de noviembre de 1991, 1, 10, tercera sección, cuatro fotos.

[37] *Noticiero*, «La rápida intervención del Sr. gobernador evitó que quedara en libertad el uxoricida Juan N. Guerra. Cese del agente del M. Público en Matamoros, por venal negligencia. Patética carta del padre de la asesinada en la que exhibe la corruptela del personal judicial de allá. Salió para Matamoros el nuevo agente del Ministerio Público para evitar que se tuerza la acción de la justicia con dinero y las amenazas del criminal», 31 de julio de 1947, Ciudad Victoria, 1; *Noticiero*, «No quedará impune el salvaje asesinato de la señora G. Landeros», 25 de julio de 1947, Ciudad Victoria, 1; *Noticiero*, «El C. procurador de justicia salió ayer para Matamoros. El gobierno decidido a restaurar el imperio de la ley en aquella ciudad de la frontera. Quedó sin efecto el cambio de agentes del M. Público, pues De la Garza Kelly era el defensor de Juan N. Guerra. Por órdenes expresas del señor gobernador, toda la población ha sido despistolizada por fuerzas militares de la guarnición local», 1.º de agosto de 1947, Ciudad Victoria, 1; Flores Pérez, *Historias de polvo y sangre…*, *op. cit.*, 152.

[38] Actor y comediante, bien conocido y querido a lo largo de la frontera y en Tamaulipas, Carlos Landeros se negó a callar sobre el asesinato de su hija. Él y su esposa habían estado en la ciudad cuando ocurrió el asesinato y fueron testigos no solo del cuerpo sin vida de ella, sino también de la hostilidad casi inmediata de las autoridades hacia ellos. Flores Pérez, *Historias de polvo y sangre…*, *op. cit.*, 141-152.

Una semana después del tiroteo, Carlos Landeros escribió y publicó una carta abierta en un periódico estatal, denunciando el trato sesgado.[39] En ella mencionó que el juez que supervisaba el caso había entregado a sus nietos a la familia de Guerra. No es que la familia Landeros tuviera muchas municiones para la pelea. Según la carta, ni un solo abogado en Matamoros aceptaba representarlos.

Pero el trato sesgado apenas estaba comenzando.

Lo que había parecido un claro caso de primer grado comenzó a derrumbarse a gran velocidad. El juez y el fiscal habían logrado sofocar algunas de las pruebas forenses más importantes, incluida la admisión de una bala alojada en el piso que estaba debajo del lugar donde le habían disparado a quemarropa a Gloria Landeros. Sin esa bala, no había prueba directa de que la asesinaron.[40]

Poco a poco, gracias a los cuidadosos esfuerzos de los funcionarios públicos que tuvieron que navegar el doble juego de desmantelar el caso en privado y al mismo tiempo apoyarlo públicamente, surgió una teoría diferente sobre el tiroteo: que el arma había fallado y que la bala había matado por accidente a Gloria Landeros.[41] A medida que pasó el tiempo, el caso perdió impulso, los periódicos cubrieron menos la historia y los políticos callaron.[42]

---

[39] *Noticiero*, «Pide justicia el padre de Gloria Landeros, acusando a todas las autoridades de Matamoros de estar vendidas o atemorizadas ante el sádico asesino Juan N. Guerra. Ningún abogado matamorense se atreve a patrocinar la parte civil, porque temen a la familia Guerra. Toda clase de consideraciones se están dispensando al criminal, las actas se levantan a su antojo y se le está preparando ya la libertad bajo caución», 31 de julio de 1947, Ciudad Victoria, 4. Nadie representaría a la familia Landeros: los abogados en Matamoros estaban demasiado asustados o demasiado conectados con la familia Guerra para tomar a la familia como clientes.

[40] *Idem.*

[41] *Noticiero*, «Querían hacer aparecer como muerte accidental el cobarde asesinato de Gloria Landeros. El agente del MP, Ciro A. Espinosa y el juez Pompeyo Gómez, parciales al asesino. El procurador, Lic. Z. Fajardo, se concretó a amonestarlos y ordenó reponer el expediente», 2 de agosto de 1947, Ciudad Victoria, 1.

[42] El caso podría haber expirado por completo de no ser por Carlos Landeros, quien documentó su batalla cada vez más desesperada en cartas a un solo periódico, el *Noticiero*, que apoyó su causa y ofreció el único registro de los delitos del Gobierno. En una carta, Landeros proclamó que cualquiera que intentara ayudarlo se encontraba marginado,

Aunque el Gobierno mantuvo su compromiso público de encarcelar a Juan Guerra, las declaraciones eran solo eso: palabras huecas con la intención de apaciguar; simulación en lugar de acción. El Gobierno no solo no cumplió sus promesas, sino que también los funcionarios a cargo de la investigación trabajaron de modo sistemático en desvirtuar el caso, de tal manera que la única verdad sustentada en todo el proceso judicial fue la promesa de Guerra, poco después del asesinato, de que no pasaría ni un mes en prisión.

El caso se cerró y Juan Guerra siguió con su vida, indemne. Incluso, en 1952 abrió un bar en Matamoros que se hizo famoso, el Salón Piedras Negras, donde continuó sus operaciones.[43] Pero, al poco tiempo, salió en las noticias por otro escandaloso asesinato.

---

amenazado o bajo asedio, incluso el abogado que la familia finalmente había logrado contratar, quien abandonó el caso. En otra, les dijo a los lectores que el periódico, con sede en Ciudad Victoria, había sido boicoteado en Matamoros y ya no se encontraba en los quioscos. Landeros reunió a la Asociación Nacional de Actores para enviar una carta al gobernador, exigiendo justicia: provocó tal revuelo que la corte suprema del estado abordó el tema de si había habido mala conducta judicial. Pero la corte suprema del estado estaba supervisada por el mismo grupo político que consideraba a Guerra uno de los suyos.

El testimonio del propio hijo de Guerra, de 4 años, quien supuestamente les dijo a los fiscales que su padre había matado a su madre, fue considerado inadmisible. El juez también descartó a otro testigo, una empleada doméstica en la casa familiar, quien dijo que había escuchado a Landeros gritar: «Mátame, cobarde», justo antes del tiroteo. Al final, la corte suprema no encontró irregularidades y confirmó el fallo de muerte por accidente, al igual que todos los demás funcionarios públicos, informes forenses y organismos federales encargados de la supervisión. Flores Pérez, *Historias de polvo y sangre...*, *op. cit.*, 149-150.

[43] *El Regional de Matamoros* (anuncio), «Grandiosa inauguración del Salón Piedras Negras», 6 de junio de 1952, Matamoros, 6.

La historia de la niña, Karen 1970-1990

Luis, el esposo de Miriam, regresó a México destrozado y derrotado. Después de vivir en Estados Unidos durante casi ocho años, lo arrojaron de regreso al otro lado de la frontera sin ceremonias, y le dijeron que nunca regresara. Durante el resto de su vida les advirtió a sus hijos que no se fueran al «otro lado».

De regreso en San Fernando, se sumergió en la vida de Miriam y Azalea. Madre e hija ya tenían para entonces una rutina, una manera de vivir solas. Estaban felices de tenerlo en casa después de estar tantos años fuera, pero les tomó algo de tiempo acostumbrarse a su presencia, como con los muebles nuevos. A veces podía ser mezquino y hacer comentarios sobre el peso de Miriam o quejarse de cómo mantenía la casa. Bebía. La pareja peleaba con frecuencia, en parte porque Luis no tenía ni trabajo ni dinero.

La inversión de los roles, con Miriam como proveedora y Luis como beneficiario, provocó en casa una dinámica incómoda. Entonces, la familia decidió crear su propio empleo. Los padres de Luis eran comerciantes en el pueblo, ¿y si Luis abriera su propia tienda? Con el tiempo, sus padres se jubilaron y, a medida que sus clientes migraron a la tienda de Luis, el negocio prosperó. Miriam le pidió un préstamo a su jefe (un beneficio que el Gobierno ofrecía a sus trabajadores) y con él abrieron una tienda para vender sombreros de vaquero y artículos para el hogar.

Durante los primeros años, la tienda no batió ningún récord. Además, a principios de la década de 1980 la economía en auge comenzaba a desacelerar. En 1982, México sufrió una crisis de deuda financiera que repercutió en todo el país. La economía se paralizó. El trabajo de Miriam todavía pagaba las facturas; y la atención médica que proporcionaba el Estado era buena. La familia la necesitaba ahora más que nunca, pues en 1982, Miriam se embarazó del segundo hijo de Luis, un rayo luminoso en un año que de otro modo resultaría difícil. En octubre de ese año, cuando Azalea tenía 5 años, Miriam dio a luz a un niño sano.

Miriam se tomó un descanso del trabajo para cuidar al recién nacido, ayudada por un médico pediatra que vivía frente a ellos. Al cumplir un mes, para el control del bebé, Miriam fue con el vecino a vacunarlo, pero el bebé tuvo una mala reacción y pasó la noche llorando. Al día siguiente, el médico, antes de salir a hacer sus mandados, le recetó un medicamento para contrarrestar la respuesta del bebé a la vacuna y los envió a descansar. Pero antes de llegar a casa, al cruzar la calle, Miriam sintió que la respiración del bebé se había detenido de pronto. Miró a su hijo y trató de sacudirlo, pero el bebé no se movía.

Miriam gritó para pedir ayuda, pero el médico ya había salido a hacer sus compras. Miriam empezó a correr. Con su hijo en brazos, corrió cuesta arriba a pie, pasando por comerciantes, restaurantes y el mercado, hasta llegar al hospital. Pero no hubo nada que hacer. El niño murió por una reacción adversa a lo que le había recetado el médico, un error de cálculo que Miriam nunca le perdonó.

La pareja siguió adelante, cada uno a su manera. La necesidad lo exigía. Tenían que cuidar a Azalea, y atender sus propios asuntos. Era tan probable la desgracia como la buena fortuna; el único antídoto para la tragedia era seguir adelante. Al año siguiente, 1983, Miriam descubrió que de nuevo estaba embarazada.

Su hijo nació en mayo de 1984; lo llamaron Luis Héctor, en honor a su padre. Cuando Miriam regresó a trabajar, su esposo se hizo cargo del cuidado de los niños; para trabajar en la tienda, llevaba a su tocayo al mercado en una pequeña canasta. Para entonces, Luis había trasladado su tienda al mercado San Fernando; y aunque le representó un mayor costo, este se amortizó con rapidez porque la tienda atrajo a más clientes.

Con el nuevo éxito, Miriam decidió que era hora de empezar a vivir como miembros de la clase media. Compraron un automóvil y comenzaron a limpiar un terreno para construir una casa en una comunidad que todavía no se había desarrollado y que llegaría a ser conocida como Paso Real. Solo que cada vez que parecían estar cerca de iniciar la construcción, los contratiempos económicos la retrasaban. Primero hubo un huracán que arrancó el techo del negocio de Luis. Poco después, en 1989, unos ladrones robaron la tienda; vaciaron la caja fuerte, que contenía una pistola, un reloj que Miriam le había regalado por su aniversario y oro.

Más que la pérdida de dinero, Miriam sintió de modo más agudo la pérdida de la seguridad; que alguien a quien con toda probabilidad conocían le hubiera robado descaradamente a su esposo era un ataque a su derecho a sentirse seguros. Luis decidió dejarlo pasar, pero Miriam se rehusó a hacerlo. De formas que caracterizaron su comportamiento después de que Karen fuera secuestrada, Miriam comenzó a investigar. Fue a ver las tiendas del pueblo que vendían artículos usados y luego denunció los objetos perdidos a la policía. Sabía que la policía no haría nada, pero un registro formal de los bienes robados podría resultar útil.

El crecimiento de San Fernando había traído consigo muchas ventajas: mejores tiendas, mejor infraestructura, más oportunidades de trabajo y desarrollo. Pero la afluencia de recién llegados creó malestar entre los lugareños. Ya no era común conocer a todas las personas con las que uno se encontraba.

Y fue un extraño el que primero llamó la atención de Miriam. Estaba sentado en un pequeño parque en el lado noreste del pueblo, solo. Y llevaba el reloj de su esposo. Miriam, acompañada por Luis Héctor, de 6 años, se acercó al hombre. Ella le hizo un cumplido sobre el reloj y le preguntó dónde lo había conseguido. Su carátula era anaranjada, con una banda negra y números de trazo grueso.

El hombre dijo que se lo había regalado un amigo.

—Estás mintiendo —espetó Miriam—. Ese reloj a mí me lo robaron.

El extraño se rio nerviosamente y lo negó.

Ella le dijo al hombre que ya había denunciado el robo del reloj. Con una sola llamada vendría la policía y lo arrestaría. Nadie quería involucrar a la policía. Era como invitar a un vampiro a tu casa; solo podrías culparte a ti mismo de los horrores que vinieran después.

El hombre miró hacia la plataforma de concreto del parque. Tocó el reloj que llevaba en la muñeca como si le disgustara.

—Escucha, no quiero tener problemas —precisó—. No tenía idea de que estas cosas fueron robadas.

Miriam le exigió que le dijera qué más le habían ofrecido.

—Bueno, el tipo también me ofreció una pistola —admitió el hombre, quitándose el reloj de la muñeca y devolviéndoselo.

No sabía cuál era el nombre de la persona que le vendió el reloj, pero sabía quién había comprado el arma.

Al día siguiente, Miriam se presentó en la casa de esa persona, y le exigió que le entregara la pistola que habían sacado de la caja fuerte de Luis. El hombre se opuso.

—Sabes que comprar artículos robados es un delito, ¿verdad? —preguntó ella.

Miriam le dijo que ella había registrado el arma y que era la única persona autorizada para usarla, lo cual no era cierto. Pero el comprador no lo sabía.

—Si voy a la policía y denuncio que robaste esta arma, tendrás problemas —señaló.

El hombre no quería conflictos, y mucho menos con la policía.

—Toma tu arma.

Miriam le preguntó al hombre qué sabía sobre las cadenas de oro de Luis. El hombre dijo que escuchó que un pastor las había comprado. A esta persona Miriam sí la conocía.

El mismo día, se presentó en su casa y exigió el oro.

El pastor lo negó todo, como los demás.

Pero en lugar de amenazar al pastor con la policía, utilizó su reputación.

—Si no quiere que le diga al mundo que usted compra bienes robados, será mejor que me devuelva lo que tiene —le advirtió.

Y el pastor así lo hizo.

Miriam siempre sospechó que el ayudante de su esposo había robado las pertenencias, debido a que el ladrón sabía dónde buscar. Nunca pudo demostrarlo, pero lo despidieron de todas formas.

○●○

En 1991, Miriam dejó el Departamento de Agricultura, donde trabajaba desde finales de los años setenta. Años más tarde se arrepentiría de la decisión, cuando los problemas de salud y la inestabilidad económica empezaron a agobiarla. Pero en ese momento, con la tienda de artículos para el hogar de Luis funcionando bien y la seguridad de una casa de la que eran dueños, Miriam decidió correr el riesgo.

Su tienda, Rodeo Boots, fue un éxito inmediato. Se mudó al mercado San Fernando, a la fila opuesta a la tienda de Luis, y su clientela se expandió, de ser solo agricultores a lo que parecía ser todo el pueblo. Por primera vez en su vida matrimonial, Miriam y Luis conocieron la cálida tranquilidad del éxito financiero, y la buena suerte continuó: a la primavera siguiente, en 1992, Miriam descubrió que estaba embarazada una vez más.

Azalea, para entonces, era una adolescente en preparatoria y Luis Héctor tenía casi 8 años, pero ambos recibieron con gusto la idea de una hermana pequeña. Para el siguiente febrero nació Karen Salinas Rodríguez. Toda la familia se dedicó a cuidarla, llevándola consigo a todos lados, como una mascota del equipo. Pero sobre todo pasaban su tiempo en el mercado San Fernando, donde ahora trabajaban ambos padres.

La vida familiar giraba en torno al mercado, un edificio de estilo español con pequeñas tiendas frente a una arcada exterior. Los niños iban a la escuela desde el mercado y regresaban cada vez que terminaban las clases. Todos trabajaban, pero también se divertían. Los hijos de los otros vendedores jugaban con ellos en los pasillos sombreados, en los que entonces bullía el comercio. Azalea y Luis Héctor trabajaban por pequeñas comisiones.

La novedad de un bebé suavizó las tensiones dentro de la familia, aunque la adolescencia y la juventud de Karen seguirían el ritmo del colapso de San Fernando. Sus frustraciones y privilegios, su generosidad y su rebeldía diferenciarían a Karen de los dos hermanos mayores en años posteriores, cuando conocer los límites se convirtió en una cuestión de vida o muerte.

III. EL ASCENSO DE LOS CÁRTELES

Arquetipos políticos y criminales, 1946-1952: el presidente Miguel Alemán y Juan N. Guerra

Después de la Revolución mexicana, que duró de 1910 a 1920, la nación estaba construyendo un nuevo panorama político e intentando descifrar cómo cambiarían el poder y la gobernanza después de una década de guerra civil. La idea era redistribuir la riqueza y reducir la desigualdad que se había arraigado desde antes de los treinta años de dictadura de Porfirio Díaz, así como durante esta. El cambio trajo cierta estabilidad y esfuerzos esporádicos de reforma. Pero en el transcurso de los siguientes setenta años, a medida que iban y venían presidentes, uno tras otro, floreció una clase criminal mientras la desigualdad disminuía solo de modo marginal.

En cuanto a la organización que más tarde se conocería como el Cártel del Golfo, hubo tres líderes que definieron su rumbo. El primero, Juan N. Guerra, estableció las redes centrales: las conexiones políticas y las capacidades de contrabando que le permitieron a su organización establecerse como uno de los sindicatos criminales más importantes del país a partir de las décadas de 1930 y 1940.

Después de que él se retiró, su sobrino, Juan García Ábrego, tomó esas conexiones y las amplió en la década de 1980, lo que hizo que se convirtiera en el primer narcotraficante en aparecer en la lista de los más buscados del FBI. Él purgó las rutas de contrabando de los pequeños bienes de consumo con los que su tío Juan N. Guerra había traficado y, en su lugar, las llenó de cocaína, lo que le brindó ingresos de miles de millones de dólares y notoriedad mundial.

Tras el arresto de García Ábrego en 1996 y la aniquilación de su cártel, Osiel Cárdenas se abrió camino hasta la cima del escalafón criminal en 1998 y formó su propia organización, para luego ser pionero en el cambio más trascendental de todos: la creación de Los Zetas. En su intento por dominar el mundo criminal, Cárdenas contrató a los soldados mejor entrenados del país para integrar a Los Zetas como parte del Cártel del Golfo, lo que inició una era de violencia militarizada en México que continúa hasta hoy. El arresto y la extradición de Cárdenas a Estados Unidos en 2007 ayudó a provocar el fin de la alianza entre el Cártel del Golfo y Los Zetas, y el inicio de una horrible violencia que se volvió costumbre.

En el periodo de la posguerra de la década de 1940 se estableció el escenario para los cambios con una nueva clase de liderazgo político, una clase profesional, cuya llegada estuvo marcada por el primer presidente civil del país, Miguel Alemán Valdés.[1] Hijo de un héroe de guerra y con formación de abogado, el presidente Alemán fue pionero en el arte de ganar poder político.[2] Desde muy joven desarrolló como aliados y amigos para toda la vida a una generación de líderes políticos que estarían a cargo de Secretarías de Estado, gobiernos estatales e incluso del país mismo durante las siguientes décadas; un grupo que amasó fortunas, políticas y financieras, hasta entrado el siglo XXI.[3]

---

[1] Gobierno de México «Miguel Alemán Valdés (1903-1983). Presidente de la República de 1946 a 1952 fue primer presidente civil del México moderno», Presidencia de la República, 14 de mayo de 2013; UPI, «Miguel Aleman, the first civilian president of Mexico after...», 14 de mayo de 2013.

[2] Joseph B. Treaster, «Miguel Aleman of Mexico Is Dead; Was President from 1946 to 1952», *The New York Times*, 15 de mayo de 1983, https://www.nytimes.com/1983/05/15/obituaries/miguel-aleman-of-mexico-is-dead-was-president-from-1946-to-1952.html.

[3] Carlos Antonio Flores Pérez, *Historias de polvo y sangre. Génesis y evolución del tráfico de drogas en el estado de Tamaulipas* (México: Centro de Investigaciones y Estudios Superiores en Antropología Social, 2013), 98-103.

En la época en que Juan N. Guerra se salía con la suya asesinando a su esposa, Alemán recibió varias cartas personales de la familia de Gloria Landeros suplicándole que interviniera.[4] El gobernador, el fiscal y los magistrados de la Corte Suprema del estado debían sus cargos, al menos en parte, al presidente Alemán. Aunque el presidente fue en extremo cauteloso para opinar sobre asuntos como la muerte de Gloria Landeros, presidía un imperio de impunidad selectiva que favoreció a Guerra.

Alemán irradiaba una cualidad que llegó a ser sinónimo de, e incluso a definir, su Partido Revolucionario Institucional:[5] la habilidad para involucrarse con todas las tendencias políticas en su búsqueda de poder y la voluntad de acercar a las personas indicadas al redil siempre que su participación resultara útil.[6] El PRI gobernó el país de forma continua durante más de setenta años, de 1929 al año 2000. Los presidentes tenían la restricción de cumplir un mandato único de seis años; el mensaje para todos era que el partido tenía superioridad sobre cualquier hombre o grupo de políticos. Pero Alemán resultó ser un ícono, con influencia en el futuro del partido, de la misma manera que Juan N. Guerra resultó serlo en el mundo del crimen organizado. Durante su mandato, se estima que Alemán y sus acólitos depositaron entre 500 y 800 millones de dólares en bancos extranjeros, cantidad superior a la deuda externa del país.[7]

---

[4] *Ibid.*, 141, 151-152.

[5] Ingrid Bleynat, «The Business of Governing: Corruption and Informal Politics in Mexico City's Markets, 1946-1958», mayo de 2018, https://www.cambridge.org/core/journals/journal-of-latin-american-studies/article/business-of-governing-corruption-and-informal-politics-in-mexico-citys-markets-19461958/5B09CFA8B021FCB75C153E3AF5D70A42.

[6] El exdirector del FBI, J. Edgar Hoover, dijo sobre Alemán: «Juega primero con los izquierdistas y luego con los derechistas, según lo dicten las exigencias de la situación, con el mayor beneficio para sí mismo». Stephen R. Niblo, *Mexico in the 1940s: Modernity, Politics, and Corruption* (Wilmington: Scholarly Resources Inc., 1999).

[7] Paul Gillingham, «Corruption in the Formation of the Modern Mexican State: Notes Towards a History», AHRC Conferencia «La construcción del cargo público», CIDE, México, 2017, 2, https://warwick.ac.uk/fac/arts/history/research/centres/ehrc/research/current_research/constructionspublicoffice/mexico/scenarios/corruption_consent_in_the_formation_of_the_pri_gillingham.pdf.

En el gobierno del presidente Alemán comenzó a florecer una estrecha relación entre los contrabandistas de Tamaulipas y las altas esferas del poder, administradas por funcionarios estatales y locales, todos ellos provenientes del PRI. Las oficinas de aduanas eran un lugar de trabajo especialmente lucrativo para cualquier funcionario gubernamental que quisiera llenarse los bolsillos;[8] el propio presidente Alemán nombró a los jefes de aduanas de varias ciudades, entre ellas Nuevo Laredo y Matamoros.[9] Tener el control aduanero significaba controlar todo lo que entraba y salía de contrabando de Tamaulipas.[10] Los contrabandistas eran una parte crucial de esa economía, el motor que impulsaba el ingreso. Eso significaba que disfrutaban de cierta protección por parte del Gobierno: se les dejaba actuar a su suerte siempre y cuando el dinero fluyera, y se les protegía en caso de que surgiera la necesidad.

En abril de 1960 ocurrió en Matamoros otro asesinato que involucraba a Juan N. Guerra y que fue noticia nacional y amenazó con exponer el fraude aduanero.

---

[8] Gillingham, «Corruption in the Formation of the Modern Mexican State...», *op. cit.*, 7.

[9] Flores Pérez, *Historias de polvo y sangre...*, *op. cit.*, 136.

[10] Alemán regaló industrias como líneas de transporte nacional y concesiones para la distribución de gasolina, mientras ofrecía a otros acceso exclusivo a financiamiento gubernamental o derechos a servicios de agencia aduanal a lo largo de la frontera. Flores Pérez, *Historias de polvo y sangre...*, *op. cit.*, 111 y 115.

Choque de íconos: Villa Coss y Juan Guerra, 1960

En 1960, el año en que nació Miriam, el hijo de Francisco Villa, el legendario bandido convertido en general que luchó en la Revolución mexicana, fue asesinado en el bar de Juan N. Guerra, en Matamoros, quien para entonces era el jefe de la empresa criminal más poderosa de todo el noreste de México.

El asesinato de Octavio Villa Coss conmocionó al público y de inmediato provocó una investigación completa. A escala nacional, las primeras planas de los periódicos estaban llenas de una mezcla de información, especulaciones y opiniones políticas. Pero surgió un móvil: la balacera fue provocada por una disputa en la oficina de aduanas de Tamaulipas.

La aduana era dominio de Juan N. Guerra, un feudo que controlaba con sus conexiones gubernamentales. En ese momento, Octavio Villa Coss era funcionario de aduanas en la ciudad de Reynosa, Tamaulipas, y estaba en el bar de Guerra con dos compañeros de trabajo con el motivo de «venir a arreglar las cosas»,[11] según uno de los acompañantes de Villa Coss, lo cual era un eufemismo de limar asperezas en el arreglo que Coss tenía en la aduana de Reynosa.

Villa Coss, relativamente nuevo en el trabajo aduanero en Tamaulipas, tenía el historial de utilizar puestos aduaneros para su propio enriquecimiento. Había creado su propio plan en otro estado donde antes había trabajado como funcionario del fisco. Ahora en Tamaulipas, algunos sospechaban que buscaba replicar ese modelo.[12]

En el bar, la conversación entre Guerra y Villa Coss de pronto se tornó hostil. Todos habían estado bebiendo, pero según un tes-

---

[11] *Diario de la Tarde*, «Consignación del "caso Piedras Negras"», 16 de abril de 1960, 1-2.

[12] Flores Pérez, *Historias de polvo y sangre…*, *op. cit.*, 158.

tigo, Villa Coss levantó la voz y amenazó con matar a Guerra en el calor del momento. Pero justo antes de que tuviera la oportunidad de hacerlo, el chofer de Guerra sacó un arma de su cinturón y le disparó tres veces a Villa Coss; lo mató en el acto.[13]

Tras el tiroteo, el Gobierno exigió una investigación completa e imparcial.[14] Era difícil no ver paralelos con el anterior asesinato de alto perfil que involucraba a Juan N. Guerra, el de su difunta esposa, Gloria Landeros. Igual que en aquel suceso, la narrativa del Gobierno sobre el asesinato de Villa Coss comenzó a cambiar a medida que avanzaba la investigación. Y también lo hicieron el alcance, la escala y el éxito de esta. Se supo con relativa rapidez que el chofer de Guerra, presunto autor del disparo, no había ido a trabajar el día en que mataron a Villa Coss.

En cambio, la evidencia forense señaló al propio Guerra como el atacante.[15]

Solo que para entonces Guerra se había ido ya hacía tiempo, y se suponía que estaba escondido en un rancho que pertenecía a un coronel retirado con estrechos vínculos con el entonces expresidente Alemán.[16]

De la misma manera en que la investigación previa sobre Guerra había favorecido la narrativa de un tiroteo accidental, esta respaldó una versión en la que el tiroteo fue resultado de una pelea de borrachos.[17] Y si bien los familiares de Villa Coss

[13] *Diario de la Tarde*, 16 de abril de 1960, 1-2.

[14] Se asignó a un fiscal federal para trabajar en conjunto con investigadores del Ministerio de Finanzas, que supervisaba las agencias aduanales. Sin embargo, en Matamoros, la persona encargada de supervisar ambas oficinas resultó ser la misma —y estaba vinculada a la estructura política que, durante décadas, había protegido a los corruptos—. Flores Pérez, *Historias de polvo y sangre...*, *op. cit.*, 158-159.

[15] *El Regional de Matamoros*, «El juez federal le negó el amparo a Juan N. Guerra», 11 de junio de 1960, página policiaca.

[16] Guerra trabajó con un abogado para presentar una apelación contra su arresto, una curiosa técnica legal en México conocida como *amparo*. No mucho después, Juan Guerra logró obtener el amparo contra su arresto de un juez federal en un estado vecino, Nuevo León, donde su organización también operaba. Flores Pérez, *Historias de polvo y sangre*, 156.

[17] *Diario de la Tarde*, «Enérgica batida al contrabando dispone el Gobierno Federal», Matamoros, 26 de abril de 1960, 1, 3.

tenían influencia real en el Gobierno, ni siquiera ellos podían ser rivales para la maquinaria de Guerra. Sus esfuerzos por descubrir la verdad fueron frenados.[18]

Poco después, Juan N. Guerra salió de su escondite y se presentó a una entrevista con las autoridades que supervisaban el caso Villa Coss. Pero no apareció solo: lo acompañó un exgobernador de Tamaulipas. La entrevista duró solo media hora y a Guerra se le permitió salir sin cargos.[19]

En cambio, su chofer fue a la cárcel por el tiroteo.[20]

Después de eso, Guerra se mantuvo alejado de las autoridades lo más que pudo. Se transformó en un estadista local que organizaba fiestas y celebraciones en su bar, patrocinaba concursos de belleza y eventos cívicos transfronterizos (incluida una en 1964 en honor al expresidente Miguel Alemán y a la que asistió el futuro presidente de Estados Unidos, George H. W. Bush).[21]

Sin embargo, el negocio de contrabando de Juan N. Guerra nunca perdió su ritmo.[22] Tampoco la influencia política de su fa-

---

[18] Con los hallazgos cuestionables y los relatos contradictorios de los testigos, los hermanos Villa Coss tomaron un paso extraordinario: exigieron participar personalmente en la investigación. Pero justo cuando comenzaban a acercarse al motivo del asesinato de su hermano —y a comprender cómo funcionaba el contrabando ilícito en la región—, el Gobierno de repente puso fin a su indagación. Los funcionarios dijeron que temían que los hermanos pudieran ser asesinados por el trabajo que estaban haciendo. *Diario de la Tarde*, «Los Villa se enfrentan a los contrabandistas. Dos hermanos más colaboran con Trinidad, jefe de Vigilancia. Amplias facultades les dio el presidente, al que prometieron no ejercer venganza», Matamoros, 14 de mayo de 1960, 1, 3; *Diario de la Tarde*, «Nuevos jefes aduanales para sustituir a los Villa Coss», Matamoros, 24 de mayo de 1960, 1-2.

[19] *Diario de la Tarde*, «Juan N. Guerra expresa sus deseos de respetar la ley. Acudió hoy ante los militares de la Presidencia», Matamoros, 20 de septiembre de 1960, 1, 3.

[20] *El Regional de Matamoros*, «Que "La Máquina" no mató al militar. Sorpresivas revelaciones hacen la esposa y madre de Carlos García», 20 de abril de 1960, página policiaca.

[21] Los periódicos locales continuaron tratando a Guerra y su familia como celebridades, con páginas completas dedicadas a bodas familiares y otras celebraciones. *Diario de la Tarde*, Columna «Pizcando», Matamoros, 28 de abril de 1956, 3; *The Brownsville Herald*, «Matamoros Queen Participates», 4 de marzo de 1962, 12A (foto); *The Brownsville Herald*, «Alemán Receives Warm Reception as 1st Mr. Amigo», 12 de octubre de 1964, https://newspaperarchive.com/brownsville-herald-oct-12-1964-p-1/; *Diario de la Tarde*, «Elegante enlace del señor Edemir Hernández y la señorita Leonor Guerra», 9 de abril de 1956, 5.

[22] Las actividades criminales de la familia Guerra eran conocidas por las autoridades —el propio Gobierno lo reconoció en documentos confidenciales—. En 1960, la Dirección Fe-

milia. El hermano de Guerra, Roberto,[23] fue designado por el gobernador para encabezar la Secretaría de Finanzas del estado;[24] y, en 1984, el hijo de Roberto, Jesús Roberto Guerra Velasco, fue elegido presidente municipal de Matamoros.[25]

La creciente influencia política de la familia coincidió con la decisión de Juan N. Guerra de entregar las riendas del cártel a su sobrino, Juan García Ábrego.[26] La prensa local de la época se refería al grupo de Guerra como «La Familia».[27]

---

deral de Seguridad, una agencia gubernamental encargada de investigar amenazas internas a México, publicó un informe sorprendentemente franco que señalaba a Guerra y a su hermano, Roberto, como los principales contrabandistas en el noreste de México de armas, bienes comerciales y drogas, con un historial de actos criminales que incluía asesinato. DFS, «Versión pública del expediente de Octavio Villa Coss», México, Dirección Federal de Seguridad, 11 de octubre de 1960; Flores Pérez, *Historias de polvo y sangre…*, *op. cit.*, 171-172.

[23] En ese momento, Roberto estaba financiando media docena de campañas para la alcaldía de Matamoros «con la esperanza de que el nuevo presidente municipal fuera alguien que pudiera controlar», decía el documento. DFS, 11 de octubre de 1960.

[24] Flores Pérez, *Historias de polvo y sangre…*, *op. cit.*, 172-174.

[25] Luis Gerardo González, «Matamoros de ayer y hoy», *Frontera de Tamaulipas*, diciembre de 2012.

[26] En ese momento, Juan Guerra aún no había transicionado su organización hacia las drogas. Mientras que Guerra mismo nunca mostró mucho interés en el negocio de las drogas, temiendo que atraería demasiada atención de las autoridades estadounidenses, en los años siguientes permitiría que su sobrino y aparente heredero del capo, Juan García Ábrego, lo explorara. El momento parecía adecuado. Juan Guerra estaba envejeciendo, y la transferencia generacional era necesaria para continuar y expandir el negocio. Mantenerlo en la familia era importante. Guillermo Valdés, *Historia del narcotráfico en México* (México: Aguilar, 2013), 156 y 157 [PDF]; Eduardo Guerrero, «El dominio del miedo», *Nexos*, 1.º de julio de 2014, https://www.nexos.com.mx/?p=21671.

[27] *Proceso*, «En Matamoros todos conocen a los asesinos, pero se esfumaron», 4 de agosto de 1986, citado en Flores Pérez, *Historias de polvo y sangre*, 238.

El segundo pionero: Juan García Ábrego, el cambio a la cocaína y el fin de la política habitual

Se necesitaba una personalidad particular para dirigir un cártel como lo había hecho Juan N. Guerra durante casi cincuenta años. No se trataba solo de llevar productos ilícitos al mercado y encontrar formas de pasarlos a escondidas por una frontera cada vez más patrullada. También implicaba gestión de personal: mantener una enorme red de empleados, subcontratistas y, lo que es más importante, de políticos, funcionarios y policías que exigían un pago por hacerse de la vista gorda.[28] Los funcionarios importantes, los que podían suspender redadas policiales o militares o redirigirlas hacia enemigos, no eran el tipo de personas que se podían dejar en manos de un rufián callejero.

El liderazgo implicaba ejercer la cantidad exacta de violencia para perpetrar a los enemigos: suficiente para ahuyentar a la competencia, pero no tan drástica como para llamar la atención o comprometer las relaciones por las que dabas dinero. La disciplina era imprescindible.[29] Si todo iba bien, lavabas enormes sumas de dinero y supervisabas complejas cadenas logísticas que iban desde Sudamérica hasta Estados Unidos.[30]

Mientras que Juan N. Guerra había forjado una red física para contrabandear mercancías y una red política para proteger su negocio, su sobrino Juan García Ábrego fue pionero al realizar sus propios cambios y afinar al Cártel del Golfo para capitalizar los cambios en la política y los apetitos regionales.[31]

---

[28] Guerrero, «El dominio del miedo», *op. cit.*

[29] Benjamin T. Smith, *The Dope: The Real History of the Mexican Drug Trade* (Nueva York: W. W. Norton & Company, 2021), 364.

[30] Arturo Zárate Ruiz (coord.), *Matamoros violento: La ilegalidad en su cultura y la debilidad en sus instituciones*. Tomo II (Tijuana: El Colegio de la Frontera Norte, 2014), 57-58.

[31] Ricardo Ravelo, *Osiel, vida y tragedia de un capo* (Grijalbo, 2013), 56-57.

Amplió los sobornos hasta una suma de millones de dólares al mes, e hizo que el principal negocio del cártel fuera el contrabando de cocaína.[32]

Durante décadas, las drogas provenientes de América del Sur[33] se enviaban a través del Caribe hasta Florida y luego a una constelación de ciudades a lo largo de Estados Unidos.[34] Pero cuando el Gobierno de Estados Unidos cerró la ruta del Caribe, sin darse cuenta, puso a México como nuevo frente en el negocio del contrabando de drogas.[35] García Ábrego detectó una oportunidad única en una generación que alteró el destino de su cártel y el de México en sí.

En el momento de su arresto, en 1996, García Ábrego, un hombre corpulento de rasgos afilados y un casco de cabello rizado, fue el primer narcotraficante de la historia en ser incluido en la lista de los más buscados del FBI.[36] Tal como el de su tío Juan, su mandato fue un punto de inflexión y un modelo para el futuro: el ascenso del narcotráfico mexicano a un negocio multimillonario, el inexorable aumento de la violencia que lo acompañó y el lento levantamiento del telón sobre el descompuesto Estado de derecho en México.[37]

En definitiva, Juan N. Guerra no tenía problema alguno con la violencia: desde muy joven había demostrado aptitudes para ella.[38] Pero la violencia que invocó fue, a fin de cuentas, pintoresca en

---

[32] Guerrero, «El dominio del miedo», *op. cit.*

[33] Ioan Grillo, *El Narco*: *Inside Mexico's Criminal Insurgency* (Nueva York: Bloomsbury Publishing Inc., 2011), 82; Smith, *The Dope…*, *op. cit.*, 365.

[34] Guerrero, «El dominio del miedo», *op. cit.*

[35] Grillo, *El Narco…*, *op. cit.*, 83; Smith, *The Dope…*, *op. cit.*, 365.

[36] George W. Grayson y Samuel Logan, *Executioner's Men*: *Los Zetas, Rogue Soldiers, Criminal Entrepreneurs, and the Shadow State They Created* (New Brunswick, N.J.: Transaction Publishers, 2012), 25.

[37] David F. Marley, *Mexican Cartels*: *An Encyclopedia of Mexico's Crime and Drug Wars* (Santa Bárbara, Calif.: ABC-CLIO, 2019).

[38] *Noticiero*, «Juan N. Guerra tiene sed de sangre. Amenazó de muerte a un cabo celador. La peligrosidad del uxoricida llega a límites de locura», 10 de septiembre de 1947, Ciudad Victoria, 1. Sobre la disposición violenta de Guerra: Incluso mientras estaba temporalmente encarcelado por el asesinato de su esposa, Guerra había amenazado con matar a uno de sus guardias de prisión.

comparación con los años de García Ábrego; y los años de este, a su vez, resultaron pintorescos con la llegada de Osiel Cárdenas y Los Zetas.

Mientras tomaba el mando del cártel de su tío, García Ábrego fue autor de uno de los primeros actos de violencia masiva cometidos por narcotraficantes en Tamaulipas, un acto de transgresión que acaparó los titulares en todo México y Estados Unidos. Corría el año 1984, y un antiguo socio apodado el Cacho le empezó a causar problemas a la organización.[39] Por ello, García Ábrego decidió actuar en su contra.[40]

Solo que matar al Cacho resultó más difícil de lo esperado.[41] Después de un intento inicial de asesinato,[42] el Cacho se recuperaba en un centro médico privado en Matamoros, la Clínica Raya.[43] Para no parecer débil, García Ábrego ordenó a hombres armados que tomaran por asalto la clínica a plena luz del día, un ataque indiscriminado que dejó cinco muertos, entre los que hubo inocentes.[44]

Aun así, la masacre no tuvo repercusiones para García Ábrego ni para sus hombres, al menos no en ese momento. El Cacho, en tanto,

---

[39] El Cacho era un operador astuto, peligroso y experimentado. Pagaba bien a sus hombres y comandaba su lealtad. AGN, «Versión pública de los informes de la Dirección Federal de Seguridad (DFS) sobre la muerte de Casimiro Espinosa Campos y la matanza en la clínica La Raya 1984», México, Archivo General de la Nación, 16 de abril de 1984, en Flores Pérez, *Historias de polvo y sangre…*, *op. cit.*, 229; Juan Montoya, «Steve Manos, B'ville Reporter Heralded Cartels», El Rrun Rrun, 11 de agosto de 2013, https://rrun-rrun.blogspot.com/2013/08/steve-manos-bville-reporter-heralded.html?m=1.

[40] Chivis, «1989's Gulf Cartel bosses "El Cacho" and "El Profe"», *Borderland Beat,* 6 de enero de 2020, http://www.borderlandbeat.com/2020/01/1980s-gulf-cartel-bosses-el-cacho-and.html.

[41] *Ídem.*

[42] Marley, *Mexican Cartels…*, *op. cit.*

[43] Después del ataque al Cacho, se estaba recuperando de un pulmón colapsado y tres heridas de bala en la Clínica Raya, que estaba al otro lado de la calle de su casa. AGN, versión pública del expediente de Casimiro Espinosa Campos, DFS, legajo único.

[44] Cinco personas murieron en el ataque a la Clínica Raya, incluido un policía y la hermana del Cacho. El Cacho, quien se escondió bajo su cama cuando comenzó el tiroteo, de alguna manera logró sobrevivir, nuevamente. Mack Sisk, «A Reputed Crime Lord Embroiled in a Gangland War…», UPI, 19 de mayo de 1984, https://www.upi.com/Archives/1984/05/19/A-reputed-crime-lord-embroiled-in-a-gangland-war/2878453787200/; Montoya, «Steve Manos…», *op. cit.*

falleció de camino a otro centro médico. Y en la reorganización de la estructura criminal después de su muerte, los principales lugartenientes del Cacho comenzaron a trabajar para García Ábrego.[45]

Las organizaciones criminales operaban como metáforas implacables de las corporaciones: su lenguaje y sus acciones eran más crudos, más directos, pero en el fondo no tan distintos. Las empresas ejercían presión; los delincuentes, corrupción. Las primeras construían marcas; los cárteles, reputaciones. Las unas realizaban adquisiciones hostiles; los otros, también.

○●○

García Ábrego continuó operando con total impunidad, sin inmutarse con las reacciones públicas al asalto a la Clínica Raya. Unos años más tarde ordenó el asesinato de dos periodistas en Matamoros, un editor y un columnista del diario *El Popular*,[46] por de-

---

[45] U.S. District Court, United States of America v. Juan García Ábrego, CR. No. H-93-167-SS, Docket's document 443, 2.

[46] En la mañana del 17 de julio de 1986, cuando Ernesto Flores Torrijos y Norma Moreno Figueroa llegaron juntos a su trabajo en Matamoros, un pistolero abrió fuego con un rifle de asalto, matándolos dentro de su vehículo. Si bien gran parte de los medios estaba sobornada o demasiado asustada para informar lo que sabía, algunos periódicos en Tamaulipas se mantuvieron fieles a su misión periodística. Y al menos uno de ellos pagó caro. Dos años después del ataque a la Clínica Raya, pistoleros asesinaron a Flores, el editor de *El Popular*, y a Moreno, de 24 años, una columnista popular en el periódico. Ninguno de los dos periodistas era ajeno a las amenazas y la violencia. Tanto Flores como Norma Moreno habían denunciado abuso físico a manos de funcionarios públicos. En el caso de Moreno, el agresor era el alcalde de Matamoros, Roberto Guerra Velasco, primo de García Ábrego.

Tras los asesinatos, siguió la respuesta habitual del Gobierno. El Gobierno federal envió un equipo de investigación, y el gobernador de Tamaulipas envió al procurador general a Matamoros. El alcalde, primo de García Ábrego, prometió encontrar a los responsables. Nada de eso marcó diferencia. La policía dijo que no tenían testigos ni pistas. Pero la verdad al final saldría a la luz. Una década después, durante el juicio federal contra Juan García Ábrego, un testigo estrella testificaría que Ábrego había admitido ordenar el asesinato de ambos periodistas, por haberlo señalado como narcotraficante.

Los asesinatos de Moreno y Flores servirían como una plantilla temprana para las docenas más de periodistas que serían asesinados en los años y las décadas por venir, y la lucha definitoria para terminar con la impunidad por los ataques contra la libertad de expresión.

nunciarlo como narcotraficante.[47] Dos años después, en 1991, sus hombres provocaron un motín en una prisión de Matamoros, con un saldo de 18 reclusos muertos y la toma de la penitenciaría por varios meses.[48] Ninguna de estas transgresiones resultó en el arresto o el procesamiento de persona alguna de su cártel. En aquellos días, durante los años 80 y principios de los 90, García Ábrego era considerado intocable, protegido por los más altos niveles del Gobierno.[49]

Flores Pérez, *Historias de polvo y sangre…, op. cit.*, 235; Prensa de Reynosa (1986), «Asesinaron a dos valientes periodistas de Matamoros. Ernesto Flores Torrijos y Norma Moreno, acribillados», 18 de julio de 1986, Reynosa, 5D; YouTube, «Don Juan N. Guerra: Amo y señor», https://www.youtube.com/watch?v=dR1C9rHK1cM, minuto 31:00; William Stockton, «Journalism in Mexico Can Turn into a Risky Craft», *The New York Times*, 23 de julio de 1986, https://www.nytimes.com/1986/07/23/world/journalism-in-mexico-can-turn-into-a-risky-craft.html.

[47] El nexo entre el Gobierno y el crimen organizado es el Triángulo de las Bermudas de la cobertura mediática en México: difícil de navegar, peligroso de investigar y a menudo mortal para el explorador intrépido. La mayoría prefiere evitarlo por completo o cubrirlo de la manera más banal posible. Y, sin embargo, su mito es grande —tanto como un tema intocable, que en sí mismo es atractivo para algunos periodistas, y luego como un verdadero servicio público—, un examen de la podredumbre en el corazón del Gobierno en México. Azam Ahmed, «In Mexico, "It's Easy to Kill a Journalist"», *The New York Times*, 29 de abril de 2017, https://www.nytimes.com/2017/04/29/world/americas/veracruz-mexico-reporters- killed.html; *Artículo 19*, «La impunidad y negación ante la violencia extrema contra la prensa persiste», 2022, https://articulo19.org/primer-semestre-2022/.

[48] Seis años exactos después de la masacre de la Clínica Raya, en 1991, hubo un motín en la prisión de Matamoros entre hombres leales a Ábrego y aquellos leales a otro traficante, llamado el Zar de la Cocaína. Uno de los hombres de Ábrego introdujo un arma en la prisión y disparó al Zar de la Cocaína tres veces. Los hombres del Zar, creyendo que su líder estaba muerto, golpearon hasta la muerte al agresor y sus cómplices, luego tomaron el control de la prisión. Dieciocho personas murieron en los enfrentamientos mientras el Zar y sus hombres sitiaban la prisión, un enfrentamiento que duró varios meses. La lógica de la toma era simple, aunque difícil de entender al principio: supervivencia. Los hombres del Zar estaban atrapados en una prisión que pertenecía al Gobierno, uno que, según su estimación, pertenecía a García Ábrego. Tarde o temprano, razonaron, alguien iba a matarlos, ya fuera un delincuente o un oficial en la nómina. Y así, los hombres del Zar se atrincheraron, creando barricadas y bloqueando la entrada a la prisión mientras negociaban su traslado a una cárcel fuera de Tamaulipas. El incidente fue extraño y algo sin precedentes en México. En una serie de cartas filtradas a *The New York Times*, el Zar de la Cocaína, de 30 años, alegó que las autoridades estaban detrás del complot para asesinarlo. Ofreció acusaciones detalladas de robo, asesinato y extorsión. Mark A. Uhlig, «Standoff at Matamoros», *The New York Times*, 6 de octubre de 1991, https://www.nytimes.com/1991/10/06/magazine/standoff-at-matamoros.html.

[49] Helen Thorpe, «Anatomy of a Drug Cartel», *TexasMonthly*, enero de 1998, https://www.texasmonthly.com/articles/anatomy-of-a-drug-cartel/.

Pero el costo del éxito de García Ábrego fue una atención no deseada, más que nada por parte de Estados Unidos, que comenzó a presionar a México para que hiciera algo respecto del creciente flagelo de las drogas adictivas que cruzaban sus fronteras. Para 1993, el año en que nació Karen Rodríguez, el Gobierno mexicano había asignado a un grupo de trabajo especial para perseguir a García Ábrego.[50] Tres años después, las autoridades lo arrestaron y lo trasladaron en avión a Estados Unidos para que fuera juzgado.[51] Al año siguiente, García Ábrego fue sentenciado[52] a 11 cadenas perpetuas consecutivas,[53] lo que marcó el fin de la organización como la había fundado Juan N. Guerra.[54]

○●○

La política y el crimen con frecuencia se movían a la par en México y, a fines de la década de 1990, el ecosistema completo estaba cambiando.[55] El pacto original, en el que una estructura política unificada vendía protección a poderosas organizaciones criminales, había comenzado a desmoronarse.

Familias como la de Miriam Rodríguez estaban cada vez más cansadas del dominio del partido único. Querían un cambio. Pero conforme el país se abrió camino hacia la modernidad, la política y el crimen no fueron lo único que cambió. La década de 1990

---

[50] Guerrero, «El dominio del miedo», *op. cit.*

[51] Juan M. Muñoz, «México detiene y entrega a Estados Unidos a su principal narcotraficante», *El País*, 15 de enero de 1996, https://elpais.com/diario/1996/01/16/internacional/821746813_850215.html; Guerrero, «El dominio del miedo», *op. cit.*

[52] Thorpe, «Anatomy of a Drug Cartel», *op. cit.*

[53] Mark Fineman y Lianne Hart, «Drug Lord Sentenced to 11 Life Terms, Fined $128 Million», *Los Angeles Times*, 1.º de febrero de 1997.

[54] Smith, *The Dope...*, *op. cit.*, 371-374.

[55] A medida que el cambio político barría la nación, hubo esperanza, brevemente, en la forma de un destacado candidato presidencial, Luis Donaldo Colosio. Visto como un verdadero reformador, Colosio inspiró a millones de mexicanos exhaustos por los políticos depredadores. Y luego fue asesinado en 1993. Aunque nadie supo exactamente por qué Colosio fue asesinado, o quién estaba detrás de ello, su asesinato planteó el espectro de un Estado fuera de control. Smith, *The Dope...*, *op. cit.*, 370-371; Guerrero, «El dominio del miedo», *op. cit.*

también preparó el escenario para una reelaboración del orden económico.[56] En 1994, más o menos en la época en que Miriam Rodríguez intentaba llevar a su hija Karen de 1 año a Houston para que la operaran, el Gobierno mexicano firmó el Tratado de Libre Comercio de América del Norte (TLCAN), que permitía el libre comercio de bienes entre Estados Unidos, México y Canadá. El comercio transfronterizo floreció, lo que generó un número cada vez mayor de oportunidades para contrabandear drogas a Estados Unidos. El paso fronterizo más transitado de todo México era la ciudad de Nuevo Laredo, en Tamaulipas.

El mismo año en que se firmó el TLCAN hubo un levantamiento armado en el sur de México por parte de los zapatistas,[57] un grupo

---

[56] Un gobierno del PRI recién electo, reprendido por la indignación pública por el asesinato de Colosio, fue tras los dos objetivos más grandes alrededor, individuos que más encarnaban el sistema que la gente quería remplazar: el poderoso y volátil presidente, Carlos Salinas de Gortari, quien firmó el Tratado de Libre Comercio de América del Norte, y Juan García Ábrego. Salinas no pasaría tiempo en prisión, pero viviría el resto de su vida en una especie de fama ignominiosa. Ábrego envejecería y sería olvidado en una prisión estadounidense mientras cumplía su condena de varios cientos de años, un nombre susurrado de un pasado olvidado. Su organización comenzaría a desmoronarse, sembrando las semillas de la extraordinaria violencia por venir mientras México transitaba hacia la democracia. Smith, *The Dope…*, *op. cit.*, 366-367.

[57] Los zapatistas sumaban unos 3 000 en total. Asaltaron ayuntamientos y edificios gubernamentales en el estado sureño de Chiapas, encendiendo una insurrección que fue mucho más efectiva como campaña mediática que como esfuerzo estratégico. El Gobierno envió un grupo de soldados de las Fuerzas Especiales de México entrenados en contrainsurgencia para cazar a los insurgentes en las selvas de Chiapas. Los soldados mataron a 34 zapatistas, en lo que los líderes guerrilleros denunciaron como un asesinato extrajudicial. Las tropas acusadas de los asesinatos sumarios provenían de las mismas Fuerzas Especiales de México que con el tiempo se unirían al Cártel del Golfo como parte de su brazo armado: Los Zetas. Pablo González Casanova, *Los zapatistas del siglo XXI* (México: Siglo del Hombre Editores, Clacso, 2009), 239; Hermann Bellinghausen, «Zapatistas, una transformación de 25 años», Revista de la Universidad de México, abril de 2019, https://www.revistadelauniversidad.mx/articles/86c78d97-8a18-4088-bdde-0f20069ec0ef/zapatistas-una-transformacion-de-25-anos; *Proceso*, «Identifica el EZLN a militares que asesinaron a zapatistas en el 94», 14 de febrero de 2004, https://www.proceso.com.mx/nacional/2004/2/14/identifica-el-ezln-militares-que-asesinaron-zapatistas-en-el-94-56495.html.

Los zapatistas, liderados por un carismático comandante, el Subcomandante Marcos, capturaron corazones y mentes hasta Europa, pero no mucho más. Alberto Nájar, «Las 3 vidas del subcomandante Marcos, el personaje más emblemático del movimiento zapatista, que cumple en México 25 años», *BBC News*, 31 de diciembre de 2018, https://www.bbc.com/mundo/noticias-america-latina-46657842.

de indígenas pobres —y mal armados— hartos de la indignidad de la corrupción y la indiferencia de los políticos. Aunque el movimiento fue aplastado con rapidez por los militares, entre los que estaba el grupo de fuerzas especiales que luego integraría a Los Zetas, fue una muestra del descontento del país con la política y la globalización neoliberal.[58]

El final de la década de 1990 marcó el amanecer de una nueva era política en México. El viejo orden se estaba derrumbando, no solo porque las estructuras que lo sostenían ya no eran lo suficientemente fuertes, sino también porque los propios mexicanos estaban ansiosos por verlas colapsar.[59] En 1997, el año de la condena de Ábrego, el PRI perdió su mayoría en el Congreso por primera vez en siete décadas. Tres años después, por primera vez desde la revolución del país, el partido perdió la presidencia.[60]

Durante más de setenta años, el PRI había gobernado México con mano autoritaria. Pero cuando llegó la democracia, con su desordenada difusión del poder, se perdieron el mando y control que el Estado ejercía sobre el crimen organizado. Sin un partido político dominante que ayudara a administrar el tráfico de drogas, la estructura política centralizada se derrumbó sobre sí misma, y dejó un vacío de poder que los cárteles llenaron.

En el nuevo paradigma, el soborno y la corrupción no terminaron; solo se fracturaron, se hicieron menos coherentes. En lugar de que un grupo dominante creara un orden unificado, una constelación de actores, criminales y políticos comenzaron a hacer lo propio. Se invirtieron los papeles. Los narcos comenzaron a tomar las decisiones y estalló la violencia en la lucha para ver quién de ellos dominaría.[61]

---

[58] George W. Grayson y Samuel Logan, *Executioner's Men* (New Brunswick, N.J.: Transaction Publishers, 2012), 67-68; NSArchive, «Los Zetas Threat Assessment. Operation Noble Hero», National Security Archive, 5 de septiembre de 2021.

[59] El cambio político presagiaba un cambio igualmente sísmico en el mundo criminal. Guerrero, «El dominio del miedo», *op. cit.*

[60] Smith, The Dope…, *op. cit.*, 371; Louise Shelley, «Corruption and Organized Crime in Mexico in the Post-PRI Transition», *Journal of Contemporary Criminal Justice*, agosto de 2001, https://citeseerx.ist.psu.edu/viewdoc/download?doi=10.1.1.461.3057&rep=rep1&type=pdf.

[61] Smith, *The Dope…*, *op. cit.*, 371 y 374.

Esa violencia podría haberse contenido si no hubiera sido por el lamentable estado del aparato de seguridad y aplicación de la ley en el país. A lo largo de las décadas, en lugar de aprender a realizar su trabajo, las personas encargadas de hacer cumplir la ley aprendieron a garantizar que sus patrocinadores políticos obtuvieran lo que querían. Para cuando la dinastía del PRI llegó a su fin, a algunos policías y fiscales de México les importaba tan poco como a los cárteles favorecer el Estado de derecho.

Eso dejó a la mayoría de los mexicanos, incluida la familia de Miriam Rodríguez, indefensos ante la creciente violencia iniciada por el hombre que sucedió a Juan García Ábrego como eventual jefe del Cártel del Golfo: Osiel Cárdenas. En su batalla por dominar el crimen en Tamaulipas, Cárdenas creó Los Zetas, un grupo que alteró el panorama de la violencia criminal en México, y que encontró su exceso más brutal en la toma de San Fernando en 2010.

La nueva vida de Miriam, 1997-2007

Miriam aumentó de peso en los años posteriores a la operación de la cadera de Karen. Moverse se convirtió en una carga, una batalla entre su yo físico y el mental.[62] Abordar los autobuses era en especial difícil, aunque todavía llevaba a Karen a todas las citas en Texas para sus revisiones.

Aunque Karen ocupaba gran parte de su tiempo, Miriam mostró a todos sus hijos el mismo grado de dedicación. Cuando Azalea se graduó de la preparatoria en 1995, se acercó a su padre con una petición: quería continuar sus estudios en la universidad. Luis se burló.

[62] Entrevista con Azalea, Luis Héctor y una amiga anónima de Miriam.

—¿Por qué gastaríamos el dinero que la familia gana con tanto esfuerzo para enviar a una hija a la universidad? —le preguntó. Él le dijo que lo mejor era que encontrara un marido y criara una familia.

Azalea salió furiosa y fue a buscar a su madre.

—Tú ve a estudiar. —La tranquilizó Miriam—. Voy a encontrar una manera de que funcione económicamente.

Azalea y Miriam compartían un vínculo especial, forjado en los primeros años, cuando eran solo ellas dos. También compartían la frustración ante las expectativas y los límites preestablecidos que la mayor parte de la sociedad les imponía a las mujeres. Miriam no quería que el paradigma de San Fernando, dominado por los hombres, dictara lo que Azalea podía hacer en el mundo. Y como demostraron los acontecimientos posteriores, no había nada que Miriam no hiciera por sus hijos. Cuando Azalea necesitaba ir del trabajo a la universidad por la noche, Miriam también la ayudó, firmando con ella la compra de un auto para que no tuviera que pedir aventones ni caminar por el pueblo todas las noches, como tenía que hacer Miriam cuando Azalea era pequeña.

En 1997, Miriam se empezó a sentir mal. No eran las náuseas ni los mareos que acompañaban a sus problemas de peso, sino un malestar genérico, una agitación general del cuerpo. Llevando consigo a Azalea, de entonces 19 años, Miriam fue al hospital local para que la revisaran. El médico realizó una serie de estudios. Más tarde, en la sala de exploración, regresó con dos noticias, una sorprendente y la otra inquietante. Les dijo que Miriam estaba embarazada, un hecho que ella misma no sabía. Pero con la característica falta de tacto que hacía que a Miriam no le agradara la mayoría de los profesionales médicos, el doctor le dijo que perdería al bebé.

—Detectamos cáncer —señaló el médico.[63]

[63] Entrevista con Azalea.

Karen tenía solo 4 años; Luis, apenas 9. Azalea, de pie con su madre mientras el médico le daba la noticia, buscó en el rostro de su madre una señal de que todo estaría bien. Miriam solo negó con la cabeza:

—No puedo morir. Tengo dos hijos pequeños y no habrá nadie que los cuide si yo no estoy.

El médico le dijo que sería necesario operarla, para al menos intentar extirpar el tumor.

Cuando Miriam trabajaba para el Estado, la atención médica era la mejor de México.[64] Tenía acceso a los mejores médicos, citas prioritarias, el tipo de tratamiento reservado para personas que trabajan para una nación cuyo Gobierno se tenía en la más alta estima. Pero ella había dejado eso atrás cuando se lanzó por su cuenta como empresaria. Ahora su rango de opciones médicas iba desde miserables hasta caras en extremo. La familia no tenía dinero para recibir atención médica privada, por lo que tendrían que limitarse a los hospitales públicos.[65]

Después de la operación, mientras Miriam yacía en la cama, acompañada una vez más por Azalea, el mismo médico que con tanta indiferencia le había dado el diagnóstico de cáncer regresó con una expresión agria en el rostro. La cirugía no había tenido éxito. El cáncer todavía seguía allí. Su voz tenía un tono de inevitabilidad, un tono que informaba que hicieron lo que pudieron.

—Gordita, la situación es más complicada de lo que pensábamos en un inicio —indicó el médico.

---

[64] World Bank «Mexico-Technical Assistance for Public... Sector Social Security Reform (ISSSTE)», 18 de julio de 2022, https://documents1.worldbank.org/curated/en/236881468774584398/pdf/multi0page.pdf; INEGI, «Clasificación de Instituciones de Salud-Histórica», Clasificación de Instituciones de Salud (inegi.org.mx); Enrique Dávila y Maite Guijarro, «Evolución y reforma del sistema de salud en México», *Serie Financiamiento del Desarrollo*, CEPAL, Chile, 2000, https://repositorio.cepal.org/server/api/core/bitstreams/6228a484-7b05-42cf-ba15-43b3b77e2160/content.

[65] Comparative Health Policy Library, «Mexico Summary», https://www.publichealth.columbia.edu/research/comparative-health-policy-library/mexico-summary; Coneval, «Sistema de Protección Social en Salud: Seguro Popular y Seguro Médico Siglo XXI», https://www.coneval.org.mx/Evaluacion/IEPSM/Documents/Seguro_Popular_Seguro_Medico_Siglo_XXI.pdf

No necesitaba decir más. Miriam entendió que sus palabras sugerían que estaba ante un cáncer terminal.

Miriam se sentó y miró con firmeza al médico, como recuperando su enfoque. Recogió sus pertenencias con la ayuda de Azalea y salió de la cama.

Por segunda vez en tres años, Miriam empezó a buscar un médico adecuado, esta vez para salvar su propia vida. Tenía 37 años.

En casa, Miriam y Luis se quedaron despiertos esa noche considerando sus opciones. El sistema de salud estaba dividido en partes. Para quienes tenían recursos modestos, es decir, la gran mayoría de los mexicanos, había un seguro popular, el cual estaba saturado, carecía de recursos y, por lo general, era decepcionante.[66] Ella ya no tenía acceso al sistema público, el ISSSTE, que atendía a los empleados del Gobierno. Pero había una tercera opción: el IMSS, destinado para cualquier persona con empleo formal en México.

Más o menos el 60% de la fuerza laboral mexicana está empleada de manera informal;[67] por lo general, estas personas no pagan impuestos sobre la renta, no pertenecen a alguna nómina y se ganan la vida fuera del alcance del Gobierno. Pero para quienes trabajan en empresas o instituciones inscritas en el sistema tributario, una parte de su salario se utiliza para financiar la seguridad social, lo que les otorga acceso a los centros de salud del IMSS.[68]

Después de resolver la logística, la pareja decidió que Luis inscribiría su tienda en la economía formal y comenzaría a pagar impuestos. Luego contrataría a Miriam como empleada con un salario nominal, una parte del cual iría al Gobierno para cubrir

---

[66] Los mexicanos bromeaban diciendo que uno iba a esos hospitales solo a morir, lo que a veces no parecía tan lejos de la verdad.

[67] FORLAC, «Informal Employment in Mexico: Current Situations, Policies and Challenges», https://www.ilo.org/sites/default/files/wcmsp5/groups/public/@americas/@ro-lima/documents/publication/wcms_245889.pdf.

[68] Manatt Jones Global Strategies, «Mexican Healthcare System Challenges and Opportunities», enero de 2015, https://www.manatt.com/uploadedFiles/Content/5_Insights/White_Papers/Mexican%20Healthcare%20System%20Challenges%20and%20Opportunities.pdf.

sus cuotas de seguridad social. De esta manera, podría alistarse a los programas del IMSS, lo que le abriría un universo de médicos y recursos que la opción solo pública no tenía.[69]

Con el plan en marcha, Miriam encontró en Matamoros a un especialista muy recomendado que trabajaba en el sistema del IMSS. A ello le siguieron largas semanas de radiación y quimioterapia, periodos en blanco en los que viajaba de ida y vuelta a Matamoros en autobús, y regresaba de cada sesión todavía con náuseas por el tratamiento. Un año después, el médico le anunció:

—Creo que debemos considerar extirparle el útero.

Después de la cirugía, Miriam comenzó el lento proceso de recuperación. Para sus hijos mayores, Luis Héctor y Azalea, una profunda sensación de alivio se vio sacudida por las necesidades prácticas que su madre trajo a casa: tenían la tarea de limpiar sus heridas para prevenir infecciones. Azalea vomitaba mientras frotaba las partes íntimas de su madre. Cuando estaba demasiado indispuesta para continuar, llamaron como sustituto a Luis Héctor, ahora un joven adolescente.

El regreso de Miriam a la salud se encontró con otra complicación: el tratamiento había afectado el funcionamiento de su tiroides y sus medidas aumentaron de forma inmediata. A pesar de esto, siguió tan involucrada como siempre en la vida de sus hijos. Azalea se casó en 1998 y, en 2000, ella y su esposo Ernesto tuvieron un bebé. Miriam se ofreció como voluntaria para cuidar al hijo de Azalea mientras sus padres trabajaban, pero tenía dificultades para levantarlo y correr tras él.[70]

Luis Héctor, al igual que su padre, había querido empezar a trabajar apenas terminó la preparatoria, en 2003, pero Miriam lo convenció de darle una oportunidad a la universidad.[71] Dos años más tarde, Luis Héctor tomó una licencia de la universidad para trabajar en una empresa de importación y exportación en McAllen, Texas. Miriam argumentó que la universidad era la única manera de salir

---

[69] Entrevista con Luis Héctor y Azalea.

[70] Para 2007, Miriam llegó a pesar 175 kg. Entrevista con Azalea, Luis Héctor y Bebis (hermana de Chalo).

[71] Entrevista con Luis Héctor.

adelante, pero él quería su propio dinero. Azalea, por su parte, notó que mientras ella había tenido que rogarle a su padre para que la enviara a la universidad, su hermano discutía con su madre para no acudir. Pero a los pocos años de empezar a trabajar, Luis Héctor se dio cuenta de que su madre tenía razón. En 2007 regresó a Ciudad Victoria a terminar sus estudios. Su regreso coincidió con la decisión de su madre, después de toda una vida batallando con su peso, de hacer por fin algo al respecto.

Durante años, Miriam había pensado en hacerse «la operación».[72] La hermana de Chalo, el director de la funeraria, se había sometido a una operación de *bypass* gástrico unos años antes y eso le había cambiado la vida. El único problema era que el seguro no cubría la cirugía, la cual era carísima. Miriam se comunicó con su médico y comenzó a visitarlo en su consultorio. Aunque la mayoría de los médicos exigían dinero en efectivo para realizar la operación, podían aceptar un seguro, si así lo deseaban. Miriam comenzó a llevarle al doctor algunos platillos típicos de San Fernando (camarones de la Laguna Madre y carne fresca de cabra, su favorita), y al poco tiempo se hicieron amigos.[73] Él aceptó hacer el *bypass* con el auspicio del IMSS.

La familia de Miriam estaba dividida en cuanto a la cirugía. A pesar de sus cáusticos comentarios sobre su peso, su esposo no quería que se la realizara. Le preocupaba su vida. Azalea sentía lo mismo. Solo Luis Héctor no estaba de acuerdo con ellos. Él sentía que si su madre no perdía peso, ni siquiera tendría una vida.

Azalea le preguntó a Miriam justo antes de la operación si tenía miedo.

—Siento que ya respondí a esa pregunta con el diagnóstico de cáncer —aseguró—. Si eso no me mató, ¿crees que esto lo hará?

---

[72] Entrevista con Azalea, Luis Héctor y Bebis.

[73] Tamaulipas al cien, «San Fernando tiene su propia identidad gastronómica», 2 de octubre de 2020, https://tamaulipasalcien.com/blog/2020/10/02/san-fernando-tiene-su-propia-identidad-gastronomica/; Tamaulipas al cien, «Se registra abundante captura de camarón en aguas de la laguna madre», 7 de mayo de 2021, https://tamaulipasalcien.com/blog/2021/05/07/se-registra-abundante-captura-de-camaron-en-aguas-de-la-laguna-madre/.

En un año, Miriam había perdido más de 90 kg.[74] Perdió tanto peso que debió someterse a tratamientos psicológicos para aprender a adaptarse a sus nuevas dimensiones. Miriam cambió de forma radical tras la operación, como si le hubieran extraído una versión más densa de sí misma. Reanudó las compras para su tienda de botas, le ayudó a Azalea con su hijo e iba con mayor frecuencia a la capital para visitar a Luis Héctor.

En aquel entonces, en 2007, San Fernando se estaba expandiendo a un ritmo que recordaba los años de bonanza, cuando Miriam era una niña y el pueblo se estaba urbanizando.[75] Corrían rumores sobre la llegada al pueblo de una sala de cine y de una inminente cadena de supermercados. Eran aspiraciones de un pueblo pequeño, el tipo de sucesos de los que la gente hablaba por lo mucho que les cambiaría la vida.

La cirugía de Miriam fue uno de los giros más trascendentales en su vida: una reestructuración física para dar paso a una nueva versión. Aún faltaban tres años para la violencia venidera, una reestructuración en sí misma tras la toma de San Fernando por parte de Los Zetas. Para entonces, Azalea tenía 30 años; Luis Héctor, 23; y Karen, 15; ya eran jóvenes adultos a punto de atravesar el límite de la siguiente fase de sus vidas.

---

[74] Entrevista con Luis Héctor y Azalea, y fotografías de Miriam después de la cirugía compartidas por la familia.

[75] Expreso.press, «San Fernando: de la bonanza a la pesadilla», 13 de agosto de 2017, https://expreso.press/2017/08/13/san-fernando-la-bonanza-la-pesadilla/.

IV. LOS ZETAS: LA VIOLENCIA COMO PODER

El asesinato como mensaje: Osiel Cárdenas y Los Zetas, 1997-2007

Cuando Los Zetas atacaron San Fernando y sitiaron al pueblo y a sus residentes, Miriam Rodríguez se preguntaba cómo era posible; cómo podía el Gobierno mexicano permitir que un cártel asaltara uno de sus pueblos como si fuera un emisario trastornado de una guerra civil y luego no hacer nada para detenerlo.

Osiel Cárdenas era prácticamente un don nadie en 1997, cuando enviaron a Juan García Ábrego a prisión.[1] Pero lo que a Cárdenas le faltaba en importancia lo compensaba con ambición.[2]

[1] Ricardo Ravelo, *Osiel, vida y tragedia de un capo* (Grijalbo, 2013), 53.

[2] Al principio, en 1997, Cárdenas se asoció con un hombre llamado Salvador Gómez, un líder de nivel medio que dirigía un grupo de asesinos. Cárdenas tenía aptitud para el contrabando, y Gómez era un temido pistolero. Juntos, podían complementar sus habilidades y consolidar el poder trabajando en sus respectivos lados de la calle, construyendo rutas de tráfico y eliminando rivales. Los dos hombres formaron una alianza que floreció en ausencia de orden. Reclamaron los puestos principales supervisando el Cártel del Golfo en 1998, hasta el año siguiente, cuando Cárdenas decidió matar a Gómez. Cárdenas tenía pocos escrúpulos sobre el asesinato. Era, sin duda, un asesino de amigos, un apodo que se ganó él mismo después de matar a Gómez. Su instinto de actuar primero contra enemigos potenciales, su capacidad para idear finales terribles para sus enemigos y amigos por igual no era exclusivo de Cárdenas; si él podía idear tales planes para otros, otros también podían hacerlo para él. Sabía cuán peligroso podía ser el poder. Si la violencia iba a ser la moneda del poder, quería la pila más grande de billetes alrededor. El periodista Ricardo Ravelo menciona que la altura de Osiel Cárdenas era de 1.67 m. Ravelo, *Osiel…*, *op. cit.*, 25.

En su lucha por ser el líder del Cártel del Golfo, Osiel Cárdenas encontró una verdad tan simple como revolucionaria: el uso de la violencia era una forma de diferenciarse, quizá la única.[3] Con el Gobierno en desorden y con el crimen organizado en disputa en Tamaulipas, la violencia se convirtió en la moneda de poder para Osiel Cárdenas y el Cártel del Golfo. Para mantener ese poder, Cárdenas creó su propio pequeño ejército: Los Zetas.

Cárdenas contrató a un teniente de las Fuerzas Especiales mexicanas, Arturo Guzmán Decena, quien desertó de su puesto para unirse al Cártel del Golfo.[4] Guzmán no se parecía a ningún otro trabajador contratado que hubiera trabajado para un cártel: estaba entrenado para usar armas de alta calidad, realizar operaciones de contrainteligencia y desplegarse a gran velocidad en cualquier terreno o clima. En poco tiempo, Guzmán había contratado a unos treinta hombres para Cárdenas, muchos de los cuales eran antiguos camaradas militares suyos.[5] Ellos conformaron a Los Zetas originales.

---

[3] Guadalupe Correa-Cabrera, *Los Zetas Inc.: Criminal Corporations, Energy, and Civil War in Mexico* (Austin: University of Texas Press, 2017), 47.

[4] Con Guzmán en la nómina como su guardaespaldas de alto octanaje, Cárdenas decidió que era hora de terminar el acuerdo de reparto de poder: ideó un complot para matar a Gómez y convertirse en el líder en solitario del nuevo Cártel del Golfo. Después, Cárdenas sería conocido como el Mata Amigos, o el Asesino de Amigos.

Según Ioan Grillo, Cárdenas le había preguntado a Guzmán dónde podía encontrar a los mejores de los mejores, los combatientes más capaces que México tenía para ofrecer. «Estos solo están en el ejército», había respondido Guzmán. «Los quiero», respondió Cárdenas.

Los actores estatales involucrados en el crimen organizado no eran nada nuevo, por supuesto. Pero hasta Guzmán Decena, había pocos, si es que alguno, ejemplos de soldados altamente entrenados cruzando la línea entre servir al Estado y servir a un cártel criminal. Si bien los líderes militares habían aceptado sobornos para mirar hacia otro lado durante mucho tiempo, dar el salto al mundo violento e impredecible del crimen ellos mismos era prácticamente inaudito antes de Los Zetas. Ioan Grillo, *El Narco: Inside Mexico's Criminal Insurgency* (Nueva York: Bloomsbury Publishing Inc., 2011), 98.

[5] Originalmente, Los Zetas fueron contratados como un equipo de seguridad personal para el siempre paranoico Cárdenas. El periodo de Los Zetas como seguridad para el jefe fue breve, debido a su éxito en casi todas las tareas que se les asignaron. Las habilidades de Los Zetas en combate, planificación y estrategia eran mucho más de lo que incluso Cárdenas había imaginado. Habiendo comprado un equipo de seguridad, terminó con una fuerza paramilitar con capacidad de dominación total. Proteger a Cárdenas siguió siendo un enfoque, pero Los Zetas eran demasiado hábiles para funcionar solo como servicio secreto de un narco nervioso. Sin embargo, su dominio engendraría arrogancia.

Los Zetas hicieron del asesinato un mensaje, una forma de guerra psicológica para sembrar el terror entre sus enemigos.[6] Reinventaron la habitual guerra de cárteles, que ya era en sí bastante atemorizante: ahora quemaban vivos a los enemigos o dejaban sus cuerpos cortados en pedazos para que todos los vieran.[7] Eran hombres que se sentían cómodos con la violencia, igual que sus rivales, pero eran disciplinados y estaban entrenados en su ejercicio.

La infracción de las Fuerzas Armadas fue de las más trascendentales en la historia de la violencia en México, una estrategia que logró explotar la propia ineficacia del Gobierno como empleador. Porque, aunque los soldados de las Fuerzas Especiales tenían un muy buen adiestramiento, no recibían un buen sueldo; y aunque Cárdenas tenía mucho dinero, sus ejecutores eran una banda de matones indisciplinados.

Pero la arrogancia de Cárdenas sería la marca de su perdición. Poco después de tomar el mando del cártel, amenazó de forma indolente con matar a miembros de las fuerzas del orden estadounidenses en dos ocasiones diferentes en 1999,[8] y despertó una

---

Grayson y Samuel Logan, *Executioner's Men: Los Zetas, Rogue Soldiers, Criminal Entrepreneurs, and the Shadow State They Created* (New Jersey: Transaction Publishers, 2012), 30; Víctor Manuel Sánchez Valdés y Manuel Pérez Aguirre, New Brunswick, N.J.: *El origen de Los Zetas y su expansión en el norte de Coahuila*, El Colegio de México, 9.

[6] Correa-Cabrera, *Los Zetas Inc...., op. cit.*, 55-59.

[7] *Ibid.*, 47-48; Ravelo, *Osiel..., op. cit.*, 178-179; Dane Schiller, «Mexican Crook: Gangsters Arrange Fights to Death for Entertainment», *Houston Chronicle*, 11 de junio de 2011, https://www.chron.com/news/nation-world/article/Mexican-crook-Gangsters-arrange-fights-to-death-1692716.php; Pablo de Llano, «Así masacraron Los Zetas: "Cuando se terminó, dormimos normalmente"», *El País*, 10 de octubre de 2016, https://elpais.com/internacional/2016/10/09/mexico/1476044097_559947.html; Randy Kreider y Mark Schone, «New Zetas Cartel Leader Violent "To the Point of Sadism"», *ABC News*, 12 de octubre de 2012, https://abcnews.go.com/Blotter/ruthless-drug-lord-takes-control-deadly-cartel/story?id=17455674.

[8] La primera ocasión fue en mayo de 1999. Cárdenas, en un ataque de ira, amenazó con matar a un policía encubierto de Texas después de un trato que salió mal. Estados Unidos era sensible a tales amenazas. Catorce años antes, el agente especial Enrique Camarena, que trabajaba para la Administración de Control de Drogas de Estados Unidos, fue secuestrado y asesinado por traficantes de drogas que trabajaban en nombre de políticos corruptos en la ciudad de Guadalajara. Su asesinato enfureció a toda la comunidad policial estadounidense, lo que resultó en una cacería humana sin precedentes para recuperar su cuerpo y encontrar a los responsables de su muerte. Amenazar a un policía,

alerta roja para la Agencia Antidrogas Estadounidense (DEA, por sus siglas en inglés), que había perdido a un agente especial hacía más de una década en México: Enrique Camarena.

De la noche a la mañana, Cárdenas pasó de ser un relativo don nadie a ser la máxima prioridad para la DEA. En el año 2000, un gran jurado en Texas presentó una acusación formal contra Cárdenas, con lo que comenzó la cuenta regresiva para su eventual captura.[9] Tres años después, Cárdenas estaba en prisión.[10]

Al convertirse Los Zetas en un ejército privado, sus responsabilidades se expandieron a la adquisición de territorios en nombre del Cártel del Golfo.[11] Eso implicó mayores gastos: de logística, armas y personal. Para ayudar a sufragar los costos y mantener contenta a su milicia, Cárdenas comenzó a permitir que Los Zetas reunieran sus propios fondos.[12] Podían ganar dinero como mejor les pareciera, con una excepción: el contrabando de drogas conti-

---

ya sea local o federal, era una línea roja para Estados Unidos. Ese mismo año, Cárdenas descubrió a dos agentes federales de aquel país explorando su casa en Matamoros. Envió a un grupo de hombres para rodear su vehículo y luego amenazó con matar a los dos agentes. Dadas las sensibilidades en torno a la seguridad de los agentes estadounidenses en México después de Camarena, uno de los agentes había mostrado una placa para advertir a Cárdenas. Este les dijo que no le importaba un bledo para quién trabajaban. Amenazó con matar a los agentes, pero finalmente los dejó ir. Casi de inmediato, Cárdenas fue colocado en la parte superior de la lista de objetivos del Gobierno de Estados Unidos. FBI, «Osiel Cárdenas-Guillen, Former Head of the Gulf Cartel, Sentenced to 25 Years' Imprisonment», Federal Bureau of Investigation, 24 de febrero de 2010, https://archives.fbi.gov/archives/houston/press-releases/2010/ho022410b.htm; Dane Schiller, «DEA Agent Breaks Silence on Standoff with Cartel», *Houston Chronicle*, 15 de marzo de 2010, https://www.chron.com/news/houston-texas/article/DEA-agent-breaks-silence-on-standoff-with-cartel-1713234.php.

[9] DEA, «Federal Agents Dismantle International Drug Trafficking Organization», Drug Enforcement Administration, 14 de diciembre de 2000, https://web.archive.org/web/20070203212334/; https://www.dea.gov/pubs/pressrel/pr121400.htm.

[10] Francisco Gómez, «Cae Osiel Cárdenas», *El Universal*, 15 de marzo de 2003, https://archivo.eluniversal.com.mx/nacion/94595.html.

[11] Guillermo Valdés, *Historia del narcotráfico en México* (México: Aguilar, 2013), 164.

[12] Valdés, *Historia del narcotráfico en México*, *op. cit.*, 165; Sánchez Valdés y Pérez Aguirre, *El origen de Los Zetas…*, *op. cit.*, 19.

nuaría siendo competencia de los traficantes de guantes blancos, los del Cártel del Golfo.

Como sujetos militares, Los Zetas utilizaron el control territorial a su favor, aprovechándose de los lugareños una vez que aseguraban un área.[13] Al principio reunían a los criminales en el pueblo y les cobraban impuestos. Si alguien se resistía, lo mataban, lo que por lo general hacía que los demás se alinearan. Luego ampliaron la extorsión a todos los demás: restaurantes, tiendas familiares e incluso vendedores de poca monta en el mercado.[14]

El modelo requería corromper al Gobierno local para asegurar su cooperación y evitar interferencias.[15] Eso fue bastante fácil. Hay un dicho en México, una elección en realidad, que los delincuentes ofrecen a quienes desean reclutar: «plata o plomo».[16] Su significado literal es aceptar una recompensa o recibir una bala. Esas eran las opciones que Los Zetas les daban a los políticos y policías de sus territorios. La mayoría estuvo de acuerdo; los que se negaron recibieron «plomo».

Como parásitos, Los Zetas se ganaban la vida en los pueblos que ocupaban chupando como sanguijuelas la miseria social que ellos mismos creaban. Y en ese paradigma encontraron una nueva y lucrativa fuente de ingresos: el secuestro.[17]

---

[13] Valdés, *Historia del narcotráfico en México, op. cit.*, 163-164.

[14] Los Zetas operaban en pequeños equipos, que llamaban *estacas*. Contrataban vigías, o *halcones*, que observaban los movimientos de la policía, los militares, los rivales y los locales, y contrataban pistoleros, personal clave en una empresa criminal basada en el miedo. Incluso trajeron contadores y expertos en administración de empresas para asegurarse de que las finanzas funcionaran. Valdés, *Historia del narcotráfico en México, op. cit.*, 163-165; Correa-Cabrera, *Los Zetas Inc....*, 51.

[15] A medida que se expandía el alcance de Los Zetas, también lo hacían su ambición y su capacidad para idear nuevas formas de humillar al Estado. No contentos con simplemente florecer en los márgenes, Los Zetas comenzaron a desafiar al Estado directamente, irrumpiendo en prisiones para rescatar a sus líderes. En junio de 2001, 25 Zetas asaltaron una estación de policía estatal con armas de alto calibre para liberar a un solo hombre. Y cuando reclutar nuevos Zetas resultó demasiado difícil, irrumpieron en cárceles para liberar a sus miembros de menor rango también. Valdés, *Historia del narcotráfico en México, op. cit.*, 164.

[16] *Ibid.*, 164 y 198.

[17] *Ibid.*, 163-165; Correa-Cabrera, *Los Zetas Inc....*, *op. cit.*, 51; Sánchez Valdés y Pérez Aguirre, *El origen de Los Zetas...*, *op. cit.*, 12-13.

Familias como la de Miriam pensaban, al principio, que esos secuestros eran actos de los cárteles en guerra, o tal vez esfuerzos oportunistas para perseguir a los ricos. Pero Los Zetas lo manejaban como una especie de impuesto, una fuente de ingresos grandes y pequeños, para financiar sus operaciones. Secuestrar a individuos de familias ricas e incluso no tan ricas generaba enormes cantidades de dinero en efectivo para el grupo, aun cuando presagiaba una nueva baja en el panteón criminal de México.

Los actos predadores contra los lugareños no habían sido una fuente histórica de ingresos para los cárteles. La mayoría de los narcotraficantes gozaba de cierta popularidad entre la gente común; los narcotraficantes necesitaban su apoyo y la saludaban desde sus filas. En un país profundamente escéptico respecto de sus políticos y sus fuerzas del orden, se solía aplaudir que se vengaran del Gobierno.

Pero al final, fue un juego de números: Los Zetas habían descubierto un flujo de ingresos que sus jefes del Golfo no habían pensado explotar. El secuestro y la extorsión de locales eran fuentes de ingreso independientes y complementarias a la venta internacional de drogas. Con el tiempo, a otros grupos criminales les resultó difícil resistirse a este nuevo modelo.

El problema con la evolución Zeta fue que, tarde o temprano, los demás cárteles hicieron lo mismo. Cuando Osiel Cárdenas y Los Zetas elevaron el nivel de violencia en todo el país, lo hicieron para todos, para siempre.[18] Y su propia violencia se les revirtió. En 2002, Arturo Guzmán Decena, el primer Zeta, fue asesinado

[18] Con Tamaulipas libre de la competencia del Cártel del Golfo, Cárdenas había encargado a Los Zetas expandir su imperio. Quería una organización nacional y puso sus ojos en el estado de Michoacán, en la costa del Pacífico, una ubicación que multiplicaría las rutas de contrabando disponibles para él. En 2001, Cárdenas envió un equipo de Zetas para tomar el control de Michoacán, una de las primeras y más exitosas ofertas para el control nacional que el Cártel del Golfo haría. La conquista fue sangrienta; más de cien personas fueron ejecutadas en los primeros 18 meses mientras estallaba la violencia entre las fuerzas paramilitares de Cárdenas y los grupos criminales arraigados en Michoacán. Pero Los Zetas finalmente reclamaron para el Cártel del Golfo la plaza con todas sus riquezas, incluido el puerto de Lázaro Cárdenas, el más grande de todo México. Eduardo Guerrero, «El dominio del miedo», *Nexos*, 1.º de julio de 2014; Sánchez Valdés y Pérez Aguirre, *El origen de Los Zetas…*, *op. cit.*, 13.

a tiros por el Ejército mexicano en un restaurante de mariscos en Matamoros.[19]

Guzmán fue remplazado con rapidez, pero soplaban vientos en contra para el Cártel del Golfo.[20] El flagrante desprecio por las normas que alguna vez gobernaron el hampa criminal y su relación con la sociedad y el Gobierno provocó que la factura por sus excesos estuviera a punto de vencer. El Gobierno ya no podía quedarse con los brazos cruzados.

En marzo de 2003, detuvieron a Osiel Cárdenas, quien apenas había durado cinco años como jefe del Cártel del Golfo.[21]

Pero Cárdenas no había terminado.[22] Continuó dirigiendo el cártel desde una prisión mexicana, donde unos pocos sobornos estratégicos aseguraron su mando y control ininterrumpidos. Y lo necesitaba, pues, al tratar de aprovechar la muerte de Guzmán y

---

[19] El remplazo de Guzmán fue Heriberto Lazcano, o Z-3, uno de los primeros conscriptos que Guzmán había atraído del servicio gubernamental. Lazcano, cuyo apodo era el Verdugo, tomó el modelo financiero de Los Zetas y lo refinó, construyendo un tesoro de guerra para su grupo y aumentando la independencia para sus rangos. Grillo, *El Narco…*, *op. cit.*, 102.

[20] Sánchez Valdés y Pérez Aguirre, *El origen de Los Zetas…*, *op. cit.*, 10.

[21] El arresto de Osiel Cárdenas tuvo lugar en la mañana del 15 de marzo de 2003. Soldados mexicanos irrumpieron en una casa discreta en una calle residencial tranquila en Matamoros. Era poco después de las 9 a. m. cuando el equipo de asalto se acercó a la casa, donde Osiel Cárdenas estaba profundamente dormido. La operación fue liderada por el mismo grupo de Fuerzas Especiales al que Los Zetas habían pertenecido, los GAFES. Apenas las Fuerzas Especiales rodearon la casa, Los Zetas que custodiaban a Cárdenas abrieron fuego contra ellos. Después de una batalla enérgica, incluido un tiroteo a alta velocidad en el camino al aeropuerto, Cárdenas fue llevado en avión a la Ciudad de México. Francisco Gómez, 15 de marzo de 2003; Justia U.S. Law, United States v. Cárdenas-Guillen, No. 10-40221 (5th Cir. 2011), 17 de mayo de 2011, https://law.justia.com/cases/federal/appellate-courts/ca5/10-40221/10-40221-cv0.wpd-2011-05-18.html; FBI, «Osiel Cárdenas-Guillen, Former Head of the Gulf Cartel, Sentenced to 25 Years' Imprisonment», Federal Bureau of Investigation, 24 de febrero de 2010, https://archives.fbi.gov/archives/houston/press-releases/2010/ho022410b.htm; Gustavo Castillo, Armando Torres y Martín Sánchez Treviño, «Bajo fuego, la captura del capo Osiel Cárdenas», *La Jornada*, 15 de marzo de 2003, https://www.jornada.com.mx/2003/03/15/048n1con.php?printver-0.

[22] Cárdenas continuó dirigiendo su operación desde la prisión, corrompiendo a funcionarios con fajos de efectivo que pusieron gran parte de la prisión a su servicio. Consiguió un teléfono celular para mantener contacto con sus traficantes, sostuvo y escaló la guerra contra el Cártel de Sinaloa, todo mientras planeaba su escape con un equipo de comandos Zetas que establecieron un campamento de entrenamiento completo con esquemas de la prisión en Michoacán. Ravelo, *Osiel…*, *op. cit.*, 224, 230 y 232.

su encarcelamiento, un rival, el Cártel de Sinaloa, intentó apoderarse de la ciudad fronteriza de Nuevo Laredo.[23] La violencia se disparó mientras las dos partes luchaban por el lucrativo cruce, y el presidente de México, horrorizado por las espantosas escenas de violencia que dejaban Los Zetas, envió al Ejército para calmar la violencia.

Aunque Nuevo Laredo fue al final pacificado y Los Zetas conservaron el control, en realidad nada había terminado. La lucha por Nuevo Laredo fue el pistoletazo de salida de un periodo en que aquello sin precedentes se convirtió en el nuevo estándar, cuando cada año traía consigo récords de homicidios y nuevos grados de depredación.[24] Los patrones establecidos entre 2005 y 2006 (las espantosas muestras de asesinatos, el repentino estallido del conflicto, la respuesta militar del Gobierno)[25] se volvieron tan comunes que pasaron a ser anodinos en los siguientes años.[26]

---

[23] Valdés, *Historia del Narcotráfico en México, op. cit.*, 161, 164 y 199.

[24] Incapaces de confiar en su propia policía —los locales los consideraban poco más que Zetas uniformados—, el Gobierno decidió enviar al Ejército a Nuevo Laredo. Era una rara operación militar lanzada dentro de México para combatir el crimen organizado, y fue ordenada por Vicente Fox, el primer presidente mexicano en setenta años que no era del Partido Revolucionario Institucional. Alto, bigotudo y exejecutivo de Coca-Cola, Vicente Fox era miembro del conservador Partido Acción Nacional. Muchos esperaban que cuando Fox asumiera, los antiguos lazos de corrupción gubernamental y doble juego se desmoronarían. En cambio, fue el mismo tejido social de México el que se deshizo, ya que la respuesta militar de Fox a la violencia en Nuevo Laredo se convirtió en la respuesta de facto a la violencia del cártel en todo el país. Correa-Cabrera, *Los Zetas Inc...., op. cit.*, 49; Grillo, *El Narco..., op. cit.*, 102.

[25] *El País*, «Despliegue del Ejército de México contra el narcotráfico en ocho ciudades», 14 de junio de 2005, https://elpais.com/internacional/2005/06/14/actualidad/1118700011_850215.html.

[26] En una evaluación de 2005, parte de un programa para ayudar a reprimir la violencia relacionada con las drogas en el área fronteriza, la Administración de Control de Drogas de Estados Unidos describió a Los Zetas como «algo legendarios por su disciplina operativa y eficiencia al estilo militar». Pero quizá lo más profético fue su evaluación del legado de Los Zetas, la influencia indeleble de la organización en la violencia en México. Los Zetas serían emulados por otros cárteles, advirtieron los autores. «El resultado podría ser la emergencia de un nuevo tipo de organización de tráfico de drogas en México y la militarización general de los cárteles». NSArchive, «Los Zetas Threat Assessment. Operation Noble Hero», *National Security Archive*, 5 de septiembre de 2021, 2, 22.

De hecho, la respuesta militar fue codificada en esencia en 2006, cuando un nuevo presidente, Felipe Calderón, declaró el inicio de la guerra contra las drogas, y con ella, el despliegue permanente del Ejército en México y el inicio de la guerra eterna del país.[27]

○●○

Cárdenas supervisó la escalada de violencia desde la comodidad de su celda en México, pero sus días estaban contados. A principios de 2007, cuando Miriam Rodríguez estaba planeando su cirugía de estómago y las calles de San Fernando todavía estaban llenas de esperanza, enviaron a Cárdenas a Estados Unidos para enfrentar cargos.[28]

Cárdenas, viendo que pasaría el resto de su vida tras las rejas,[29] llegó a un acuerdo con el Departamento de Justicia de Estados Unidos.[30] Durante tres años, hasta 2010, Cárdenas cooperó en secreto con las autoridades estadounidenses, y ayudó a desmantelar la máquina de muerte que había creado con Los Zetas.[31] Su decisión ayudó a desatar la guerra entre los dos bandos de su

---

[27] Como su primer acto, el presidente Calderón, sucesor de Fox, envió 4 000 soldados a Michoacán, donde el control de Los Zetas sobre el poder se estaba desvaneciendo rápidamente. La intervención militar logró pacificar Michoacán, al menos por un tiempo, ayudando a librar al estado de Los Zetas. Pero estos permanecieron, en cierto sentido: la facción del cártel que prevaleció usó las mismas tácticas violentas pioneras de Los Zetas. Al final, la mayoría de las intervenciones militares funcionó en la medida en que permitió que un lado ganara, poniendo fin a las luchas internas del cártel. Pero el rencor que se desarrolló entre Los Zetas y los cárteles de Michoacán sería un desastre, unos años más tarde, en San Fernando. Claudia Herrera, «El gobierno se declara en guerra contra el hampa; inicia acciones en Michoacán», *La Jornada*, 12 de diciembre de 2006, https://www.jornada.com.mx/2006/12/12/index.php?article=014n1pol§ion=politica.

[28] Sánchez Valdés y Pérez Aguirre, *El origen de Los Zetas…*, *op. cit.*, 14; Gustavo Castillo, «En nombre de "la paz social", extradita México a 15 presos a EU; 10 son narcos», *La Jornada*, 20 de enero de 2007, https://www.jornada.com.mx/2007/01/20/index.php?section=politica&article=005n1pol.

[29] Alfredo Corchado y Kevin Krause, «Deadly Deal. A Drug Kingpin's Plea with the U.S. Triggered Years of Bloodshed Reaching All the Way to Southlake», *Dallas Morning News*, 14 de abril de 2016, http://interactives.dallasnews.com/2016/cartels/.

[30] *Idem*.

[31] *Idem*.

antiguo imperio. Y mientras los dos cárteles buscaban financiar su guerra fratricida, Los Zetas recurrían cada vez más al secuestro como fuente de ingresos, con lo que exigían un impuesto de guerra a familias como la de Miriam Rodríguez para pagar el precio de su propia miseria.[32]

---

[32] Los Zetas ya operaban con creciente independencia de sus antiguos jefes, y con Cárdenas fuera de escena, se resistían a la dirección de los nuevos líderes. Pero Los Zetas permanecieron leales a Cárdenas, y se quedaron dentro de la estructura del Cártel del Golfo. Grayson y Logan, *Executioner's Men…*, *op. cit.*, 42-43; Correa-Cabrera, *Los Zetas Inc.…*, *op. cit.*, 60.

V. LOS DESAPARECIDOS

Después de la toma: San Fernando, 2010-2011

Después de que Los Zetas tomaron San Fernando en marzo de 2010, Miriam Rodríguez le imploró a su familia que mantuviera un perfil bajo para evitar confrontaciones a toda costa.[1] Para entonces, ella le había prohibido a su hijo regresar a San Fernando desde la capital, sin importar el tiempo, basándose en la idea de que el objetivo de Los Zetas era solo los hombres. Criar hijos en medio de la locura era un ejercicio de gestión del miedo. Azalea y Luis Héctor eran autosuficientes, ya habían dejado atrás la época en que Miriam era por completo responsable de ellos.

Karen era otra historia. Crecía dentro de todo ese contexto; todavía estaba en la preparatoria cuando la vida social se detuvo y los padres tenían que proteger los ojos de sus hijos de los rostros de muerte y matanza que podían surgir en cualquier esquina, de contorsiones macabras de la forma humana, con la intención de fascinar y aterrorizar a la población. ¿Quién podía explicarle a un niño la posibilidad de algo así? Ningún padre, ni siquiera Miriam, lo sabía.

Miriam y Luis trabajaban para ofrecerle a Karen una sensación de normalidad, al menos económica, y le daban dinero para comprar artículos pequeños o salir a comer. Pero lo que no lograban ocultar era su creciente amargura. Miriam había aguantado a Luis

---

[1] Manuel Pérez Aguirre, «Anexo 2: La masacre de 72 migrantes en San Fernando», Tamaulipas, en Sergio Aguayo (coord.), *El Desamparo*, El Colegio de México, 2016, 34, https://eneldesamparo.colmex.mx/images/documentos/anexo-2.pdf.

durante años. Eran socios, copropietarios de un negocio y una empresa familiar que funcionaba mejor de lo esperado. Ella no podía, no quería simplemente renunciar a aquello; tenía derecho a su parte.

Pero en 2010, la tolerancia de Miriam hacia Luis disminuyó. Karen podía ver que los vínculos que unían a sus padres se estaban desgastando, y no le gustaba. Comenzó a portarse mal, una respuesta rebelde comprensible para una adolescente, pero peligrosa en el contexto de la extraordinaria violencia de San Fernando.

Los Zetas impusieron toque de queda en el pueblo. Había retenes que bloqueaban las entradas y salidas. Hombres armados realizaban, a voluntad, controles aleatorios de identidad sobre los automóviles; hacían interrogatorios improvisados que determinaban en un instante el destino de un pasajero. La violencia gratuita se convirtió en una lógica propia: una respuesta de los cárteles a su propia obsesión; tenían la inquietante sensación de que lo que estaban construyendo podría volverse contra ellos en cualquier momento. Un incentivo perverso de la guerra consiste en hacer lo impensable antes de que te lo hagan a ti. Los hombres desaparecían de las calles de San Fernando y de otros pueblos sin que hubiera siquiera un disparo, y sus cadáveres eran arrojados a fosas comunes excavadas en los terrenos baldíos que rodeaban al pueblo.

Surgió un nombre para los ausentes, los que faltaban; eran «los desaparecidos», como si su mera presencia hubiera sido borrada.[2]

Desaparecer es un verbo desgastado en América Latina, un vocablo compartido por naciones que han sufrido su trágica distinción. No se trata solo de esfumarse, sino de ser esfumado: secuestrado por la fuerza y, con frecuencia, jamás visto de nuevo. En el siglo XX, los Gobiernos autoritarios de Argentina y Chile torturaron y desaparecieron a miles de supuestos miembros de la oposición. Guatemala y El Salvador arrasaron con comunidades de simpatizantes acusados, tanto antes como durante sus ultraviolentas guerras civiles. México tuvo su propio capítulo oscuro en las décadas de 1960

---

[2] Pérez Aguirre, «Anexo 2...», *op. cit.*, 7-9.

y 1970, cuando el PRI fue responsable de la desaparición de unas 1 200 personas.[3] Los historiadores han denominado este periodo de desapariciones en el siglo XX como «la guerra sucia».

Pero a diferencia de Argentina, Chile o Uruguay, México nunca intentó en realidad investigar estas atrocidades. Si bien las comisiones de la verdad y las exhumaciones de fosas comunes intentaron exorcizar los pecados de regímenes pasados en otras zonas de la región, la responsabilidad del Gobierno de México permaneció, en gran medida, enterrada.

Desaparecer era una extensión natural de la continua perversión de la guerra, brutalmente eficiente y práctica. Sin cuerpo no había crimen. Pero desaparecer a una persona también suponía una tortura perpetua para sus familiares y seres queridos, como lo sería para Miriam Rodríguez. A cambio de todas las macabras escenas de asesinato recopiladas en la época anterior, el interminable desfile de que alguien fuera desaparecido privaba a las familias incluso del carácter definitivo de la muerte.

Marcado por décadas de asociación con el Cártel del Golfo, el pueblo de San Fernando sufrió por esta alianza involuntaria. Temerosos de los miembros del Golfo o de sus simpatizantes entre ellos, Los Zetas aterrorizaron a todos en San Fernando.[4] Como si estuvieran en territorio ocupado, llevaron a cabo una política de tierra quemada en los años posteriores a su toma de San Fernando en 2010. Extorsionaron a empresas grandes y pequeñas y se financiaron mediante secuestros.[5]

---

[3] Open Society, «Naming the disappeared of Mexico's dirty war», https://www.justiceinitiative.org/litigation/naming-disappeared-mexicos-dirty-war.

[4] Pérez, «Anexo 2...», *op. cit.*, 5, 34.

[5] Delia Sánchez del Ángel describe las acciones de Los Zetas como «una clara política de control territorial, que puede observarse por la gran diversidad de acciones a través de las cuales aterrorizaron a la población civil (secuestros, extorsiones, torturas, ejecuciones masivas, cuerpos colgados en puentes, cabezas en lugares públicos) y controlaron sus actividades (por ejemplo, la recaudación de derechos de piso)». Delia Sánchez del Ángel, «Anexo 8: La masacre de San Fernando, Tamaulipas, y la desaparición forzada de personas en Allende, Coahuila: un análisis desde el derecho penal internacional», en Sergio Aguayo (coord.), *En el desamparo. Los Zetas, el Estado, la sociedad y las víctimas de San Fernando, Tamaulipas (2010), y Allende, Coahuila (2011)*, El Colegio de México, 2016, https://eneldesamparo.colmex.mx/images/documentos/anexo-8.pdf.

El capitán de los bomberos de San Fernando, Ángel, y sus paramédicos habían dejado de trabajar turnos de 24 horas: cualquier persona a la que hubieran disparado o asesinado durante la noche tendría que esperar a que amaneciera para que lo atendieran o lo recogieran. Los Oxxo, las tiendas de conveniencia que salpican el mapa de México y que, por lo general, ofrecen servicio las 24 horas, en San Fernando cerraban a las 5:00 p. m. El sonido de las cortinas metálicas al cerrarse precedía a la puesta de sol, mientras las tiendas se apuraban a cerrar antes del anochecer. Las familias se apiñaban en sus casas con las luces apagadas, esperando que amaneciera.

Algunos, incluida la cuñada de Miriam, taparon con ladrillos las puertas de sus casas, a las que entraban y salían por accesos laterales. Los viajes después del toque de queda, al hospital o a la farmacia, se calculaban en los términos más estrictos: ¿la necesidad era de vida o muerte? Porque el viaje lo era, en definitiva. La paranoia de Los Zetas se convirtió también en la de todos los demás.

El miedo y la desconfianza alteraron los fundamentos de las interacciones básicas. Un grito proveniente de la casa de un vecino ya no convocaba a la gente a la calle. Azalea llegó a casa una noche cuando, muy cerca, un convoy de camiones frenó rechinando las llantas. No se detuvo a adivinar por qué estaban atacando a su vecino; solo huyó a refugiarse en su propia casa con su hijo y cerró la puerta.

Surgió una frase que resonaba en todo el país a raíz de una tragedia inexplicable: «Tenían algo que ver». Las víctimas tuvieron la culpa. Esto se utilizaba como justificación de la violencia ejercida contra un vecino, un extraño, incluso un amigo; se trataba de una forma de vivir con la muerte y las desapariciones que, de repente, formaron parte de la vida de todos; una forma de justificar la inacción, la cobardía, el egoísmo.

○●○

El amigo de Miriam, Chalo, había dirigido la Funeraria del Recuerdo durante la mayor parte de veinte años. Su madre había puesto en marcha el negocio en la década de 1970, cuando la mayoría de las muertes se debían a causas naturales y, en el peor de los casos, a accidentes. Chalo comenzó a ayudarla en la funeraria cuando tenía 14 años; para ese momento, creía saber todo lo que había que saber sobre el negocio.

Después de 2010, de pronto, comenzó a pasar sus días y noches recibiendo cadáveres en estados desgarradores. Fue testigo del sufrimiento y de cómo los humanos eran despojados de lo esencial por sus maquinaciones. Algunas familias nunca lograron superar la pérdida; desvinculadas de quienes habían sido, no solo perdieron a sus seres queridos, sino también se perdieron a sí mismas. Otras familias ni siquiera recogían a sus difuntos, y dejaban que Chalo los enterrara en tumbas anónimas.

Su trabajo implicaba riesgos, ya que viajar significaba cruzar un mosaico de puestos de control de los cárteles, entrar y salir de territorios en disputa o, en ocasiones, presentarse en el lugar de una masacre antes de que fuera seguro hacerlo. Lo habían secuestrado más de una vez, aunque siempre de forma temporal. Al final, todos lo dejaban ir. Ayudaba el hecho de que su aspecto no era amenazante. Era un hombre corpulento, de nariz torcida, cuello largo y orejas que sobresalían entre su cabello chino.

En marzo de 2011, un año después de que Los Zetas se apoderaron de San Fernando, Chalo fue convocado para ir a una extensión de tierras de cultivo en las afueras del pueblo, en una zona conocida como El Lodo, donde el Ejército había descubierto un campo de entrenamiento de Los Zetas y casi había ejecutado a todos los que estaban ahí.[6] Los soldados afirmaban haber matado a ocho Zetas en total, aunque Chalo vio más muertos que eso.[7] Los militares habían disparado contra los narcos desde un helicóptero y destrozaron a algunos de ellos con balas de gran calibre antes de que el resto se rindiera.

---

[6] *Expansión*, «Criminales y militares se enfrentan en Tamaulipas; hay ocho muertos», 11 de marzo de 2011, https://expansion.mx/nacional/2011/03/11/criminales-y-militares-se-enfrentan-en-tamaulipas-hay-ocho-muertos; *La Jornada*, «La lucha contra el narco deja saldo de 32 muertos; hubo 10 solo en Tamaulipas», 11 de marzo de 2011, https://www.jornada.com.mx/2011/03/12/politica/013n1pol.

[7] *Proceso*, «Mata ejército a ocho sicarios en Tamaulipas», 11 de marzo de 2011, https://www.proceso.com.mx/nacional/2011/3/11/mata-ejercito-ocho-sicarios-en-tamaulipas-84772.html; *La Jornada*, «La lucha contra el narco...», *op. cit.*, 13.

En la finca de El Lodo, una joven que apenas había pasado la pubertad yacía entre los muertos. A las autoridades les preocupaba que la hubieran matado por error en la redada. Pero resultó que la chica era sicaria, una asesina, y llevaba más de un año trabajando para Los Zetas, desde que su padre fue asesinado por el Cártel del Golfo en la carretera a Guanajuato, su territorio.

Su padre había sido uno de los primeros en morir en esta guerra, asesinado por error junto con otros tres vendedores de automóviles mientras viajaban en convoy por Tamaulipas.[8] Chalo también había recogido su cuerpo. Consumida por la rabia, a sus 16 años, la chica se había unido a Los Zetas para buscar venganza. Ahora, ella era otro dato más en el esfuerzo del Gobierno por neutralizar a Los Zetas. Esa noche, los líderes Zetas acudieron a la funeraria a recoger a sus muertos y Chalo se los permitió. ¿Qué otra opción tenía?

Los antiguos residentes de San Fernando a veces hablaban en susurros sobre formar un escuadrón suicida para luchar contra el terror y librar a su pueblo de Los Zetas. Pero el miedo no funcionaba de esa manera. Al final, como todos los demás, el instinto de supervivencia superaba al de defensa.

El miedo era la fuerza impulsora para todos, incluso para Los Zetas, que temían perder su posición estratégica en San Fernando, o que, en secreto, el Cártel del Golfo pudiera estar usando al pueblo para enviar armas y hombres al frente a lo largo de la frontera. Desde San Fernando, Los Zetas podrían monitorear todo el transporte hacia el norte y obstruir las rutas vitales por las que sus rivales transportaban drogas o a sus soldados hacia la frontera.[9] Cerrar sus rutas de contrabando significaba sofocar sus negocios y reducir sus ingresos. Un enemigo pobre era un enemigo débil.

En consecuencia, Los Zetas se enfocaban en detener automóviles, camiones y autobuses. Todo lo que pasaba por el

---

[8] Entrevista con Javier Manilla.

[9] Eduardo Guerrero, «La guerra por Tamaulipas», *Nexos*, 1.º de agosto de 2010.

pueblo era sospechoso;[10] el Cártel del Golfo podría estar transportando un cargamento de drogas, un convoy de sicarios o incluso migrantes que pasaban por Tamaulipas rumbo a Estados Unidos y que podrían ser reclutados para trabajar para uno u otro cártel.

En agosto de 2010, Los Zetas que monitoreaban la carretera que pasaba por San Fernando detuvieron a varios autobuses llenos de migrantes en camino a la frontera con Estados Unidos, y se produjo una masacre cuya escala no tenía precedentes. La masacre de los 72 convertiría a Los Zetas en el enemigo público número uno.

Los 72

El joven despertó sobresaltado en la oscuridad. Junto a él yacían cuerpos inmóviles y apilados uno junto al otro, como si los hubieran acomodado mientras dormían.[11] Una bala le había atravesado el lado derecho de la mandíbula, pero de alguna forma estaba vivo.

---

[10] Un poco más de explicación sobre la razón potencial de la masacre: una teoría era que, al matar a los migrantes, Los Zetas iban tras los ingresos del Cártel del Golfo. Los migrantes significaban dinero para el Golfo; el contrabando de personas hacia Estados Unidos es un negocio multimillonario, y cada migrante puede pagar muchos miles por un solo viaje. Matar la carga era como quemar un cargamento de drogas, y les importaba mucho a Los Zetas. Al eliminar a dos autobuses llenos de personas inocentes, Los Zetas esencialmente quemaron cientos de miles de dólares de sus rivales. Otra teoría sostenía que la paranoia de Los Zetas los llevó a sospechar que el Golfo estaba usando la ruta migrante para enviar refuerzos del Golfo al norte de manera subrepticia. Eliminarlos era una forma de matar a los refuerzos de sus enemigos antes de que tuvieran la oportunidad de unirse a las filas del Golfo. Másde72, «Masacre de 72», *Capítulo 1: La Masacre*, https://adondevanlosdesaparecidos.org/masde72-1-presentacion/.

[11] *Idem*.

Fredy Lala Pomadilla, un ecuatoriano que se dirigía a Estados Unidos, acababa de sobrevivir a su propia ejecución.[12]

Otro cuerpo se movió. Era el de un hondureño, ileso de algún modo.

Ambos partieron juntos del rancho abandonado donde Los Zetas habían llevado a un grupo de migrantes el día anterior; se trataba de una estructura parecida a un cobertizo, con el techo despojado de sus soportes metálicos.[13] A lo largo de las paredes de bloques de concreto, otras 72 personas yacían bocabajo sobre la hierba cubierta de maleza, con las manos atadas con esposas de plástico.[14]

Los dos hombres huyeron por los caminos de terracería que flanqueaban la enorme extensión de campos de sorgo, guiados por un lejano farol, cuyo terreno era tan plano como el papel.[15] En algún momento escucharon camiones retumbando en una oscuridad semejante a la tinta negra y se separaron. El hombre hondureño se fue solo.[16]

Después de casi 16 km a pie, Freddy Lala llegó a un retén de la Marina emplazado sobre la carretera.[17]

—Mi nombre es Fredy Lala —le anunció al personal de la Marina—. Nos secuestraron unos hombres armados. Mataron a todos.[18]

---

[12] Gustavo Castillo, «Confirman asesinato del MP que indagaba matanza en Tamaulipas», *La Jornada*, 28 de agosto de 2010, 5, https://www.jornada.com.mx/2010/08/28/politica/005n1pol; Concepción Peralta, «Masacre de San Fernando: Fredy Lala sigue huyendo de la muerte», *Pie de Página*, 17 de septiembre de 2015, https://enelcamino.piedepagina.mx/ruta/masacre-de-san-fernando-fredy-lala-sigue-huyendo-de-la-muerte/.

[13] Másde72, «Masacre de 72»; YouTube, «Declara "El Wache" sobre caso San Fernando», 22 de junio de 2011, https://www.youtube.com/watch?v=UycQ0P9jCts&t=306s.

[14] Semar, «Personal de la armada de México descubre rancho de presuntos delincuentes en San Fernando, Tamaulipas» (comunicado de prensa), México, Secretaría de Marina, 24 de agosto de 2010, https://2006-2012.semar.gob.mx/sala-prensa/comunicados-2010/1436-comunicado-de-prensa-216-2010.html.

[15] Másde72, «Masacre de 72...»; *op. cit.*, NSArchive, «Zetas Massacre 72 Migrants in Tamaulipas», U.S. Consulate Matamoros, cable, desclasificado, 3, p. 2, National Security Archive, agosto de 2010, https://nsarchive2.gwu.edu/NSAEBB/NSAEBB499/DOCUMENT22-20100826.pdf.

[16] Másde72, «Masacre de 72...», *op. cit.*

[17] NSArchive, «Zetas massacre 72 migrants in Tamaulipas», *op. cit.*, agosto de 2010.

[18] Másde72, «Masacre de 72...», *op. cit.*

Los marinos al principio no le creyeron. Para entonces, habían pasado dos días desde que Fredy y los demás habían sido secuestrados por pistoleros de Los Zetas.[19]

Durante décadas, la ruta que atraviesa Tamaulipas había sido el último tramo de una supercarretera para los contrabandistas que transportaban migrantes a Estados Unidos.[20] Los cárteles la controlaban y les cobraban a los migrantes miles de dólares por persona por el viaje al norte.[21]

El grupo de Fredy Lala estaba formado por guatemaltecos, hondureños, salvadoreños, ecuatorianos, brasileños y un indio. Fredy tenía 18 años y había salido de Ecuador con la esperanza de reunirse con sus padres, que vivían en Nueva Jersey;[22] viajó desde su pequeño pueblo en los ramales de los Andes, y cruzó Guatemala y el sur de México antes de llegar a Tamaulipas.

Pero a menos de dos horas de la frontera con Estados Unidos, su convoy se había detenido en las afueras de San Fernando.[23] Hombres armados estacionados a lo largo de la carretera federal 101 detuvieron los dos camiones que transportaban a Fredy y a sus compañeros de viaje. Los pistoleros desviaron los camiones a una granja anónima con un portón rojo y cercas contra huracanes.

En la granja, sus captores les dieron de comer tacos y refrescos, y le ofrecieron empleo a todo el grupo: la asombrosa suma de 500 dólares o más a la semana, muchos múltiplos de lo que la mayoría de los nuevos ingresantes al crimen organizado podían esperar.[24] ¿El empleo? Trabajar para Los Zetas y luchar en una guerra contra

---

[19] *Idem.*; Pérez Aguirre, «Anexo 2...», *op. cit.*, 35.

[20] Marcela Turati, «A la luz, los secretos de las matanzas de Tamaulipas», *Proceso*, 3 de noviembre de 2013, https://www.proceso.com.mx/reportajes/2013/11/2/la-luz-los-secretos-de-las-matanzas-de-tamaulipas-125419.html; Pérez Aguirre, «Anexo 2...», *op. cit.*, 36.

[21] Másde72, «Masacre de 72...», *op. cit.*

[22] Concepción Peralta, «Masacre de San Fernando: Fredy Lala sigue huyendo de la muerte», *Pie de Página*, 17 de septiembre de 2015, https://enelcamino.piedepagina.mx/ruta/masacre-de-san-fernando-fredy-lala-sigue-huyendo-de-la-muerte/.

[23] Turati, «A la luz, los secretos...», *op. cit.*

[24] NSArchive, «Zetas massacre 72 migrants in Tamaulipas», *op. cit.*, agosto de 2010.

el Ejército mexicano y el Cártel del Golfo.[25] Los hombres serían sicarios, asesinos, y las mujeres, trabajadoras domésticas.

Casi todos se negaron.

Después, Los Zetas subieron a los migrantes de nuevo a los camiones y el convoy se trasladó a otro rancho. Allí, los hombres armados, ocho o nueve en total, sujetaron las manos de los migrantes con esposas de plástico y los condujeron a una casa abandonada, de un solo piso, ubicada en una vasta y desocupada extensión de tierras de cultivo donde el sonido se disipaba con los vientos de la costa.[26] Los captores vendaron los ojos de todo el grupo y esperaron a que cayera la noche.

Un árbol nudoso crecía entre las vigas del techo. Los pasajeros fueron dispuestos en semicírculo a lo largo de las paredes interiores, luego los colocaron bocabajo sobre la hierba cubierta de maleza que crecía adentro. Un contingente de Los Zetas mantenía la seguridad en el perímetro del rancho. Algunos más se quedaron con los migrantes dentro del granero, donde les advirtieron que se calmaran y no gritaran. Los iban a matar por razones que nunca les explicaron.[27]

Los asesinatos tardaron alrededor de dos horas en completarse, según uno de Los Zetas involucrados, debido a que los tres debían compartir una sola pistola 9 milímetros para realizar el trabajo.[28] Cuando terminaron, ya eran altas horas de la noche, por lo que decidieron tomar un descanso. Regresarían al día siguiente para enterrar los cuerpos.

Pero al amanecer, los marinos llegaron para inspeccionar la zona de la que les había hablado Fredy, el joven ecuatoriano.[29] Rastrearon su viaje de regreso hasta el rancho conocido como El

---

[25] *Idem.*; Castillo, «Confirman asesinato del MP...», *op. cit.*, 5.

[26] *Idem.*; Marcela Turati, «La matanza de San Fernando: inconsistencias y falsedades», *Proceso*, 23 de mayo de 2015, https://www.proceso.com.mx/reportajes/2015/5/26/la-matanza-de-san-fernando-inconsistencias-falsedades-147530.html.

[27] Másde72, «Masacre de 72...», *op. cit.*; Pérez Aguirre, «Anexo 2...», *op. cit.*, 21.

[28] Másde72, «Masacre de 72...», *op. cit.*; Pérez Aguirre, «Anexo 2...», *op. cit.*, 22.

[29] NSArchive, «Zetas massacre 72 migrants in Tamaulipas», *op. cit.*, agosto de 2010; Semar, 24 de agosto de 2010.

Huizachal y descubrieron los cadáveres de los 72 migrantes, una masacre inexplicable en su entorno.

La cuestión era qué significaban los migrantes para el Cártel del Golfo.[30] ¿Eran mercancía, cargamento humano por el que se le pagaba al Cártel del Golfo para que los pasara de contrabando a Estados Unidos? ¿Matarlos fue un acto de terrorismo económico? ¿O temían Los Zetas que fueran refuerzos del Cártel del Golfo, los cuales se habían negado a integrarse a ellos porque ya estaban contratados por sus rivales?

El hecho de que al menos dos individuos lograran sobrevivir ofrece una idea de la magnitud de los asesinatos: en su prisa, ineptitud o agotamiento por el acto de apretar el gatillo, los asesinos no lograron matar a todas sus víctimas; un acto inhumano que se había vuelto tan mundano que los asesinos, de alguna manera, lograron echarlo a perder.

Los abogados que representan a las familias de las víctimas han intentado obtener las diversas declaraciones de los testigos y acceder al expediente de investigación del Gobierno.[31] Les ha tomado más de diez años, y es probable que pasen muchos años más antes de que puedan revisar las decenas de miles de páginas de material, escrito en una jerga legal tan impenetrable que su incoherencia parece intencionada.

Con el tiempo, a falta de hechos concretos, los rumores y la especulación han llenado los vacíos en la investigación gubernamental. Una parte de esto puede atribuirse a la voluntad política y al deseo del Estado mexicano de dejar las atrocidades en el pasado. La capacidad del Gobierno para desviar y manipular la verdad, ignorar narrativas complejas para favorecer las más simples y fáciles

---

30 Óscar M. Hernández-Hernández, «Antropología de las masacres en San Fernando, Tamaulipas», *Nexos*, 24 de agosto de 2020, https://seguridad.nexos.com.mx/antropologia-de-las-masacres-en-san-fernando-tamaulipas/#_ftn3.

31 Delia Sánchez del Ángel, «Anexo 3: San Fernando. El Estado Mexicano», en Sergio Aguayo (coord.), *En el Desamparo. Los Zetas, el Estado, la sociedad y las víctimas de San Fernando, Tamaulipas (2010), y Allende, Coahuila (2011)*, El Colegio de México, 2016, https://eneldesamparo.colmex.mx/images/documentos/anexo-3.pdf; FJEDD, «Ficha técnica: Masacre de 72 migrantes», México, Fundación para la Justicia y el Estado Democrático de Derecho.

de aceptar, puede parecer una especie de arte oficial.[32] Este, con frecuencia, sigue un patrón: ocurre una atrocidad, algo impensable, que provoca conmoción, indignación y la promesa de un ajuste de cuentas. Luego, esas expectativas pierden poco a poco su energía mediante el opaco y deliberado proceso de investigación, un juego de manos donde la reticencia burocrática se disfraza de seriedad. Los hechos se ignoran, se pasan por alto o se seleccionan con cuidado con el objetivo de generar un resultado diseñado para minimizar la responsabilidad del Estado. A la par de la indignación, hay también confusión, y el público en general llega a aceptar que la verdad es una suerte de misterio.[33] El mundo sigue adelante.

Después de todo, había un modelo. Juan N. Guerra había asesinado primero a su esposa y luego al hijo de Pancho Villa. Y su sucesor, Juan García Ábrego, había ordenado una masacre en un hospital, el asesinato de dos periodistas y, de manera indirecta, provocó un motín carcelario que mató a 18 personas. El legado de Osiel Cárdenas estaba dando testimonio en tiempo real de las maniobras de la confusión del Gobierno.

Lo que queda tras los heroicos esfuerzos de investigadores académicos y periodistas por descubrir qué ocurrió es, en gran parte, teoría.[34] La mayoría cree que la masacre fue solo otro episodio de

---

[32] *Animal Político*, «PGR entrega datos sobre participación de policías de San Fernando en masacre de migrantes», 22 de diciembre de 2014, https://www.animalpolitico.com/2014/12/policias-de-san-fernando-participaron-en-masacre-de-migrantes-pgr-entrega-datos-del-caso; Hernández-Hernández, «Antropología de las masacres en San Fernando, Tamaulipas», *op. cit.*

[33] En el caso de los 72 migrantes asesinados fuera de San Fernando, el camino a seguir, al menos en tiempo real, estaba oscurecido por tanto asesinato, complicidad y desorden que uno tenía la impresión de que al menos algunas de esas verdades incómodas quizá eran incognoscibles. El fiscal que investigaba el caso de los 72 fue asesinado unos días después del descubrimiento de los cuerpos. Él y el jefe de la policía municipal fueron encontrados decapitados en las afueras de San Fernando. Mientras tanto, Zetas descontentos condujeron un camión al centro del granero sin techo donde se habían dejado los cuerpos y prendieron fuego al vehículo, dejando su carcasa enmohecida para acechar el paisaje y obstaculizar el análisis forense.

[34] Entre los periodistas e investigadores que han trabajado incansablemente en este tema están Ana Lorena Delgadillo, Marcela Turati, Gary Moore, Michael Evans y otros en el National Security Archive de la Universidad George Washington, y un equipo de académicos en el Colegio de México coordinado por Sergio Aguayo. Turati, «La matanza

la guerra entre Los Zetas y el Cártel del Golfo, notable solo por el hecho de que los cuerpos fueron descubiertos antes de que los pudieran enterrar en una fosa común anónima. Es notable porque Fredy Lala llegó hasta los marinos, quienes arribaron al lugar de la masacre antes de que Los Zetas pudieran enterrar los cuerpos.[35]

A pesar de que los mexicanos se estaban acostumbrando cada vez más a las manifestaciones fantasmagóricas de violencia, el asesinato de los 72 migrantes apareció en los titulares del mundo entero, lo que obligó al presidente Calderón a responder. La escandalosa toma de San Fernando ya no podía ignorarse, la cesión de ciudades y franjas de estados al crimen organizado no podía quedar sin respuesta. Esta era la mayor masacre en suelo mexicano desde que se tenía memoria.[36]

Hasta 2011.

El giro ubicuo

Mientras San Fernando se desmoronaba, Miriam tenía la aguda sensación de que su propia vida reflejaba el mundo exterior, una espiral de fragmentos y disfunción. La relación con Luis estaba peor que nunca. La pareja peleaba con más frecuencia y en público. Ya casi no hablaban en el mercado San Fernando.

La economía también se estaba derrumbando a su alrededor. Las tiendas cerraban temprano y a muchas las clausuraron de forma permanente. Los sobrevivientes pagaban extorsiones a Los Zetas.

---

de San Fernando…», *op. cit.*; *Animal Político*, «PGR entrega datos sobre participación»; Hernández-Hernández, «Antropología de las masacres en San Fernando, Tamaulipas», *op. cit.*; Sánchez del Ángel, «Anexo 3…», *op. cit.*

[35] Másde72, «Masacre de 72…», *op. cit.*; Pérez Aguirre, «Anexo 2…», *op. cit.*, 23.

[36] Hernández-Hernández, «Antropología de las masacres en San Fernando, Tamaulipas», *op. cit.*

Cualquier empresa próspera podía esperar su visita. Los consumidores ya no gastaban en artículos frívolos. Nadie sabía cuánto tiempo permanecerían empleados. Y, además, nadie quería mostrar su riqueza. Eso solo los convertía en un objetivo.

Los delincuentes tenían fuertes redes de inteligencia; conocían el rendimiento de los cultivos de los agricultores, cuánto le vendía cada uno a los graneros locales y luego cuánto vendía cada granero en el mercado más amplio.[37] Hacían cálculos exactos. Si había cualquier duda, Los Zetas solo exigían que les mostraran los libros.

Miriam apenas si ganaba lo suficiente para mantener abierta su tienda. A Luis le iba algo mejor, vendiendo ollas y sartenes, prensas para hacer tortillas, espátulas y cuchillos de cocina; artículos que las familias aún necesitaban. Él tenía desplantes de superioridad sobre Miriam por el hecho de que él estaba aportando más a la familia. Ella incluso comenzó a vender por comisión algunos de los productos de Luis en su propia tienda, lo que aumentaba su dependencia hacia él.

Para Miriam, separarse de Luis después de 33 años de matrimonio no fue una decisión fácil. Él había sido el único hombre con el que había estado, su primer y único amor, con quien se había casado a los 18 años. Había pleitos, sí, pero también estabilidad, su familia, el proyecto compartido de construir una vida. Y ahora estaba sola.

Los hijos tomaron partido por Miriam, en especial Azalea y Karen. La decisión fue bastante sencilla: Miriam había sido una madre comprometida, mientras que su padre pensaba más que nada en sí mismo. No fue solo que Luis maltratara o no respetara a Miriam. Él era así con todos. Cuando sus hijos le pedían ayuda, su respuesta muchas veces era: «Descúbrelo por ti mismo». Miriam, en cambio, buscaba soluciones.

Luis Héctor entendía a su padre por cómo fue: había sido un proveedor y una presencia en sus vidas. Si no le gustaba cómo actuaba su padre, lo aceptaba. Pero Azalea había dejado de hablar con él, harta de su comportamiento irrespetuoso hacia su madre. Azalea tenía recuerdos que sus hermanos no habían presenciado, como cuando su

---

[37] Guadalupe Correa-Cabrera, *Los Zetas Inc.: Criminal Corporations, Energy, and Civil War in Mexico* (Austin: University of Texas Press, 2017), 64 y 65.

padre regresó de Estados Unidos y Miriam había sacado adelante a la familia. Pero ahora ni Azalea ni Luis Héctor tenían que lidiar mucho con él: cada uno se había independizado y se mantenía a sí mismo.

Karen era otra historia; su mundo se había fundado en el cariño de sus padres y hermanos, en sentirse envuelta en el cálido resplandor de ser la bebé de la familia. La separación de sus padres marcó el fin de la ilusión; ella lo tomó peor que todos, tal vez incluso que Miriam.[38]

Aún en la preparatoria, Karen era plenamente consciente de los numerosos defectos de su padre y se sentía frustrada porque su madre los aceptaba. Como respuesta a la separación, Karen actuaba con hostilidad y enojo; confrontaba a su padre por sus infidelidades, regañaba a su madre por permitirlas y reprendía a sus hermanos por no hacer más esfuerzos por evitarlas.

Azalea y Luis Héctor intentaron lograr que Karen aceptara el hecho de que, si bien ellos tampoco estaban de acuerdo con lo que hacía su padre, él era un adulto y podía tomar sus propias decisiones. Pero para Karen, la ruptura fue trascendental, como si los cimientos de su infancia se estuvieran moviendo bajo sus pies. Culpaba a su padre, lo que Miriam alentaba.

Miriam apenas si podía controlar su propia amargura y tenía pocos lugares en los cuales expresar sus sentimientos de traición y humillación después de toda una vida de concesiones. Karen, que aún vivía en casa y trabajaba con su madre, era su compañera más constante, por lo que fue expuesta a las feas verdades de su vida matrimonial por boca de Miriam. Karen internalizó el dolor de su madre y eso la cambió.

Karen se volvió más oscura, una versión menos vivaz de sí misma. Siempre había sido algo melancólica: cuando era adolescente, por un breve lapso, adoptó la visión gótica de la vida y vestía solo ropa negra, lápiz labial negro y gargantillas. Pero esas tendencias se arraigaron hasta convertirse en una profunda tristeza.[39] Le dijo a su mejor amiga, Fany, que solo quería morir, que estaba harta de su padre, de su madre y también de estar atrapada en medio de su matri-

[38] Entrevista con Luis Héctor, Azalea, Fany Sánchez y Frida Treviño.

[39] Entrevista con Fany Sánchez.

monio tóxico. Fany, cuya madre había muerto de cáncer unos años antes, le aconsejó a Karen que despertara. Las peleas y la separación de sus padres, e incluso la infidelidad de su padre, no representaban el fin del mundo. Pero Karen estaba inconsolable.

Un día, mientras paseaba en carro con sus amigos, Karen vio a su padre conduciendo por las calles con una mujer del pueblo, con la que estaba saliendo.[40] Sus amigos sabían que Karen podía ser volátil, en especial cuando se trataba de su padre, y les resultó gracioso cuando comenzó a perseguirlos. Al menos al principio. Después del segundo minuto, empezaron a preocuparse.

En un semáforo, Karen se detuvo detrás de Luis y se bajó de su camioneta. Sus amigos la observaron quitarse el zapato y comenzar a golpear la ventana del copiloto del vehículo de Luis.

—Sal del auto, perra —gritó, tirando de la manija de la puerta de la mujer.

Todo se congeló por un momento: los transeúntes en la banqueta estrecha, los automovilistas atrapados detrás de la pelea, los amigos de Karen, e incluso Luis.

De pronto, su padre reaccionó, saltó de su auto y corrió a pararse entre su novia y su hija.

—¿Qué estás haciendo? —le gritó a Karen.

Karen y Luis comenzaron a pelear y luego se cayeron en la calle. Mientras rodaban en el pavimento, Karen le gritó a su padre que era un desvergonzado e irrespetuoso.

Una multitud se había reunido en la banqueta. El tráfico se acumuló detrás de ellos, sin poder pasar. Luis, levantándose del pavimento, dijo que era Karen quien no mostraba respeto.

Una patrulla llegó de inmediato. Uno de los oficiales le preguntó a Luis cuál era el problema. Él les dijo que su hija estaba actuando como una loca, que lo detuvo en el tráfico y los acosó a él y a su acompañante de forma injustificada.

Karen le dijo al oficial que Luis estaba engañando a su mamá en público, y con ello humillaba a toda la familia en su pequeño pueblo. Era un mal esposo y un mal padre.

---

[40] Entrevista con Fany Sánchez y Frida Treviño.

El policía invitó a Luis a caminar hacia la banqueta. «Deberías escuchar a tu hija», le aconsejó.

La masacre de 2011

La mayoría de los residentes de San Fernando, como Miriam, sabían que debían mantener la boca cerrada, al menos en público. Como solía hacerlo en su casa, Miriam continuó preguntándose en voz alta dónde estaba el Gobierno, condenando a la policía y a los políticos que habían dejado San Fernando en manos de Los Zetas. Pero el número de pasajeros desaparecidos de los autobuses que cruzaban su pueblo iba en aumento, y ya llegaba a centenares. Incluso en un país como México, era seguro que esa cantidad de personas desaparecidas provocaría alarma.

Después de la toma de San Fernando por parte de Los Zetas en 2010, muchas familias huyeron, aquellas que tenían el dinero o las conexiones para comenzar una nueva vida en otro lugar. Aunque Miriam no tenía ninguna de las dos, le enfurecía la idea de irse.

—¿Por qué tendríamos que irnos? —le preguntaba a Azalea o a Luis cuando sacaban el tema—. No hicimos nada malo.

Aun cuando las desapariciones continuaban en San Fernando,[41] Miriam persistió con sus consejos a la familia, a quienes les advertía:

---

[41] NSArchive, «More Mass Graves Found in Tamaulipas: Body Total Now 81», U.S. Consulate Matamoros, National Security Archive, abril de 2011, https://nsarchive2.gwu.edu/NSAEBB/NSAEBB499/DOCUMENT32-20110408.pdf; CNDH, «Sobre la investigación de violaciones graves a los derechos humanos por la falta de acceso a la justicia, en su modalidad de procuración de justicia y a la verdad, con motivo del hallazgo en el año 2011 de fosas clandestinas en San Fernando, Tamaulipas, así como con la investigación sobre la desaparición de 57 personas», 30 de septiembre de 2019, https://www.cndh.org.mx/sites/default/files/documentos/2019-10/REC_2019_23VG.pdf.

—Solo habla si te hablan, responde solo las preguntas que te hagan.

Todos los días asesinaban de forma espantosa a personas, las arrancaban de la vida de sus seres queridos como una página arrugada;[42] esta era la realidad de la guerra contra las drogas del presidente Felipe Calderón.[43] De vez en cuando sucedía algo, como el asesinato de los 72 migrantes inocentes, que sacaba a la población de su endurecida indiferencia y revitalizaba su capacidad de indignarse. Pero la indignación únicamente duraba un tiempo, y los medios de comunicación solo lograban mantener una cobertura limitada. El Gobierno siempre estaba dispuesto a tranquilizar con una danza kabuki de fiscales especiales, investigadores, tropas y promesas.[44]

Los Zetas se apegaban a su propia lógica, acostumbrados a las normas sociales e indiferentes a la presión de fuerzas externas que no entendían su realidad. Los combatientes pueden justificar casi cualquier acción bélica, y a menudo lo hacen en nombre de la supervivencia. Las leyes de la guerra, las reglas de enfrentamiento, existen para prevenir la tendencia humana natural hacia el exceso violento.[45] Pero no existen reglas para los grupos criminales; el exceso y la escalada suelen ser virtudes.

Algunos actos purgan de su humanidad a todos los combatientes, con lo que inicia una espiral descendente de violencia en la que la moralidad se convierte en un obstáculo y la nueva normalidad es cualquier forma inédita en que un ser humano corrompe a otro. Muchas veces estos actos nacen del odio, que con frecuencia nace del miedo, un miedo generado por un deseo de sobrevivir, de un instinto de autoconservación.

---

[42] PGR, «Tarjeta informativa», 9 de junio de 2017.

[43] Víctor Manuel Sánchez Valdés y Manuel Pérez Aguirre, *El origen de Los Zetas y su expansión en el norte de Coahuila*, El Colegio de México, 14.

[44] *La Jornada*, «Sacan hasta 61 cuerpos de dos narcofosas localizadas en San Fernando, Tamaulipas», 7 de abril de 2011, https://www.jornada.com.mx/2011/04/07/politica/012n1pol; PGR, «Quinto informe de gobierno», 2011, 84-85, http://cnpj.gob.mx/informesinstitucionale/INFORME%20DE%20LABORES/2011.pdf.

[45] Guillermo Valdés, *Historia del narcotráfico en México* (México: Aguilar, 2013), 198.

Definitivamente, Los Zetas no pensaban que el peligro que representaba para ellos el Cártel del Golfo había desaparecido. Por orden de sus jefes, Los Zetas comenzaron a detener más autobuses en San Fernando, convencidos de que sus enemigos utilizaban las líneas de autobuses comerciales para contrabandear combatientes del Golfo hacia Tamaulipas.[46] Eran de interés particular las unidades provenientes de Michoacán, donde Los Zetas tenían enemigos.[47]

Durante varias semanas de marzo y abril de 2010, Los Zetas habían secuestrado a pasajeros en su paso por San Fernando; por lo general, aunque no de forma exclusiva, eran hombres en edad para combatir. Un equipo de pistoleros esperaba la llegada diaria de los autobuses.[48] Bajaban a los pasajeros, los despojaban de sus teléfonos, relojes y carteras, y luego los transportaban, algunas veces en camiones de la policía municipal, a los campamentos Zetas repartidos por todo San Fernando. Una vez ahí, los pasajeros esperaban y los patrones fumaban marihuana, consumían cocaína y bebían mientras una retroexcavadora hacía un enorme agujero en las tierras de cultivo en barbecho.[49]

Más tarde, hubo testimonios sobre el brutal asesinato de estos pasajeros, asesinatos sistemáticos y a un ritmo sombrío. Algunas veces los patrones usaban armas de fuego, aunque con frecuencia utilizaban martillos para evitar desperdiciar balas o hacer demasiado ruido. Algunos de los presentes eran Zetas desde hacía mucho tiempo, insensibles a la pérdida de vidas. Otros eran nuevos reclutas,[50] jóvenes que, antes de unirse a Los Zetas, se dedicaban a vender pollo en chozas al borde de la carretera por unos cuarenta dólares a la semana.[51]

Se cree que, en total, cientos de pasajeros fueron secuestrados, aunque los registros del Gobierno indican que solo los restos de

---

[46] CNDH, «Sobre la investigación de violaciones graves...», *op. cit.*

[47] Pérez Aguirre, «Anexo 2...», *op. cit.*, 36.

[48] NSArchive, «Holy Week Vacations Marred by Violence...», *op. cit.*

[49] PGR, «Tarjeta informativa», 9 de junio de 2017, 4-5.

[50] Sánchez Valdés y Pérez Aguirre, *El origen de Los Zetas...*, *op. cit.*,13-14.

[51] PGR, «Tarjeta informativa», 4.

196 fueron recuperados.[52] La matanza de Los Zetas se prolongó durante semanas: detenían autobuses, bajaban a los pasajeros y los transportaban a una zona conocida como La Joya[53] o a otros parajes desolados de San Fernando, donde los asesinaban y los arrojaban a fosas comunes.[54]

---

[52] CNDH, «Sobre la investigación de violaciones graves...», *op. cit.*; NSArchive, «Holy Week Vacations Marred by Violence; San Fernando Body Count Reaches 196», U.S. Consulate Matamoros, cable, sensible, 29 de abril de 2011, https://nsarchive2.gwu.edu/NSAEBB/NSAEBB499/DOCUMENT34-20110429.PDF; fjedd, «Ficha técnica: 48 fosas clandestinas de San Fernando».

[53] NSArchive, «Holy Week Vacations Marred by Violence...», *op. cit.*; CNDH, «Sobre la investigación de violaciones graves...», op. cit.; pgr, «Tarjeta informativa», 9 de junio de 2017.

[54] Un recuento completo de las fosas comunes descubiertas por el Ejército en la primavera de 2011 en el área de San Fernando:

El 1.º de abril de 2011, el Ejército Mexicano capturó a seis miembros de Los Zetas durante un patrullaje en el área de San Fernando. Después de interrogarlos, los sospechosos llevaron a los soldados a su campamento de Los Zetas en el pequeño pueblo de La Joya.

Al llegar al campamento, los soldados descubrieron a cinco víctimas de secuestro. Decidieron echar un vistazo alrededor. El suelo cercano parecía antinatural, su superficie desigual. Los soldados comenzaron a cavar y rápidamente descubrieron una fosa sin marcar. Y luego otra, y otra.

En poco tiempo, los soldados desenterraron seis fosas comunes en total, que juntas contenían los cuerpos de 11 personas, todas asesinadas recientemente.

Menos de una semana después, el 5 de abril, un grupo diferente de soldados capturó a otros cinco miembros de Los Zetas. Estos individuos llevaron a los soldados a otro lugar en La Joya, un tramo arenoso que los locales llamaban El Arenal.

Después de una búsqueda superficial, los soldados encontraron dos fosas comunes que contenían un total de 48 cuerpos. Los militares llamaron a las autoridades investigadoras del estado de Tamaulipas para que fueran al área. También llamaron a la policía municipal de San Fernando.

El Ejército sentía un profundo odio por la policía municipal. Para ese momento ya era bien sabido que la policía en el pueblo trabajaba para Los Zetas. Pronto quedó claro que la policía había ayudado a transportar a las víctimas en nombre de Los Zetas.

Poco entusiasmados por desenterrar los cuerpos ellos mismos, los soldados obligaron a la policía municipal a hacerlo, enviando un vehículo a recoger policías de su sede en el pueblo. «Levántense sus culos gordos y vengan con nosotros», le dijeron los soldados a la policía, según uno de los oficiales de policía presentes en ese momento, quien fue obligado a cavar. La policía se negó al principio, hasta que uno de los soldados amenazó con matarlos a todos si no se movían.

Dos días después, al mediodía, a lo largo del borde sur del pueblo, soldados en una patrulla divisaron lo que parecía ser un campamento de Los Zetas, no lejos de donde vivía Miriam. Cuando los soldados se acercaron, fueron recibidos con disparos por un grupo de presuntos Zetas, según los militares. Las fuerzas armadas mataron a cuatro de Los Zetas en el campamento y luego liberaron a tres víctimas de secuestro que estaban retenidas allí. A todos los habían sacado de autobuses en su camino a través de San Fernando.

Los vecinos de San Fernando veían lo que ocurría; era difícil no hacerlo. Un hombre lo notó mientras llevaba a su hija a la escuela por la mañana; la niña le preguntó por qué había hombres armados sacando a pasajeros de los autobuses. Él le dijo que no se preocupara y la apresuró a entrar a su clase.

En marzo de 2011, la esposa de un pasajero de autobús empezó a llamar a las autoridades. Su esposo no había llegado a la frontera, les dijo, y ya no lograba localizarlo. Al final logró comunicarse con las oficinas federales de la agencia de inteligencia del país en Michoacán, de donde había partido el autobús. El delegado de dicha oficina llamó a su homólogo de Tamaulipas, quien a su vez comenzó a hacer llamadas.

En poco tiempo, los agentes habían compilado una alarmante lista de desapariciones,[55] casi todas ellas ocurridas en autobuses que se dirigían a la frontera con Tamaulipas desde Michoacán, pasando por San Fernando.[56] Llevaron el asunto a sus superiores en la Ciudad de México, hasta llegar al gabinete presidencial.

A medida que más funcionarios se involucraban y se hacían más llamadas, alguien por fin llamó a las compañías de autobuses,

---

En el campamento, los soldados encontraron y confiscaron un alijo de armas, un camión Ford y varios portacargadores de rifles de asalto, dos con las palabras «Grupo Delta Zeta. Hasta que la muerte nos separe» escritas en ellos. También encontraron dos fosas que contenían 13 cuerpos. Todos habían sido asesinados de siete a diez días antes.

El mismo día, las autoridades descubrieron otra fosa con tres cuerpos en Las Norias, un municipio a unos 30 km al sur de San Fernando. Al día siguiente, descubrieron seis cuerpos más. De los nueve restos recuperados, cuatro parecían haber muerto aproximadamente un mes antes, el resto más tiempo.

Al día siguiente, las autoridades descubrieron tres cuerpos más en una comunidad a unos 7 km al norte de San Fernando. El área, Francisco Villa, se consideraba la línea divisoria entre el control del Golfo y Los Zetas.

El Arenal, un lugar que Miriam trataría de hallar incansablemente en busca de los restos de las víctimas de Los Zetas, resultó ser el cementerio favorito de Los Zetas en San Fernando. El 10 de abril, los militares encontraron otros cincuenta cuerpos arrojados en cuatro fosas diferentes. Tres días después, otros veinte cuerpos, luego seis más el 19 de abril.

Para mayo, los militares dijeron que habían descubierto 193 cuerpos en 48 fosas clandestinas, lo que fue más o menos cuando se detuvo el conteo. CNDH, «Sobre la investigación de violaciones graves...», *op. cit.*

55 FJEDD, «Ficha técnica: 48 fosas clandestinas de San Fernando».

56 CNDH, «Sobre la investigación de violaciones graves...», *op. cit.*

quienes admitieron que cientos de pasajeros habían sido secuestrados por hombres armados mientras sus unidades paraban en San Fernando.[57]

Guillermo Valdés, jefe del entonces Centro de Investigación y Seguridad Nacional de México en ese momento, le dijo al presidente Felipe Calderón:

—Tenemos un problema.[58]

---

[57] PGR, «Tarjeta informativa»; CNDH, «Sobre la investigación de violaciones graves...», *op. cit.*

[58] NSArchive, «Holy Week Vacations Marred by Violence...», *op. cit.*

VI. UNA FAMILIA MALDITA

Roces con el destino: Ernesto y Luis Héctor

Un día, un camión pasó por la casa de Azalea y arrojó una carta ponderada al patio. La casa estaba abierta a la calle y el sobre cayó cerca de la puerta principal. Estaba dirigida al esposo de Azalea, Ernesto.

Los autores decían que habían estado observando a Ernesto, y para demostrarlo, incluyeron un registro de sus movimientos, los detalles de su vehículo, su horario de trabajo, sus hábitos. Había un número de teléfono en la parte inferior al que Ernesto podía llamar si esperaba evitar que lo secuestraran.[1]

Ernesto ganaba bastante dinero supervisando la producción de sorgo. La familia podía permitirse el lujo de pagar un modesto rescate, pero el problema no era tan sencillo. Pagar un rescate no garantizaba que los secuestradores lo dejarían en paz.[2]

Los secuestros eran un negocio asimétrico para Los Zetas. En teoría, necesitaban cumplir su parte del trato y devolver a la víctima después de recibir el pago, pero en la práctica no era para nada cierto. Las familias siempre pagarían el rescate por un ser querido,

---

[1] Entrevista con Azalea.

[2] Entrevista con Mariano de la Fuente y una fuente anónima de aplicación de la ley federal.

aunque supieran que Los Zetas podrían matar a la víctima de todos modos; la alternativa era una pena de muerte.

Azalea llamó a su madre.

Cuando Miriam llegó a la casa de su hija, se sentó con ella y su yerno en la sala, que estaba pintada en tonos rojo oscuro y amarillo y realzada con muebles de estilo barroco, como un salón español del viejo mundo.

—Tengo un plan —indicó Miriam.

Su plan era hacerse cargo de la negociación del rescate y entregar ella misma el dinero a los secuestradores.

Ernesto y Azalea se opusieron. No podía ser Miriam quien asumiera el riesgo, no en su nombre.

—¿Qué van a querer de una vieja? —respondió Miriam—. Tomarán el dinero y me dejarán ir.

Miriam llevó a todos a la casa de la madre de Ernesto, donde las negociaciones con los secuestradores se prolongaron unos días más. Exigían sumas más allá de lo que la familia podía permitirse, y cuando Miriam se resistió, Los Zetas ofrecieron nuevos detalles sobre Ernesto, un recordatorio amenazador de cuánto sabían sobre él.[3]

Esta era una táctica utilizada por la mayoría de los secuestradores. Para entonces, en 2012, había tal criminalidad rampante que nunca se sabía si los criminales eran verdaderos Zetas o solo tipos malos locales que intentaban sumarse a la acción.[4] Conocer las rutinas de su objetivo, sus puntos débiles, era una forma efectiva de demostrarles que hablaban en serio y lograr que desembolsaran sus ahorros.

Miriam empezó a perder la paciencia al escuchar a uno de los secuestradores hablar sobre lo que sabían de la vida de Ernesto.

—Si sabes tanto sobre nosotros, entonces sabrás que no tenemos esa cantidad de dinero —le dijo al secuestrador—. No seas cabrón.

Ernesto y Azalea contuvieron la respiración, pero el secuestrador siguió hablando, como si no la hubiera escuchado.

---

[3] Entrevista con Azalea.

[4] Entrevista con Javier Manilla y Mariano de la Fuente.

Cuando llegaron a un acuerdo, los secuestradores le dijeron a Ernesto que llevara el pago a una gasolinera abandonada hacia el sur del pueblo y que fuera solo.

—Déjame llevar el dinero —insistió Miriam tras terminar la llamada—. Si va él, no volverá.

Ernesto y Azalea se negaron.

—Esto no se trata de ti —le dijo Azalea a su madre—. Esta no es tu responsabilidad.

—Es a él a quien quieren —insistió Miriam, alcanzando su chamarra, con el asunto ahora cerrado—. ¿Qué van a querer de una vieja?

—Y, además —añadió, metiéndose una pistola en el bolsillo—, si intentan llevarme, no los dejaré.

Miriam se dirigió hacia la puerta y luego se detuvo. Les dijo a Azalea y Ernesto que, si no regresaba en 15 minutos, debían huir a Estados Unidos.

—Solo llévense a Karen con ustedes.

A las 11:00 p. m. Miriam condujo hasta la gasolinera abandonada, donde tres todoterrenos esperaban con el motor en marcha. Los caminos estaban desiertos y, en su mayoría, oscuros; la luz moteada de los faroles fluorescentes proyectaba puntos intermitentes sobre el asfalto.

Miriam se estacionó y uno de los vehículos de Los Zetas se detuvo a su lado, ventana con ventana. Un hombre enmascarado le dijo que dejara el dinero en efectivo en uno de los surtidores vacíos.

Miriam aventó el dinero desde su auto mientras se alejaba.

Cuando regresó a casa, la familia estaba reunida en la cocina con las maletas hechas.

Azalea abrazó a su mamá.

—Lo que hiciste no es algo por lo que podamos pagarte —reconoció Azalea.

○●○

A partir de 2010, el hijo de Miriam permaneció en Ciudad Victoria, la capital del estado, bajo estrictas órdenes de sus padres de no regresar a San Fernando. Por años, cuando estaba en la universidad,

Luis Héctor iba a casa con regularidad para trabajar en la tienda de su padre y ganarse la colegiatura. Pero incluso su padre sabía que ya no valía la pena correr ese riesgo. Todos los días desaparecían jóvenes, arrebatados de las calles, secuestrados en sus casas, desaparecidos en la carretera, requisados por el simple hecho de existir; toda su historia desaparecía como si la hubieran borrado. Muchas veces, los seres queridos no tenían idea de lo que había sucedido, solo que su padre, su hijo, su hermano o su primo habían desaparecido. Ante la falta de información, las familias dejaban que su imaginación completara los detalles. Muchos se preguntaban si sus hijos desaparecidos habían sido reclutados por uno de los cárteles en guerra y obligados a servirles. Por horrible que fuera, había esperanza en tales fantasías; le permitían a un ser querido creer que su hijo aún podría estar vivo.

Luis Héctor, que medía alrededor de 1.70 m y tenía la constitución de alguien que levanta pesas, trabajó durante un tiempo en una agencia del Gobierno que realizaba encuestas en las escuelas públicas. El trabajo requería conducir de un lado a otro del estado de Tamaulipas, pero él mantenía una estricta rutina: salía después del amanecer y llevaba su placa en todo momento. Si se topaba con un puesto de control de un cártel, se orillaría lentamente, bajaría la ventanilla y respondería cualquier pregunta que le hicieran. Aprendió que había una manera de ocuparse de sus propios asuntos, de evitar problemas. No se trataba de no tener miedo; se trataba de controlar tus acciones, reprimir tus impulsos y seguir adelante. O tal vez esto solo era lo que se decía a sí mismo para sentir que todavía tenía el control de su vida.

Entre los amigos con los que había jugado póquer la noche en que Los Zetas irrumpieron en San Fernando, uno había sido asesinado en un asalto; otro, asesinado en un caso de confusión de identidad, a dos más los asaltaron y los dejaron sin vida al costado de la carretera, porque salvar una vida era mucho más arriesgado que tomarla. Perdió a un amigo por los impulsos de un amor joven: la decisión de sorprender a su novia en medio de la noche. Luis Héctor le había advertido que esperara en Ciudad Victoria hasta la mañana. Era más seguro conducir de regreso a San Fernando a la luz del día. Su amigo solo sonrió y dijo que quería despertar con ella. Se fue poco después de las 10:00 p. m. y Luis Héctor nunca más lo volvió a ver.

Luis Héctor se volvió más insistente con las personas que le importaban y menos tolerante con el comportamiento impulsivo. Era por naturaleza más relajado que cualquiera de sus padres. Habiendo soportado sus humillantes peleas públicas cuando era niño, no le gustaban las demostraciones externas de ira. Hasta en la peor situación, siempre podía haber un camino menos tortuoso, menos evidente; una forma diferente de ver las situaciones.

Mantenía la calma porque estaba convencido de que a su familia no le pasaría nada. Habían sido propietarios de pequeñas empresas durante la mayor parte de su vida; incluso cuando los vecinos sufrieron secuestros y desapariciones, él seguía las reglas. Las cosas salían mal solo cuando las personas inocentes corrían riesgos estúpidos.

Aun así, la suerte y la experiencia podrían llevarte a casa o a ser asesinado. Muchos amigos conducían de noche y se salían con la suya, lo que los envalentonaba. Otros tuvieron enfrentamientos y nunca volvieron a poner a prueba el destino. La gente respondía al miedo de diversas formas: con confusión, inconsistencia y malas decisiones que surgían de sus propias y peculiares tendencias.

A su amigo Juan lo habían detenido una vez en un puesto de control de un cártel, donde lo secuestraron y despojaron de todo. Después de unos días y de una muy fuerte paliza, lo liberaron. Juan juró que nunca más se detendría en un puesto de control de un cártel. Luis Héctor le dijo que estaba loco, que más valía perder el dinero que la vida.

Al año siguiente, durante las vacaciones de primavera, Juan y otro de los amigos de Luis Héctor planearon un viaje a South Padre Island, Texas, para escapar del estancado panorama de Tamaulipas; unos días de fiesta y discotecas para compensar la decadencia social de la vida universitaria en un pueblo controlado por un cártel. El día de su partida prevista, los dos amigos se retrasaron y no pudieron salir sino hasta la noche.

Luis Héctor no se enteró sino hasta la mañana siguiente, cuando Miriam lo llamó llorando. Los cuerpos de sus amigos habían sido descubiertos a 7 km del pueblo, arrojados como basura a un lado de la carretera.

Luis Héctor nunca supo con certeza qué había sucedido porque, como ocurre con la mayoría de los homicidios, nunca hubo una investigación. Pero había un puesto de control cerca de ese kilómetro en la carretera, y sospechaba que Juan lo había pasado sin detenerse, tal como había dicho que lo haría.

En aquellos años, el costo de la indulgencia juvenil se medía en vidas.

A ratos, Luis Héctor sentía que estaban exterminando a toda su generación; perdió la pista de los compañeros de clase, amigos y vecinos asesinados o desaparecidos en los años posteriores a 2010. Ni siquiera contó a los que sí estaban involucrados en el crimen organizado, que perecían con rapidez y regularidad.

Como un pueblo destrozado por una marejada, sumergido y quebrado durante el impacto y despojado de sus partes al bajar la marea, San Fernando quedó marcado para siempre por los acontecimientos de 2010 y 2011. Algunos creían que ahora que lo peor había pasado, las circunstancias podían reconstruirse. El Gobierno había enviado tropas para pacificar al pueblo y vengarse de Los Zetas.[5] Las calles vacías comenzaron a repoblarse con supervivientes desconcertados. Los restaurantes comenzaron a abrir de nuevo. Rara vez se hablaba del pasado como forma funcional, aunque defectuosa, de seguir adelante.

La sola idea de Los Zetas, su crueldad parasitaria y su economía totalitaria, siguió siendo un elemento permanente del panorama criminal.[6] Los nuevos líderes ocuparon las vacantes que dejaron los anteriores y continuaron de la misma manera, aunque heridos y con menor mando y control sobre sus territorios. Los viejos Zetas fueron asesinados o encerrados y remplazados por líderes más jóvenes y menos experimentados.[7] Las redes ahora desmanteladas eran propensas

[5] Héctor González, «Llegan 650 militares a nuevo cuartel en San Fernando, Tamaulipas», *Excelsior*, 19 de enero de 2012, https://www.excelsior.com.mx/2012/01/19/nacional/802854.

[6] NSArchive, «Los Zetas Threat Assessment. Operation Noble Hero», 5 de septiembre de 2021, 3.

[7] Víctor Manuel Sánchez Valdés y Manuel Pérez Aguirre, *El origen de Los Zetas y su expansión en el norte de Coahuila*, El Colegio de México, 13-14.

a la disfunción, la toma errática de decisiones y los comportamientos extremos, como animales heridos, desesperados por sobrevivir. Los Zetas de San Fernando seguían siendo peligrosos.

Karen, 2013-2014

Para el verano de 2013, Karen terminó la preparatoria, se fue a vivir a Ciudad Victoria para ir a la universidad y luego regresó a San Fernando, después de decidir que la carrera de Psicología no era para ella.

En la capital, Karen había vivido con dos amigas mientras estudiaba en la Universidad Autónoma de Tamaulipas, la misma a la que había asistido Luis Héctor.

La vida allá había sido más optimista que en San Fernando, menos horrible. Karen había disfrutado de casi todos los aspectos de Ciudad Victoria, excepto de la escuela. La educación superior nunca le había interesado mucho y no le gustaba el trabajo académico. Pero después de haber pasado los dos últimos años de su juventud atrapada en San Fernando, ahora frecuentaba las discotecas con sus amigos, salía hasta tarde e iba a fiestas.

Era romántica de corazón, aunque nunca encontró novio. Sus amigas bromeaban diciendo que tenía un gusto terrible para los hombres; siempre le gustaba alguien a quien secuestraban, o alguien de quien sus amigas sentían que no era lo suficientemente bueno para ella. La vida amorosa de Karen era un misterio para su familia. Azalea oía de vez en cuando hablar de alguien nuevo que le interesaba, muchas veces alguien que, en su opinión, no era ni guapo ni interesante.

Karen se sentía atraída por lo trágico.[8] Sus amigas a veces se preguntaban si le gustaba la añoranza de algo que sabía que estaba

---

[8] Entrevista con Frida Treviño.

fuera de su alcance. Una vez se enamoró de un joven de San Fernando que estaba comprometido para casarse. Aunque apenas si lo conocía, pero Karen, de alguna manera, había conseguido una de sus camisas con la que solía dormir, como si fuera una manta infantil. Con el tiempo, sus amigas descubrieron que el joven no tenía idea de lo que Karen sentía por él; ella nunca se lo dijo. Azalea le había dicho que él era dulce y decente, pero no un buen partido. Karen debía esperar a que llegara alguien increíble, alguien con medios, como Ernesto. A Karen no le gustó ese consejo, pero tampoco cualquier otro que proviniera de su familia. Había una cualidad infantil en sus rechazos y obsesiones, una petulancia juvenil. Nada de aquello parecía malicioso, más bien, los tiernos dolores de un corazón lastimado y novato que intentaba protegerse.

Durante su breve paso por la universidad, Karen solía regresar a su casa en San Fernando casi cada fin de semana. Sus amigos todavía estaban allí y ella quería la comodidad de lo familiar, incluso mientras disfrutaba de la relativa libertad de la capital del estado. Aunque volver a casa era un desafío después de la separación de sus padres, Karen aprendió a aprovechar esa incomodidad.[9] La mayoría de las veces se quedaba con su madre, que vivía en la casa de su infancia, pero en ocasiones, dependiendo de cómo iban las cosas con Miriam, se mudaba con su padre. Enojada con sus dos padres, Karen provocaba que se enfrentaran entre sí.

Karen ya tenía una segunda casa con su mejor amiga, Fany, cuya familia tenía una finca llamada La Cuidadela cerca del centro del pueblo de San Fernando.[10] Grande y extensa, ubicada sobre más de una hectárea de tierra con una vista elevada del río San Fernando, La Cuidadela sirvió como base de operaciones para Karen y Fany en su adolescencia, y a sus veintitantos años, como un escondite de sus padres, de la supervisión y tal vez de su propia tristeza.[11] La madre de Fany había fallecido inesperadamente a causa de un cáncer en 2009, casi al mismo tiempo en que el mun-

---

9 Entrevista con Azalea y Luis Héctor.

10 Entrevista con Frida Treviño.

11 Entrevista con Fany Sánchez y Frida Treviño.

do de Karen estaba patas arriba por la amargura y la ira que sentía hacia las infidelidades de su padre. Las chicas compartían el dolor de una juventud interrumpida, la impotencia de la adversidad impuesta sin previo aviso ni recurso.[12]

Amigas desde la escuela primaria, no pasaba un día en el que las dos no estuvieran enviándose mensajes, hablando o planeando algo. En una semana pasaban cinco días juntas, por lo general en casa de Fany. Tenían otros amigos, todo un grupo social, pero en el centro de todo estaba la base de su conexión, amplificada a raíz de sus propias tragedias personales. Y en medio de sus propios dramas, el pueblo de San Fernando vivía bajo estricto encierro, lo que parecía otra injusticia cósmica dirigida contra ellas. Sus padres restringieron sus idas y venidas, temerosos de los tranques y los erráticos caprichos de Los Zetas.[13] Había rumores de que se llevaban a las muchachas guapas a su antojo.

Pero las chicas no lo veían así. Estaban cansadas de vivir una vida dictada por los miedos de sus padres y la inclinación conservadora de la gente de su pequeño pueblo. Querían divertirse. La constante advertencia de peligro, el miedo que veían en los ojos de sus padres y en las palabras condescendientes de sus hermanas mayores solo parecían endurecer su determinación de hacer lo que querían.

Simplemente no había mucho que hacer en San Fernando. A pesar de toda la locura de la violencia del narcotráfico, las aterradoras limitaciones que hacían del pueblo un sello distintivo del sufrimiento humano, San Fernando todavía era un pueblo pequeño. El cine nunca se había construido y no había ningún centro comercial. La vida social había llegado a un punto muerto después de la ruptura entre el Cártel del Golfo y Los Zetas. El pasatiempo principal para muchos era «el rol», un paseo en automóvil por la calle principal del pueblo, la Calle Ancha. Los jóvenes lo aprovechaban para entretenerse, y Karen, más que la mayoría. A todas horas de la noche, se le podía ver dando vueltas alrededor de la

---

[12] Entrevista con Fany Sánchez.

[13] Entrevista con Yazmín Sánchez.

Calle Ancha, como si estuviera atrapada en un circuito descompuesto.[14]

En 2013, la mayoría de los lugareños todavía no tenían apetito por las salidas nocturnas, escarmentados por los malos años. Las dos amigas adoptaron el extenso patio trasero de la casa de Fany como propio, y ahí organizaban fiestas con amigos y extraños por igual. El padre de Fany viajaba con frecuencia por motivos de trabajo y Yazmín, su hermana mayor, estaba formando su propia familia. Mientras tanto, Karen negociaba su libertad aprovechando la culpa de sus padres. Las chicas estaban asumiendo riesgos innecesarios, lo que ya era evidente para todos, excepto para ellas.

Una vez Yazmín pasó por la casa y encontró el patio trasero lleno de extraños fumando y bebiendo bajo la palapa gigante de la familia.[15] La música sonaba a todo volumen por las bocinas. En el centro había, apiñados, una multitud de veinteañeros con ojos rojos. El aroma herbal del humo de la marihuana llenaba el aire. Yazmín había entrado a la casa, donde el lavabo del baño había sido arrancado de la pared, y había dejado un géiser de agua que rociaba el suelo.

—¿Quién rompió el lavabo? —gritó Yazmín, sorprendiendo a los de la fiesta.

—Oh, mierda —gritó alguien—, la mamá de Fany está aquí.

—Soy su hermana —aclaró Yazmín—, ¡pero lárguense de aquí de todos modos!

Después de echar a todos, Yazmín regañó a Fany y a Karen, pero las dos chicas solo se rieron. Era difícil decirles algo. Llevaban con orgullo el desprecio de la juventud dignificada por la pérdida.

Karen siempre había sido impulsiva, propensa a actuar antes de pensar.[16] Por hacer una broma, una vez saltó sobre el cofre de su auto mientras lo lavaba y por accidente se cortó la pierna cuando resbaló. En el hospital, mientras cosían a Karen, Yazmín le había

[14] Entrevista con Lucía González.

[15] Entrevista con Yazmín Sánchez.

[16] Entrevista con Azalea, Luis Héctor y Yazmín Sánchez.

preguntado qué estaba pensando al saltar sobre un auto cubierto de jabón.

—Bueno —había respondido Karen—, no pensé.

El padre de Fany también lo intentó, aunque con menos suerte. Una vez apartó a Karen para hablar con ella, porque no podía hacerlo a través de Fany.

—Escucha, eres una de las amigas más cercanas de Fany y sabes cuánto nos importas, ¿verdad? —empezó—. Te voy a dar un consejo.

Karen puso los ojos en blanco.

—Mira, no estoy jugando —insistió—. Necesitan tener cuidado. No salgan tarde por la noche ahora que las cosas son tan peligrosas aquí.

Al darse cuenta de que no lograba comunicarse, le dio una advertencia.

—En verdad espero, Karen, que algún día no las amarren a las dos en algún lugar ni les pase algo, porque no escucharon lo que les estoy diciendo ahorita —señaló.

El padre de Fany siempre las cuidaba, y contaba con la bendición de Miriam, quien lo consideraba una especie de tío, con derecho a disciplinar a Karen.[17] Pero como su trabajo requería viajar, no podía estar al tanto de ellas todo el tiempo. Solo una vez se había enojado de verdad y había trazado un límite. Fue cuando se enteró de una nueva amistad que habían cultivado Karen y Fany.[18]

Bárbara Villafranca tenía poco más de 40 años cuando Karen y Fany la conocieron; era una mujer que tenía un hijo adolescente y una reputación que se remontaba a décadas atrás en San Fernando. Le gustaba estar de fiesta y tenía un flujo constante de novios, la mayoría con antecedentes dudosos.[19]

Las dos chicas perdidas se sintieron atraídas hacia ella. Su sobrino era un notorio líder Zeta y, a lo largo de los años, Bárbara

---

[17] Entrevista con Yazmín Sánchez y Azalea.

[18] Entrevista con Yazmín Sánchez y una fuente anónima.

[19] Entrevista con dos fuentes anónimas que conocían personalmente a Bárbara Villafranca.

había desarrollado conexiones y amistades, tanto platónicas como íntimas, con varios líderes Zeta locales.[20] Aunque nunca trabajó para ellos, Bárbara pertenecía a su mundo, como una figura pseudomaterna para los chicos perdidos de San Fernando. Los alimentaba, los dejaba quedarse en su casa, y de vez en cuando dormía con ellos, al menos con los mayores. La mayoría eran adolescentes o tenían poco más de 20 años.

La proximidad de Bárbara con los líderes Zeta le dio cierto estatus, una aparente conexión que hacía que algunos le temieran y otros le mostraran respeto a regañadientes.[21] No era mucho, pero en un pueblo gobernado por el miedo, ella tenía influencia en el inframundo. Para algunas personas, eso la colocaba en una posición de gran estima; para otros, como el padre de Fany, era un inconveniente, y lo había dejado claro la primera vez que la vio con las dos chicas. Bárbara se había estacionado en casa de Fany, conduciendo una camioneta nueva, acompañada de ambas. Tocó el claxon y esperó afuera.

El padre de Fany se acercó a la puerta para ver quién era.

—¿Qué carajos hace aquí esa mujer? —le preguntó a Fany.

Fany le dijo que Bárbara había ido a recogerla; iban a dar «el rol».

—Papá, ella no es una mala persona —añadió Fany—. No deberías creer todo lo que escuchas.

A su padre no le importó.

—No quiero que esa mujer vuelva a venir a mi casa. Nunca —dijo.

○●○

Aunque estaba a solo dos horas de San Fernando, el hogar para el que Miriam trabajaba en Texas había representado un mundo nuevo para ella: la cultura, las costumbres, la comida.[22] Los médicos eran

---

[20] Su nombre era Goyo Villafranca. Entrevista anónima; Chivis, «Zetas: San Fernando Plaza Chief Captured with el Tiburon and el Choforo», *Borderland Beat,* 19 de julio de 2013, http://www.borderlandbeat.com/2013/07/zetas-san-fernando-plaza-chief-captured.html.

[21] Entrevista con Fany Sánchez.

[22] Entrevista con Fany Sánchez.

de la India y Miriam probó el curry por primera vez. Se quitaba los zapatos al entrar a la casa para proteger las alfombras importadas, tan finamente anudadas que parecían tener dibujos. Era justo el tipo de borrón y cuenta nueva que necesitaba para salir de la predecible y dolorosa rutina de su vida en un pequeño pueblo.

Se llevaba bien con la familia. Cocinaba y limpiaba, adoraba al niño de 10 años y la pareja la trataba con amabilidad. Una vez, Miriam llamó a Azalea para contarle sobre las joyas exóticas que le había regalado la señora de la casa. Su vida estaba llena de nuevos propósitos y distracciones, al tiempo que le ofrecía el tipo de aventura que con dificultades podría haber imaginado en San Fernando.

Cada dos semanas, Miriam regresaba en autobús a su casa desde Reynosa. Le había entregado la tienda a Karen, quien estaba esperando hasta el año siguiente para cambiarse a un programa de Radiología en otra universidad. Luis Héctor, a quien tampoco le gustaba la escuela, fue el que convenció a su hermana de que intentara hacer algo diferente.

—Encuentra algo que te haga feliz —le había recomendado.

Solo que no había mucho en la escuela ni en cualquier otra actividad que hiciera feliz a Karen. Seguía sintiendo melancolía por la separación de sus padres y por sus propias perspectivas de futuro, románticas y económicas. Vivía sola en casa de su madre, sin supervisión; trabajaba la mayoría de los días en la tienda y pasaba la mayoría de las noches con un grupo de nuevos amigos. A veces se quedaba con su padre, pero tendía a irse cuando él intentaba imponerle orden.

Surgió una amargura entre los dos. Karen quería que se comportara como alguien que él no era. Él quería que ella respetara sus decisiones y lo dejara en paz, pero su forma de comportarse no era la adecuada para el suave arte de tratar con adolescentes. Se veían en el pueblo y peleaban con frecuencia.[23]

En una ocasión, Karen se lo había encontrado en una pizzería, haciendo fila con su novia. Sin poder contenerse, retomó sus viejas críticas y comenzó a atacarlo con reproches por abandonar a su familia y continuar su vida con otra mujer en público.

---

[23] Entrevista con Azalea, Fany Sánchez y Frida Treviño.

Al principio él la ignoró y luego sonrió.

—Si tanto te preocupa que abandone a mi familia, puedes relajarte —respondió, tomando a su novia por la cintura—. Estoy a punto de ir a hacerte un nuevo hermano ahora mismo.

Karen salió de la pizzería llorando.

Para entonces, Fany estaba en Matamoros estudiando Enfermería, lo que había aumentado la sensación de soledad de Karen. Iban y venían para visitarse, pero la mayor parte del tiempo Karen ya no vivía con su mejor amiga en el pueblo.

Una amiga que todavía estaba presente era Bárbara. Ella y Karen pasaban cada vez más tiempo juntas, recorriendo las calles de San Fernando, aburridas. Con Bárbara, Karen conoció un lado completamente diferente del pueblo, al tipo de personas con las que su madre, su padre y sus hermanos preferirían que ella no interactuara.

Una noche, cuando Fany estaba en el pueblo, Karen la arrastró a casa de Bárbara para beber. Las tres estaban sentadas en la sala con cervezas en la mano cuando entró un grupo de hombres con rifles de asalto. Bárbara les había dicho a Karen y Fany que se relajaran, los hombres eran sus amigos; eran Zetas.

Era evidente que Fany estaba incómoda. Ahora los militares patrullaban las calles con regularidad. Si los soldados veían a los hombres armados entrando o saliendo de la casa, habría un tiroteo. Le preguntó a Karen si podían irse. Ella dijo que estaba bien, pero luego se sentó y continuó bebiendo su cerveza.

Karen le contó a Fany historias sobre lo influyente que se había hecho Bárbara entre Los Zetas. El nuevo jefe de plaza de San Fernando había llamado un día a Bárbara y le había prometido un coche nuevo. Habían coqueteado durante un tiempo y Bárbara estaba entusiasmada ante la perspectiva de un nuevo benefactor. Karen le había contado la historia a Fany como si ella misma fuera miembro del grupo, como si por transferencia pudiera incorporar en sí parte del estatus de Bárbara.

En otra ocasión, en casa de Bárbara, apareció un joven conocido como Sama, vestido con harapos sucios.[24] Sus zapatos tenían

---

[24] Entrevista con Fany Sánchez.

agujeros, y parecía no haberse bañado. Fany vio que tenía tierra acumulada bajo sus uñas.

—Parece vagabundo —le dijo Fany a Karen, cada vez más incómoda.

Bárbara la interrumpió:

—No es un vagabundo —afirmó—, es un disfraz.

Les dijo que Sama estaba a cargo de supervisar la recopilación de inteligencia para Los Zetas en San Fernando, y que podía pasar inadvertido con mayor facilidad si estaba vestido de esa manera.

Fany quería que Karen se saliera de San Fernando, tal vez incluso que se fuera a Matamoros. Aunque la propia Fany conservaba parte de la vena rebelde de unos años antes, sentía que Karen estaba llevándolo demasiado lejos.

Alguna vez, en Reynosa, Fany y Karen estaban con amigos, uno de los cuales era policía. El oficial tenía chalecos antibalas en su vehículo y Karen quería probarse uno. Se tomó una foto con el chaleco puesto y luego la publicó en línea, lo que provocó un revuelo en las redes sociales de San Fernando. Comenzaron a circular rumores de que ella estaba de alguna manera involucrada con Los Zetas.[25] Si no era así, ¿por qué estaría posando como uno de esos narcos de Facebook vestidos con equipo táctico de combate?

Cuando regresaba de McAllen a casa, Miriam intentaba imponerle reglas a Karen, pero nunca le funcionaba. Su hija iba y venía cuando quería, a cualquier hora de la noche. Cuando Miriam o Azalea la llamaban para preguntarle por su paradero, ella ignoraba sus peticiones. Si llegaba tarde a casa y Miriam le preguntaba dónde había estado, Karen ponía los ojos en blanco.

—¿Qué eres?, ¿el FBI o algo así?

Miriam temía haber perdido a Karen, lo cual no era un sentimiento inusual. Los niños se rebelaban, salían con amigos dudosos, realizaban actividades que sus padres no querían que hicieran. Miriam se había embarazado a los 17 años, así que conocía todo al respecto. Pero en aquel entonces el miedo recaía en una reputación arruinada, un futuro excluido o la vergüenza pública; ahora, las consecuencias podían ser letales.

---

[25] Entrevista con una fuente anónima.

Su padre tuvo aún menos suerte con Karen. Intentó imponerle un toque de queda y condicionar su mesada a que hiciera lo que él le pedía. Eso no duró mucho. Karen hizo sus maletas y se mudó a la casa de su madre, donde estaría sola y sin supervisión.

Había otros amigos de Karen que le preocupaban a Miriam.[26] Pasaba tiempo con la Chaparra, una joven que había crecido en la indigencia, hija adoptiva de los dueños de un burdel. La Chaparra había vivido en Paso Real, no lejos de su casa. Miriam solía darle limosnas, ropa y otros artículos que la familia ya no necesitaba.

Karen se había encariñado con la Chaparra, y la adoptó como mascota. A Fany no le gustaba la forma en que Karen la trataba, la forma en que le hablaba como si fuera la ayudante, dándole órdenes, abusando del estatus social más alto del que disfrutaba. En opinión de Karen, ella era mucho más democrática en sus amistades, al acercarse a los menos afortunados y atraerlos a su mundo. Sus padres podrían ridiculizarla por relacionarse con gente así, pero Karen lo llevaba como una insignia de honor.

Había otro amigo, Pancho, cuyo pasado era aún más problemático que el de la Chaparra. Cuando Karen lo conoció, él era solo otro chico del pueblo al que estaba usando para llenar su calendario social vacío. Tenía orígenes humildes como la Chaparra, pero estaba involucrado con el crimen organizado. En ocasiones trabajaba para Los Zetas, aunque Fany nunca tuvo una comprensión clara de su papel exacto.

Los padres de Pancho eran dueños de una casa cercana a una pizzería en el lado oeste del pueblo, donde él organizaba fiestas. Karen a veces llevaba consigo a su novio, aunque para ella este era otro caso trágico de descoordinación romántica. Era un venezolano inmigrante de unos 30 años que estaba casado y tenía hijos.[27] Por alguna razón, Karen se encariñó con él, o tal vez solo no pudo

---

[26] Entrevista con Azalea y Yasmín Sánchez.

[27] El proceso legal para encontrar a Juan Manuel fue exhaustivo; a pesar de eso, fracasó. Sin embargo, durante la investigación, algunos oficiales de la policía ministerial estatal visitaron el antiguo trabajo de Juan Manuel. La compañía dijo que no había trabajado allí durante dos meses y proporcionó su solicitud de empleo a los oficiales. Fue en su solicitud que los oficiales confirmaron su nacionalidad venezolana. «Parte informativo», 26 de junio de 2016. PGJT, Machorra, expediente 0011/2017, vol. 3, 3202-3208.

resistirse a sus propuestas cuando él se le acercó en una de las fiestas de Pancho.

Por muy cuestionable que se estuviera volviendo la vida social de Karen, todavía atendía Rodeo Boots todos los días y cuidaba al hijo de Azalea cuando este salía de la escuela. Karen aún salía con una prima que vivía enfrente de la casa de su madre. Exhibía el tipo de amabilidad que muchas personas de su posición (de una sólida clase media y educada) rara vez compartían. Le daba dinero a los menos afortunados y luego iba más allá: ofrecía llevar a la gente a su casa cuando sabía que, de lo contrario, tendrían que caminar, como el vendedor de flores del que se había hecho amiga y a quien todos llamaban el Florista.[28]

Había cierta ingenuidad en la forma de actuar de Karen, un deseo de derribar los muros construidos por sus padres, por las limitaciones del México conservador y de un pueblo pequeño. Cumplir con las reglas propias de las chicas buenas, como ir a la iglesia o casarse a una edad temprana, le parecía anticuado. Incluso sus propios padres parecían indiferentes a las normas sociales y se separaron después de 33 años de matrimonio. Karen ocultaba los detalles de su vida social a su familia.[29] La caída fue gradual, desde organizar fiestas con Fany y luego hacerse amiga de Bárbara hasta exponerse repentinamente al inframundo criminal del pueblo.

Miriam disfrutaba de la vida en McAllen, una ciudad de más de 100 000 habitantes, justo en la frontera con México, libre de las preocupaciones que la atormentaban en casa. McAllen era seguro, el tipo de lugar con ley y orden con el que los residentes de San Fernando solo podían soñar. Miriam llamaba a casa con frecuencia para saber cómo estaba todo. Le preguntaba a Azalea sobre Ernesto y su nieto. Le preguntaba a Karen sobre los recibos de la tienda, disimulando sus dudas sobre lo que en realidad hacía su hija en la monótona administración de empresas. Karen ignoraba

---

[28] «Declaración informativa del ciudadano Juan Carlos Morales Cantú alias "El Pelón" y/o "El Trini"», 29 de marzo de 2016. PGJT, Kike, expediente 0049/2016, vol. 3, 2864-2875.

[29] Entrevista con Azalea y Luis Héctor.

sus preguntas o revivía el viejo chiste acerca de que su madre debía estar trabajando con los cuerpos de seguridad.

Miriam llamaba a sus hijos con tanta frecuencia que cuando vio el nombre de Azalea en su teléfono celular a las 4:00 a. m. del 24 de enero de 2014, un día frío y ventoso, Miriam respondió como si estuviera a media conversación.[30]

—¿Qué pasó? —preguntó, sin aliento.

—Algo horrible —respondió Azalea, reprimiendo las lágrimas.

—¿Con Ernesto? —preguntó Miriam.

—No —respondió Azalea, ahora sollozando—. Con Karen.

Azalea y Ernesto

Un mes después de la desaparición de Karen, Azalea y Ernesto salieron a comer a un caro restaurante de mariscos en San Fernando llamado El Velero. Comer allí era un derroche, pero también un intento por volver a sentir cierta normalidad. Ernesto ganaba bien en la agricultura, y con el segundo ingreso de Azalea proveniente de su trabajo en el banco no les faltaba dinero en efectivo, al menos no igual a como les había ocurrido a Miriam y Luis cuando empezaron.

Al terminar la comida tardía, alrededor de las 6:00 p. m., la familia se fue a casa y se sentaron a ver juntos la televisión en la sala. En medio de uno de los programas de Azalea, Ernesto decidió salir a comprar un paquete de cigarros. Su hijo fue con él.

Azalea les dijo que se cuidaran, un antiguo hábito que resultó más emotivo después de lo de Karen. El Oxxo donde Ernesto solía comprar sus cigarros estaba a tres minutos en auto de su casa, lo suficientemente cerca como para que fuera más sencillo llegar caminando.

---

[30] Entrevista con Azalea.

Cuando terminó el programa de televisión, unos veinte minutos después, Azalea se dio cuenta de que todavía no habían regresado. Llamó a Ernesto y escuchó sonar su celular en la otra habitación, donde lo había dejado cargando.

Un momento después, le pareció oír su camioneta, un diésel. Pero se escuchó un rechinido de llantas y un motor acelerando, y no podía entender por qué Ernesto pasaba de esa manera por la casa.

Transcurrió una hora y Azalea continuó ahí sentada, presa del pánico.[31] ¿Cómo es posible que tanta mala suerte se concentre en una sola familia y por qué ahora? Ya no temía que algo estuviera mal. Lo sabía.

Su teléfono sonó y su corazón dio un vuelco. Ella respondió, pero no dijo nada.

Del otro lado, Ernesto le gritaba que saliera de la casa. Oyó las palabras, pero no las entendió de inmediato, dada la repentina urgencia del mensaje sin contexto.

—Sal de la casa —repitió—, ¡salte ya, que acaban de intentar secuestrarme![32]

Azalea subió corriendo las escaleras para tomar los pasaportes de la familia antes de huir. En el auto, llamó a Miriam, quien estaba con Luis buscando la camioneta perdida de Karen.

Se reunieron en casa de la madre de Ernesto. Dentro, Miriam se paró junto a la ventana con su pistola para vigilar mientras Ernesto les contaba lo sucedido.

Él había tomado la ruta de siempre hacia el Oxxo, pero poco después de dar vuelta a la derecha, una miniván Renegade le había cortado el paso de repente.[33] Él pisó el freno y, mientras se preparaba para tocar la bocina, la puerta de la furgoneta se abrió. En el interior, una mujer de piel clara y cabello color azabache apuntaba con un rifle a Ernesto y a su hijo.[34]

Ella le gritó que condujera hasta la esquina.

---

[31] Entrevista con Luis Héctor y Azalea.

[32] Entrevista con Luis Héctor y Azalea.

[33] Entrevista con Luis Héctor y Azalea.

[34] Entrevista con Azalea, corroborada por una fotografía del secuestrador compartida por Juan Rentería, su padre.

Ernesto sabía de la camioneta; era notoria en San Fernando.[35] En la esquina, el vehículo se estacionó frente a él para cerrarle de nuevo el paso. Pero había un espacio, entre la camioneta y la banqueta, lo suficientemente ancho como para que Ernesto pasara.

Ernesto miró a su hijo y le susurró que se bajara al piso de la camioneta.

Cuando la puerta de la camioneta comenzó a abrirse una vez más, Ernesto pisó el acelerador. Giró su camioneta alrededor del otro vehículo, saltó la banqueta y aceleró en la dirección opuesta, haciendo volar las dos hieleras que tenía en la cajuela de la camioneta.

Aceleró hacia el pueblo y se dirigió a Paso Real. Conocía sus calles laterales y sus senderos de tierra, y sabía que su camioneta era capaz de atravesar las zanjas y los caminos llenos de obstáculos. Dudaba que la miniván pudiera hacerlo.

Aceleró sin voltear atrás para ver si sus perseguidores lo habían alcanzado, sin perder de vista a su hijo y el camino. Después de diez minutos, se detuvo y pidió prestado un teléfono celular a un transeúnte al azar para llamar a Azalea y advertirle.

La miniván Zeta tenía mala fama en San Fernando. Corrían rumores de que la mujer que Ernesto había visto con el rifle, hermosa y aterradora, era la hija de un pastor local que era un alcohólico en recuperación.[36] Su grupo Zeta fue responsable de decenas de secuestros y desapariciones en el pueblo. Aun cuando hubiera huido, Ernesto sabía que no había escapatoria. Era un hombre marcado.

Demasiado asustados para regresar a casa, Ernesto, Azalea y su hijo huyeron de San Fernando esa misma noche, con las manos vacías. Cruzaron a Texas y se dirigieron al pequeño pueblo de Pharr, donde vivía un primo que también había huido de la violencia de San Fernando.

A Azalea le preocupaba su casa, si Los Zetas saquearían y destruirían sus posesiones. Había una alarma en puertas y ventanas, pero era poco probable que eso los frenara.

---

[35] Entrevista con una fuente anónima, el periodista Javier Manilla, Luis Héctor y Azalea.

[36] Entrevista con Azalea, Luis Héctor y Juan Rentería.

Tal como Azalea había sospechado, la alarma de su casa sonó esa noche. Llamó a un vecino, quien le dijo que había visto a una miniván huir del área.

Por instinto y sin más opciones, Azalea llamó a Miriam.

—Van a regresar —le aseguró Miriam—. Saben que no hay nadie en casa.

—¿Qué debemos hacer? —preguntó Azalea.

—Yo voy para allá y los voy a esperar —respondió Miriam.

Miriam arrastró a Luis con ella a la casa de Azalea. Armados, permanecieron ahí esa noche, preparándose para el regreso de los secuestradores. Cuando los secuestradores no aparecieron la primera noche, Miriam decidió quedarse una segunda. Y luego una tercera. Después de unos días, contrató a una empresa para que instalara una valla de seguridad en la propiedad.[37]

Miriam juntó algunas prendas de la casa de Azalea para enviárselas a Texas. Aunque Ernesto ya no podía trabajar, Azalea pudo mantener sus ingresos y trabajar de forma remota con el consentimiento silencioso de su jefe inmediato. Eso mantuvo a la familia a flote, pero apenas. Gastaron sus ahorros solo en comida, y Azalea usó los mismos dos pares de pantalones y tres blusas durante semanas enteras.

Permanecieron en Pharr durante casi dos meses, hasta que Miriam los llamó para decirles a finales de marzo que la célula secuestradora de Los Zetas y la hija del pastor habían sido eliminadas.[38] La Marina mexicana había asaltado un campamento donde operaban, cerca del antiguo basurero municipal de San Fernando,[39] y mataron a media docena de ellos en un tiroteo.[40] El resto de Los Zetas que había allí —dijo Miriam— se dispersaron.

---

[37] Entrevista con Azalea y Luis Héctor.

[38] Entrevista con Luis Héctor.

[39] *El Universal*, «Enfrentamiento deja 6 muertos en San Fernando», 10 de marzo de 2014, https://archivo.eluniversal.com.mx/estados/2014/enfrentamiento-san-fernando-tamaulipas-994002.html.

[40] *Ríodoce*, «Deja seis muertos enfrentamiento en San Fernando, Tamaulipas», 10 de marzo de 2014, https://riodoce.mx/2014/03/10/deja-seis-muertos-enfrentamiento-en-san-fernando-tamaulipas/.

CAPÍTULO 2

VII. LOS OBJETIVOS

La redada en el Basurero, 2014

Chalo condujo su camioneta hacia el camino de terracería de la colonia Paso Real.[1] A menos de 800 m de la casa de Miriam, el área tenía algunos ranchos abandonados, a los que solo se podía acceder por caminos arenosos que las lluvias arrasaban. La ubicación era remota, un buen lugar para esconderse. Chalo conducía con cuidado en la oscuridad.

Eran casi las 2:00 a. m. cuando se puso en camino, las primeras horas del 10 de marzo de 2014, cuatro años después de la toma de San Fernando por parte de Los Zetas. La mayoría de la gente se refería a todo lo que rodeaba el rancho como el Basurero, dada su proximidad al antiguo basurero municipal de San Fernando. Había rumores de campamentos Zeta escondidos dentro del laberinto de caminos, y Chalo supuso que era hacia donde se dirigía.

Un vehículo de la Marina había pasado por él para escoltarlo mientras condujera hacia los cadáveres. Llegaron a una bifurcación en el camino y se fueron por la derecha, manejando con cautela para evitar los baches profundos. La unidad de la Marina que iba a la cabeza giró a la izquierda en la entrada oscura de un rancho, donde cinco vehículos más de la Marina estaban estacionados en un gran círculo. El camino que conducía al rancho dibujaba una curva a lo largo del borde de campos vacíos, cubiertos de hierba. Podía ver algunas estructuras pequeñas esparcidas por las tierras de cultivo y un molino de viento junto a un pozo. Un gallinero se extendía por el margen de la propiedad, y debajo de un árbol

[1] Entrevista con Chalo.

grande e imponente había un tractor descompuesto, que se había oxidado en su lugar.[2]

Chalo se detuvo y comenzó a recoger los cadáveres, seis en total, tres hombres y tres mujeres jóvenes, todos muertos por múltiples impactos de bala en el pecho y el abdomen.[3] Casi todos tatuados, con una débil apariencia de chicos malos y rostros juveniles endurecidos incluso en la muerte. Siempre le había desconcertado cómo una persona llegaba a ser así, ¿qué alquimia de abuso, pérdida y desesperación había dejado un agujero tan profundo en sus dimensiones que solo la violencia y la depredación podían llenarlo? La gente estaba tan despojada de su propia humanidad que ellos mismos sabían que morirían de forma violenta, y hasta la cortejaban.

¿Los habían ejecutado los marinos? Chalo no estaba seguro. Lo que sí sabía era que pocos Zetas habían sobrevivido a sus encuentros con las Fuerzas Armadas de México, al menos en su experiencia. La Armada de México no respondía ante nadie, y menos aún ante Los Zetas. Aparentemente, las operaciones militares tenían como objetivo pacificar San Fernando y traer tranquilidad a un pueblo que durante mucho tiempo había estado plagado de miseria. Pero el Ejército asesinaba a placer, y eliminaba a cualquiera que pareciera estar involucrado con el crimen organizado.

Chalo había conocido una vez a un comandante que le dijo que cuando sus superiores en la Ciudad de México llamaron para preguntar cómo estaban las cosas en San Fernando, el oficial respondió que estaban bien, en paz y mejorando.

—¿Por qué? —había preguntado Chalo. Las cosas eran una mierda.

---

[2] «Diligencia de inspección». Una visita al sitio del Basurero, donde Miriam estuvo presente, 9 de septiembre de 2015. PGJT, Güera Soto, expediente 008/2017, vol. 2, 1400, 1401; «Diligencia de inspección ministerial». Una visita al sitio del Basurero, donde Miriam estuvo presente, 8 de octubre de 2015. Güera Soto, expediente 008/2017, vol. 2, 1631; «Diligencia de inspección ministerial». Una visita al sitio del Basurero, donde Miriam estuvo presente, 30 de marzo de 2016. Machorra, expediente 0011/2017, vol. 3, 2882.

[3] «Autopsia» de los cuerpos entregados el 9 de marzo de 2014, después de un enfrentamiento con la marina en el Basurero, San Fernando, Tamaulipas, 10 de marzo de 2014. PGJT, Güera Soto, expediente 008/2017, vol. 2, 2389-2402.

—Porque si digo que están mal, mandan a alguien a supervisarme —respondió—. De esta manera, puedo partir la madre sin que nadie me mire por encima del hombro.

Y así era más o menos como iba la situación, los militares le partían la madre a todos Los Zetas que pudieran encontrar. El problema era que no siempre eran capaces de hallar a Los Zetas que buscaban; y, en ocasiones, se equivocaban y mataban a algún inocente. Y no es que fueran reprendidos por sus errores. En ese sentido, los soldados eran similares a Los Zetas. Hacían lo que querían y nadie se atrevía a cuestionarlos. Si alguien intentaba presentar una denuncia por brutalidad o muerte por negligencia, sus supervisores la ignoraban.

Al ver los cuerpos, Chalo pudo ver ahora la obra de los marinos. Lo había visto antes. Hombres y mujeres jóvenes circulando por las filas de Los Zetas, tan desechables como los residuos del cercano Basurero.

Los marinos continuaron registrando la propiedad, cubiertos con pasamontañas para ocultar su identidad. Aunque disfrutaban de una abrumadora ventaja en potencia de fuego y entrenamiento, sabían lo vulnerables que eran. Todavía tenían que vivir en México, donde un cártel alentado podía hacer casi lo que quisiera. Tan solo en 2009, Los Zetas habían asesinado a cuatro familiares de un infante de Marina que participó en la redada que mató a su líder.[4]

Chalo reunió los cuerpos uno junto al otro en el suelo, luego los llevó a su coche fúnebre para llevarlos a la funeraria, donde esperaría para ver si alguien los reclamaba. Lo dudaba. Pocas personas lo hacían. No había mucho que distinguiera estos cuerpos de los cientos de otros que había recogido en los cuatro años previos, restos anónimos de almas perdidas que ni sus propias familias lloraban.

Pero había algo que Chalo no sabía: los seis habían estado involucrados de una u otra forma en el asesinato de Karen. Y fue

---

[4] *El Economista*, «Caen 4 "Zetas" ligados a matanza de familia de marino», 23 de diciembre de 2009, https://www.eleconomista.com.mx/noticia/Caen-4-zetas-ligados-a-matanza-de-familia-de-marino-20091223-0083.html.

Miriam quien ayudó a orquestar la redada en la que fueron asesinados y, de hecho, había estado presente desde el momento en que comenzó el tiroteo, disfrazada.

○●○

Ese mismo día, Miriam conducía por la plaza central de San Fernando cuando vio a dos muchachas sentadas en un banco, escribiendo en una laptop. No reconoció a las chicas, que reían y miraban de modo fijo la pantalla. Pero sí reconoció la laptop: era la de Karen.

Miriam se estacionó y llamó a los marinos desde su auto, vigilando de cerca a las dos jóvenes. Después sabría que eran Margarita Rentería y su amiga Jessica. Ambas eran jóvenes, de veintitantos años, una con cabello negro y la otra, casi rubio. Miriam las estudió mientras esperaba que el teniente Alex volviera a llamar. Podrían haber sido estudiantes, preparándose para su siguiente examen; despojadas de sus crueles accesorios, apenas si destacaban.

Miriam se había puesto en contacto por primera vez con el teniente Alex a finales de febrero, poco después de salir de su abatimiento y declarar muerta a Karen. Mientras pensaba cómo localizar a los responsables de la desaparición de Karen, recordó al anciano del autobús en el que regresó de McAllen y el trozo de papel que le había dado. Él le había dicho que su hijo era un marino mexicano y que la ayudaría. Se trataba del teniente Alex.

Miriam descubrió pronto que los marinos operaban de una forma por completo diferente a la policía. Actuaban con decisión y letalidad. Los marinos liquidaban a sus enemigos en una proporción de casi treinta por cada uno, y mataban a más enemigos de los que herían, lo que sugiere una tendencia a acabar con sus rivales en lugar de dejarlos para luchar un día más.[5] El personal de la Embajada de Estados Unidos en México bromeaba diciendo

---

[5] Azam Ahmed, «Mexican Military Runs Up Body Count in Drug War», *The New York Times*, 27 de mayo de 2016, https://www.nytimes.com/2016/05/27/world/americas/mexican-militarys-high-kill-rate-raises-human-rights-fears.html.

que solo era noticia cuando alguien lograba sobrevivir a un tiroteo con los marinos.[6]

Sentada ahora en la plaza, Miriam observó cómo los marinos llegaban ahí y se llevaban a las dos mujeres con la laptop de Karen.

○●○

El padre de Margarita, Juan Rentería, estaba sentado en la sala, que hacía las veces de dormitorio, viendo una pelea de box con su familia cuando un grupo de marinos derribó la puerta de su casa a patadas para irrumpir en ella.[7] Tiraron objetos, saquearon una cómoda y arrojaron al suelo a su esposa, postrada en cama, para buscar bajo el colchón. Obligaron a Rentería a salir, cerca de un Humvee de la Marina pintado con patrón de camuflaje.

Estaba oscuro; la única luz procedía del convoy de vehículos y de un farol lejano. Rentería creyó escuchar algo proveniente de uno de los vehículos, el sonido de un grito ahogado. Mientras avanzaba hacia él, escuchó que alguien pateaba la puerta trasera, como si estuviera atado ahí dentro.

Rentería preguntó quién estaba en el vehículo, pero el infante de Marina no respondió. Cuando intentó acercarse, el marino lo golpeó con la culata de su rifle y lo empujó hacia la casa.

Desde afuera podía escuchar cómo caían al suelo sus pertenencias, como si los marinos tuvieran un mensaje: humillar a Rentería y a toda su familia. Una y otra vez le preguntaron a Rentería cuándo había sido la última vez que vio a su hija Margarita y qué había escondido ella en su casa.

Él respondió que hacía años que no veía a la muchacha.

—Ella ha estado muerta para mí durante mucho tiempo —admitió.

Los marinos continuaron su búsqueda, aunque no había mucha casa que registrar. Rentería, de 56 años, vendía maíz y calabazas en un carrito que empujaba por el pueblo. En alguna época había

---

[6] Entrevista con un ex alto funcionario de la embajada de Estados Unidos en México.

[7] Entrevista con Juan Rentería.

sido alcohólico, pero ahora pasaba todo su tiempo libre como pastor no remunerado de una pequeña congregación.

Rentería no tenía dinero digno de mención, y su casa lo reflejaba: una pequeña habitación de tabiques de concreto en estado perpetuo de construcción. Las varillas asomaban desde lo alto de sus paredes de tabique en anticipación de un segundo piso que era más aspiracional que realista, pero, de todos modos, muy necesario. Cuidaba a uno de los tres hijos de Margarita, además de a su madre, que padecía cáncer, y a su esposa, que sufría de una diabetes incapacitante. También tenía otra hija enferma que vivía con él. Así como antes su placebo había sido la bebida, ahora encontraba consuelo en el ministerio, guiando a otros por el camino que él mismo había pasado gran parte de su vida ignorando. Rentería tenía ojos azul grisáceo y piel luminosa del color de una silla de montar. Era un hombre orgulloso; trabajaba todos los días y luchaba contra la ociosidad que, en su opinión, era cada vez más común entre la generación joven. Odiaba en qué se había convertido su hija, pues había manchado a su familia.

Cuando era niña, Margarita había sido de carácter fuerte y no terminó la preparatoria. Los problemas de su padre con el alcohol le habían pasado factura, y no fue sino hasta que ella creció que él completó los 12 pasos de Alcohólicos Anónimos y se recuperó por completo. En los años previos a que Rentería recuperara la sobriedad, la familia vivía al día. Margarita se había embarazado a los 16 años de alguien con quien nunca se casó. Aunque atractiva, con una figura esbelta, pómulos altos, cabello negro y piel clara, tenía dificultades para encontrar una nueva pareja, en especial una que aceptara a sus tres hijos. Para poder llegar a fin de mes, había aceptado un empleo de medio tiempo en una tortillería, donde alimentaba una máquina con masa de maíz.

Y entonces, un día, un Zeta muy conocido se encariñó con ella. El Tigre tenía fama de perseguir mujeres; aunque era poco atractivo, algunas se convertían en sus amantes por desesperación; otras, por miedo. Margarita decidió intentarlo; tenía muchas dificultades para mantener a sus hijos cuyo padre ya no estaba cerca. Con el Tigre, Margarita se liberó de la rutina diaria de proveer y ser madre. Los habitantes del pueblo que alguna vez la ignoraron ahora se fijaban cuando aparecía en cualquier lugar. Pero el respeto y el miedo podían coexistir con el odio; de hecho, fue una compensación que hizo que Los Zetas tuvieran tanto éxito. Si antes había pasado inadvertida, ahora la odiaban, porque salía con alguien que abusaba, mataba y extorsionaba a la gente del pueblo, incluido su padre, el propio Rentería.

El Tigre había llamado una vez a Rentería para exigirle que le diera 10 000 pesos o afrontara las consecuencias. Este, un pobre vendedor de verduras, se había reído del Zeta; ni soñando tendría esa cantidad de dinero. Cuando el Tigre lo amenazó, Rentería se mantuvo firme. Le dijo al Zeta dónde trabajaba, la ubicación exacta de su carrito de verduras y le dijo que podía ir a buscarlo para intentar cobrarle.

Cuando Rentería se enteró del nuevo novio de su hija, quedó destrozado. «Puedo ser pobre», le había dicho. «Pero gano mi salario de forma honesta». Colaborar con alguien que se aprovechaba de la gente trabajadora era una traición a sus valores.

Margarita le dijo a su padre que ella y el Tigre estaban enamorados.

Rentería le advirtió que eligiera: o su familia o su nuevo novio.

Para ganarse a su padre y mostrar su compromiso con Margarita, el Tigre le ofreció regalos a Rentería, como una camioneta nueva, y cuando el anciano se negó, le ofreció dinero en efectivo para comprar su propio vehículo. Pero Rentería no cedió.

—No quiero tu dinero manchado de sangre —le había respondido Rentería.

Después de eso, rara vez veía a su hija, quien les dejó a sus hijos y se fue a vivir con el Tigre.

Mientras más tiempo pasaba Margarita con los delincuentes, más cambiaba. A los ojos de Rentería, su hija ahora pensaba que era mejor que el resto de su familia. Ella tenía dinero y poder, mientras que él no tenía ninguno de los dos. Pero se difundieron rumores de que estaba secuestrando personas para pedir rescate, operando desde una famosa miniván que acechaba las calles de San Fernando. Ella le advirtió a su padre más de una vez que se mantuviera al margen de su vida, aunque en un raro momento de honestidad le confió que ella y el Tigre querían salir de la vida criminal y estaban tratando de ahorrar lo suficiente para huir. Rentería dudaba que ese día llegara alguna vez, y ahora, su hija estaba atrapada en algo serio.

Después de que los marinos se fueron, Rentería se quedó con la siniestra sospecha de que era su hija la que había estado gritando y pateando en la parte trasera de la camioneta. ¿Quién más los habría traído a su casa? Se preguntó qué habría hecho Margarita.

A la mañana siguiente, recibió una llamada de las autoridades locales, quienes le pidieron que fuera a la funeraria de Chalo para ver si uno de los seis cuerpos recuperados de un tiroteo la noche anterior era el de Margarita. Poco después del amanecer, Rentería llegó a la Funeraria La Paz.[8]

Chalo lo recibió en la puerta y lo llevó a la sala de preparación. Los Zetas muertos yacían desnudos y tendidos sobre mesas, con sábanas blancas que los cubrían de forma parcial.

Rentería echó un vistazo a su hija y supo que la habían asesinado, que no había muerto en un tiroteo como decían las noticias. ¿Cómo pudo haber estado involucrada en un tiroteo si él la había escuchado apenas unas horas antes en la parte trasera de la camioneta de los marinos? Seguramente la arrastraron hasta el rancho y la mataron donde Chalo dijo que había recuperado el cuerpo.

Después de la destrucción en su casa, el maltrato a su esposa y lo que suponía que era el asesinato de su hija, Rentería decidió hacer algo. Pero cuando fue a presentar una denuncia ese mismo día, le dijeron que no tenía sentido. Nadie lo tomaría en serio y, si insistía, podría resultar peligroso para él.[9]

—Déjelo así —le aconsejó el funcionario—. Lo que pasó pasó, esto no la traerá de regreso.

---

[8] Entrevista con Chalo y Juan Rentería.

[9] Según muchos mexicanos, las acusaciones de ejecuciones extrajudiciales o abusos de derechos humanos contra las Fuerzas Armadas apenas se tenían en cuenta, a menos que fuera su propio familiar quien se encontrara en la mira. Incluso entonces, acusar a las Fuerzas Armadas de cualquier cosa era una tarea inútil; la mayoría asumía que si un soldado mataba a alguien, esa persona probablemente lo merecía. Claire Moon y Javier Treviño-Rangel, «"Involved in Something (*Involucrado en algo*)": Denial and Stigmatization in Mexico's "War on Drugs"», BJS: *The British Journal of Sociology* 71, 4 (2020): 722-740, https://onlinelibrary.wiley.com/doi/10.1111/1468-4446.12761; OHCHR, «Extrajudicial Killings and Impunity Persist in Mexico», Informe de seguimiento de un experto en derechos de la ONU, United Nations Human Rights Office of the High Commissioner, 20 de junio de 2016, https://www.ohchr.org/en/press-releases/2016/06/extrajudicial-killings-and-impunity-persist-mexico-un-rights-experts-follow.

Rentería entendió que esta era la manera amable de disuadirlo de presentar una denuncia formal. Margarita Rentería había sido secuestradora y asesina —dijeron— y si seguía con el tema, las cosas empeorarían para él y su familia, de modo que lo dejó por la paz.

Rentería esperó 14 días a que la funeraria le devolviera el cuerpo de su hija y luego la enterró en una pequeña parcela en el cementerio del pueblo. No celebró ni velorio ni entierro. Rentería había estado de luto por la pérdida de su hija desde el momento en que ella se unió a Los Zetas, el momento en que eligió una vida de crimen en lugar de una honesta, una vida que, aun doblegada por la pobreza, fuera, de cualquier forma, recta. En su corazón, ella ya no era su hija desde hacía mucho tiempo; colocarla en el suelo solo significaba que la realidad se pusiera al día.

○●○

Miriam había convencido al teniente Alex de que las dos chicas de la plaza con la laptop de Karen sabían casi con certeza lo que le había sucedido a su hija, o al menos conocían a alguien que lo sabía.[10] Es más, las chicas sabrían dónde operaban Los Zetas que la habían secuestrado. Unas horas después de que los marinos se llevaron a Margarita y a Jessica de la plaza, Luis la había dejado en un campo abierto no muy lejos de su casa, donde se escondió en una vivienda abandonada de la propiedad y esperó a que cayera la noche, cuando los marinos podían ir a recogerla. Más tarde aparecieron las luces de un convoy de la Marina.

---

[10] Alex, el nombre en clave del comandante de la Marina con quien Miriam había comenzado a trabajar un mes antes, era reservado (Miriam nunca supo su nombre real), pero había sido bastante fácil trabajar con él. Dijo que necesitaba inteligencia e información, que Miriam estaba reuniendo a un ritmo asombroso. Ella necesitaba a alguien que pudiera actuar, y Alex, como marino mexicano, sobresalía en eso, especialmente en la acción violenta. Había probado con la policía y otras autoridades, y la mayoría la ignoró o fingió tomar su información sin hacer seguimiento. Entrevista con Luis Salinas.

Miriam había pedido acompañar a los marinos en el ataque al Basurero, pero necesitaban que ella se incorporara a sus filas sin ser detectada. Adonde sea que fueran, los marinos eran observados por vigías de Los Zetas. Miriam se puso un uniforme, para que fuera imposible que la identificaran.

Para encontrar el rancho, los marinos habían llevado consigo a Margarita y a la otra joven, Jessica, a quienes habían detenido en la plaza esa mañana con la computadora de Karen. Las dos dirigieron al convoy hasta el antiguo basurero municipal; los marinos se estacionaron cerca de donde las muchachas habían indicado que estaba ubicado el campamento.

Miriam no preguntó cómo sabían los marinos que el objetivo era un campamento Zeta cerca del Basurero, si habían torturado a las dos jóvenes o solo las habían asustado para que les dieran esta información, y no le importaba mucho. Miriam estaba segura de que la de cabello negro, Margarita, era la misma mujer que había intentado secuestrar a Ernesto y a su nieto, la que habían visto con el rifle.

En el Basurero, un grupo de infantes de Marina avanzó a pie hacia el campamento. Miriam caminó detrás de ellos con dificultad por la tierra blanda mientras se acercaban a una serie de pequeñas estructuras dispuestas en el otro extremo del lugar.

De repente, los marinos estaban gritando. Miriam podía oír los fuertes estallidos del fuego entrante. Los Zetas les disparaban.

Los marinos respondieron con rapidez, disparando con precisión. Algunos de Los Zetas respondieron, mientras que otros huyeron al bosque más allá del rancho, en dirección al río San Fernando, donde sería más difícil rastrearlos. Cuando terminó el tiroteo, cuatro cuerpos yacían esparcidos entre la hierba alta, entre las estructuras del rancho y bajo los árboles de la propiedad. Tres hombres y una mujer.

Mientras examinaban la propiedad, los marinos encontraron algunas víctimas de secuestro aún con vida; un hombre balbuceaba de manera incoherente sobre cómo una mujer Zeta se estaba preparando para cortarle la cabeza cuando comenzó el ataque. Estas vidas inocentes fueron salvadas por esta incursión, la incursión de Miriam, y ninguna de ellas era Karen.

Miriam caminaba entre ellos disfrazada, buscando. Entró en las estructuras en ruinas y examinó el terreno; el suelo de lodo cubierto de manchas oscuras y rojizas. Sobre mesas de madera había instrumentos de tortura oxidados y una cuerda amarilla colgaba de un árbol. Caminó a través del paisaje de pesadilla impulsada por cada nuevo descubrimiento.

¿Qué habían hecho estas personas? ¿Cómo podían estar tan despojadas de humanidad como para crear una propiedad entera dedicada a masacrar seres humanos como si fueran ganado? Había identificaciones tiradas por todas partes, cordones con fotografías de empleados y licencias gubernamentales. ¿Habían muerto todos o algunos habían regresado a casa?

Miriam se detuvo para inspeccionar una pila de artículos, entre ellos una bufanda y un cojín de asiento. Ambos eran de Karen. Había algo a la vez gratificante y aplastante en el descubrimiento, saber que su hija había estado allí y ya no estaba, una tristeza y un alivio, un misterio resuelto solo para que lo siguiera otro. Dejó los artículos donde estaban y reservó su decepción para sí misma; más tarde, también se guardó para sí la mayoría de los detalles del tiroteo y lo que vio esa noche.

Las noticias publicadas al día siguiente fueron tomadas directamente del comunicado de prensa del Gobierno.[11] Los periódicos informaron que los marinos habían sido atacados mientras patrullaban. En el tiroteo que siguió, las fuerzas gubernamentales mataron a seis personas, tres hombres y tres mujeres. También salvaron la vida de tres víctimas de secuestro.

Pero eran solo historias.

Los marinos mataron a cuatro personas en el tiroteo en el rancho esa noche, ninguna de las cuales fue identificada. Luego registraron el área y, después de encontrar a las víctimas del secuestro vivas, comenzaron a hallar los restos de otras personas asesinadas

---

[11] *Ríodoce*, «Deja seis muertos enfrentamiento en San Fernando, Tamaulipas», 10 de marzo de 2014, https://riodoce.mx/2014/03/10/deja-seis-muertos-enfrentamiento-en-san-fernando-tamaulipas/; *El Universal*, «Enfrentamiento deja 6 muertos en San Fernando», 10 de marzo de 2014, https://archivo.eluniversal.com.mx/estados/2014/enfrentamiento-san-fernando-tamaulipas-994002.html.

hacía mucho tiempo, incluidos los cuerpos de tres mujeres, una de ellas encinta.[12]

Enfurecidos, los marinos sacaron a rastras a Margarita y a Jessica de la camioneta y les preguntaron por la mujer embarazada. Margarita Rentería y su cómplice, Jessica, les dijeron que habían secuestrado a las mujeres en la carretera y luego las habían asesinado porque sus familiares no habían pagado el rescate.

Los marinos escucharon en silencio la explicación. Cuando las jóvenes terminaron de confesar, obligaron a Jessica a arrodillarse y la mataron en el acto.

Luego le dijeron a Margarita que corriera.

Si puedes llegar hasta la línea de árboles, eres libre, había dicho uno de los marinos.

Margarita salió corriendo, dirigiéndose hacia el bosque en el borde del rancho. Mientras tanto, los marinos se tomaron su tiempo para preparar un tiro limpio.

Según los informes de la autopsia gubernamental realizada al día siguiente, cuatro de los agresores murieron por múltiples heridas de bala en el pecho y el abdomen.[13] Una quinta víctima, una mujer, llevaba una sola bala que había entrado cerca de la parte delantera de su clavícula y salía por la parte baja de su espalda, como si la hubieran obligado a arrodillarse antes de ser ejecutada. La sexta víctima, también mujer, fue la única que murió por heridas de bala en la espalda.

---

[12] «Declaración informativa del ciudadano [El Florista] alias "El Pelón" y/o "El Trini"», PGJT, 29 de marzo de 2016, Kike, expediente 0049/2016, vol. 3, 2864-2875; «Declaración del probable responsable [Cristiano]», Ciudad Victoria, Tamaulipas, 18 de septiembre de 2014. PGJT, Kike, expediente 0049/2016, vol. 3, 2864-2875; Declaración de Cristiano. PGJT, Chepo, expediente 0034/2014, vol. 1, 291-295.

[13] «Autopsia» de los cuerpos entregados el 9 de marzo de 2014, después de un enfrentamiento con la Marina en El Basurero, San Fernando, PGJT, 10 de marzo de 2014. PGJT, Güera Soto, expediente 008/2017, vol. 2, 2389-2402.

Objetivo #1: Sama

Miriam habló poco con sus familiares sobre la redada, pero ellos lo sabían. Sabían que cuando prometió localizar a las personas responsables de la desaparición de Karen, lo había hecho en serio, sin importar el costo que le supusiera a ella o a su familia. También sabían que Miriam había visto en la plaza a las dos jóvenes con la laptop de Karen, que luego murieron en una redada en el rancho donde la habían retenido.

Esas dos mujeres habían tomado sus decisiones; habían elegido secuestrar y matar. Aunque la familia no estaba exactamente orgullosa de saber que fueron asesinadas por los marinos, tampoco sentían pena porque se hubieran ido. Nadie más en San Fernando lo lamentaba, excepto quizá el padre de Margarita, Juan Rentería.

Perder a un ser querido te endurecía, reorganizaba tu manera de pensar y de sentir por los demás. Con una justicia tan escasa, con solo dos de cada cien homicidios resueltos en todo el país, uno tomaba lo que podía conseguir.[14] ¿A quién le importan unos Zetas muertos? Resultó que ni siquiera a sus propias familias. De los seis cadáveres que habían llevado a la funeraria de Chalo, solo uno, el de Margarita, fue reclamado. Los demás permanecieron ahí durante dos semanas antes de que los enterraran en el cementerio municipal en bolsas de basura negras con un número de serie cada uno, en caso de que algún día alguien fuera a buscarlos.

Miriam sabía que los seis Zetas asesinados en la incursión de los marinos eran solo una parte del grupo responsable de la desaparición de Karen, y que posiblemente no fueran los que en realidad se la habían llevado. Sus muertes quedaron registradas en términos prácticos para Miriam: media docena de testigos de lo que le había sucedido a Karen ya no estaba. Esto dejó un gran vacío en su capacidad para encontrar a los otros Zetas responsables

---

[14] Miriam Berger, «Justice for Victims of Violent Crime in Mexico Is Rare. Can the Deaths of Nine Mormons Change That?», *The Washington Post*, 12 de noviembre de 2019, https://www.washingtonpost.com/world/2019/11/08/justice-victims-violent-crime-mexico-is-rare-can-deaths-nine-mormons-change-that/.

de su desaparición. Miriam necesitaba saber qué pasó, entender por qué habían secuestrado a su hija y quiénes lo habían hecho. Necesitaba saber dónde estaba Karen. Los marinos y el teniente Alex ejecutaban operaciones con una letalidad asombrosa, pero no podían presentar un caso contra los responsables; no eran capaces de cerrar el caso de Miriam.

Miriam llegó a la desagradable conclusión de que necesitaba trabajar con la policía; necesitaba movilizar a investigadores estatales con autoridad para detener a sospechosos, allanar casas y tomar declaraciones. Para encontrar al resto de Los Zetas que se habían llevado a Karen, necesitaría aprovechar los recursos del Gobierno, y para ello necesitaría crear una lista de aliados y conexiones entre los investigadores estatales y la policía que pudiera ayudarle a armar un caso contra cada uno de los secuestradores.

La tarde del 26 de marzo de 2014, ella y su esposo prestaron testimonio ante la oficina estatal encargada de investigar los secuestros.[15] Fueron a la oficina del fiscal general del estado, una imponente estructura de tres pisos detrás de pesadas puertas de metal en el extremo noreste de la capital. Miriam narró los detalles del secuestro de su hija: sus llamadas desesperadas, el ciclo de pago del rescate y las aplastantes decepciones. Habló sobre su encuentro con Sama y sobre la Explorer rojo cereza. Mencionó la incursión de los marinos, aunque omitió el hecho de que había estado allí y había sido testigo de los acontecimientos de primera mano. Afirmó que era el rancho donde Los Zetas habían retenido a Karen porque había visto fotos de la escena en las oficinas del investigador en San Fernando y había reconocido el cojín del asiento y la bufanda de Karen. En resumen, mintió.

○●○

Miriam comprendió, incluso entonces, que el Gobierno haría poco para encontrar a los secuestradores de su hija, pero que el expe-

---

[15] «Denuncia y/o querella por comparecencia del ciudadano Luis Héctor Salinas Castillo y Miriam Elizabeth Rodríguez Martínez», Ciudad Victoria, Tamaulipas, 26 de marzo de 2014. PGJT, Sama, expediente 0029/2014, vol. 1, 6-13.

diente abierto podía serle de gran utilidad, así como el informe policial había sido fundamental para recuperar los objetos robados de la tienda de Luis tantos años antes. Un caso abierto sería útil a la hora de presionar a sospechosos y testigos para que hablaran.

Y eso era justo lo que necesitaba en ese momento: testigos. El problema era que Los Zetas no eran conocidos por dejar cabos sueltos, no cuando les resultaba mucho más fácil matar a cualquiera que hablara en su contra. Pero al poco tiempo, Miriam encontró uno: Carlos, el amigo de la familia que había ido a su casa para arreglar el auto de Karen la noche en que se la llevaron y quien también fue secuestrado. Por algún milagro de misericordia, Carlos estaba vivo. Había huido a la ciudad de Reynosa, en la frontera con Texas, donde Miriam lo localizó y logró sonsacarle algunos detalles.

Sabía que necesitaba que los investigadores tomaran la declaración de Carlos. Resultaría ser la pieza central de todo el caso.

Durante meses, Carlos se negó a hablar por teléfono con Miriam. Lo poco que le contó fue a través de mensajes de Facebook y, además, en ráfagas esporádicas. Estaba traumatizado y asustado. Afirmaba no haber visto nada; le vendaron los ojos durante la terrible experiencia y solo escuchó conversaciones y nombres. Para Miriam, eso fue suficiente para empezar.

Entre los nombres que Carlos había escuchado estaban:

1. El Chepo
2. El Flaco de la Ribereña
3. Comandante Cherokee

Estos eran los hombres que parecían estar a cargo el día del secuestro de Karen, según la estimación de Carlos. Pero había un nombre que había escuchado más que otros:

4. Sama.

○●○

Miriam siempre había sospechado que Sama estaba detrás del secuestro de su hija, a pesar de que había sido convincente al ofrecerle ayuda para encontrar a Karen, y también en la forma en que se distanció del crimen mismo. Había manipulado cada situación para sacarle un poco más de dinero y engatusarla, cuando en realidad todo el tiempo supo lo que le había pasado a Karen. Solo quería llenarse los bolsillos.

Miriam hizo que Sama fuera su objetivo número uno y se propuso encontrarlo.

Estaba segura de que podría reconocerlo, pero lo único que necesitaba (y no tenía idea de cómo encontrar) era su verdadero nombre. Para que el caso prosiguiera, para que la policía emitiera al menos una orden judicial, necesitaban el nombre correcto de Sama.

Resultó que Sama también la estaba buscando.

Cerca de un mes después de presentar la denuncia, Miriam y Luis conducían a casa cuando notaron que un Jeep Cherokee los seguía. Cuando llegaron a Paso Real, este se detuvo detrás de ellos. Miriam sacó el arma de su bolso y le dijo a Luis que se estacionara en la calle frente a su casa. Mirando por el retrovisor, esperó a ver quién salía del auto.

La puerta del conductor se abrió y salió Sama. La llamó como si fueran viejos amigos y le preguntó cómo había estado y si había tenido noticias sobre Karen. Miriam sostuvo su pistola contra la puerta y apuntó al pecho de Sama.

—¿Qué estás haciendo aquí? —preguntó ella, interrumpiendo sus preguntas—. Hice todo lo que me pediste y nunca me devolviste a mi hija.

Sama dijo que hacía poco que había regresado al pueblo; había estado en Ciudad Victoria, dijo, como castigo. Miriam no preguntó por qué y Sama no explicó, pero asumió que era porque la mitad de sus cómplices Zeta ahora estaban muertos.

—Quiero saber si mataste a mi hija —señaló—. Quiero saber dónde está su cuerpo.

Sama respondió que no lo sabía. Le dijo a Miriam que había confundido a Karen con otra persona y que, hasta donde él sabía, a ella nunca la habían secuestrado.

—Las que secuestré eran otras chicas de piel clara —dijo.

Sacó su teléfono del bolsillo y le mostró a Miriam un mapa de dónde había estado manteniendo cautivas a las demás, las que no eran Karen. Ella se dejó enredar en sus mentiras y anotó su nuevo número de teléfono, al que él le dijo que llamara.[16]

Una vez más prometió ayudar, pero por un precio.

—Solo necesito tu casa —afirmó con desinterés.

—¿Qué? —preguntó Miriam.

—Puedo ayudarte a encontrar a tu hija, pero tienes que darme tu casa —repitió.[17]

Miriam le dijo que lo pensaría y mantuvo el arma apuntándole desde el interior de la puerta mientras él se alejaba del auto.

Unos meses más tarde, a principios de julio, mientras estaba acostada en el sillón de la sala de Azalea, navegando por Facebook en su teléfono celular, Miriam dejó escapar un grito.[18] Por meses, había estado buscando el nombre de Sama, con la esperanza de que este cometiera un desliz y publicara una foto o se identificara por su nombre en las redes sociales.

Mientras tanto, les había pagado a personajes turbios para que investigaran su paradero en Ciudad Victoria. Uno le dijo que frecuentaba un restaurante llamado El Costillón y se divertía en un

---

[16] La célula de Los Zetas de Sama en San Fernando había sido diezmada por una serie de tiroteos en marzo, destacando entre ellos la redada de la Marina en el rancho. Pero dos Zetas habían sido asesinados unos días antes y varios más en las semanas posteriores. Quizá Sama había regresado al pueblo para reconstruir la organización. O tal vez quería vigilar a Miriam y tenía sus sospechas sobre su papel en la masacre de sus compañeros Zetas. Pero ella tenía una ventaja: sabía que él mentía, mientras él creía que la había engañado. «Parte informativo», Unidad Especializada en la Investigación y Persecución del Secuestro, 17 de abril de 2014. PGJT, Sama, expediente 0029/2014, vol. 1, 66.

[17] «Declaración informativa a cargo de la ciudadana Miriam Elizabeth Rodríguez Martínez. En Victoria, Tamaulipas, a los quince días del mes de septiembre del año dos mil Catorce», declaración informativa de Miriam contra Sama. PGJT, Sama, expediente 0029/2014, vol. 1, 167-168.

[18] Entrevista con Azalea y Luis Héctor.

club llamado BOB.[19] Pero cuando agentes del Gobierno fueron a registrar las instalaciones, una ya no estaba en funcionamiento y la otra había sido demolida.[20]

Ahora, sentándose en el sillón, Miriam le dijo a Azalea que había conseguido algo. Una mala imagen, sin duda, pero era él. La misma figura desgarbada con cara delgada y cabello chino. A su lado estaba una joven vestida con el uniforme de una cadena local de heladerías, los Helados Sultana.[21]

Los Helados Sultana tenían decenas de locales repartidos por todo el estado. Miriam se resignó a visitar todas y cada una de las tiendas, para saber dónde trabajaba la novia de Sama. La última vez que Miriam lo había visto, Sama le había dicho que vivía en Ciudad Victoria. La capital del estado parecía un buen lugar para empezar: tenía solo cuatro sucursales de Helados Sultana.

El viaje a Ciudad Victoria habría sido aburrido si no fuera por el peligro que representaba una carretera de un solo carril, todavía transitada por Los Zetas. Miriam tomó el camino más veces de las que recordaba al hacer sus recorridos para visitar los Helados Sultana, en cuyas sucursales se sentaba afuera por horas, vigilando quién entraba, en busca del rostro de la joven que había visto en la foto de Facebook.

Ella entendía cada vez mejor que no había magia en la investigación, ningún secreto que lograra que algunas personas fueran buenas para ello y otras no pasaran del promedio. Solo tenías que esforzarte y ser metódico en tu proceso. Había invertido semanas sentándose frente a las locaciones, cuando por fin encontró a la novia de Sama saliendo de una sucursal de los Helados Sultana.

Observó y esperó durante varias semanas más, hasta que por fin apareció Sama.

---

[19] «Constancia», Ciudad Victoria, Tamaulipas, 28 de abril de 2014. PGJT, Sama, expediente 0029/2014, vol. 1, 73.

[20] «Parte Informativo», Ciudad Victoria, Tamaulipas, 2 de mayo de 2014. PGJT, Chepo, expediente 0034/2014, vol. 1, 77.

[21] «Parte informativo», Ciudad Victoria, Tamaulipas, 31 de julio de 2014. PGJT, Sama, expediente 0029/2014, vol. 1, 136.

○●○

Miriam se miró la cara en el espejo, con el cabello ahora corto y teñido de rojo brillante, un color que llama la atención y que distrae la atención del rostro. Si iba a desempeñar el papel de trabajadora de la Secretaría de Salud del estado, donde alguna vez había trabajado, quería que fuera creíble. Se puso de pie, buscó en su armario un uniforme viejo y tomó su antigua identificación gubernamental.

Su objetivo era descubrir el verdadero nombre de Sama. De no lograrlo, no podría formalizar una denuncia, presionar a la policía para que emitiera una orden y lograr que lo arrestaran. Sin nombre, no era nadie, un alter ego flotando sobre el paisaje criminal de Tamaulipas; un fantasma, en lo que respecta al sistema.

El sistema le importaba más a Miriam de lo que quería admitir. Por disfuncional que fuera, el sistema significaba recursos y la autoridad legal para realizar arrestos y buscar justicia. Pero tenerlo de tu lado requería conexiones y paciencia. La mayoría de los funcionarios la ignoraban o le ametrallaban con una serie de temas tan vertiginosos que al principio ella se sintió esperanzada. Al menos hasta que se dio cuenta de que ese era el objetivo.

Disfrazada, Miriam hizo el viaje de regreso a la colonia de Ciudad Victoria donde, un día antes, había seguido a Sama y su novia hasta su casa desde los Helados Sultana. Con su documento de identidad caduco colgado del cuello, empezó por la primera casa de la calle. Una por una, llevó a cabo una encuesta simulada en las casas de la cuadra, preguntando por el número de niños, adultos y ancianos que residían allí, disparándole a la gente suficientes preguntas para resultar convincente. Pidió los nombres de todos los residentes y sus fechas de nacimiento, para registrarlos en una libreta de aspecto oficial.

Al final del día, había adquirido los datos de todos los habitantes de la cuadra, al servicio de un único nombre, que por fin tenía, junto con una fecha de nacimiento: 23 de diciembre de 1994.

Los arrestos

La tarde del 31 de julio de 2014, Miriam llamó a la Unidad Especializada en la Investigación y Persecución del Secuestro de Tamaulipas, encargada de investigar el caso de Karen. Comenzó con la misma pregunta que siempre les hacía a los funcionarios: ¿hay novedades en la investigación? Era una pregunta inútil; ella lo sabía. Nunca había novedades. Aun así, le gustaba mantener la presión sobre ellos. Miriam pasó entonces a la segunda cosa que solía hacer cuando acosaba a los investigadores de Ciudad Victoria: les transmitió los nuevos detalles que ella misma había descubierto en el transcurso de su propia investigación.[22] Había identificado al Zeta conocido como Sama, y quería que las autoridades estatales emitieran una orden de aprehensión contra él.

Tras informarles su nombre, su fecha de nacimiento, el nombre de su pareja y la dirección que compartían, datos que los agentes registraron diligentemente por escrito para el creciente expediente que estaban acumulando, se despidió con la promesa de seguir investigando, un hábito que ya se había vuelto costumbre.

Al haber hecho su trabajo por ellos, Miriam creyó que los investigadores aprovecharían la oportunidad para arrestar a Sama. Una semana más tarde, cuando las autoridades seguían sin actuar, Miriam probó otra táctica: les envió una solicitud formal para que iniciaran una investigación sobre Sama.[23]

Había cierto arte en el formalismo áspero de las comunicaciones legales del gobierno, una lengua vernácula que se basaba en una terminología tan circular y difícil de entender que uno tenía la sensación de que su único propósito era ofuscar. Para conseguir algo, era necesario decir muchas tonterías y saber exactamente cómo formularlas.

---

[22] «Se solicita investigación», Ciudad Victoria, Tamaulipas, 11 de agosto de 2014. PGJT, Güera Soto, expediente 008/2017, vol. 1, 136.

[23] *Idem.*

Para entonces, Miriam había aprendido que existían varias maneras de conseguir que se hicieran las cosas. Una era llamar a alguien como el teniente Alex y salir a «partir madres». La otra era trabajar en los oxidados engranajes de la burocracia hasta hacer que se soltaran: un esfuerzo que requería una combinación de comprensión de cómo funcionaba el arcaico sistema y una fuente inagotable de paciencia y energía. Además, era necesaria una profunda familiaridad con el barroco lenguaje de la antigua burocracia mexicana, que exigía páginas de contenido para una sola acción.

La solicitud de Miriam para que se allanara el domicilio de Sama comenzó con una petición para que los funcionarios a cargo de la división de secuestros simplemente confirmaran su dirección. La solicitud de investigación decía lo siguiente:

> En cumplimiento con el acuerdo escrito pronunciado en el marco de la averiguación previa, se dirige a su atención el oficio indicado a fin de que por su conducto o el de elementos a su mando se aboque a la investigación del domicilio exacto donde se pueden localizar a las personas mencionadas en la actualización informativa rendida a través de la orden número UEIPS1398/2014 de fecha 31 de julio del año en curso. Una vez finalizada dicha tarea, remita el correspondiente resumen, por resultar necesario para la obligatoria incorporación de la presente investigación previa que nos ocupa.

Se trataba de una instrucción relativamente breve, cuyo resumen requería solo una pequeña parte de las palabras: «Por favor, confirme la dirección de Sama e infórmenos». Sama tenía un nombre parecido al del joven al que Karen había ido a ver antes de su secuestro, Ulises, pero no existía alguna conexión entre los dos hombres.

Pero si los comunicados tardaban siglos en autorizarse, redactarse y luego transmitirse a los interesados, las acciones correspondientes estaban aún más plagadas de retrasos. No se podía emitir una orden de aprehensión sin una dirección confirmada, y no podían confirmar la dirección hasta que alguien de la oficina del investigador a cargo se dirigiera a la casa de Sama, llamara a la puerta y confirmara su presencia; en resumidas cuentas, informándole que la policía iba tras él.

A finales de agosto, Miriam había perdido la esperanza de que sus esfuerzos culminaran en el arresto de su primer objetivo, Sama. Cuando los funcionarios cumplieron con el Número de Oficio AMPEIPS/4391/2014, Sama ya no vivía allí.[24]

Miriam se dirigió a otros organismos gubernamentales, incluso federales, pero su situación mejoraba poco. En lugar de calidez y compasión, recibió lecciones de administración. Tras semanas de rechazo, logró conocer a un agente de la Policía Federal a través de un amigo en común. Las relaciones personales fueron la rara excepción a la respuesta habitual en este tipo de casos.

Invitó al agente a El Junior, en San Fernando, el mismo restaurante donde se había reunido con Sama y su compinche.[25] El agente asistió al lugar a la hora del almuerzo y se reunió con Miriam en una mesa cercana a la ventana que daba a la calle. Antes de que pudiera presentarse, Miriam buscó bajo la mesa, sacó una funda para computadora y se la entregó como ofrenda.

—Aquí está todo lo que he encontrado sobre los hombres y las mujeres que secuestraron a mi hija —le dijo.

Abrió la funda y los papeles se desparramaron por toda la mesa. El agente echó su silla hacia atrás para agarrar algunos de los documentos antes de que cayeran al suelo. Mirándolos fijamente, movió la cabeza con asombro.

Había fotografías de presuntos Zetas con sus nombres de usuario de Facebook.[26] Algunos tenían sus nombres reales garabateados al lado de las fotografías; otros, apodos solamente. Miriam tenía aún más imágenes de los individuos juntos, posando para la cámara con rifles; otras del grupo bebiendo y festejando.[27]

—Nunca he visto nada igual —le dijo el agente a Miriam.

---

[24] Entrevista con Luis Héctor.

[25] Entrevista con un oficial de policía federal anónimo.

[26] Entrevista con un oficial de policía anónimo.

[27] El autor tuvo acceso a estos archivos y fotos gracias a la familia de Miriam.

Luego le preguntó cómo había recopilado tanta información y cuánto tiempo había dedicado a ello.

—Seis meses —dijo ella.

Explicó cómo realizó las referencias cruzadas mediante las redes sociales, sus contactos en la ciudad y la investigación directa en la calle, tal como había indagado para encontrar a Sama.

Sin embargo, dijo que eso no importaba, que lo verdaderamente importante era que, al encontrar información, necesitaba a alguien que actuara en consecuencia. Necesitaba aliados de confianza que no se dejaran corromper por sobornos ni se vieran frenados por el letargo endogámico del sistema, con sus procesos de múltiples pasos y sus impedimentos innecesarios.

—Necesito poder llamarte y obtener resultados —expresó Miriam.

○●○

En su teléfono, Luis Héctor tenía una fotografía guardada de Sama —unas cuantas en realidad—, y las revisaba regularmente.[28] Ciudad Victoria no era tan grande después de todo: su población total no llegaba a los 350 000 habitantes. Si Sama estaba ahí, como Miriam sospechaba, su hijo podría toparse con él en algún momento.

Al igual que sus padres, Luis Héctor había decidido abrir una tienda de botas y sombreros. Rentó un pequeño local cerca del centro histórico de la capital, donde se encontraban las oficinas del Gobierno estatal. Trabajaba muchas horas, como cuando era niño, pero ganaba bien y había hecho pequeños ajustes en su negocio, ampliándolo de formas que sus padres no habían imaginado, vendiendo gorras de beisbol y camisetas de tallas grandes para los veinteañeros con dinero para gastar.

Aunque la seguridad era precaria en la capital, que seguía perteneciendo a Los Zetas, estar cerca de las oficinas gubernamentales tenía sus ventajas. Era más seguro y también significaba más trán-

---

[28] Entrevista con Luis Héctor.

sito peatonal, sobre todo en días festivos, cuando la plaza frente al Palacio de Gobierno se llenaba de gente.

El 15 de septiembre, aproximadamente un mes después de que Miriam perdiera el rastro de Sama, todos los habitantes de Ciudad Victoria se preparaban para celebrar el Grito de Independencia. El gobernador pronunciaría un discurso, miles de personas se reunirían en la plaza central y la música en vivo y los fuegos artificiales pondrían el punto final a una noche de fiesta.

Luis Héctor tenía la intención de cerrar su tienda a primera hora de la tarde e ir a la plaza. Había estado esperando a que su novia se preparara, pero ella no llegaba. Alrededor de las seis de la tarde, cuando se disponía a bajar las cortinas metálicas de su tienda, su vecina del mercado corrió a pedirle un favor.

—¿Me importaría cuidar su tienda mientras ella come algo? —se dijo a sí mismo.

Lo hizo, pero guardó para sí sus pensamientos y le preguntó cuánto tardaría. Entonces, se sentó en una silla frente a su propia tienda a esperar, viendo pasar a decenas de personas que se dirigían a la plaza. El sol se ocultaba y las lámparas de la calle empezaban a parpadear. Divertirse, volver a la normalidad, todas las cosas que los especialistas te dicen que hagas después de sufrir una pérdida... él no había podido hacer ninguna de ellas. Trabajaba y trabajaba, y de vez en cuando bebía, pero perder a su hermana fue un golpe para el que no estaba preparado, del que tal vez nunca se recuperaría. Durante el secuestro, se había convencido de que todo saldría bien; Los Zetas querían un rescate, y eso era todo, una cuestión de dinero. Pero no lo era.

Después de lo ocurrido, se sintió impotente, incapaz de rectificar lo peor que le había ocurrido a su familia. Miriam lo incluyó en algunas de sus investigaciones y lo mantuvo al tanto de lo que había averiguado. Pero su vida estaba en Ciudad Victoria y la investigación se realizaba en San Fernando. Participaba en todo lo que podía, aunque no mucho.

Ligeramente molesto con su vecina, Luis Héctor miró el reloj de su teléfono. Lo bueno de tener un negocio propio era que podías decidir cuándo querías trabajar; mientras muchos comerciantes mantenían abiertos sus locales durante toda la noche para vender artículos a las multitudes que inundaban el centro, Luis Héctor había decidido sumarse a las festividades. Solamente que ahora estaba atrapado en el trabajo.

Por el rabillo del ojo, se fijó en un comprador que se probaba sombreros cerca de la entrada de su tienda. Vestía pantalones de mezclilla y una camisa azul claro; era alto, delgado y con el cabello ligeramente rizado. A Luis Héctor se le ocurrieron varias cosas al mismo tiempo: que, tal vez, mientras esperaba a su vecina, podría conseguir una venta; que el cliente se estaba probando demasiados sombreros; que el individuo le resultaba vagamente familiar.

—Mira qué sombrero tan chulo —le dijo el joven a alguien que estaba con él—. Regresaré mañana para comprármelo.

Luis Héctor miró hacia la calle y vio a una madre, un padre y lo que parecía ser una novia, todos juntos para la celebración.

Y entonces se dio cuenta... el joven que admiraba los sombreros era Sama.

Luis Héctor se levantó de un salto y rápidamente comenzó a cerrar la tienda: bajó la cortina metálica y cerró la caja registradora. No perdía de vista a Sama, que ya se adentraba en la multitud con su novia del brazo.

Luis Héctor estaba tanteando las cerraduras de la cortina cuando su vecina regresó de buen humor. Le hizo un gesto con la mano para que se fuera y él bajó corriendo las escaleras entre la multitud. No se molestó en vaciar la caja ni en apagar las luces.

En la calle, Luis Héctor se mantuvo cerca de Sama, cuidando de no perderlo entre la multitud que avanzaba hacia la Plaza 15, una amplia extensión de piedra cincelada frente a la mansión del gobernador.

Llamó a su madre, quien estaba sentada en su tienda con Azalea, para preguntarle qué debía hacer.

—No lo pierdas de vista —le dijo—. Voy a hacer una llamada, pero quédate cerca de él y no dejes que te vea.

Miriam colgó y llamó al agente de la Policía Federal que había conocido en El Junior, quien contestó enseguida. Le explicó la situación: su hijo estaba siguiendo al hombre responsable del asesinato de su hija. Ella no sabía si Sama estaba armado, o si se estaba reuniendo con otros Zetas en la plaza, pero ahí estaba la oportunidad de ir tras los malos.

Los momentos de acción dependen de diversos factores, pero ninguno es tan determinante como la suerte: Luis Héctor divisando a Sama, Miriam reuniéndose con el agente, este respondiendo su teléfono y, ahora, que estuviera cerca y dispuesto a enviar a su equipo al centro histórico de la ciudad.

Miriam le pasó el número de teléfono del agente a su hijo.

—¿Qué tal, güero? —contestó el agente, utilizando el argot mexicano para referirse a una persona de tez clara—. ¿Dónde estás?[29]

—En el centro, rumbo a la Plaza 15 —susurró Luis, temeroso de que Sama pudiera oírlo.

—Voy para allá ahora mismo —le dijo el agente—. No lo pierdas de vista, y no pierdas la fe.

Las calles que conducían a la plaza se estaban llenando; se habían instalado controles policiales en todas las entradas. Al acercarse, Luis Héctor comprendió por qué: todos tenían que pasar por un detector de metales, incluso Sama.

Miriam llamó repetidamente a Luis Héctor para saber cómo estaba, hasta que él finalmente le dijo que dejara de hacerlo. Sama o alguno de los suyos podría sospechar algo si su teléfono seguía sonando. Sama no tenía ni idea de la apariencia de Luis Héctor, ni siquiera de que existiera. Pero la comodidad del anonimato de Luis Héctor solamente llegaba hasta cierto punto: ¿cuánto tiempo podría seguir a un Zeta y a su familia antes de que notaran que el dueño de la tienda, un hombre bajito, musculoso, de tez clara y cabello castaño oscuro, los seguía? Era alguien a quien habían visto una hora antes.

Si Luis Héctor perdía a Sama, no había forma de saber cuándo podrían encontrarlo de nuevo. Pensó en detenerlo él mismo y darle una golpiza, revelando todo delante de la familia de aquel hombre. Sin embargo, a pesar de todas las fantasías de venganza que se habían desarrollado en su mente y de la rabia que lo consumía y le

---

[29] Entrevista con un oficial de policía anónimo.

robaba el sueño, Luis Héctor sentía miedo. Ahí, caminando delante de él sin ninguna preocupación en el mundo, estaba el mismísimo diablo, el hombre responsable de llevarse a Karen.

Tras una media hora que le pareció una eternidad, mientras Sama deambulaba por la plaza, entre violinistas, comerciantes y vendedores de comida, Luis Héctor volvió a llamar al agente.

El agente parecía relajado, como si simplemente estuviera haciendo su rondín habitual. Estaba cerca —le dijo a Luis Héctor— y se dirigía a pie hacia la plaza.

Miriam le había advertido al agente de la Policía Federal que no apareciera con un convoy, con las sirenas sonando y las luces destellando. Ella lo llamaba «armar un escándalo». Sama y cualquiera que lo acompañara huirían, y una persecución a pie por una plaza abarrotada favorecía al fugitivo.

Luis Héctor se dirigió a la iglesia principal y sus imponentes puertas de madera. Los tres agentes lo encontraron allí. Las luces de la plaza iluminaban el cielo nocturno y el ruido de la multitud resonaba en las paredes de los edificios. Después, Luis Héctor acompañó a los tres agentes hasta quedar a unos 10 m de Sama.

Sama aún rodeaba a su novia con el brazo cuando el oficial a cargo lo tomó por el hombro y lo hizo girar. Luis Héctor, a cierta distancia, observaba sin poder escuchar. Todo le parecía tranquilo, demasiado tranquilo, como si el oficial simplemente estuviera dándole a Sama una pequeña advertencia.

Luis Héctor llamó al agente para preguntarle qué estaba pasando.

—Relájate —le dijo a Luis Héctor.

A través del teléfono, Luis Héctor pudo oír a Sama gritar que tenía un problema en el corazón, un soplo, y que no podía ser un criminal porque estaba demasiado mal de salud.

El agente le pidió a Sama que se tranquilizara, antes de que le diera un infarto.

La situación le seguía pareciendo demasiado amistosa a Luis Héctor, quien comenzó a inquietarse, preguntándose si Sama había logrado librarse del arresto con una simple charla. Entonces, Luis Héctor volvió a llamar al agente y le rogó que arrestara a Sama, dijera lo que dijera.

El oficial se rio.

—Lo tenemos —dijo—. Pero llama a tu madre y dile que venga lo más rápido que pueda.[30]

Los agentes ni siquiera se tomaron la molestia de esposar a Sama; estaba demasiado asustado para huir. Lo escoltaron más allá de las vallas de la plaza, donde Luis Héctor lo perdió de vista.

La familia se reunió en la Unidad Especializada en Combate al Secuestro de la Fiscalía General de Justicia de Ciudad Victoria, en Tamaulipas, a donde la policía había trasladado a Sama. Luis Héctor llevaba más de una hora afuera, esperando la llegada de sus padres, y su corazón seguía acelerado. Deseaba enfrentarse a Sama cara a cara tras tantas horas dedicadas a acecharlo.[31] También necesitaba terminar con este asunto.

Pero Miriam lo detuvo en la puerta.

—No, tú no —le dijo ella, presionando suavemente la mano contra el pecho de Luis Héctor—. No saben que existes. Eres nuestra arma secreta.[32]

○●○

Después de una larga noche de interrogatorios, Sama habló.[33] No todo lo que dijo era cierto; por ejemplo, que solo trabajaba como vigía para el cártel, o que solo había oído de segunda mano lo que le había ocurrido a Karen.

Pero no podía mentir del todo. Miriam estaba presente y podía atestiguar que Sama había exigido y recibido sobornos por el rescate de Karen.[34] No obstante, Sama era astuto: culpó a otros, lo

---

[30] «Puesta a disposición», Ciudad Victoria, Tamaulipas, 15 de septiembre de 2014. PGJT, Sama, expediente 0029/2014, vol. 1, 148-150.

[31] Entrevista con Luis Héctor y Azalea, marzo de 2021.

[32] Entrevista con Luis Héctor y Azalea, marzo de 2021.

[33] «Declaración del probable responsable [El Sama]», Ciudad Victoria, Tamaulipas, 16 de septiembre de 2014. PGJT, Sama, expediente 0029/2014, vol. 1, 229-233.

[34] «Declaración informativa a cargo de la ciudadana Miriam Elizabeth Rodríguez Martínez», Ciudad Victoria, Tamaulipas, 15 de septiembre de 2014. PGJT, Sama, expediente 0029/2014, vol. 1, 167-168.

que de hecho le dio a Miriam una ventaja, ya que le proporcionó más nombres con los que podía trabajar.

Mientras hablaba, un abogado defensor se sentó a su lado sin ofrecerle consejo ni interrumpirlo; Sama prestaba testimonio, implicándose a sí mismo y a otros.[35] Los funcionarios a cargo le tomaron una fotografía a Sama sin camisa, con el rostro descompuesto por el miedo: los ojos enrojecidos y llenos de lo que parecían ser lágrimas.[36]

○●○

Sama afirmó que trabajaba para un hombre llamado Moisés, un Zeta que era amigo de Karen y que había sido decapitado poco después de que ella desapareciera. Dijo que ayudaba a vigilar los movimientos de los militares por la ciudad y que ocasionalmente vendía flores. En cuanto a Karen, a quien en el pueblo solían llamar la Güera (apodo que también habían dado a su padre y a su hermano), dijo:

> Bueno, en relación con el secuestro de Karen Alejandra Salinas Rodríguez, a quien le decían la Güera, sí sabía que la habían secuestrado. De hecho, los que participaron fueron [el Chepo y Cristiano], y uno más, a quien le decían CKan.
>
> También sé que el Chepo actualmente se encuentra preso en una cárcel aquí en Ciudad Victoria, por un cargo de secuestro, y que Cristiano sigue por aquí en Ciudad Victoria, y vive en la colonia Horacio Terán por la secundaria número 5. En cuanto a CKan, supe que la Marina lo mató en San Fernando hace unos meses.

---

35 «Declaración del probable responsable [El Sama]», Ciudad Victoria, Tamaulipas, 16 de septiembre de 2014. PGJT, Sama, expediente 0029/2014, vol. 1, 229-233.

36 «Dictamen en materia de dactiloscopia y fotografía», Ciudad Victoria, Tamaulipas, 16 de septiembre de 2014. PGJT, Sama, expediente 0029/2014, vol. 1, 179-182.

Miriam añadiría estos nombres a su lista de objetivos, aunque dos de los tres resultarían inútiles. Aun así, empezó a establecerse cierto orden: la identificación de uno de los hombres asesinados por la Marina —CKan— en la redada que ella había ayudado a orquestar y la localización de otros dos.

1. El Chepo-preso
2. Cristiano-Ciudad Victoria
3. CKan-muerto

Mientras Miriam tomaba notas, también les hacía preguntas a los investigadores y, a su vez, ellos interrogaban a Sama, quien continuó hablando:[37]

> Recuerdo que [Cristiano] me dijo que a la Güera, o sea, Karen Alejandra, la habían matado en San Fernando, Tamaulipas, en un rancho que está por Paso Real, junto a la salida a Ciudad Victoria, cerca de donde está el cuartel de la Policía Federal. Habían exigido un pago por su rescate; [Cristiano] me dijo que habían cobrado 100 000 pesos por el rescate y que habían recibido el dinero en San Fernando, Tamaulipas, y que el dinero se lo entregó el papá de Karen, cerca del Centro de Salud de San Fernando.
>
> Hasta donde sé, los secuestradores la llevaron al rancho que mencioné cerca de Paso Real porque ellos mismos, es decir, [Cristiano], CKan y el Chepo, hablaron de eso. Me dijeron que la habían matado de una manera horrible, pero nunca me dieron detalles de cómo lo habían hecho exactamente. Lo que sí me dijeron fue que la habían matado porque trabajaba para el Cártel del Golfo.
>
> También recuerdo que me contaron que a una amiga de Karen, de nombre Bárbara Villafranca, también la secuestraron y nunca más volvió a aparecer. No sé si la ma-

[37] «Declaración del probable responsable [El Sama]», Ciudad Victoria, Tamaulipas, 16 de septiembre de 2014. PGJT, Sama, expediente 0029/2014, vol. 1, 229-233.

> taron o la dejaron ir, pero era muy buena amiga de Karen. Siempre andaban salían a beber y se juntaban con Moisés, el Florista, que también apareció muerto en San Fernando; lo decapitaron.

Sama mencionó suficientes datos verídicos para que sus mentiras parecieran más plausibles. La entrega del dinero fue descrita exactamente como había sucedido. La implicación de Bárbara, por su parte, no era sorprendente. Moisés había sido decapitado; una multitud se había reunido cerca del hospital cuando se descubrió su cabeza cercenada, con el cabello inconfundiblemente peinado al estilo emo.

Pero Karen nunca había formado parte de ningún cártel, al menos que Miriam, o cualquier otra persona cercana a la joven, supiera.

○●○

Si bien Miriam había dado por sentado que su hija estaba muerta —incluso se había atrevido a decirlo en voz alta y a actuar como si fuera un hecho—, aún había existido la posibilidad de que Karen estuviera viva, aunque solo fuera por el hecho de que Miriam nunca había oído directamente lo contrario, nunca había tenido la prueba; en lo más profundo de su desaliento, más allá de lo que ella misma podía ver, había existido la esperanza de que Karen pudiera regresar. ¿Quién podría aceptar la pérdida de un hijo cuando aún quedaba el más pequeño fragmento de esperanza? Sería como matarlos uno mismo, en el corazón y la mente, como desdoblar las cortinas antes del último rayo de luz.

Saberlo ahora y haberlo escuchado directamente de uno de Los Zetas implicados era devastador.

Pero se podía saber y desconocer algo en el transcurso de un día, especialmente cuando había desapariciones y dolor de por medio. La mínima posibilidad de que Sama pudiera estar equivocado o mintiendo, de que Karen aún pudiera estar viva, seguía parpadeando en el interior de Miriam, porque alimentaba la esperanza que necesitaba para seguir adelante.

No dio crédito al comentario improvisado de Sama: que Karen fue asesinada por ser miembro del Cártel del Golfo. La lógica no tenía sentido. Si era amiga de Moisés, un Zeta, ¿por qué iba a trabajar también para el Cártel del Golfo? Karen había regresado a casa desde Ciudad Victoria hacía menos de seis meses y estaba en proceso de inscribirse en otra universidad de Tamaulipas. Miriam sabía que su hija podía ser imprudente, evasiva respecto a sus actividades e incluso demasiado interesada en personas con las que no debería relacionarse, pero no era miembro de ningún cártel.

Lo que ahora mantenía a Miriam de pie era otro tipo de esperanza que se alimentaba del deseo de encontrar a los responsables y hacerlos pagar. Algunos ya lo habían hecho: uno de los muertos en la redada de la Marina en marzo era sin duda CKan, un asesino anónimo incluso en el más allá. Sus amigos más cercanos ni siquiera tenían un nombre que ofrecer a las autoridades, solamente el apodo plagiado de un rapero mexicano.

El Chepo, un criminal empedernido, ya estaba en la cárcel por un secuestro no relacionado.

Quedaba Cristiano, el joven que había almorzado en El Junior junto con Sama. Con su aspecto infantil y su hambre adolescente, Miriam pensó que era imposible que fuera el jefe. Sama lo colocaba en una posición de autoridad para evitar culpas, pero si encontraban a Cristiano —reflexionó Miriam—, él podría proporcionarles más información.

Objetivo #2: Cristiano

La noche siguiente, alrededor de las nueve, el mismo agente de la Policía Federal que había arrestado a Sama se dirigió a la colonia Horacio Terán en busca de la dirección que Sama había proporcionado a los investigadores que buscaban a Cristiano, el joven a quien el padre de Karen había entregado el dinero del rescate y que se había comido el sándwich de Miriam.[38]

El agente recorrió las calles en círculos, escudriñando en busca de señales de vida o de algo que justificara detenerse. Al girar en una esquina, vio a un joven que caminaba por el borde de la calle, vestido con pantalones de mezclilla negros y una camiseta roja; llevaba una mochila. El agente siguió al joven, quien aceleró el paso y empezó a mirar a izquierda y derecha, como si se dispusiera a salir corriendo por una calle lateral.

Antes de que Cristiano tuviera la oportunidad de escapar, el policía saltó de su vehículo y lo arrestó.[39]

Cristiano había estado más o menos donde Sama había sugerido que estaría, vendiendo bolsas de marihuana en la calle. Lo arrestaron sin llamar la atención y admitió quién era casi de inmediato. Los agentes lo llevaron a la unidad de secuestros, a donde habían trasladado a Sama, y esperaron a que llegara Miriam. Ella tuvo acceso a los interrogatorios porque sabía más que cualquiera de los policías;[40] sin ella no sabrían qué preguntar, cómo formular las preguntas o qué pruebas había reunido ella que pudieran implicar a Cristiano.

El interrogatorio comenzó después de la medianoche y, al poco tiempo, los agentes empezaron a ensañarse con Cristiano. La tortura en México es tan común como la lectura de los derechos Miranda en Estados Unidos, es decir, se trata de uno de los elementos del procedimiento legal. La Organización de las Naciones Unidas la ha descrito como algo tan extendido como «generalizado». Las autoridades de Tamaulipas se refieren a ella como «terapia». A su vez, Miriam escuchaba desde otra habitación, ansiosa por saber lo que el muchacho tenía que decir mientras hacía muecas de incomodidad de vez en cuando por el abuso al que era sometido.

Había hombres rudos, aquellos que esperaban ser torturados y golpeados, ya fuera por la policía o por sus rivales, hombres que

---

38 Entrevista con un oficial de policía federal anónimo.

39 «Puesta a disposición [El Cristiano]», Ciudad Victoria, Tamaulipas, 17 de septiembre de 2014. PGJT, Chepo, expediente 0034/2014, vol. 1, 257-260.

40 Entrevista con un abogado defensor anónimo.

vivían con la certeza de que para ellos la vida acabaría de un momento a otro. Y luego estaba Cristiano, un joven asustadizo que intentaba compensarlo con un tatuaje de un esqueleto fumador y otro de la Santa Muerte. Acababa de cumplir 18 años; era menor de edad cuando ocurrió el secuestro.[41] Los policías también le tomaron una fotografía con el torso desnudo;[42] su pecho era tan pequeño como el de un niño.

Estaba visiblemente conmocionado y le temblaba la voz al hablar.

En un momento dado, durante un descanso del intenso interrogatorio, Cristiano preguntó por su madre.

—Tengo hambre —dijo.

Miriam sintió una punzada de compasión, un sentimiento más visceral que la ira. Entró en la habitación donde estaba sentado el muchacho y sacó de su bolsa una pieza de pollo envuelto que había llevado para ella por si el interrogatorio se prolongaba.[43]

La amiga de la infancia de Miriam, Idalia de Báez, cuyo esposo había sido secuestrado un año antes, había asistido al interrogatorio para apoyarla. Observó cómo Miriam deshacía el celofán y le daba la comida al muchacho.

—¿Se da cuenta de lo que hizo? —preguntó uno de los agentes, enojado y confundido a la vez.

Miriam se encogió de hombros. Podía albergar dos verdades a la vez: el odio hacia un asesino y la simpatía por un niño asustado.

—Sigue siendo un niño, no importa lo que haya hecho —le dijo a Idalia—. Cuando lo escuché hace un momento, era como si fuera mi propio hijo.

○●○

41 «Anexar el acta de nacimiento del suscrito», 2 de septiembre de 2019 (expediente del Flaco, vol. 3, 2533-2534), https://drive.google.com/file/d/1mWDH6jfa_k1yDqVP_Dpl9S8aaP7LjEiR/view?usp=sharing.

42 «Parte informativo», Ciudad Victoria, Tamaulipas, 18 de septiembre de 2014. PGJT, Chepo, expediente 0034/2014, vol. 1, 319-333.

43 Entrevista con Idalia de Báez.

Cristiano habló como si se estuviera desahogando, compartiendo con detalle los hechos que Sama apenas mencionaba o evitaba por completo.[44] Proporcionó nuevos nombres a los investigadores, nombres que Miriam había obtenido de Carlos y de su propia investigación, pero en un contexto claro, con los detalles de lo que cada uno había hecho. Un hombre llamado Cuitol había participado en el secuestro, y ahora estaba muerto tras ser abatido por la Marina en su incursión al rancho Basurero, junto a CKan, Margarita y Jessica.

El jefe principal, según Cristiano, era un hombre que respondía al nombre de Larry. Cristiano les dijo a los investigadores que él y Sama se encargaban de cobrar los rescates por los secuestros del grupo y que Sama era algo así como la mano derecha de Larry, el líder de Los Zetas en San Fernando, quien tenía la apariencia de un maestro de escuela: vestía camisas y pantalones planchados, y lucía un corte de pelo limpio y bonito. Larry se desplazaba en una camioneta con un logotipo municipal pintado en un lateral, seguramente cortesía del propio Gobierno municipal.

En general, asesinar no significaba nada para la banda de Los Zetas que operaba en San Fernando. Detenían a los autos a lo largo de la carretera —dijo Cristiano—, sacaban a la fuerza a los automovilistas y los mataban o pedían rescate por ellos. La más pequeña excusa podía ser una sentencia de muerte: un poco de marihuana podía sugerir implicación con traficantes, y si esos traficantes no eran Los Zetas, entonces la víctima nunca sería encontrada. Una vez —contó Cristiano—, encontraron una pistola en el auto de un tipo, y esa fue la razón por la que lo mataron y cocinaron en un bidón gigante de acero, para que nadie encontrara sus restos.

Quienes no eran sospechosos de actividades ilícitas fueron devueltos a sus familias; quienes pagaron su rescate también fueron liberados.

---

[44] «Declaración del probable responsable [Cristiano]. En Ciudad Victoria, Tamaulipas a los dieciocho días del mes de septiembre del año dos mil catorce». PGJT, Chepo, expediente 0034/2014, vol. 1, 291-295.

Cristiano mencionó a un grupo de mujeres que fueron secuestradas y decapitadas, entre ellas una mujer embarazada.[45]

—Les cortaron la cabeza porque pertenecían al Cártel del Golfo —les dijo Cristiano a los investigadores.

Resultó que esos eran los cadáveres decapitados del rancho, cuyo hallazgo enfureció a los soldados de la Marina, incitándolos a matar a las dos mujeres que encontraron con la laptop de Karen en la Plaza de San Fernando, Margarita y Jessica.

Karen había sido asesinada porque Los Zetas creían que estaba involucrada de algún modo con el Cártel del Golfo, o porque tenía algo que ver con ellos.[46] Los Zetas habían revisado el teléfono de Karen, donde habían descubierto fotos de hombres armados que viajaban en su camioneta, según refirió Cristiano. Independientemente de si eso era o no una prueba definitiva, Los Zetas no corrían riesgos. A menudo liberaban a los inocentes, es decir, a aquellos de quienes sabían con certeza que no estaban involucrados en actividades delictivas. Pero los sospechosos eran asesinados independientemente de la solidez de las pruebas que tuvieran contra ellos. ¿Por qué arriesgarse cuando había tanto en juego?

Asimismo, Cristiano reveló que Karen había sido secuestrada junto con Bárbara Villafranca, una mujer mayor que colaboraba con Los Zetas.

—Nos dejó quedarnos en su casa y nos dio comida, a mí y a Sama —detalló Cristiano—. Nunca me explicaron por qué la mataron si ella nos ayudaba. Supongo que fue porque se juntaba con la Güera.

Karen y Bárbara fueron enterradas en un rancho cerca de Paso Real, y Cristiano sabía dónde estaba el rancho; había estado ahí en varias ocasiones para entregar dinero a Los Zetas que trabajaban ahí.

—Incluso sé dónde están enterrados algunos de los cuerpos porque un día Sama y yo fuimos a entregarles [a Los Zetas] algo

[45] «Declaración de [Cristiano]», 18 de septiembre de 2014. PGJT, Chepo, expediente 0034/2014, vol. 1, 291-295; «Declaración ministerial de Carlitos», 9 de febrero de 2015. PGJT, Güera Soto, expediente 008/2017, vol. 1, 988-1002.

[46] «Transcripción literal de diligencia de inspección», San Fernando, Tamaulipas, 18 de septiembre de 2014. PGJT, Chepo, expediente 0034/2014, vol. 1, 299-300.

de dinero —señaló Cristiano—. Ese día me estaban jodiendo y me dijeron que tuviera cuidado de no caminar por donde habían cavado, porque ahí habían enterrado algunos cuerpos.

Cristiano, frágil y asustado, se ofreció a llevar a sus interrogadores al Basurero, el rancho donde, según él, estaba enterrado el cuerpo de Karen Alejandra Rodríguez, junto a quién sabe cuántos más.[47]

o●o

Miriam siguió a un grupo de agentes de seguridad encabezado por Cristiano, quien vestía una holgada camiseta roja que se arrugaba bajo el chaleco antibalas que la policía le había obligado a usar, aparentemente por su propia seguridad. En su cabeza, un casco demasiado grande colgaba ligeramente torcido.

Cristiano se adentró en un terreno cubierto de pasto, donde un tractor descompuesto se erguía como una lápida calcificada. Las ramas retorcidas de un grupo de mezquites dibujaban siluetas nudosas contra el cielo otoñal. En el centro, un rectángulo compactado de hierba estaba desenterrado. Cristiano señaló la tierra removida, flanqueada ahora por una docena de agentes y personal de las fuerzas policiales.

—Aquí fue enterrada —dijo.

o●o

Esta era la tercera visita de Miriam al Basurero, el rancho donde Los Zetas habían establecido su campamento en San Fernando.[48] La primera había sido con la Marina, durante la redada de marzo, cuando seis Zetas fueron abatidos. La segunda había sido unos meses después, en julio, una visita que ella misma había organizado con la participación de la policía y especialistas forenses para recoger muestras.

---

47 «Queja de Miriam en la Comisión de Derechos Humanos del Estado de Tamaulipas», 23 de marzo de 2015. PGJT, Güera Soto, expediente 008/2017, vol. 1, 1016-1019.

48 «Declaración del probable responsable [Cristiano]», Ciudad Victoria, Tamaulipas, 18 de septiembre de 2014. PGJT, Chepo, expediente 0034/2014, vol. 1, 291-295.

En julio, durante la segunda incursión, Miriam se sorprendió al encontrar excavada la zona frente al tractor. Era evidente que alguien ya había estado en el lugar. Miriam podía ver los restos de una operación forense previa: marcas descuidadas, evidencia pisoteada y señales claras de que se habían retirado restos. En ese momento, preguntó a los demás presentes si otra agencia había acudido al Basurero después de la redada de la Marina. Como respuesta, recibió miradas vacías.

Inmediatamente, algunos de los agentes comenzaron a remover la tierra suelta frente al tractor, mientras que otros registraban las estructuras a lo largo del límite de la propiedad, embolsando y etiquetando los escombros que habían dejado Los Zetas con un propósito que Miriam nunca llegó a entender. Todo parecía ser parte de un espectáculo, una representación montada para las víctimas; según otros, un trámite burocrático para marcar un trabajo realizado.

Los analistas recogieron 11 piezas de hueso en total (dos enteras y nueve en fragmentos) y aseguraron trozos desechados de un pasado desconocido: identificaciones magnéticas, una tarjeta de una tienda llamada O'Reillys y un calendario de bolsillo de 2014.

Miriam y su esposo, Luis, revisaron por su cuenta el rancho. Encontraron hoyos gigantes por todos lados y montones de tierra blanda junto a estos. Algunos de ellos habían sido cavados durante el viaje de Miriam en julio. Otros los habían hecho quién sabe cuándo.

A partir de ese momento, Miriam ya no se preguntaría si alguien más había extraído restos del Basurero. Era evidente que alguien lo había hecho. En cambio, se dedicó a averiguar quién, cuándo y qué habían encontrado y se habían llevado.

Entrevista 1: Ulises

Miriam había mantenido a sus hijos alejados de sus actividades durante el caso, para no asustar a Azalea ni a Luis Héctor, ni obligarlos a involucrarse. Como Azalea trabajaba y criaba a su hijo, y Luis Héctor estaba en la capital, ninguno de los dos tenía tiempo para seguir las pistas que su madre perseguía cada día. Su esposo la acompañaba a veces, como apoyo moral, pero su presencia rara vez era importante. En cambio, Miriam dependía cada vez más de la policía y los fiscales, quienes habían visto de primera mano cómo su persistencia y diligencia podían dar resultados.

Había encontrado a Sama, quien se había implicado, junto con otros, mientras que Cristiano había confirmado el emplazamiento de una fosa común y les había dado varios nombres más de sospechosos a los que perseguir. Miriam conseguía resultados; todo el mundo admiraba a los ganadores, incluso la policía, aunque la recompensa fuera más trabajo para ellos. Los policías y los fiscales comenzaron a escucharla y a hacer lo que decía.

Pero los nombres que Cristiano compartió carecían de sentido sin algún tipo de validación: una forma de vincularlos a características físicas, actas de nacimiento o escrituras de propiedad, como Miriam había hecho con la dirección y el nombre de Sama. Ella no dudaba de que todas las personas que él mencionó estuvieran involucradas; simplemente no sabía de qué manera, ni cómo encontrarlas.

El Chepo, que de hecho ya estaba en prisión acusado de otro secuestro, tenía muy poco que decir cuando Miriam habló con él.[49] Era más pequeño de lo que ella había imaginado: compacto, como suelen ser los boxeadores de peso ligero. Tenía una nariz ancha y chata, y medía aproximadamente 1.60 m. Había sido boxeador profesional durante un tiempo, incluso estaba registrado en la Federación Mexicana de Boxeo, pero al no poder cubrir sus cuentas

---

[49] Chepo comentó en una foto de Jessica: «¡¡¡Mi perra fiel!!!». Perfil de Facebook de Chepo, 16 de marzo de 2014.

mediante sus combates sobre el *ring*, lo abandonó para convertirse en un Zeta.

Dijo muy poco cuando las autoridades finalmente lo interrogaron. Su novia, Jessica, una de las chicas que tenía la laptop de Karen, estaba muerta. Había lamentado su muerte en Facebook, detalles que Miriam había impreso para sus registros. Pero cuando los investigadores le preguntaron sobre la redada en el rancho, no reveló ningún vínculo personal con las personas asesinadas, incluida Jessica.[50]

Conforme se acercaba el final de 2014, Miriam seguía buscando testigos, personas que pudieran llenar los espacios vacíos que habían dejado los propios criminales, quienes nunca revelarían la verdad por mucho que la policía los golpeara, ya que su libertad dependía del silencio.

Miriam sabía con certeza que había dos personas que podían contarle lo que le había ocurrido a Karen. La primera era Carlos, quien seguía escondido y se negaba a hablar por teléfono. Había compartido nombres con Miriam a través de Facebook Messenger, pero no quiso dar más detalles. También estaba el misterioso Ulises, el joven que Karen había mencionado a su prima horas antes de que la secuestraran y a quien había ido a buscar en medio de una cena, justo antes de que dejara de responder las llamadas de Azalea. Ulises seguramente podría llenar los espacios en blanco cruciales de la línea temporal.

Por suerte, San Fernando era pequeño y en poco tiempo Miriam encontró a la familia de Ulises.

En la puerta, la madre de Ulises se mostró evasiva, negándose a responder preguntas básicas sobre su hijo y su paradero.[51] Miriam recurrió a las trampas de la manipulación emocional: primero la simpatía, luego el amor maternal y más tarde el impulso de hacer lo correcto y honorable. Quería hablar con Ulises y que él hablara con las autoridades de Ciudad Victoria.

---

[50] «Declaración del sospechoso [El Chepo]», Ciudad Victoria, Tamaulipas, 22 de septiembre de 2014. PGJT, Chepo, expediente 0034/2014, vol. 1, 393-396.

[51] «Constancia», Ciudad Victoria, Tamaulipas, 28 de noviembre de 2014. PGJT, Güera Soto, expediente 008/2017, vol. 1, 565.

Cuando nada de eso funcionó, Miriam, quien había comenzado a ejercer su influencia sobre la policía, amenazó a la mujer: Ulises podía presentarse voluntariamente o Miriam podía hacer que la policía lo encontrara; así, recurrió a la investigación oficial para obtener la cooperación de la mujer.

—Si no les dices a las autoridades lo que sabes, o si tu hijo no dice lo que pasó, los voy a considerar sospechosos a todos —le advirtió Miriam.

○●○

Ulises ofreció la primera versión real de lo que había ocurrido el día que secuestraron a Karen.[52] Aunque no era una versión completa y estaba plagada de omisiones, era un relato de primera mano, el único que Miriam había podido encontrar.

Ulises dijo que había conocido a Karen la noche anterior al secuestro. Estaban en una fiesta para celebrar el cumpleaños de un tipo llamado Pancho, quien estaba organizando una fiesta en la antigua casa de sus padres, que estaba justo al final de la calle de un restaurante llamado Pizza Beats.

Los asistentes eran un grupo heterogéneo, una extraña mezcla de personajes con pasados turbios, como el propio Pancho, quien se dedicaba a delinquir. Ulises había llegado solo a la fiesta y, en su mayoría, el grupo que se reunió para beber esa noche estaba conformado por desconocidos. Conoció a Karen y a Bárbara Villafranca, y charlaron un rato mientras bebían e intercambiaron números de teléfono antes de que la pareja fuera a buscar al novio venezolano de Karen, Juan.

La tarde siguiente, mientras tomaba una cerveza en el minimercado local, el teléfono de Ulises sonó. Era Karen.

—¿Qué estás haciendo? —preguntó ella, claramente aburrida.

Ella fue por él al minimercado y se dirigió a la casa de Pancho, por alguna razón que Ulises no supo. Dejó el auto encendido

---

[52] «Declaración informativa del menor [Ulises] quien es acompañado de su madre la ciudadana», Ciudad Victoria, Tamaulipas, 28 de noviembre de 2014. PGJT, Güera Soto, expediente 008/2017, vol. 1, 567-584.

mientras corría hacia el interior. Cuando volvió a salir, diez minutos después, se dirigieron a la casa de Bárbara.

Los tres recorrieron la Calle Ancha unas cuantas veces antes de que Karen declarara que la calle estaba muerta, y que se iba a largar. De camino a casa de Bárbara, una Ford Explorer rojo cereza los rebasó en la carretera, y Bárbara dijo: «Allí van», cosa que Ulises no entendió.

Acababan de girar a la derecha en dirección a Pollos Buenos Aires, un restaurante de pollo frito, cuando un sedán blanco se les cruzó por delante y les cortó el paso. Tres hombres armados salieron del vehículo y apuntaron con sus rifles a Karen, Bárbara y Ulises, ordenándoles que salieran del auto.

Karen protestó.

—Tú, Güera —dijo el sicario, refiriéndose a ella por su apodo—. Métete atrás antes de que te vacíe mi AK-47.

Otro sicario dejó inconsciente a Ulises.

Ulises despertó en el baño de una casa que no conocía, con las manos atadas y los ojos vendados. A través de la tela, pudo ver ropa lavada y colgada del tubo de la regadera.

Alguien le gritaba a Karen y le preguntaba por dinero. Cada vez que ella decía que no sabía de qué estaban hablando, la persona la lastimaba.

—¿Conoces la bolsa? —oyó que alguien le preguntaba, aludiendo a algún tipo de tortura que sonaba a estrangulamiento. Podía oír el sonido de alguien —supuso que Karen— ahogándose en la otra habitación.

Los Zetas parecían estar intentando arrancarle una confesión a Karen, pero nunca le dieron explicaciones y, por lo que Ulises pudo notar, Karen parecía tan confundida como él con la línea de interrogatorio. Sin embargo, el interrogatorio y la tortura continuaron, junto con sus desesperadas súplicas, hasta que Ulises oyó el sonido de un auto y los secuestradores se pusieron nerviosos.

Dos desconocidos habían llegado a la casa, y uno de ellos —Miriam se daría cuenta más tarde de que era Carlos— decía que tenía que ayudar a Karen con su camioneta. Ulises oyó una pelea y, momentos después, los dos desconocidos, Carlos y su primo, fueron arrojados al suelo del baño donde se encontraba Ulises.

Los secuestradores regresaron unos momentos después y agarraron a Ulises. Lo sentaron en posición vertical y uno de Los Zetas le puso una pistola en la boca y le preguntó cuáles eran sus últimas palabras.

—Pero ¿qué hice? —preguntó Ulises, provocando la carcajada de los secuestradores.

Hicieron lo mismo con otro hombre, quien, creyendo que el fin estaba cerca, oró por Los Zetas: «Que Dios los bendiga».

Los secuestradores se rieron aún más y coincidieron en que sus últimas palabras eran propias de una película.

Al tercer hombre le hicieron la misma pregunta. En lugar de responder, se quejó de que sus botas le apretaban demasiado y de que le dolía sentarse sobre las rodillas.

Los secuestradores llamaron a una mujer corpulenta que los acompañaba y le pidieron que le ayudara. La mujer, a quien Miriam identificaría más tarde como la Machorra, conocida por sus ataques de violencia sin sentido, comenzó a saltar sobre las piernas del hombre.

—¿Cómo te sientes ahora? —preguntó mientras el hombre chillaba de dolor—. ¿Todavía te duelen los pies?

Los sonidos se escuchaban a trompicones, trastocados como los propios sentidos de Ulises. En un momento dado, escuchó a uno de los secuestradores decir en voz alta: «Una de tus mamás te está buscando».

El hombre hablaba con Ulises, cuya madre llevaba horas acosando a los secuestradores desde que llegó a casa y descubrió que su hijo no estaba.[53] Había ido a buscarlo y, de hecho, se había topado con los secuestradores en la carretera, y uno de ellos, por alguna razón, probablemente para que lo dejara en paz, le había pasado su número a la madre de Ulises.

Poco después, Los Zetas reunieron a todos y los llevaron a otro lugar, un rancho, donde los metieron a empujones en una pequeña casa y los obligaron a sentarse en el piso de tierra. Ulises afirmó

---

[53] «Declaración testimonial de [la madre de Ulises]», Ciudad Victoria, Tamaulipas, 28 de noviembre de 2014. PGJT, Güera Soto, expediente 008/2017, vol. 1, 585-587.

que no podía recordar los nombres ni las caras de los secuestradores.

Al día siguiente, alguien llamó a Ulises y le dijo que lo iban a liberar. Su madre llamaba demasiado, corría como loca y ponía a Los Zetas en aprietos.[54] Ulises estaba confundido o al menos fingía estarlo cuando relataba la historia a las autoridades, pero había algo que todos tenían claro: nadie era liberado por los secuestradores de Los Zetas solamente porque su madre insistiera en ello.

Sin embargo, poco después apareció un vehículo en el rancho y a Ulises le vendaron los ojos de nuevo y lo llevaron de vuelta con su familia. Miriam no volvió a hablar con él, y él y su madre dejaron de colaborar con las autoridades después de su testimonio. De hecho, lo único que pidió su madre a cambio de la declaración jurada de su hijo fue que las autoridades nunca investigaran quién había secuestrado a Ulises.

Ulises se negó a nombrar a sus captores y a dar detalles del lugar en el que lo habían retenido. En cambio, relató lo que los secuestradores le habían dicho cuando lo llevaban a encontrarse con su madre.

—Te vamos a soltar, pero en cuanto a lo que pasó, mejor di que estabas de fiesta y que olvidaste contestar el teléfono —le advirtió uno de los secuestradores—. Si te haces el valiente, volveré y te meteré una bala en la cabeza.

Entrevista 2: Carlos

Las piezas comenzaron a encajar lentamente: algunas se entrelazaron, otras flotaron sueltas en los espacios vacíos del rompecabezas.

---

[54] *Idem.*

Sama y Cristiano habían ayudado a localizar el lugar donde Karen había sido asesinada. Ulises ayudó a Miriam a entender cómo habían secuestrado a su hija, al menos en parte, aunque el motivo seguía —y quizá permanecería— sin resolverse. El misterio —el no saber qué había ocurrido— castigaba a la familia de la víctima para siempre. Algunas familias vagaban como peregrinos perdidos en busca de redención, recorriendo los confines del país en busca de sus desaparecidos. Cavaban hoyos en lugares sospechosos, en cualquier lugar que pudiera indicar que la tierra había sido removida (laderas de montañas con pronunciados desniveles, franjas de suelo oscuro en medio de tierras de cultivo áridas, zonas de suelo seco dispersas entre la hierba), con la esperanza de encontrar los restos de sus seres queridos. No obstante, saber que un ser querido había muerto era un consuelo horrible.

Miriam al menos sabía dónde estaba enterrada su hija, e inmediatamente se propuso la tarea de encontrar los restos de Karen.

Miriam había estado estudiando Derecho e incluso se había inscrito en una clase sobre el sistema legal en una universidad local.[55] Estaba aprendiendo a utilizar las leyes arcaicas y barrocas de México a su favor. Por ejemplo, sabía que un secuestro combinado con un allanamiento de morada conllevaba una condena mayor. Después de escuchar el relato de Ulises, Miriam envió una carta a la Unidad Especializada en Combate al Secuestro de la Fiscalía de Tamaulipas.

«Quiero declarar que el delito de secuestro se agrava cuando los secuestradores irrumpen en un domicilio, y este fue el caso de mi hija», les escribió. «No solo se trata de un evidente allanamiento de morada, sino que además sustrajeron varios objetos del domicilio, entre ellos el título de propiedad de la camioneta de Karen».[56]

---

[55] Entrevista con Luis Héctor y Azalea.

[56] «Transcripción literal de denuncia y/o querella por comparecencia de la ciudadana Miriam Elizabeth Rodríguez Martínez», San Fernando, Tamaulipas, 27 de noviembre de 2014. Güera Soto, expediente 008/2017, vol. 1, 562.

En otras palabras, más años de cárcel para todos los implicados.

El expediente del caso se estaba convirtiendo en un archivo de material documental: hojas y hojas de papel que describían cada micropaso con impenetrable jerga legal y rebosaban de páginas con explicaciones procesales. Para entender lo que hacía o dejaba de hacer el Gobierno, era necesario leer cada una de esas páginas con paciencia y diligencia, a fin de abrirse paso a través del marasmo de citas, y eso fue lo que Miriam hizo.

Miriam comprendió que un sistema diseñado para comunicarse y gestionarse por escrito debía enfrentarse de la misma manera. Comenzó a introducir su propio montón de documentos en las fauces burocráticas (quejas adicionales, declaraciones, solicitudes formales y actualizaciones) en un esfuerzo para obligar al sistema a tenerla en cuenta y atender sus solicitudes. Miriam también se ocupaba de otras cosas importantes, como obligar a Ulises y a su madre a testificar porque sabía que el Gobierno nunca lo haría, o rastrear los números de teléfono particulares de las familias de Los Zetas. Sin embargo, para que la bestia burocrática funcionara, necesitaba alimentarse.

Había otro aliado con el que Miriam necesitaba hablar desesperadamente. Ulises se había visto obligado a testificar bajo coacción y era claro que ocultaba cosas. Afirmó que nunca vio las caras de nadie ni oyó los nombres de nadie. Que de alguna manera lo habían dejado ir; todo parecía un poco fantasioso. La única persona que podía desenmarañar el cruce de mentiras y pistas —Carlos— seguía desaparecida, casi nueve meses después. Carlos, el desafortunado mecánico que trabajaba para el hermano de Miriam, que había acudido a la casa para arreglar el vehículo de Karen y había sido secuestrado, y luego liberado.

Carlos conocía a la familia desde que era un niño; él y Karen prácticamente habían crecido juntos. Carlos había trabajado para Jorge, el hermano de Miriam, en su taller mecánico, arreglando motores y pintando vehículos.[57] Por razones que Miriam aún no había adivinado, Carlos había sido liberado por Los Zetas. Pero antes de que ella pudiera hablar con él, el joven había huido de la ciudad y

---

[57] Entrevista con Jorge Rodríguez.

había jurado no volver jamás.[58] Ni siquiera su madre, que había sido la primera en alertar a Miriam del secuestro de Carlos, tenía forma de encontrarlo. Se había deshecho de su teléfono celular y solamente llamaba a su familia esporádicamente.

Miriam intentó encontrarlo a través de Facebook, pensando que, al igual que los criminales que perseguía, él podría sentirse demasiado tentado por el encanto de las redes sociales como para desaparecer por completo. Los Zetas originales eran discretos, reservados, como los militares que eran. Los Zetas más jóvenes presumían sus hazañas en Facebook e incluso publicaban fotos incriminatorias de ellos mismos, como si las redes sociales fueran un mundo invisible para las fuerzas del orden o, en este caso, para Miriam.[59] Gracias a esas imágenes, Miriam había logrado destapar una enorme franja de la red criminal.

Fue, en parte, una cuestión generacional, y gracias a Dios por ello. Tras meses de enviar mensajes al vacío, Miriam finalmente obtuvo una respuesta de Carlos.[60]

El testimonio de Carlos,[61] que llegaría a trompicones durante los siguientes tres años, a medida que declaraba ante distintas autoridades estatales y federales y era obligado a defenderlas en los tribunales, fue para Miriam lo más cercano a un relato definitivo de la noche del 22 de enero de 2014 y los días siguientes, cuando Los Zetas de San Fernando torturaron y asesinaron a Karen Rodríguez.[62]

---

[58] Entrevista con Luis Héctor.

[59] Perfiles de Facebook: Chepo, Tita (Yazmín), Cristiano y Kike.

[60] «Comparecencia voluntaria de la ciudadana Miriam Elizabeth Rodríguez Martínez», Ciudad Victoria, Tamaulipas, 13 de febrero de 2015. Güera Soto, expediente 008/2017, vol. 1, 791-796.

[61] «Comparecencia voluntaria de la ciudadana Miriam Elizabeth Rodríguez Martínez», Ciudad Victoria, Tamaulipas, 5 de diciembre de 2014. Güera Soto, expediente 008/2017, vol. 1, 631-632.

[62] «Declaración ministerial de [Carlos]», México, Distrito Federal, 9 de febrero de 2015. Güera Soto, expediente 008/2017, vol. 1, 988-1002.

Al principio se mostró reacio a compartir demasiado, y con razón. Apenas había logrado salir con vida y, tras ver de lo que eran capaces Los Zetas de San Fernando, sabía que lo matarían si hablaba. Sin embargo, cuanto más reflexionaba sobre la idea, más le atraía y más insistía Miriam con ella. Su miedo se fue disipando poco a poco, dejando una profunda reserva de ira por lo que le había ocurrido a él y a Karen.[63]

Cuando Carlos llegó a la casa de Miriam aquel día, el sol se estaba poniendo sobre San Fernando, el cielo era un crepúsculo rosáceo con capas de azul intenso.[64] Había convencido a su primo, quien lo visitaba desde fuera de la ciudad, para que lo ayudara a arreglar el motor de arranque de la camioneta de Karen, y se sorprendió cuando dos hombres salieron de la casa para saludarlo.[65] Carlos nunca los había visto antes.

—¿Dónde está Karen? —preguntó Carlos.

—La Güera no está aquí —dijo uno de ellos. Luego, como si lo hubiera pensado mejor, agregó—: si quieres, pasa y la esperas.

Carlos y su primo siguieron a los dos hombres hasta la casa de Miriam y, al entrar en la sala, vieron a Karen tendida en el suelo, con las manos y los pies atados, llorando. Su rostro estaba hinchado y ensangrentado.

Los primos, asustados, corrieron hacia la puerta, pero los agarraron por el cuello y los arrojaron al suelo mientras les apuntaban a la cara con un rifle.

—Ahora estás jodido —le dijo uno de ellos a Carlos.

Los sicarios, al quedarse sin cuerdas, ataron a los dos primos utilizando cargadores de teléfonos celulares.

Ninguno de los dos llevaba máscara. El que se llamaba CKan, delgado, de piel morena, cara alargada y frente ancha, que más tarde acabaría muerto en la redada de la Marina, era el más agresivo de los dos. El otro, de dientes torcidos y pelo corto, se llamaba Cuitol.

---

63 Entrevista con Luis Héctor.

64 «Declaración ministerial de [Carlos]», PGR, México, 9 de febrero de 2015. Güera Soto, expediente 008/2017, vol. 1, 988-1002.

65 *Idem.*

Los dos secuestradores llevaron a Carlos y a su primo a la parte trasera de la casa como si fueran costales de harina y los lanzaron al suelo. Cuitol, quien también moriría durante la redada de la Marina, y CKan regresaron a la sala, donde continuaron golpeando a Karen con patadas y puñetazos en el rostro y el cuerpo.

A Carlos le resultó difícil escuchar aquello, ya que era amigo de Karen desde la infancia. Pero lo más difícil de comprender era por qué dos hombres golpeaban a una mujer con tanta brutalidad. ¿Qué podía haber hecho ella para merecer una crueldad tan desconsiderada? Incluso después de haber vivido la peor época en San Fernando, cuando los cuerpos sin cabeza aparecían como extras en una historia de fantasmas, era difícil comprender el compromiso con la violencia que los criminales de San Fernando parecían disfrutar. Si los asesinatos eran un medio brutal de hacer cumplir los contratos, para ellos las golpizas eran como sanciones, tan comunes como las multas de estacionamiento.

Solo que con Karen las palizas parecían más personales. CKan y Cuitol no dejaban de preguntarle si trabajaba para sus enemigos, el Cártel del Golfo.

Un tercer hombre, que parecía estar al mando, participó en la golpiza. Era un hombre bajo y fornido, con la nariz torcida y los hombros anchos de un boxeador. El hombre, a quien le decían el Chepo, portaba una pistola calibre .45 y daba órdenes a CKan y Cuitol.

El Chepo —ahora en prisión— le gritaba a Karen, exigiendo que le dijera con quién había hablado y qué información había filtrado. Se dedicó a la tarea de arrancarle una confesión, convencido de que había traicionado a Los Zetas. Sacó una bolsa de plástico gris, la colocó sobre la cabeza de Karen y luego se la ajustó al cuello. Karen empezó a asfixiarse, retorciéndose y pataleando a medida que disminuía el oxígeno en la bolsa sellada. Cuando Karen estaba a punto de desmayarse, el Chepo soltó la bolsa y le preguntó nuevamente para quién trabajaba y qué información había revelado.

—¡No tengo nada que ver con esto! —gritó ella, jadeando—. ¡No sé de qué me habla, me confunde con otra persona!

El Chepo reanudó la tortura, a la que se refería como la bolsa.[66] Cerró y soltó la bolsa sobre la cabeza de Karen al menos ocho veces más, según el recuento de Carlos, hasta que Karen se desmayó y Chepo tuvo que buscar un balde de agua para reanimarla. Ella sostuvo que no tenía idea de lo que le estaba diciendo.

Los Zetas tenían un aspecto desquiciado, como si fueran desahuciados de un manicomio, lascivos y vestidos con harapos prestados; mostraban una depravación cruel y desenfrenada mientras se reían histéricamente de la angustia de sus cautivos. CKan llevaba un abrigo de mujer con rayas de tigre y una capucha de felpa y botas de vestir que había robado del clóset de Karen. Cuitol tenía los dientes torcidos con amplios espacios entre ellos y reía con la boca abierta.

Finalmente, Los Zetas fueron a la parte trasera de la casa para atacar a Carlos y a su primo. El Chepo les preguntó para qué grupo trabajaban.

—¡Trabajamos para vivir! —gritó Carlos—. ¡Vivimos al día!

Era cierto que la familia de Carlos no tenía dinero, aunque el Chepo parecía inconmovible.

—Si no tienes dinero, estás jodido —respondió el sicario.

Al cabo de un rato, Carlos dijo que vio a más personas: un joven de piel clara y bajito, llamado Ulises; un hombre mayor que vestía el uniforme de una empresa petrolera, novio de Karen; una mujer llamada Bárbara, de cabello rizado.

Los dirigía un nuevo grupo de Zetas, entre ellos Sama, quien daba órdenes a sus subordinados.

También estaba un tipo flacucho llamado el Flaco, que parecía saber lo que hacía en materia de secuestros, aunque no estaba a cargo.

Una mujer corpulenta, de pelo corto y carácter extraordinariamente violento, a quien Los Zetas llamaban la Machorra, un término burdo que a grandes rasgos significa «marimacha», había

---

[66] «Declaración ministerial de [Carlos]», PGR, México, 9 de febrero de 2015. Güera Soto, expediente 008/2017, vol. 1, 988-1002; «Declaración informativa del menor [Ulises] quien es acompañado de su madre la ciudadana», Ciudad Victoria, Tamaulipas, 28 de noviembre de 2014. PGJT, Güera Soto, expediente 008/2017, vol. 1, 567-584.

saltado sobre una de las piernas de la cautiva.[67] Tenía un interés especial por Karen, la golpeaba por diversión y saqueaba su clóset en busca de ropa.

Después de un rato, Sama comenzó a orquestar la salida del grupo de la casa de Miriam. Los Zetas aprovecharon una última oportunidad para hurgar en el clóset de Karen, probándose sombreros, camisas y zapatos como si estuvieran comprando en una tienda de ropa.

Los cautivos fueron llevados en vehículos hacia un rancho, donde Carlos se sentó junto a una choza de techo de lámina ondulada. Bárbara y Karen, cuyos rostros estaban desfigurados por las golpizas, yacían postradas en el suelo. En un momento dado, Carlos había oído al Chepo decirle a Karen que sabían que ella no era una soplona del Cártel del Golfo. Que la razón por la que la habían capturado era el dinero; sabían que su familia era adinerada.

Con el paso de las horas, Carlos había empezado a entender el funcionamiento interno del grupo, es decir, su dinámica, al menos en términos generales. Cada uno tenía un papel específico, aunque había muchas duplicidades, como si se tratara de un programa de empleos criminales con exceso de personal. Algunos supervisaban el pago de los rescates; otros organizaban los secuestros. Varios vigilaban a los rehenes, ya sea para protegerlos o alimentarlos.

Alguien a quien llamaban Comandante Cherokee llegó al rancho, junto con la Chaparra, la chica que Miriam había visto en el restaurante de barbacoa después del secuestro de Karen y que creía que era una vigía de Los Zetas. Cherokee portaba un fusil AR-15 y vestía a la usanza militar, con pantalón negro, camisa negra y botas Caterpillar negras. Tenía una cicatriz larga que le recorría la base del cuello.

A la mañana siguiente, los rehenes fueron entregados a alguien apodado el Kike, de ojos caídos y cabello alborotado. El Kike les preguntó si tenían sed y luego les llevó agua y les desató las manos.

---

[67] «Declaración ministerial de [Carlos]», PGR, México, 9 de febrero de 2015. Güera Soto, expediente 008/2017, vol. 1, 988-1002.

Más tarde ese mismo día —Carlos no estaba seguro de la hora—, todos se sentaron en una larga fila mientras Sama iba verificando uno por uno los datos y números de contacto de cada una de las víctimas del secuestro. Le dijo a Carlos que iban a llamar a su madre para ver qué tipo de pago podía permitirse la familia.

Carlos dijo que Sama observó a Karen.

—No seas idiota, sé que tu papá tiene dinero —le dijo.

El tiempo transcurría lentamente —refirió Carlos—, las horas estaban atrapadas en un estado de suspensión, como los rehenes. Comían papas fritas y refrescos y, de vez en cuando, alguna que otra comida caliente. Los Zetas iban y venían mientras esperaban los pagos. Intentaban ser discretos, pero Carlos escuchaba sus conversaciones, sus nombres, sus planes sobre otros objetivos, como Fany, la mejor amiga de Karen.

Al día siguiente, Cherokee les dijo que se iban a mudar; había soldados en la zona, refirió. Karen y los demás se colocaron en fila y se prepararon para partir. Pero antes de que pudieran irse, la Machorra apareció y agarró a Karen por el cabello, obligándola a caer al suelo. Hizo girar a Karen bocabajo y se sentó sobre ella.

—Eso es porque eres muy bonita —le dijo la Machorra a Karen.

La Machorra golpeó a Karen como si fuera un costal de boxeo, alternando golpes en la cabeza y el cuerpo; los demás observaban en silencio. Cuando terminó, levantó a Karen por el cabello, la empujó hacia el grupo y dijo que podían irse.

—No todos —interrumpió el Chepo mientras se acercaba a Ulises—. Tu mamá te está buscando —le dijo.

La madre de Ulises había estado deteniendo autos en la calle y bloqueando el tránsito, buscando desesperadamente a su hijo desaparecido. También había estado llamando sin parar al teléfono de Karen.[68] Los secuestradores empezaban a recelar de ella; tanto ruido podría causarles problemas.

Ulises volteó hacia Chepo y le suplicó:

—Si me das la oportunidad de verla, trabajaré para ti.

---

[68] «Declaración testimonial de [la madre de Ulises]», Ciudad Victoria, Tamaulipas, 28 de noviembre de 2014. PGJT, Güera Soto, expediente 008/2017, vol. 1, 585-587.

Dada la rapidez con la que sus filas se redujeron, Los Zetas siempre estaban buscando nuevos reclutas y no era raro que reclutaran a sus víctimas. Al menos uno de los secuestradores del rancho se había unido en esas circunstancias: el Flaco.[69] Desde entonces, había escalado posiciones hasta convertirse en comandante, un miembro de confianza del equipo. Ulises fue entregado al Flaco para que lo llevara de regreso con su familia, ahora como un miembro recién iniciado de Los Zetas.

El resto de los cautivos se puso en marcha a través de un campo empapado; la tierra suelta les chupaba los pies. Cherokee les desató las manos para facilitarles el paso, pero les advirtió que no se hicieran ilusiones.

—Ni se les ocurra correr —advirtió, echándose al hombro su fusil de asalto—. Estuve dos años en el ejército y puedo matarlos a un kilómetro de distancia.

El grupo se instaló en una nueva casa donde pasaron la noche. A la mañana siguiente, se trasladaron nuevamente a una tercera casa, que tenía chimenea; esa noche hacía frío.

Cherokee les dijo que todavía estaban esperando la confirmación del jefe sobre el pago de los rescates. El jefe, es decir, el Mario, apareció un poco después. Era mayor que los demás, de unos 30 años, con el pelo corto y la cara ovalada. Le dijo a Cherokee que soltara al novio de Karen, el venezolano. Su empresa había pagado un generoso soborno. El resto se quedó otra noche en la choza, comiendo comida enlatada.

Al día siguiente, los llevaron de regreso al rancho original y llegaron cuando el sol se estaba poniendo. Los Zetas estaban reunidos en una pequeña parcela de pasto cerca de un tractor rojo destartalado. Había una camioneta estacionada con las luces encendidas. Carlos, su primo, Karen y Bárbara estaban juntos bajo el resplandor de los faros.

Sama señaló a los primos.[70]

---

[69] «Declaración del probable responsable [Cristiano]», Ciudad Victoria, Tamaulipas, 18 de septiembre de 2014. PGJT, Chepo, expediente 0034/2014, vol. 1, 291-295.

[70] «Declaración ministerial de [Carlos]», PGR, México, 9 de febrero de 2015. Güera Soto, expediente 008/2017, vol. 1, 988-1002.

—Mete a estos pendejos a la camioneta —le ordenó a CKan.

Luego hizo un gesto hacia Karen y Bárbara.

—Lleva a estas perras al árbol —le dijo a Cherokee—. Ya sabes qué hacer con ellas.

Cherokee acompañó a las dos mujeres hasta la parcela de pasto que había delante del tractor. Tomó una cuerda amarilla y la lanzó por encima de la rama de un gran mezquite que había en el borde del terreno. Un extremo de la cuerda quedó colgando en el aire y con el otro hizo un círculo que pasó por encima de la cabeza de Karen. Aunque estaba muy golpeada, se resistió y arañó a Cherokee hasta que él le dio un puñetazo en la cara y Karen quedó sin fuerzas.

Cherokee apretó la soga alrededor de su cuello y le hizo una señal al Kike, quien jaló el extremo opuesto de la cuerda. Cuando Karen fue levantada en el aire, comenzó a patalear salvajemente, balanceándose en círculos. Entonces Cherokee agarró un palo y la golpeó para inmovilizarla. Después de unos cuantos golpes, Karen quedó inconsciente. Estaba suspendida en el aire y su silueta chocaba contra los faros, haciendo que las sombras corrieran tras ella. Carlos vio el cuerpo de Karen pasar de un lado a otro, como un péndulo, y supo que estaba muerta.

El Chepo anunció que ya era hora de que Carlos y su primo se fueran.

—Ustedes dos ya han visto suficiente —dijo, dejándolos libres inexplicablemente.

Mientras la camioneta se alejaba, Carlos pudo ver la tenue silueta del cuerpo inmóvil de Bárbara tendido en el suelo, resaltando contra el destello del movimiento de Los Zetas que descendía sobre ella bajo la luz del crepúsculo. Junto a ellos, Cuitol cavaba una tumba al lado del viejo tractor.

CAPÍTULO 3

VIII. LAS FAMILIAS DE LOS DESAPARECIDOS

Atada por la pérdida

Durante 2015, Miriam siguió trabajando en el mercado San Fernando, vendiendo botas de vaquero a clientes habituales y, de vez en cuando, a alguno nuevo. Aunque dedicaba la mayor parte de su tiempo a la búsqueda de los asesinos de su hija y a sus propias batallas privadas con el Estado, podía manejarlo todo desde su pequeño mostrador de cristal en Rodeo Boots.[1] El espacio era modesto (unos 46 m^2 entre vitrinas, almacén y espacio comercial), pero servía como oficina, cafetería y punto de reunión para las mujeres y los hombres que acudían a pedirle ayuda a Miriam.

Luis Héctor y Azalea vieron cómo la obsesión de su madre crecía y se extendía a todas las facetas de su vida, invadiendo sus mañanas, tardes y noches. Ahora llevaba un arma de fuego a todas partes, lo que parecía tan natural como llevar una chamarra extra en invierno.[2] Sus hijos sabían que no debían intervenir. Las pocas veces que lo intentaron, ella se mostró hostil y a la defensiva.

—Si esto le hubiera pasado a alguno de ustedes, yo estaría haciendo exactamente lo mismo —les decía.[3]

Ellos lo aceptaban, ya que conocían a su madre, quien estaba obteniendo resultados. Había logrado que arrestaran a dos de los

---

[1] Entrevista con María Dolores Guzmán.

[2] Entrevista con Luis Héctor y Azalea, Yazmín Sánchez, y Alejandro, su colega en el sector salud.

[3] Entrevista con Luis Héctor y Azalea.

responsables: Sama y Cristiano. Y ahora, estaba preparando un caso contra otros objetivos, gracias a los detalles y nombres que Carlos había compartido:

1. El Flaco, quien se había llevado a Ulises.
2. El Florista, de quien se decía que estaba en Matamoros.
3. El Mario, el Zeta más viejo y experimentado.
4. La Chaparra, la joven que Miriam había visto afuera del restaurante de carnes asadas, observando el ir y venir en la entrada del rancho Basurero.

Pero a medida que se volvía más hábil en el seguimiento de su propia lista personal, empezó a encontrar un propósito más allá de la venganza. A principios de 2015, Miriam se había vuelto experta en sortear las brechas entre la ley en México y la aplicación laxa de esta por parte del Gobierno. Sería difícil encontrar fallas en las leyes sobre los derechos de las víctimas en México o en su adhesión a los principios internacionales. México aprobó una legislación de clase mundial, pero el país fracaso en su aplicación, tanto por la indiferencia del Gobierno, como por el desconocimiento de estas leyes por parte de las personas a quienes estaban destinadas. Las víctimas de delitos que el Gobierno catalogaba como violación de los derechos humanos —así como sus familias— tenían derecho a beneficios en virtud de las leyes estatales y federales, que incluían comida, vivienda, gastos funerarios, servicios de salud mental y física, y asistencia legal, entre otras cosas. Y ahí fue donde entró Miriam. Conocía las leyes, conocía sus derechos y sabía a qué burócratas podía enfrentarse para garantizar el cumplimiento de ambos.[4]

Miriam se había dado cuenta de que la desesperación por sí sola no era suficiente. Había demasiadas historias tristes para todos, suficientes para llenar las horas y los días de toda la eternidad, tantas que la sociedad se había vuelto insensible a ellas, acostumbrada a sus detalles devastadores. Para que las cosas sucedieran, uno tenía que canalizar esa desesperación con un propósito: encontrar la ma-

[4] Entrevistas con Yulissa Guzmán y María Inez Flores García.

nera de utilizarla contra el sistema, ser emprendedor en el propio dolor. Algunas familias gritaban insistentemente a los burócratas, hasta que alguien las hacía pasar tranquilamente a una oficina.[5] Con tanta necesidad y tan poca capacidad para atenderla, uno tenía que encontrar formas de saltarse la fila.

La mayoría de las víctimas vivía en la incertidumbre y nunca la superaba: ¿por qué habían sucedido las cosas y qué podían hacer?, ¿quién podía ayudarles?, ¿podrían hacerlo o no? Miriam avanzó porque exigió respuestas y rechazó la parálisis que el dolor y las dudas imponen. Comprendía que, para ser vista, para que se comprometieran con ella, tenía que hacer más que la otra persona, superar su desesperación, y eso requería un egoísmo que no era exactamente corrupción, pero que compartía cierto vínculo con ella. Miriam se había librado del purgatorio de la indiferencia gubernamental al convertir su lucha en el problema de ellos.

Cuando se cumplió un año de la desaparición de Karen, Miriam comenzó a aplicar poco a poco estas lecciones en nombre de otras personas de San Fernando, un colectivo de otras familias que habían sufrido desapariciones.[6] La propia Miriam había estudiado detenidamente las leyes estatales y federales sobre los derechos de las víctimas, preparándose para enfrentarse a funcionarios que, como sabía, le negarían su ayuda. En contraste, sus nuevas amigas de San Fernando, mujeres a las que estaba conociendo, apenas si habían hecho algo similar. Miriam comenzó a ayudar a algunas de ellas.

Lo que descubrió rápidamente fue que el número de familias afectadas por la desaparición era asombroso, incluso para Miriam. Lo que comenzó con unos pocos nombres pronto se multiplicó a docenas, a medida que los esfuerzos de Miriam se difundían y más personas se acercaban para contarle sus historias y unirse a su comunidad. Miriam comenzó a consolidar una lista de ellos en un cuaderno grande y negro, donde anotaba a mano sus nombres, datos de contacto y números de caso.[7]

---

[5] Entrevista con el MP Fernando Reyna.

[6] Entrevista con Guillermo Riestra.

[7] El cuaderno negro de Miriam con contactos de su colectivo.

Se puso en contacto con otros colectivos recién formados en Tamaulipas, familias que compartían la carga de un ser querido desaparecido y que habían formado grupos para defenderse.[8] Miriam empezó a asistir a sus reuniones para entender cómo trabajaban; nadie se había atrevido a hacer algo así en San Fernando.

María Inés, 2011

En San Fernando era difícil encontrar un buen empleo en una fábrica. La ciudad no se beneficiaba del comercio estadounidense, como lo hacían ciudades como Reynosa y Matamoros, situadas directamente en la frontera. San Fernando tenía solamente una fábrica, y María Inés Vera estaba orgullosa de trabajar allí, manufacturando piezas de automóviles en una línea de montaje.[9] Después de 14 años, había ascendido a jefa de turno. Los jefes la querían tanto que contrataron a su hijo, Eduardo, y a su esposa.

A ella le encantaba que su hijo y su nuera trabajaran con ella en la planta, casi como si fuera un negocio familiar. Trabajaban en el mismo turno y, con toda la violencia y la locura que se desataban en San Fernando, le reconfortaba mirar y ver a su hijo junto a su máquina.

Eduardo vivía con su esposa y su hijo al otro lado de la ciudad, en Paso Real, el último barrio de San Fernando antes de que la carretera se uniera a la autopista hacia el sur hasta Ciudad Victoria, donde vivía Miriam. María Inés vivía cerca del centro de la ciudad, justo al otro lado del río San Fernando. Eduardo la visitaba a menudo, a veces solo y otras acompañado de su familia.

---

[8] Entrevista con Guillermo Riestra.

[9] Entrevista con María Inés Vera Hernández.

Era 2011, un año después de que Los Zetas tomaran el control de la ciudad. Conducir de noche ya era inseguro: las calles estaban repletas de retenes controlados por hombres armados, insensibles a cualquier razonamiento. Para entonces, la familia conocía a varias personas arrastradas por la purga. Una noche, un vecino que vivía al final de la calle, cerca de la casa de María Inés, desapareció; ventanas rotas y una puerta destrozada eran el único testimonio de la desaparición.

En la mañana del 5 de marzo de 2011, María Inés recibió una llamada de su nuera, preguntándole si Eduardo podría traer algunas cosas a casa.[10]

—Pero no está aquí —dijo María Inés.

—Qué raro —respondió su nuera—. Anoche salió con unos amigos, cerca de su casa, y pensé que se había quedado con usted porque nunca regresó a casa.

El día anterior, a las 4:30 p. m., Eduardo había llevado a su madre a casa después de su turno, y luego se había ido. Más tarde se fue a hacer unos mandados y se reunió con unos amigos esa noche, uno de los cuales vivía cerca de la casa de su madre. A partir de ese momento, las mujeres se dieron cuenta de que nadie lo había visto, y no contestaba su celular.

María Inés entró en pánico. Su esposo estaba en Ciudad Victoria por trabajo y no podía localizar a nadie más, así que fue a la casa de su hija en busca de ayuda.[11] Las dos recorrieron la ciudad en busca de Eduardo. María se aferró a la esperanza de un malentendido, una batería del teléfono agotada, un accidente de coche, Eduardo ebrio en casa de su amigo. Pero no estaba allí: según el amigo, la última vez que vio a Eduardo este conducía de regreso a casa.

María Inés decidió volver sobre sus pasos. Desde la calle del amigo de Eduardo, se dirigió al centro de la ciudad. En la esquina suroeste de la plaza principal, un rectángulo pavimentado y con árboles frondosos y quioscos, pasó por una tienda de conveniencia

[10] Documentos legales de María Inés Vera Hernández.

[11] Entrevista con María Inés Vera Hernández.

Oxxo y, en su estacionamiento, encontró el auto de Eduardo, sin llave y vacío. Fue de puerta en puerta por las calles residenciales alrededor de la plaza, preguntando si alguien había visto algo la noche anterior, aunque la mayoría se negó siquiera a abrir.

Finalmente, se enteró de que un grupo de hombres armados había montado un retén la noche anterior en el Oxxo. Un testigo afirmó que los hombres detuvieron a Eduardo, registraron su vehículo y luego se lo llevaron en una de sus camionetas.

María Inés corrió a las oficinas del Ministerio Público, las autoridades responsables de investigar y procesar los delitos. Se suponía que el edificio estaba abierto al público; el Estado había reparado la mayoría de los agujeros de bala dejados por el asalto de Los Zetas. Una vez dentro, le dijeron que no podían hacer nada para ayudarla. «Nos están vigilando», le dijo el empleado. Ni siquiera le permitieron presentar una denuncia por desaparición.

María Inés siempre había asentido en silencio cuando sus amigos lamentaban la anarquía en San Fernando, cuando se daban por vencidos y proclamaban que no había nada que hacer. Ahora se sentía diferente en los confines sin esperanza de su propia historia de víctima. Necesitaba ir a algún lado, hacer algo. Eduardo, su hijo más cercano a ella, había desaparecido, se lo habían arrebatado de la calle por el delito de conducir a casa a deshoras.

Regresó a su casa y se sentó junto a una mesita en el jardín, bajo un árbol. Permaneció allí durante 24 horas, esperando alguna señal que le indicara que quien retenía a Eduardo estaba dispuesto a devolvérselo. Le dijo a su jefe de la fábrica que no podía ir a trabajar. Ni ella ni su esposo durmieron, pero la llamada del rescate nunca llegó.

Al día siguiente, volvió al Ministerio Público para intentarlo de nuevo. ¿Para qué sirve la ley si no es para ayudar en situaciones como esta? Su hijo había desaparecido y ella necesitaba encontrarlo. Pero se negaron. «Lárgate de aquí», le advirtieron.

Descuidó su trabajo y, cuando su jefe la contactó unos días después para saber cómo estaba, se desmoronó al teléfono. La dolorosa pérdida de su hijo se agravó con la tortura de no saber qué había sido de él, si estaba vivo o muerto. Al oír su voz, su jefe fue a verla. Ella lo recibió sin ceremonias, destrozada y angustiada. Él la miró con dureza y le dijo que, si estaba dispuesta a correr el riesgo, tal vez él sabía adónde ir para obtener respuestas.

La llevó a través de la ciudad, cruzó el río y entró en Paso Real, la colonia de su hijo, y luego por una serie de caminos de tierra llenos de baches que pasaban por el antiguo vertedero municipal. Ella se sentó en el asiento delantero, temblando. Él se detuvo en una bifurcación del camino arenoso.

—Esos cabrones operan por ahí arriba —le explicó, señalando la entrada de un rancho.

Luego le dijo que la esperaría.

María Inés se bajó del coche y empezó a llorar. Siguió llorando fuera de la verja cerrada durante varios minutos, hasta que un joven vestido con una camiseta sin mangas salió de la casa y se dirigió hacia ella. Llevaba la cabeza rapada y estaba cubierto de tatuajes. Sus ojos, vidriosos, la observaron sin emoción.

—¿Qué carajo quieres? —preguntó.

—A mi hijo —sollozó mientras las lágrimas corrían por sus mejillas bajo sus lentes—. Busco a mi hijo. Necesito saber si está aquí y qué le ha pasado. Necesito encontrarlo.

El joven la miró de manera inexpresiva mientras ella juntaba las manos en señal de súplica. Pero no se ablandó y siguió repitiendo:

—Solamente quiero a mi hijo. Solamente lo quiero a él. Por favor, si está muerto, dímelo. No puedo vivir sin él.

—Aquí no hay nada para ti —dijo él.

Se dirigió hacia la casa y luego se detuvo. Caminó de regreso.

—Eres una perra, ¿lo sabías? —le dijo.

Su dolor —si no otra cosa— la protegió de la mordacidad inesperada de un insulto. En ese momento, no sabía qué esperar del joven narco. Había ido por instinto, impulsada por la desesperación y un dolor tan profundo que ni siquiera se le había ocurrido pensar en su propia seguridad.

Pero la intención del joven no era insultarla. Él continuó:

—¿Ves?, una perra va en busca de sus hijos, trata de encontrarlos si están perdidos.

Ella seguía secándose las lágrimas mientras trataba de entender lo que él le estaba diciendo.

—Tu hijo tiene suerte —dijo—. Verás, mi madre es una puta. Nunca vendría a buscarme.

Dejó de lado lo que el joven intentaba transmitirle, algo que —al reflexionar después— llegaría a percibir como autocompasión, tal vez el origen de todas las malas decisiones que había tomado en su vida. En la semana transcurrida desde la desaparición su hijo, esa era su única pista.

—Por favor —volvió a pedir—. Por favor.

Se dirigió hacia la casa abandonada del rancho y esta vez le gritó sin darse la vuelta:

—Lárgate de aquí y no vuelvas.

○●○

A medida que la noticia de las fosas comunes se extendió en San Fernando, y luego en Tamaulipas, a finales de abril de 2011, personas de todos los rincones del estado acudieron a ver si alguno de los cuerpos pertenecía a sus familiares. En total, se presentaron 492 personas reclamando 661 seres queridos desaparecidos.[12] Al principio, no había mucho que hacer. El estado no estaba preparado para encontrar tantos cadáveres a la vez. Como bien sabía María Inés, en San Fernando ni siquiera se podía denunciar la desaparición de una persona, y mucho menos establecer un centro de pruebas de ADN o iniciar una investigación adecuada.

Pero eso no detuvo a las familias. Los parientes de los desaparecidos viven en un espacio liminal en el que sus seres queridos no están vivos ni muertos. Viven, en cambio, con los fantasmas de la pérdida, atormentados por la ausencia de certeza como por la ausencia de sus seres queridos, torturados por la esperanza de que puedan regresar. Esa esperanza arde en su interior: ya sea que ali-

---

[12] CNDH, «Recomendación No. 23VG/2019. Sobre la investigación de violaciones graves a los derechos humanos por la falta de acceso a la justicia, en su modalidad de procuración de justicia y a la verdad, con motivo del hallazgo en el año 2011 de fosas clandestinas en San Fernando, Tamaulipas, así como con la investigación sobre la desaparición de 57 personas», México, 30 de septiembre de 2019, 32, https://www.cndh.org.mx/sites/default/files/documentos/2019-10/REC_2019_23VG.pdf.

mente sus esfuerzos por encontrar los restos de sus hijos, esposos, hermanas o primos, o que, por el contrario, los consuma.

Para quienes no tenían vínculos personales, para los forasteros, el suceso parecía incomprensible: menos de un año después del asesinato de 72 inmigrantes, ¿cómo era posible que aparecieran más cadáveres? ¿Cómo podía haber un lugar tan malo, tan productivo en su crueldad? Las analogías con la guerra que todos solían emplear, incluido el presidente, siempre habían parecido una exageración, un lenguaje destinado a elevar las apuestas por razones publicitarias a fin justificar una respuesta militar.

Pero el exterminio sistemático de cientos de personas requirió planificación, esfuerzo y un tipo de complicidad y miedo que simplemente no existía en democracias normales y funcionales. Con asesinatos a tal escala, la palabra parecía inadecuada; esto parecía más bien un exterminio o, para ampliar la metáfora, *crímenes de guerra*. Los ciudadanos vivían una existencia arruinada; sabían en qué se había convertido San Fernando. La gente desaparecía cada día, los autobuses se descargaban a plena luz del día, las luchas internas entre los líderes del cártel... los cadáveres tenían que ir a alguna parte.

Para entonces, la sociedad se estaba bifurcando, dividiéndose en dos clases distintas de residentes. Quienes conocían la pérdida la soportaban mientras veían cómo sus esperanzas se transformaban en oscuras obsesiones. ¿Acaso sus hijos o hijas estaban entre los rescatados de las fosas comunes de La Joya o del campamento de Los Zetas conocido como El Arenal? En el otro lado estaban los que seguían viviendo como si las cosas malas solo le ocurrieran a la gente mala. María Inés conocía ambos lados del abismo: el antes y el después del secuestro de Eduardo. En la fábrica, oía a sus compañeros murmurar sobre su hijo y esparcir rumores.

«Debe haber estado involucrado de alguna manera», se decían unos a otros. A María Inés se le rompió el corazón al mirar al otro lado de la planta y ver al remplazo de su hijo donde él solía estar. Lo único peor era la crueldad de los que habían sido sus amigos, quienes se empeñaban en dar una explicación a su desgracia. Él tenía un auto, lo que algunos tomaron como evidencia de que ganaba dinero extra. Ella sabía que él y su esposa habían ahorrado para ese vehículo, y que no había ninguna razón para su desaparición, aparte de la suerte tonta, tal vez conducir de noche fue una mala decisión de su parte.

Durante todo el mes de abril, cada mañana, a primera hora, acudió a las funerarias de la ciudad con su fotografía, acta de nacimiento y una descripción de lo que llevaba puesto la noche de su desaparición: unos pantalones azules de mezclilla y una camiseta tipo Polo. Y todas las mañanas, los directores de las funerarias le decían que no habían encontrado a nadie que coincidiera con esa descripción, si es que le decían algo.

Durante los días posteriores al primer descubrimiento, cuando el número de cadáveres ascendió a más de cien, supo que los directores de las funerarias nunca le dirían la verdad.[13] Todos temían por sus propias vidas. Los Zetas estaban una vez más en el punto de mira, lo que los hacía aún más peligrosos. El Gobierno tendría que enviar tropas y aparentar que estaba haciendo algo. No podían ignorar esto. Nadie sería descubierto haciéndole un favor a alguien como ella. Aun así, se preguntaba si una mayor presencia del Gobierno disminuiría el miedo de la fiscalía local, que permanecía cerrada al público.

La violencia exhibida no solo perturbó y deshumanizó a todos los que la padecieron —agresor, víctima, testigo—, sino que amplió la concepción pública de lo que puede ser la violencia y sondeó las profundidades a las que podía descender. El presidente Felipe Calderón, por su parte, utilizó la masacre de San Fernando de 2011 como validación de su campaña, como prueba de por qué era necesaria una guerra contra el narcotráfico y los cárteles; en contraposición a cómo esa guerra estaba fracasando.[14]

—Todos debemos unirnos para condenar esta violencia —dijo en un discurso pronunciado poco después de conocerse la noticia sobre San Fernando—. Es responsabilidad de todos los actores políticos, económicos y sociales unir esfuerzos contra la criminalidad que amenaza la paz y la seguridad de las familias mexicanas.

---

[13] Entrevista con María Inés Vera Hernández y Chalo.

[14] Carlos Castillo López (comp.), «Mensaje con motivo de los sucesos de San Fernando, Tamaulipas (4 de mayo de 2011)», *Discursos presidenciales: Felipe Calderón Hinojosa* (México: Fundación Rafael Preciado Hernández, 2013), 279.

En vista de tales promesas, María Inés pensó que podría intentarlo de nuevo con los funcionarios de San Fernando. Una tarde de finales de abril, fue a la casa de un investigador local para pedirle ayuda. Durante el último año de matanzas, había logrado conservar su puesto de trabajo, aunque solamente fuera por no hacerlo. Aun así —pensó María Inés—, al menos debía haber visto los restos de las personas desenterradas de las docenas de fosas comunes en los últimos días.

Cuando María Inés llamó a su puerta, él salió a medio vestir y exasperado.

—¿Qué quiere? —preguntó.

—Por favor, usted conocía a mi hijo —dijo casi histérica—. Todos los días sacan cadáveres de estas fosas. Por favor, dígame si está allí.

—No, no, no, tiene que irse ahora —dijo, negando con la cabeza—, porque están vigilando mi casa y la seguirán.

María Inés giro hacia la calle donde había un coche estacionado. El conductor estaba sentado dentro del vehículo, mirándolos a los dos. Regresó a casa, a los restos de su antigua vida.

Su esposo había sufrido una crisis nerviosa tras la desaparición de su hijo. Permanecía en cama todo el día, incapaz de moverse. Ella sola cuidaba a sus dos hijas pequeñas, de 6 y 8 años, atendiendo sus necesidades prácticas mientras lidiaba con la desesperación de encontrar a Eduardo.

María vio cómo se desarrollaba la historia de las fosas comunes en los medios de comunicación. Al igual que a muchas otras personas, le preocupaba que el Gobierno no estuviera registrando todos los cadáveres descubiertos, y que tal vez ni siquiera informara al público sobre ellos. Que al tratar de contener la cifra, y por extensión el escándalo, podrían simplemente desaparecer algunos de los cuerpos. Al final, afirmaron que se habían recuperado 193 cadáveres. (Investigaciones posteriores elevarían la cifra a 196).[15]

[15] NSArchive, «Holy Week Vacations Marred by Violence; San Fernando Body Count Reaches 196», U.S. Consulate Matamoros, cable, sensitive, 29 de abril de 2011, https://nsarchive2.gwu.edu/NSAEBB/NSAEBB499/DOCUMENT34-20110429.PDF.

Pero casi todos los que participaron en el proceso de recolección de datos creían que la cifra era mayor que los 193 declarados oficialmente.[16] El Gobierno de Estados Unidos incluyó en un documento publicado en su momento que algunos funcionarios mexicanos admitieron haber enviado cadáveres a otras jurisdicciones fuera de San Fernando para limitar el recuento de cadáveres y hacer que las cifras fueran menos alarmantes.[17]

Cualquiera que fuera la cifra real, 193 fue suficiente para encender la alarma entre las autoridades. Ya no se podía esconder más, y la única manera de reducir la alarma de la ciudadanía, o de Estados Unidos, era tomar medidas. Empezaron una vasta operación contra Los Zetas de la zona, y a finales de abril tenían a más de 76 sospechosos bajo custodia. Las autoridades también detuvieron a 17 policías municipales por connivencia con Los Zetas.

El Ejército mexicano se dio el gusto de despojar a los policías de sus armas, y luego recorrió todo el estado y confiscó las armas de los policías municipales en casi todos los poblados para verificar, mediante pruebas de balística, si alguna de ellas había sido utilizada en la comisión de un delito; esto trajo a la memoria las campañas de desarme de décadas pasadas.

San Fernando se había convertido en un punto focal de los esfuerzos del Gobierno para combatir a Los Zetas. Después de la segunda ronda de masacres, en 2011, el presidente Calderón decidió que había llegado el momento de acabar con el grupo. Se creó una fuerza especial para atacar a los líderes de Los Zetas, y cualquier reparo que los soldados y la Marina, encargados de eliminarlos, pudieran haber tenido en desatar su propio tipo de violencia fue descartado.

En los años posteriores a la masacre de 2010, cuando la atención del mundo se centró en la pequeña ciudad de San Fernando, las autoridades mexicanas mataron a más de 2 000 soldados y sicarios de Los Zetas, una campaña de erradicación sin parangón en escala

---

[16] Marcela Turati, «San Fernando: El terror que jamás se ha ido», *Proceso*, 31 de agosto de 2016, https://www.proceso.com.mx/reportajes/2016/8/31/san-fernando-el-terror-que-jamas-se-ha-ido-169847.htm.

[17] NSArchive, «Tamaulipas' Mass Graves: Body Count Reaches 145», *Unclassified*, abril de 2011, https://nsarchive2.gwu.edu/NSAEBB/NSAEBB499/DOCUMENT33-20110415.pdf.

y propósito.[18] La estructura de liderazgo fue desmantelada, como lo había sido tras el colapso de la red de Abrego 20 años antes.

En mayo de 2011, las autoridades estatales de Tamaulipas finalmente comenzaron a permitir que los ciudadanos de San Fernando denunciaran casos de desaparición, pero a casi dos horas de distancia, en Matamoros. Era un reconocimiento abierto de que San Fernando seguía siendo demasiado peligroso, aunque no resultaba una novedad.

El 8 de mayo, María Inés y su esposo fueron a llenar los formularios y a entregar muestras de ADN.[19] Pero no volvieron a saber nada más del Gobierno durante años, hasta que una mujer pelirroja y robusta llamada Miriam Rodríguez se acercó al esposo de María Inés, en el mercado San Fernando, y se ofreció a ayudarlos a averiguar qué le había ocurrido a Eduardo.[20]

Duelo colectivo

Miriam sabía más que casi cualquier persona, incluso más que la policía, sobre el submundo criminal en San Fernando. Su amigo Mariano de la Fuente, comandante de la Policía Ministerial de San Fernando, la llamaba cuando necesitaba información sobre Los Zetas locales: qué hacían, con quiénes estaban relacionados, incluso dónde vivían.[21] Aunque su relación era de trabajo, Miriam se había hecho amiga de Mariano, un hombre con cabello corto entrecano y complexión de luchador. Se habían conocido poco después de que

---

[18] Entrevista con un exfuncionario de seguridad nacional mexicano que solicitó el anonimato.

[19] Entrevista con María Inés Vera Hernández.

[20] PGR, «Tarjeta informativa», 9 de junio de 2017.

[21] Entrevistas con Mariano de la Fuente y Adrián López Sosa.

Mariano fuera enviado a reanudar las actividades de la fuerza policial a mediados de 2014, cuando el Ministerio Público reabrió en San Fernando.[22] Mariano había llegado al pueblo con un convoy de hombres, y se quedó desconcertado cuando todos los habitantes del pueblo comenzaron a correr hacia sus casas, a huir hacia los callejones o simplemente a tirarse al suelo. No fue hasta que alguien le explicó la historia de Los Zetas (su ataque relámpago a la ciudad en 2010) cuando comprendió lo difícil que sería generar confianza; los habitantes pensaron que él y sus hombres estaban involucrados en otra hostil toma de poder.

Mariano había prometido ayudar a Miriam en su búsqueda de justicia. Aunque su lista de objetivos seguía fuera de su alcance, ella estaba desarrollando conexiones con su mundo y sus familias, recopilando perfiles de cada objetivo con detalles y pistas.[23] Quedaban varios:

1. El Flaco, el Zeta flacucho de San Fernando.
2. El Florista, con quien tanto Miriam como Karen habían mantenido una relación cordial.
3. El Mario, el Zeta mayor.
4. El Kike, el joven que había jalado la cuerda durante el ahorcamiento de Karen.
5. La Chaparra, la joven que había estado vigilando el camino hacia el Basurero tras la desaparición de Karen.
6. La Güera Soto, una exprostituta que pasaba tiempo con Los Zetas de San Fernando y salía con el Kike.
7. La Machorra, la mujer que había golpeado a Karen en varias ocasiones.

Gran parte de la energía de Miriam provenía de creer que las cosas eran moralmente inequívocas, lo que ofrecía una ética que justificaba los medios. Los individuos que mataron a Karen y a los seres queridos de otras familias eran asesinos, depredadores y

---

[22] Entrevista con Mariano de la Fuente y Tomás Gloria.

[23] El material para esta parte proviene directamente de los archivos de investigación de Miriam, incluyendo notas manuscritas con nombres, números de teléfono y direcciones. La familia compartió estos documentos con el autor.

parásitos que se alimentaban del trabajo duro y del miedo de la población. Las familias de esos asesinos eran presa fácil.

Uno de los parientes del Kike le había dicho que él estaba intentando pasar página, que ahora vivía como un cristiano renacido en Ciudad Victoria; lo que, paradójicamente, facilitaba atraparlo en un estado desprevenido, al margen de su nueva religiosidad.[24]

El simple hecho de saber quiénes eran todos los villanos podía convertirse en una desventaja.

Un día, mientras Miriam trabajaba en su colectivo de familiares desaparecidos, un nuevo nombre surgió como un cadáver flotante: Margarita Rentería, la mujer repudiada por su padre y asesinada en el rancho; la mujer con la laptop de Karen.[25] La hermana de Margarita apareció en una de las reuniones del colectivo de Miriam pidiendo ayuda. Había oído hablar del colectivo y de los esfuerzos de Miriam por conseguir ayuda para las víctimas de delitos violentos. Su hermana Margarita había sido asesinada por la Marina —le dijo a Miriam—, y estaba pidiendo una indemnización, o al menos alguna ayuda, para obtener los beneficios que les otorgaban a las víctimas.

María de Jesús Rentería, hermana de la muchacha que estaba en la plaza con la computadora de Karen y cuya casa fue allanada; la muchacha a la que la Marina obligó a revelar la ubicación del campamento Zeta en el Basurero; hermana de la chica que casi había secuestrado al esposo de Azalea, Ernesto, y a su hijo; hermana de la joven a la que los soldados de la Marina le habían dicho que corriera antes de abatirla a tiros como a una presa salvaje.[26]

Miriam anotó el nombre y el número de teléfono de María de Jesús Rentería.[27] Junto a su columna para el número de caso, no escribió nada. La familia nunca había presentado una denuncia relacionada con la muerte de Margarita; las autoridades habían dejado claro que más les valía no hacerlo. Aunque las fuerzas armadas actuaban con impunidad la mayoría de las veces, ya que el

---

[24] Entrevista con Luis Héctor.

[25] Este detalle proviene directamente del registro de víctimas de Miriam, al cual el autor tuvo acceso.

[26] Entrevista con el representante de víctimas Edgar Galván.

[27] El cuaderno negro de Miriam con contactos de su colectivo.

Gobierno les concedía un amplio margen de maniobra para asumir la ingrata tarea de la seguridad en México, una denuncia de abusos contra los derechos humanos seguía siendo una molestia, y requería un proceso para resolverse, proceso que las fuerzas armadas generalmente preferían evitar.

El nombre Margarita Rentería hizo que Miriam se sintiera enferma al verlo en la página: una victimaria inscrita en un registro de víctimas.

Miriam se debatía acerca de qué decisión tomar. Se había infiltrado en la vida de cada uno de los objetivos Zeta de su lista: el Flaco, el Florista, el Mario, el Kike, la Chaparra, la Machorra. Había viajado hasta lugares remotos para tocar puertas y contar historias a las personas que le confiaban detalles que le permitían seguir su rastro. Ahora, la familia de uno de los asesinos de su hija se había abierto camino en el mundo de Karen.

Era una encrucijada nueva e inesperada, algo que desafiaba las gradaciones de las historias en blanco y negro que Miriam se contaba a sí misma, algo que hacía tambalear su absolutismo. Miriam había hecho que la justicia cayera rápidamente sobre Margarita Rentería al desatar la terrible fuerza de la Marina; justicia que no buscaba el equilibrio y no admitía dudas. Considerarla ahora una víctima era considerar su muerte como algo menos que un acto de justicia.

Y, sin embargo, ¿su familia había sido responsable de cómo había resultado la joven? ¿El hecho de que existiera una joven así no era evidencia del estado de ruptura que Miriam intentaba hacer pagar? ¿No era su familia, su hermana, víctima también de los actos traicioneros de Margarita? Su padre había dejado claro que ella ya no era parte de su familia, una familia que sobrevivía con las ganancias de su humilde carrito de comida y que estaría marcada para siempre por el legado de su hija, la secuestradora de cabello negro que asolaba San Fernando.[28]

El 1 de febrero de 2015, con la ayuda de Miriam, la familia de Aracely Margarita Rentería se inscribió en el sistema estatal de atención a víctimas.[29]

---

[28] Entrevista con Juan Rentería.

[29] Entrevista con Edgar Galván y un periodista que pidió el anonimato.

María Inés y Miriam

En una agradable tarde de noviembre de 2015, María Inés asistió a un evento de un grupo de familiares de desaparecidos en San Fernando.[30] Estaba de pie cerca de la parte delantera del evento, el segundo piso de un edificio con grandes ventanales que daban a la calle. Los asientos de plástico estaban dispuestos en filas frente a una pared, donde había un solo escritorio pegado a ella. Sentada ante el escritorio estaba Miriam Rodríguez, con una blusa de colores y el abrigo colgado en el respaldo de la silla.

Miriam conocía a María Inés desde hacía más de veinte años, pues la había visto ir y venir con sus hijos en el mercado San Fernando, donde trabajaba el esposo de María Inés. No eran muy cercanas, pero se saludaban en los pasillos y conversaban de vez en cuando, compartiendo la intimidad de una amistad. Aunque Miriam sabía de la desaparición del hijo de María Inés, nunca había hablado del tema con ella.

La mayoría de la gente soportaba los años malos en silencio y aislamiento, procurando no relacionarse con personas fuera de su círculo cercano, especialmente con aquellos afectados por la violencia de los cárteles.[31] Existía el temor a la llamada «contaminación», es decir, que al relacionarse con alguien que había sido blanco de ataques, se corría el riesgo de sufrir lo mismo. Sin embargo, también se manifestaba un costo psíquico: la capacidad limitada de contener el dolor ajeno. Con tanto sufrimiento, uno tenía que salvaguardar su espacio emocional, es decir, preservarlo para la familia y los seres queridos; para comprender la profundidad de la miseria que se padecía en San Fernando, primero era necesario ir casa por casa solamente para cuantificarla. Ni hablar de brindar un toque humano.

---

[30] Entrevista con María Inés Vera Hernández.

[31] Casi todos en San Fernando hablaban del efecto contagio, el miedo a socializar con víctimas o personas que pudieran haber tenido problemas con Los Zetas. Incluso Miriam se encontró algo distanciada de algunos individuos, incluyendo a Emma Salinas, la hermana de Luis, quien temía por su propia seguridad al estar cerca de Miriam.

Ahora, como nueva integrante de la comunidad, Miriam veía las cosas de otra manera. Después de más de año y medio de ablandar y doblegar las filas de la burocracia a su voluntad, había trabajado tan a fondo las cadenas del poder que estas le respondían. Podía ver al fiscal general si quería y conocía por su nombre a la mayoría de los fiscales que se ocupaban de los secuestros.[32] Era una pena desperdiciar todo aquello cuando tantos otros necesitaban ayuda. Miriam podía ser una mujer dura, propensa a ataques de ira llenos de improperios; era impaciente, con actitudes que la hacían impopular entre algunos. Pero se preocupaba por los demás y ponía su red de contactos y su profundo conocimiento de los derechos de las víctimas al servicio de quienes estaban desamparados.[33]

Miriam se había acercado al esposo de María Inés en el mercado. Por supuesto, había oído hablar de Eduardo, su hijo, y aunque lamentaba no haber comprendido realmente el trauma de lo que había ocurrido en 2011, antes de que Karen desapareciera, esperaba poder compensarlo incluyendo a María Inés en su grupo. Mientras que el esposo de María evitaba pensar en la desaparición de su hijo y sufría ataques de nervios paralizantes en los años posteriores, María Inés rara vez pensaba en otra cosa. Había dejado su trabajo en la fábrica, incapaz de estar en un espacio que asociaba tan estrechamente con su hijo.

—Dígale a su esposa que venga a verme —le había dicho Miriam—. Debería venir a inscribirse y unirse a nuestro grupo. Hay ayuda del Gobierno porque tiene un hijo desaparecido, y tiene derecho a recibir asistencia.

Y allí estaba María Inés, presentándose a su primera reunión como miembro potencial del colectivo de Miriam, las Familias de los Desaparecidos de San Fernando.[34] Entró con una cautela más emocional que física. Había tocado tantas puertas y pedido ayuda a tantos funcionarios tras la desaparición de Eduardo que se preguntó si esto sería diferente.

---

[32] Entrevista con el ex procurador general de Tamaulipas, Irving Barrios.

[33] Entrevista con Edgar Galván y Guillermo Riestra, director del Colectivo de Familias y Amigos de Desaparecidos en Tamaulipas, en Ciudad Victoria.

[34] Entrevista con María Inés Vera Hernández.

En la sala, Miriam estaba sentada ante el escritorio con un largo cuaderno negro, de cara a la multitud. María Inés se unió a una fila de mujeres que esperaban para verla. Docenas de mujeres ya estaban sentadas, charlando entre ellas, claramente familiarizadas entre sí y con el concepto del colectivo.

Miriam levantó la mirada cuando María Inés llegó al frente de la fila.

—Es la esposa de Tamaro, ¿verdad? —preguntó Miriam con una sonrisa.

María Inés, que no quería desmoronarse, le contó a Miriam lo que había ocurrido, pero sin los detalles dolorosos que por más veces que contara le arrancaban lágrimas. Anotó su nombre en el registro, junto con el de su hijo, la fecha de su desaparición y su número de celular.

—¿Qué tipo de ayuda tiene? —preguntó Miriam.

—Ninguna.

—¿Se ha registrado en los servicios de atención a las víctimas?

—No sé lo que es eso —respondió María Inés.

Había muchos como María Inés, que no sabían nada sobre los servicios que el Estado brindaba a sus víctimas, servicios adicionales que les daban a los deudos para suavizar el dolor de la pérdida, al menos en términos prácticos: despensas, dinero para la escuela, subsidios de transporte para investigar los detalles de sus casos.

—Usted, su nieta, su nuera y todas tienen derecho a recibir recursos del Estado por todo lo que han pasado y por su incapacidad para impedirlo —dijo Miriam, suavizando el tono—. Tienen que llevar el expediente de su caso a los servicios de atención a las víctimas y registrarse.

María Inés miró a la multitud, consternada al darse cuenta, años después, de que el Estado había designado recursos para ayudarla. Su familia había sufrido mucho tras la desaparición de Eduardo. El peso emocional que esto suponía había afectado casi todos los aspectos de su vida: el social, el espiritual y especialmente el económico. Ella había dejado su trabajo para buscar a su hijo y ahora solo trabajaba ocasionalmente como empleada doméstica. Sus dos hijas pequeñas crecían bajo el peso del dolor de sus padres, atendidas por tutores emocionalmente devastados.

María Inés terminó de hablar con Miriam y tomó asiento. Al levantar la vista, se dio cuenta de que conocía a la mujer que estaba a su lado.

—Le falta alguien —preguntó sorprendida María Inés.

—Mi esposo —respondió la mujer—. ¿Y a usted?

—Mi hijo.

Entre la multitud había personas tan temerosas y desconfiadas del Gobierno que, como María Inés, ni siquiera habían presentado una denuncia; una multitud de víctimas solitarias, invisibles y no registradas. María Inés empezó a darse cuenta de ello cuando Miriam comenzó a hablar ante el grupo.

Como un sermón, las palabras de Miriam conmovieron a los miembros de la congregación y dieron luz a su ira, frustración y dolor. Les dijo que todos tenían que alzar la voz y exigir atención. Ya no necesitaban tener miedo o esconderse de lo que les había sucedido. Los Zetas todavía dirigían el crimen organizado en San Fernando, y seguían secuestrando y aterrorizando a los habitantes del pueblo, pero eran una sombra de lo que habían sido. De hecho, las cosas habían cambiado; había más control gubernamental en San Fernando del que había habido en años anteriores.

Miriam lideraba las búsquedas por todo San Fernando, donde sospechaba que Los Zetas podían haber enterrado a sus víctimas; a través de su colectivo, Miriam podía acceder a lugares a los que otros no podían.[35] Estaba organizando una mesa de trabajo con las autoridades gubernamentales para asegurarse de que se realizaban pruebas de ADN, a fin de cotejar los restos descubiertos con los registros de las familias de las víctimas.[36]

---

[35] «Diligencia de inspección». Una visita al sitio del Basurero, donde Miriam estuvo presente, 9 de septiembre de 2015. PGJT, Güera Soto, expediente 008/2017, vol. 2, 1400, 1401; «Diligencia de inspección ministerial». Una visita al sitio del Basurero, donde Miriam estuvo presente, 8 de octubre de 2015. Güera Soto, expediente 008/2017, vol. 2, 1631; «Diligencia de inspección». Una visita al km 154 de la carretera Victoria-Matamoros, donde Miriam estuvo presente, 4 de noviembre de 2015. Güera Soto, expediente 008/2017, vol. 2, 1881; «Diligencia de inspección ministerial». Una visita al sitio del Basurero, donde Miriam estuvo presente, 30 de marzo de 2016. Machorra, expediente 0011/2017, vol. 3, 2882; «Inspección ministerial». Un procedimiento en varias direcciones en San Fernando, donde Miriam estuvo presente, 13 de abril de 2016. PGJT, Machorra, expediente 0011/2017, vol. 3, 2925.

[36] Entrevista con Gloria Garza, exfuncionaria del Gobierno estatal de Tamaulipas supervisando derechos humanos, y María Inés Vera Hernández.

Quería registrar a todos los que pudiera. Como individuos, era fácil ignorarlos, dijo. Como grupo, eran formidables. El camino para encontrar a sus hijos estaba plagado de papeleo: era imprescindible documentar sus casos. Debían presentar denuncias.

Les pidió que corrieran la voz entre sus conocidos, amigos, familiares y vecinos. Si no tenían teléfono celular —dijo—, podían buscar a alguien que lo tuviera para que anotara su número. Una tragedia se convertía así en una crisis debido a la cantidad de números, y una crisis era la única manera de obligar al Gobierno a actuar.

—Ni siquiera el Gobierno sabe cuántos somos —afirmó Miriam.[37]

---

[37] Movimiento Ciudadano, «En lo que va del 2015 desaparecen 11 personas cada día», 14 de junio de 2015, https://movimientociudadano.mx/replica-de-medios/en-2015-once-personas-desaparecidas-cada-24-horas.

IX. LO QUE QUEDA

ADN

El relato de Carlos sobre el brutal asesinato de Karen lo cambió todo para Miriam. El dolor se volvió físico en su intensidad, como si le hubieran arrancado las entrañas y las hubieran dejado pudrirse al sol mientras ella seguía tambaleándose, vacía. Perder a un hijo era perder una parte de uno mismo: la parte que daba estructura, propósito y orden a todo lo demás; la parte en la que el amor fluía sin reservas; la mejor parte.

Pero había un punto más allá de la tristeza, donde el horror de conocer los detalles de la muerte de un hijo, por muy sombrío que fuera, se convertía en un alivio, en un consuelo; Miriam sabía ahora lo que le había sucedido a Karen, lo cual, tras más de un año de indagaciones desesperadas, era un consuelo mayor que la angustia. Había que pagar un precio por llegar a ese punto, donde la tristeza se apaciguaba en el crisol de la venganza: era necesario seguir adelante, sumergiéndose más profundamente en el sombrío tema. Miriam no podía detenerse; por muy loca que su temeraria búsqueda de justicia pareciera a los demás, tal vez era lo único que la mantenía cuerda.

Azalea una vez le había preguntado a Miriam cuánto tiempo más seguiría cazando a Los Zetas y desenterrando sus secretos.[1]

---

[1] Luis Héctor y Azalea se preocupaban por su madre. Aun así, no dijeron nada para detenerla. En la mente de Luis Héctor, su madre había logrado más que cualquiera de los funcionarios gubernamentales, cuyo trabajo era encontrar a los responsables de la muerte de Karen y la desaparición de tantos otros. Miriam estaba recorriendo las estaciones de la cruz investigativa: sabía el quién, el qué, el dónde y el cómo de la desaparición de su hija, preguntas que rara vez respondía el Estado y casi nunca las familias de las víctimas. Pero más que nada, quería localizar los restos de Karen y darle sepultura a su hija. Entrevista con Azalea.

Quería saber cuándo terminaría. Miriam le había dicho que se detendría una vez que pudiera encontrar y enterrar a Karen, pero lo había dicho de tal manera que hizo que Azalea dudara de si su madre realmente se detendría alguna vez o si tendría la capacidad de hacerlo.

Los horrores de la división entre el Cártel del Golfo y Los Zetas, y los de 2011, habían preparado a Miriam para los detalles gráficos de la muerte de Karen, pero la nueva generación de Zetas, con sus dientes torcidos, su pompa simplona y su violencia vertiginosa, no era rival para Los Zetas del pasado, los autores de la guerra Zetas-Golfo. En 2015, Los Zetas ya no eran la fuerza dominante en México, no como lo habían sido en 2010. El grupo había cometido e inspirado una brutalidad tan horrenda que el Gobierno no tuvo más opción que acabar con ellos, una versión moderna del mito griego de Ícaro.[2] Los Zetas restantes eran producto de una comunidad asolada por la violencia, pero no eran pioneros. Allí, donde la vida se había abaratado, ellos simplemente pagaban con centavos.

Miriam pensó mucho en las demás familias con las que ahora compartía el dolor recurrente de un ser querido desaparecido. Había decenas de miles de familias así en todo el país, casi todas relegadas a los márgenes de la vida funcional, una masa de ruina humana condenada a preguntarse qué había sido de sus seres queridos. En Tamaulipas, Miriam se cruzó con ellos en las oficinas del Gobierno local y estatal, madres y padres con rostros fijos en un estado de angustia consumida, más allá del punto de lágrimas, pero incapaces de seguir adelante. Ella había pensado poco en su difícil situación hasta que la compartió. Ahora sabía más y sentía una conexión forjada por el trauma compartido.

El Gobierno seguía mostrándose reacio a hacer mucho por la causa de los desaparecidos, casi por la misma razón por la que Miriam los había desestimado en su momento: había cierta sospecha de culpabilidad en las tragedias de las víctimas. Con recur-

---

[2] Guillermo Valdés, *Historia del narcotráfico en México* (México: Aguilar, 2013), 268-270; Guadalupe Correa-Cabrera, *Los Zetas Inc.: Criminal Corporations, Energy, and Civil War in Mexico* (Austin: University of Texas Press, 2017), 78.

sos limitados, nadie en las fuerzas del orden quería gastar dinero en encontrar o ayudar a personas que se pensaba que eran las únicas culpables de su miseria. El problema con esa lógica era que a veces era verdad: había personas entre las filas de los desaparecidos que habían participado en el crimen organizado. Se les podía desestimar sin una obligación moral de ayudar. Pero tampoco era el caso de muchas de las víctimas. Un número incalculable de desaparecidos eran inocentes, elegidos por el pecado de estar en el lugar equivocado en el momento equivocado, por tener un aspecto determinado, por avivar la ira o la mezquindad de individuos para quienes el asesinato era algo tan casual como una mirada.

Pero ¿qué más daba? No se resolvían los crímenes solo porque las víctimas eran inocentes. Se perseguía a los asesinos porque un asesinato degradaba la dignidad de todas las vidas. La justicia de la causa no venía al caso.

Sin embargo, con un 95% de los homicidios sin resolver en el país, ¿qué esperanza podía ofrecer el Gobierno de que se resolvieran los casos de los desaparecidos?[3] Era mejor cerrar la puerta a todo el mundo, porque, al final, con su casi perfecto récord de impunidad, el país estaba prácticamente imprimiendo licencias para matar.

Los líderes de los colectivos comprendieron que las autoridades mexicanas podían responder a los intereses colectivos, o intentar alinearse con ellos, atraerlos al redil o cooptarlos. Las autoridades mexicanas solo podían tener en cuenta un movimiento por su magnitud e influencia. Poco a poco, colectivos como el de Miriam empezaron a unirse en todo el país. Miriam empezó a entablar relaciones con otras personas como ella, aunque solo fuera para ser comprendida. Sin embargo, para Miriam, construir una comunidad era algo secundario a vengar a Karen, y a encontrar y enterrar sus restos.

Para muchos, un entierro es un ritual de finitud, un acto de cierre para —si no contener— sellar el dolor. Encontrar el cuerpo

---

[3] Miriam Berger, «Justice for Victims of Violent Crime in Mexico Is Rare. Can the Deaths of Nine Mormons Change That?», *The Washington Post,* 12 de noviembre de 2019, https://www.washingtonpost.com/world/2019/11/08/justice-victims-violent-crime-mexico-is-rare-can-deaths-nine-mormons-change-that/.

de Karen fue el esfuerzo de Miriam por poner en práctica este rito natural, por tener un lugar donde llorar su pérdida, un espacio físico donde anclar el duelo. Los esfuerzos de Miriam por encontrar los restos de su hija menor no fueron simplemente el acto de una mujer desesperada que buscaba justicia, que quería demostrar algo a un gobierno incompetente, sino un esfuerzo por establecer un elemento de normalidad en la horrible situación que les había sucedido a todos.

Para perseguir a los asesinos, Miriam podía realizar una investigación por su cuenta, recorrer los confines de Tamaulipas para obtener detalles sin siquiera una escolta policial. Podía conseguir fuentes y hacerse amiga de sus familias. Podía disfrazarse y engañar a sus colaboradores involuntarios para que le dieran datos que ella podría verificar y utilizar para localizarlos. Pero encontrar los restos de su hija era imposible sin la ayuda del Gobierno.

La investigación forense ha sido uno de los grandes fracasos de la labor policial en México, una deficiencia que ni siquiera los políticos más hábiles pueden ocultar. Surgen casos de restos perdidos, cadáveres humanos mal etiquetados o extraviados. Los cuerpos no identificados se arrojan a fosas comunes, unos encima de otros, lo que hace prácticamente imposible la exhumación en el raro caso de que se encuentre una coincidencia de ADN. Las familias se encuentran en un círculo vicioso de esperanza y dolor, sometiéndose a pruebas de ADN una y otra vez porque muchas de las oficinas forenses responsables de mantener un registro de sus perfiles dejan que las muestras se estropeen, o llega un nuevo gobierno que no hace un respaldo de los registros obtenidos por la administración anterior.[4] El Gobierno ha tenido que pedir ayuda a expertos externos, especialistas internacionales que han salido exasperados —casi todos— por la mezcla de incompeten-

[4] Azam Ahmed, «In Mexico, Not Dead. Not Alive. Just Gone», *The New York Times*, 20 de noviembre de 2017, https://www.nytimes.com/2017/11/20/world/americas/mexico-drug-war-dead.html.

cia e indiferencia que encuentran tanto a escala estatal como federal.[5]

Más de 100 000 personas han desaparecido en México desde el inicio de la guerra contra el narcotráfico;[6] mientras tanto, se han descubierto 52 000 cadáveres en diversos estados de descomposición, muchos de ellos extraídos de fosas comunes como las de San Fernando.[7] Parecía lógico que, con la ciencia moderna, se pudiera trazar una línea divisoria entre un grupo y otro, utilizando la herramienta común de la recolección de ADN, y así identificar los restos a fin de dar un cierre al menos a la mitad de las familias de los desaparecidos. Pero eso no ha sucedido.

Durante casi un año, Miriam había hostigado, suplicado y amenazado a los funcionarios responsables de procesar el ADN de los restos humanos recuperados en Tamaulipas,[8] recordándoles en repetidas ocasiones que su caso era uno de los más sencillos de resolver.[9] A diferencia de la gran mayoría de las víctimas desaparecidas, ella sabía dónde habían asesinado y enterrado a su hija, e incluso había presenciado cómo se extraían algunos de los restos en el Basurero.

Había estado allí con la Marina en marzo de 2014, cuando la célula Zeta fue diezmada. Había estado allí de nuevo unos meses después, en julio, cuando los especialistas forenses descubrieron

[5] *Buenos Aires Times*, «Families Look to Argentine Forensic Team to ID Their Missing Loved Ones», 9 de junio de 2018, https://www.batimes.com.ar/news/latin-america/families-look-to-argentine-forensic-team-to-id-their-missing-loved-ones.phtml.

[6] OHCHR, «Mexico: Dark Landmark of 100,000 Disappearances Reflects Pattern of Impunity, UN Experts Warn», 17 de mayo de 2022, https://www.ohchr.org/en/statements/2022/05/mexico-dark-landmark-100000-disappearances-reflects-pattern-impunity-un-experts; Pablo Ferri y Constanza Lambertucci, «El país de los 100.000 desaparecidos», *El País*, 17 de mayo de 2022, https://elpais.com/mexico/2022-05-18/el-pais-de-los-100000-desaparecidos.html.

[7] *Mexico News Daily*, «With 52,000 Unidentified Bodies, Government Admits Forensic Crisis», 24 de diciembre de 2021, https://mexiconewsdaily.com/news/52000-unidentified-bodies-forensic-crisis/.

[8] CODHET, «Queja presentada por la C. Miriam Elizabeth Rodríguez Martínez en la que denunció que incumplimiento de la función pública en la procuración de justicia por parte del Agente del Ministerio Público Especializado en el Combate al Delito de Secuestro», 17 de marzo de 2015.

[9] Entrevista con Luis Héctor y Azalea.

tres costillas en la tierra limosa delante del viejo tractor rojo.[10] Sospechando que los huesos podrían pertenecer a Karen, había pedido al Gobierno que se asignara un analista forense al caso.[11] Ese proceso por sí solo había llevado meses.

Así, fue una especie de sorpresa cuando, el 7 de enero de 2015, el laboratorio estatal informó una coincidencia positiva entre los perfiles de ADN de Miriam y Luis y las tres costillas recolectadas en julio de 2014.[12] Eran de Karen.

Aunque la mayoría de las familias se alegrarían de que se presentara una coincidencia, Miriam seguía siendo escéptica. El Estado mentía sobre este tipo de cosas, ya fuera intencionalmente, para aliviar la presión externa, o por pura incompetencia. Ella necesitaba estar segura.

Miriam podría haberlo dejado así, pero el tipo de persona que se detiene en el momento adecuado, que sabe cuándo bajar el ritmo, cuándo dejar de presionar, intimidar y poner a prueba al destino, esa persona rara vez encuentra a su ser querido desaparecido. Decidió seguir luchando. Si el trauma de una desaparición era un dolor interminable, un agujero psíquico dejado por un cuerpo, el antídoto era encontrar y enterrar al ser querido, y castigar a los responsables.

Miriam descubrió una sorprendente vía para corroborar las pruebas de ADN. En determinados casos, el Gobierno autorizaba a las víctimas la solicitud de pruebas de ADN a proveedores externos. Tras una larga petición, Miriam consiguió que los supuestos restos de Karen,

---

[10] CODHET, «Queja presentada por la C. Miriam Elizabeth Rodríguez Martínez», 17 de marzo de 2015.

[11] La solicitud para designar al experto se hizo el mismo día en que se recolectaron los restos, el 17 de julio de 2014. Fue hasta el 27 de septiembre cuando se hizo la designación. Y hasta el 7 de enero de 2015 las autoridades confirmaron que los restos pertenecían a Karen. «Se designa perito», 17 de julio de 2014. PGJT, Kike, expediente 0049/2016, vol. 1, 726; «Nombramiento», 27 de septiembre de 2014. PGJT, Kike, expediente 0049/2016, vol. 1, 747; «Se remite dictamen de ADN», 1.º de diciembre de 2014. PGJT, Güera Soto, expediente 008/2017, vol. 1, 758-763.

[12] Resultado de una prueba de ADN realizada por el Gobierno a Miriam y Luis para comparar sus perfiles genéticos con los encontrados en la base de datos. El estudio fue positivo y se determinó una relación con algunas costillas halladas en el basurero el 17 de julio de 2014, 17 de enero de 2015. PGJT, Güera Soto, expediente 008/2017, vol. 1, 675-678.

las tres costillas, se enviaran a un importante laboratorio de genética cercano a Washington D. C.[13]

Miriam tenía otras razones para presionar al Gobierno estatal. Sabía de investigaciones anteriores en el rancho, que se remontaban a marzo. El lugar por sí solo lo decía: el sitio donde habían descubierto las costillas en julio ya había sido excavado. Alguien había estado allí primero y había llevado a cabo al menos una recopilación superficial de pruebas.

Si esas costillas pertenecían a Karen, ¿dónde estaba el resto de ella? El cuerpo humano contiene 206 huesos. Entonces, ¿qué había pasado con los otros 203? Ella creía que el Gobierno tenía al menos algunos de ellos, pero estaba demasiado desorganizado para saberlo y demasiado apático para averiguarlo. Por consiguiente, decidió que no se detendría hasta estar segura de que se había recuperado cada parte de Karen, o al menos las partes que podían recuperarse. Si se daba crédito al testimonio posterior del Florista, era posible que Karen hubiera sido disuelta en ácido; a Bárbara la habían disuelto. La idea era una nueva versión del horror de un hijo desaparecido. Los Zetas no solo estaban desapareciendo personas en el estado, estaban desapareciendo a los desaparecidos, borrando, literalmente, su existencia física.

El problema es que no existe una oficina centralizada que controle cuándo se recogen los restos, qué ha sucedido con ellos y si se han analizado en busca de ADN. Para navegar por la confusa cadena de custodia, Miriam tendría que ponerse en contacto con cada oficina, una por una. Envió cartas formales a una serie de organismos estatales y federales, preguntando si alguno de ellos había realizado alguna vez búsquedas en el Basurero.[14] Para evitar confusiones sobre la ubi-

---

[13] «Solicitud de muestras hemáticas», solicitud de Miriam para enviar las muestras de sangre y los restos encontrados en el Basurero al Laboratorio Bode Technology, 22 de enero de 2015. PGJT, Güera Soto, expediente 008/2017, vol. 1, 701.

[14] «Acuerdo de incompetencia por razones de especialidad del delito», 27 de enero de 2015. Machorra, expediente 0011/2017, vol. 1, 774-776; CODHET, «Queja presentada por la C. Miriam Elizabeth Rodríguez Martínez en la que denunció incumplimiento de la función pública en la procuración de justicia por parte del Agente del Ministerio Público Especializado en el Combate al Delito de Secuestro», 23 de marzo de 2015. Güera Soto, expediente 008/2017, vol. 1, 1016-1019. Es importante tener en cuenta que, durante

cación, incluyó las coordenadas GPS. Luego redujo el marco temporal a las búsquedas realizadas en los primeros meses de 2014. Miriam sabía que alguien había ido a recolectar los restos del lugar exacto donde habían encontrado las costillas de Karen, y quería asegurarse de darle al Gobierno todas las posibilidades de encontrar a Karen.

En marzo de 2015, sin saber qué hacer, Miriam envió una carta a otro organismo mexicano cuyo nombre —Comisión Estatal de Derechos Humanos— contradecía su posición, en gran medida intrascendente, dentro del Gobierno.[15] Sobre el papel, el cometido del grupo era proteger y promover los derechos de las víctimas en Tamaulipas; en realidad, el organismo servía principalmente para registrar las violaciones en serie de esos derechos. Personas como Miriam se quejaron ante la comisión para crear un registro, un documento que describiera la corrupción, la intransigencia o la injusticia que habían sufrido a manos del Gobierno.

Aunque el organismo rara vez arrojaba resultados concretos, ofrecía a las víctimas la oportunidad de poner las cosas en su sitio.

En su denuncia, Miriam expresó una profunda frustración por la falta de respuesta del Gobierno. Relató todas las veces que había preguntado a los investigadores si tenían alguna novedad sobre los restos recolectados en el Basurero.

Por Cristiano, por Carlos y por su propia visita al lugar, sabía que su hija había sido asesinada allí, donde había encontrado la bufanda de Karen. Y por eso sabía que la incompetencia burocrática era lo único que le impedía enterrar a su hija como era debido. Tenía que haber algo más que tres costillas, y las pruebas de que alguien había recogido los restos con anterioridad —y lo había hecho de una forma bastante descuidada como para dejar esas tres costillas y que las encontrara el siguiente grupo— eran incontrovertibles.

Saber algo y que su verdad sea negada es caminar al borde de la locura. Miriam no tenía fe en la capacidad del Gobierno para

todo 2015, Miriam siguió buscando los restos de Karen. No fue hasta 2016 que solicitó las autopsias de marzo y mayo de 2014. Güera Soto, expediente 008/2017, vol. 2, 2568. Entrevista con Luis Héctor.

15 CODHET, «Queja presentada por la C. Miriam Elizabeth Rodríguez Martínez», 23 de marzo de 2015.

administrar las pruebas de ADN, y no necesariamente por alguna malicia inherente o deseo de infligir sufrimiento, sino porque la crueldad de la ineptitud prevalecería. Pero eso solamente lo hacía más difícil de aceptar; la esperanza de algo mejor insuflaba más vida a la desesperación.

Ella exigió una investigación.[16]

Objetivo # 3: la historia del Flaco

Casi todos Los Zetas habían abandonado San Fernando tras la incursión de la Marina en el rancho a principios de 2014, dispersándose como semillas al viento. Miriam había encontrado a Sama y a Cristiano en la capital, y sospechaba que también encontraría allí a los demás, escondidos en el anonimato de una ciudad más grande.

Solo unos pocos de Los Zetas que ella conocía tenían conexiones con San Fernando: el Mario, el Florista, la Chaparra y, finalmente, el Flaco, que había participado en el secuestro y asesinato de Karen. Miriam había visto al Flaco por primera vez en internet, en una foto en la que aparecía agarrado del brazo junto a Sama y Cristiano, con los rostros dispuestos en una pose de bravuconería juvenil.[17] El Flaco tenía 21 años cuando participó en el secuestro y

---

[16] «Solicitud de dictamen pericial a los restos óseos». Miriam pide al MP un peritaje sobre los restos óseos encontrados en San Fernando en los meses de marzo y mayo de 2014 y septiembre de 2015, 9 de febrero de 2016. PGJT, Güera Soto, expediente 008/2017, vol. 2, 2568.

[17] «Comparecencia voluntaria por Miriam Rodríguez». Declaración de Miriam en la que informa que ya conoce el nombre real del Flaco, conocido por las autoridades y otros Zetas como el Flaco de la Ribereña; señala que lo supo gracias a sus propias investigaciones y comentarios en redes sociales, 17 de enero de 2015. PGJT, Güera Soto, expediente 008/2017, vol. 1, 689.

asesinato de Karen. Criado en San Fernando, era delgado, pesaba poco menos de 59 kg, tenía una constitución esbelta, nariz afilada y rostro estrecho.[18] Miriam fue en busca del Flaco, pero cuanto más indagaba en su vida, más extraña se volvía la historia.

Miriam encontró una pista inesperada gracias a Pancho, el amigo de Karen que había organizado una fiesta de cumpleaños la noche antes de que la secuestraran. Pancho también había sido secuestrado por la célula Zeta y se le daba por muerto, y cuando Miriam localizó a la familia de Pancho para preguntarle sobre la fiesta de la noche anterior al secuestro de Karen, la madre de Pancho le dijo que él había sido secuestrado antes, por el Flaco.[19]

El secuestro ocurrió un año antes de la desaparición de Karen y fue un episodio extraño que podría haber sido difícil de creer si no lo hubiera contado a las autoridades la propia madre de Pancho, a instancias de Miriam.[20]

A mediados de 2013, Pancho se esfumó sin mediar palabra. Su madre buscó por todas partes y luego esperó la inevitable petición de rescate que toda familia teme. Pero la llamada nunca llegó. En cambio, la madre de Pancho recibió una llamada de una prima que vivía en las afueras de la ciudad, quien le dijo que acababa de ocurrir algo muy extraño: la prima estaba mirando por la ventana cuando Pancho apareció de la nada, caminando por la maleza, cubierto de sangre y moretones.

Cuando llegó a la casa de la prima, Pancho no dio ninguna explicación de su repentina aparición ni de su estado. Pidió algo de comer y se marchó tan repentinamente como había llegado, de vuelta al mismo lugar desolado, pedazo de desierto ondulado, como un fantasma errante. La prima le hizo prometer que volvería al día siguiente.

---

[18] «Declaración preparatoria del inculpado [El Flaco]». Declaración preliminar del Flaco de la Ribereña, 25 de marzo de 2015. PGJT, Flaco, expediente 0023/2015, vol. 3, 2032-2034.

[19] «Comparecencia voluntaria por Miriam Rodríguez». Declaración de Miriam en la que informa sobre los avances de su investigación y presenta a la madre de [Pancho] para que declare, 10 de diciembre de 2015. PGJT, Güera Soto, expediente 008/2017, vol. 2, 2060-2061.

[20] «Declaración informativa de [la madre de Pancho]», 10 de diciembre de 2015. PGJT, Sama, expediente 0029/2014, vol. 1, 554-557.

Al día siguiente, hacia las cinco de la tarde, Pancho volvió a salir de entre la maleza, en un estado muy parecido al del día anterior. Su madre, que había ido a la casa de su prima, se abalanzó sobre él y le exigió saber qué estaba pasando.

—Me ha secuestrado el Flaco —le dijo.

La familia conocía al Flaco desde que era niño; Pancho y él habían ido a la misma escuela primaria en San Fernando. Aun así, a todos les parecía raro que Pancho anduviera por ahí pidiendo comida cuando técnicamente estaba secuestrado. Pero, de vez en cuando, sonaba un teléfono celular en el bolsillo de Pancho, y quien llamaba era el Flaco, comprobando que su cautivo no se alejaba demasiado.

En un momento dado, el padre de Pancho le arrebató el teléfono y le preguntó al Flaco qué quería para que su hijo regresara sano y salvo.

—Dinero —le había dicho el Flaco—. Quiero sacar a mi familia de San Fernando. Si le das a mi mamá 1 000 dólares, dejo ir a Pancho.

Esa noche, después de que sus padres pagaron el rescate, la familia huyó con Pancho a Reynosa, donde permanecieron durante los siguientes meses hasta que recibieron la noticia de que el Flaco había abandonado San Fernando.

Ya de vuelta en casa, Pancho se encontró de nuevo en problemas con las mismas personas que lo habían secuestrado antes. A mediados de enero, casi una semana antes de la desaparición de Karen, Los Zetas intentaron secuestrar a Pancho nuevamente. Aunque logró escapar por poco, Pancho no parecía muy preocupado. Siempre estaba en problemas: con la policía, con sus compañeros, con un cártel u otro. Pocos días después de este último incidente, Pancho decidió organizar una fiesta de cumpleaños en la antigua casa de su familia, en San Fernando, y esa fue la última vez que lo vieron.

Una vez más, su madre salió a buscarlo por toda la ciudad, hasta que un amigo le informó que Pancho había sido secuestrado junto con otras personas de su casa la noche de su propia fiesta, el mismo evento en el que Karen había estado con Bárbara y Ulises.

Los padres de Pancho corrieron a su antigua casa y encontraron un auto gris estacionado afuera con el motor en marcha. Momentos después, vieron a la Chaparra y al Flaco salir por la puerta principal, subirse al auto e irse.

En el interior, encontraron rollos de cinta adhesiva que habían utilizado para atar a alguien. Había sangre en las paredes y papeles esparcidos por todas partes, incluida el acta de nacimiento de la Chaparra; Pancho le había estado rentando una habitación en la casa. Los padres de Pancho no acudieron a la policía porque no veían razón para hacerlo. Unas semanas después, el mismo amigo le dijo a la madre de Pancho que él estaba muerto, asesinado por el Flaco en un rancho al que Los Zetas se referían como el Basurero, cerca del antiguo basurero municipal en Paso Real.

○●○

Una vez comprobada la buena fe del Flaco como secuestrador, Miriam se encontró en un lugar conocido: tenía que encontrar al Flaco.

Si era cierto —como había oído— que ya no estaba involucrado en actividades delictivas, sería aún más difícil seguirle la pista. Una vez descubierto, el submundo criminal se revelaba como un espacio limitado, controlado por un grupo reducido de personas. Pero el resto del mundo, donde la gente normal tenía empleos normales, pagaba renta y criaba a sus hijos, era infinito.

Poco después, una fuente se puso en contacto con Miriam, la misma fuente del rumor sobre la salida del Flaco de Los Zetas. Al parecer, el Flaco trabajaba de tiempo completo en una fábrica de Tamaulipas, cumpliendo extenuantes jornadas para mantenerse y sostener a su familia.

Trabajar en la economía formal de México requería pagar impuestos, y eso significaba que el Flaco estaría inscrito en el sistema de seguridad social del país, o IMSS. Era la misma institución a la que Miriam había acudido cuando le diagnosticaron cáncer y Luis la había contratado como empleada de tiempo completo. Eso significaba, en teoría, que debería haber un registro gubernamental del Flaco en el IMSS. Solo necesitaba convencer a alguien del IMSS para que compartiera la información con ella.

Resultó que encontrar a ese individuo era más fácil de lo que imaginaba, especialmente en Tamaulipas. Si las pruebas de crueldad a manos de delincuentes y funcionarios gubernamentales se extendían por todo el estado, también lo hacía la profunda empatía que esto engendra. Miriam se hizo amiga de una secretaria en las oficinas estatales del IMSS, quien también había perdido un hijo a manos de la violencia armada, una madre que también conocía la apatía del Gobierno. Aunque Miriam tenía un don para reclutar gente para su causa, para crear intimidad y confianza inmediatas, no necesitó reclutar a la secretaria. La mujer se encargó de encontrar al Flaco.

El Flaco trabajaba en una fábrica de cables y componentes de computadoras en un parque industrial ubicado a unos 56 km al este de Ciudad Victoria, donde vivía. La secretaria averiguó todo tipo de detalles sobre él: pagaba su servicio de electricidad, por ejemplo, y estaba registrado en el padrón electoral. Con unos cuantos clics y un poco de trabajo de campo por parte de su nueva amiga, Miriam incluso tenía en la mano una copia del acta de nacimiento del Flaco. Miriam envió un archivo con todos los materiales a las autoridades, junto con la dirección del Flaco.[21] Una semana después, para asegurarse de que hubiera un registro de sus hallazgos, detalló todo en una declaración escrita a los investigadores.[22] En febrero de 2015, Miriam ya tenía una orden de arresto contra el Flaco.[23]

Un mes después, a última hora de la tarde del 24 de marzo, la policía se presentó en el parque industrial de la localidad de Soto la Marina, donde el Flaco apenas iniciaba su turno de diez horas en la fábrica Delfi 2.[24]

---

[21] «Información sobre Flaco de la Ribereña». La dirección del Flaco de la Ribereña se describe como obtenida «de manera económica», lo que implica que fue extrajudicial; también consiguió una copia de su acta de nacimiento, un recibo de luz y su credencial de elector. PGJT, Kike, expediente 0049/2016, vol. 1, 616-620.

[22] «Comparecencia voluntaria por Miriam Rodríguez». Miriam les dice a las autoridades que conoce el nombre real del Flaco por sus propias investigaciones y comentarios en redes sociales, 17 de enero de 2015. PGJT, Güera Soto, expediente 008/2017, vol. 1, 689.

[23] «Orden de aprehensión contra Flaco de la Ribereña», 20 de febrero de 2015. PGJT, Flaco, expediente 0023/2015, vol. 2, 843-864.

[24] «Información de arresto a Flaco de la Ribereña en Ciudad Victoria». PGJT, Flaco, expediente 0023/2015, vol. 2, 941.

Samuel

La lista de familiares de desaparecidos que Miriam tenía se convirtió en un archivo de pérdidas en San Fernando. A veces, Miriam conocía los vagos contornos de la historia de la familia y los buscaba. Otras familias se le acercaban en Rodeo Boots, o mientras comía en uno de los pocos restaurantes de la ciudad o caminaba por la calle.[25] La mayoría quería ayuda para averiguar qué había sucedido con su padre, hijo o hermano desaparecido; otros sabían que ella podía conseguirles dinero, prestaciones del Gobierno para las víctimas.

Para entonces, había obligado al Gobierno a pagar casi 40 000 dólares para enviar los supuestos restos de Karen —junto con los de otras cinco personas— a Estados Unidos para pruebas de ADN.[26] Había ayudado a madres en duelo a sufragar los gastos funerarios de sus hijos asesinados y había transportado a docenas de víctimas a la capital de Tamaulipas para exigir respuestas a sus casos sin resolver. Se convirtió en una experta en conseguir subvenciones públicas. Eran cantidades pequeñas pero significativas para familias que vivían al borde de la pobreza, para quienes una factura médica inesperada podía significar la ruina.

Aun así, con el tiempo, Miriam descubrió que todavía quedaban algunas familias que no querían tener nada que ver con su causa.

A finales de 2015, Miriam estaba ayudando a uno de los miembros de su colectivo a enterrar a su hijo. La mujer, impotente ante su dolor, le había encomendado el proceso a Miriam. La madre había decidido no enterrar a su hijo en el cementerio principal de San Fernando, el más caro de la ciudad. Miriam sugirió una parcela en un cementerio periférico y contrató a un hombre llamado Samuel para que hiciera el trabajo, un sepulturero de edad avanzada que aún trabajaba para poder subsistir.[27]

---

[25] Entrevista con Edgar Galván, representante de víctimas.

[26] Pago en Banorte por el análisis de ADN en el laboratorio Bode por 35 800 dólares, 24 de abril de 2015. PGJT, Machorra, expediente 0011/2017, vol. 1, 1142.

[27] Entrevista con Samuel.

Samuel tenía mechones de cabello blanco que se asomaban bajo su gorra de beisbol, piel como cuero marrón oscuro y cataratas azules que lo dejaban parcialmente ciego. Aunque ya había pasado la edad de jubilación, seguía trabajando y vivía con su esposa en una casa destartalada de lámina y madera recicladas, una parodia de la indigencia; el pasto estaba lleno de piezas de coche oxidadas, cubetas de agua agrietadas y botellas de Coca-Cola vacías.

Miriam prometió pagarle a Samuel un extra para que construyera una tumba para el difunto, una especie de monumento conmemorativo para marcar el lugar del entierro. Pero unas semanas más tarde, cuando Miriam fue a ver el trabajo, encontró una tumba irregular y mal construida.

—¿Qué diablos ha hecho aquí? —le preguntó.

La actitud autoritaria de Miriam podía ser tan mezquina como admirables eran sus actos de altruismo. Perdía la paciencia con facilidad y a veces insultaba a la gente. Samuel, que una vez apuñaló a un hombre que le faltó el respeto, ya era demasiado viejo para eso. Le dijo que no tenía que pagarle nada. Si no le gustaba el trabajo, podía buscar a otra persona para que construyera la tumba.

Miriam se marchó furiosa y prometió que volvería a saber de ella.

Importantes funcionarios escuchaban a Miriam, incluso sus opiniones sobre quién debía perder su puesto. Ella era capaz de ejercer esa influencia de formas terribles: para amenazar a los funcionarios, destripar a sus enemigos u obligar a los fiscales a cum plir sus órdenes.[28] Al día siguiente, Samuel recibió una llamada de un funcionario del ayuntamiento diciéndole que tuviera cuidado al tratar con Miriam. El hombre le mencionó que ella había llamado al ayuntamiento para quejarse de él.

Samuel le dijo al funcionario lo mismo que le había dicho a Miriam: que ella no tenía que pagar. Llevaba 18 años haciendo el mismo trabajo y no necesitaba problemas. Tampoco necesitaba que nadie lo sermoneara sobre el peso de un niño desaparecido. Él lo entendía tan bien como cualquiera.

---

[28] Entrevista con varios funcionarios públicos, incluyendo a Gloria Garza y Fernando Reyna.

Al día siguiente, Miriam se dirigió al cementerio. Solo que ahora su tono era diferente, más suave. El mismo funcionario que había advertido a Samuel sobre Miriam le había dicho que Samuel no era ajeno a las desapariciones forzadas: su propio hijo había desaparecido años antes.[29]

Miriam le preguntó por qué nunca lo había denunciado, ni se lo había mencionado cuando ella le gritaba. Él se encogió de hombros.

—Puedo ayudarle a encontrar a su hijo —refirió ella—. Podemos presentar una denuncia penal y puedo ayudarle a que se inscriba en las prestaciones para víctimas.

Samuel le respondió que nunca había querido presentar una denuncia y que no pensaba hacerlo ahora. Después de la desaparición de su hijo, secuestrado mientras estaba con unos amigos, la única solución que había recibido había sido una visita de los responsables, quienes le advirtieron que mantuviera la boca cerrada.

Los mismos hombres intentaron extorsionarlo con 700 dólares, lo que le causó gracia, ya que no ganaba esa cantidad en un mes. Esto solo reforzó la corrupción que reinaba en el país, ya que los hombres que habían asesinado a su hijo se sentían con el derecho a exigirle al padre del muchacho muerto una suma mayor de la que podía imaginar.

Aun así, aunque no podía pagarles, podía —y quería— guardar silencio. Tenía que pensar en sus otros hijos.

Miriam insistió en que eran otros tiempos y que las víctimas debían unirse y exigir al Gobierno que hiciera su trabajo.

Samuel se burló.

—Mucha gente me ha dicho que debería hacer esto o aquello —le dijo Samuel—. Que debería presentar una denuncia y buscar justicia. Pero ¿por qué? ¿Para qué? ¿Para que vengan aquí y se lleven a mi esposa y a mis otros hijos?

Se sentó mientras hablaba. Llevaba un bastón y le costaba trabajo mantenerse en pie; incluso sentado parecía incómodo, sus ojos apenas mostraban vida en su cráneo anciano.

---

[29] Entrevista con Samuel.

—Estoy protegiendo a la familia que tengo ahora —dijo—. Nunca acudí a las autoridades porque son los responsables de causar toda la muerte en primer lugar.

Los restos de Karen

La odisea para recuperar a Karen, o al menos la primera parte de ella, llegó a su fin el 10 de febrero de 2016, cuando la familia la enterró en una parcela dentro del cementerio de San Fernando, detrás de un pequeño grupo de cipreses.[30]

Luis Héctor sabía que, hasta el último momento, sus padres aún se aferraban a la improbable esperanza de que tal vez Karen estuviera viva, en otra ciudad o en otro estado. Que tal vez nunca encontrarían el cuerpo porque no había cuerpo que encontrar; la locura del dolor. Para Luis Héctor, cuando Karen fue enterrada en febrero de 2016, sus costillas en el interior de una caja tamaño infantil y los ritos funerarios leídos sobre las piezas que pudieron encontrar conformaron una imagen con una única conclusión no deseada: Karen había muerto.

Luis Héctor observó a sus padres mientras permanecían juntos bajo el sol del mediodía. Para Miriam, el entierro era la culminación de tantos años de búsqueda, arriesgando no solo su propia vida, sino también la de su familia. Y, sin embargo, ¿cómo podía uno encontrar consuelo o cierre enterrando a su propio hijo?

Una multitud de amigos se reunió para la ceremonia, que tuvo lugar en la funeraria de su amigo Chalo. Sonaron dos de las canciones favoritas de Karen mientras se proyectaba una presentación

[30] «Diligencia de entrega de restos óseos de Karen analizados por laboratorio BODE a Miriam», 10 de febrero de 2016. PGJT, Güera Soto, expediente 008/2017, vol. 2, 2496-2497.

con sus fotografías desde la infancia hasta la edad adulta en una pantalla cerca del ataúd.

A Luis Héctor le costó mucho ver a sus padres; sentía su propia tristeza y rabia; pero, de alguna manera, verlos a los dos le hizo comprender la profundidad de la pérdida familiar. No había vuelta atrás, aunque el pasado de la familia nunca fuera del todo feliz. Ambos padres estaban destrozados a su manera: su padre ya no bebía, pero había remplazado la embriaguez por el aislamiento y la depresión; su madre estaba obsesionada con la venganza.

Para Luis Héctor, el cierre de un capítulo parecía dar nacimiento a uno nuevo: su propia transformación. El deseo de venganza era, por supuesto, normal; quitarles a los demás lo que le habían quitado a él, a su familia. Quería una venganza bíblica. En el fondo, sabía que no podía cometer un acto tan horrible, pero dejar sin respuesta la pérdida de su familia era igualmente insoportable.

Había ayudado a su madre en la búsqueda de los hombres y las mujeres responsables, verificando ubicaciones y colaborando con la vigilancia en la capital. Ahora haría más. Donde Azalea había sido la confidente de su madre, la que se quedaba en San Fernando, Luis se convertiría en su asistente, el socio táctico en la ejecución de lo que quedaba por hacer, especialmente en Ciudad Victoria.

El mismo día del funeral, el 10 de febrero de 2016, el Gobierno federal envió una carta al Gobierno estatal de Tamaulipas, solicitando a las autoridades que respondieran a las peticiones de Miriam: ¿había habido cateos anteriores en el Basurero o se habían encontrado y retirado otros restos?[31] Las desesperadas cartas de Miriam —que había enviado casi un año antes— finalmente habían tenido eco en los pasillos del poder.

[31] «Comparecencia de la ciudadana Miriam Elizabeth Rodríguez Martínez», 9 de febrero de 2016. PGJT, Güera Soto, expediente 008/2017, vol. 2, 2476-2478; «Solicitud de información». Petición de Miriam al MP para un peritaje sobre los restos óseos encontrados en San Fernando en marzo y mayo de 2014 y septiembre de 2015. PGJT, Güera Soto, expediente 008/2017, vol. 2, 2568.

Una carta de los federales bastó para que los funcionarios estatales entraran en acción. Una semana después, la maquinaria estatal empezó a moverse. Los forenses estatales enviaron una lista que contenía las fechas de cada registro realizado en el Basurero, la mayoría de los cuales habían sido organizados por Miriam, todos excepto uno: una visita que había tenido lugar el 14 de mayo de 2014, cuatro meses después de que secuestraran a Karen.

Aquel día, la Marina había llamado a los servicios forenses alrededor de las 9:45 p. m. para que recogieran un cadáver masculino en el Basurero, que habían encontrado en posición bocabajo, parcialmente enterrado a un lado del rancho. Mientras estaban allí, las autoridades recuperaron restos de otro lugar, una fosa común en la que un viejo tractor había mezclado otros fragmentos óseos con el lodo removido.[32] A partir de estos hallazgos, el médico forense pudo distinguir dos perfiles genéticos.

El informe de la autopsia era un tesoro de información, una serie detallada y meticulosamente registrada de los pasos dados por las autoridades para registrar e identificar los restos aquel día: la designación de un especialista forense, la orden de una autopsia, la solicitud de pruebas de huellas dactilares y de ADN. Los agentes forenses tomaron muestras y las metieron en un sobre blanco, que etiquetaron y luego sellaron.

«Las referidas muestras fueron colocadas y embaladas correctamente, a fin de ser incluidas como prueba en los procedimientos legales correspondientes», concluía el documento del 20 de mayo, seis días después del hallazgo de los restos en el Basurero.[33]

El laboratorio forense estatal concluyó las pruebas de ADN de los huesos el 16 de junio de 2014 y los resultados se enviaron al Ministerio Público de San Fernando, el mismo lugar donde Miriam pasaría los dos años siguientes preguntando por los restos de su hija.[34]

---

[32] «Entrega de investigaciones hechas a restos encontrados el 14 de mayo de 2014». PGJT, Güera Soto, expediente 008/2017, vol. 2, 2579, 2581, 2647.

[33] «Constancia de recepción de peritaje», 20 de mayo de 2014. PGJT, Güera Soto, expediente 008/2017, vol. 2, 2579, 2581, 2647.

[34] «Dictamen de ADN», 18 de junio de 2014. PGJT, Chepo, expediente 0034/2014, vol. 1, 310-313.

Concluidas y recopiladas las pruebas en el expediente del caso, los restos fueron enviados a Chalo, quien los enterró en una fosa común el 11 de octubre de 2014.[35]

Y allí permanecieron, en la sección 2, fila 7 del panteón «Rincón» de San Fernando,[36] hasta año y medio después, cuando Miriam consiguió que los desenterraran mediante cartas.[37] Las autoridades habían conseguido encontrar perfectamente documentado lo mismo que ella reclamaba desde hace tiempo.

Un mes después, llegó la confirmación: dos de los fémures recuperados el 14 de mayo en el Basurero, que en ese momento estaban enterrados en una fosa común en el lado noroeste de la ciudad, pertenecían a Karen.[38]

El Gobierno autorizó que Chalo exhumara los restos de la fosa común para realizar más pruebas.[39]

---

[35] «Solicitud de [Chalo] de autorización para enterrar el cuerpo», 23 de septiembre de 2014, 54; «Solicitud de fosa al Ayuntamiento», 10 de octubre de 2014, 58; «Donación del Ayuntamiento de fosa», 10 de octubre de 2014, 60. PGJT, Güera Soto, expediente 008/2017, vol. 2, 2579, 2581, 2647.

[36] «Informe fotográfico», PGJT, 22 de octubre de 2014.

[37] «Diligencia de entrega de restos óseos de Karen», 10 de febrero de 2016. PGJT, Güera Soto, expediente 008/2017, vol. 2, 2496-2497.

[38] «Confrontación de los perfiles genéticos obtenidos de los CC. Miriam Elizabeth Rodríguez Martínez y Luis Héctor Salinas», 26 de abril de 2016. PGJT, Machorra, expediente 0011/2017, vol. 3, 2960-2962.

[39] «Permiso sanitario de exhumación», Secretaría de Salud del Estado de Tamaulipas, 8 de marzo de 2016.

X. LOS OTROS OBJETIVOS

Objetivo # 4: el Florista en el puente

El teléfono de Miriam sonó en la madrugada del 27 de marzo, aproximadamente un mes después del funeral. Las llamadas matutinas nunca eran casuales tras un trauma; traían noticias de algún tipo, buenas o malas, y con ellas una sensación de temor. Sentada en la cocina de Azalea con una taza de café, Miriam se levantó de su silla con tal determinación que Azalea pensó que debía haber estado esperando la llamada.

Era un informante, quien le ahorró la ansiedad y fue al grano: había visto al Florista, uno de los objetivos de Miriam, en el puente internacional de Matamoros.[1]

Miriam seguía viviendo con Azalea, incapaz de volver a su casa y sin ganas de encontrar otro lugar donde vivir. No quería ser como su esposo, quien, sin ataduras, rentaba su propia casa. Quería tener a su familia cerca.

Colgó y llamó a su esposo para que fuera a buscarla. Luego llamó a Mariano, su amigo y comandante de policía, quien había sido ascendido a comandante de operaciones estatales de la policía ministerial. Le prometió que tendría hombres disponibles en Matamoros, hombres que podrían ayudar a detener al Florista.

Al salir por la puerta, le hizo una promesa a Azalea; esa tarde tendrían una comida con la familia de la mejor amiga de Karen, Fany.

—Volveré con este cabrón de una forma u otra —dijo, cerrando la puerta tras de sí.

---

[1] Entrevista con Azalea y un informante anónimo.

Luis estaba esperando afuera. Tras la desaparición de Karen, Miriam y Luis habían forjado algo nuevo: ya no trabajaban juntos para crear, sino para recuperar.

○●○

Tras la detención del Florista, Miriam le contó a Luis lo que había ocurrido en el puente. Estaba radiante cuando la policía detuvo al Florista, el cuarto arresto: Sama, Cristiano, el Flaco y ahora el Florista. Según sus cuentas, o según el número de objetivos que había fijado hasta entonces, le faltaban cinco más: el Mario, el vendedor de coches; la Chaparra; el Kike, que había jalado la cuerda que estranguló a Karen; la Güera Soto, novia del Kike, de la que había oído hablar cada vez más, y la Machorra, la mujer que había golpeado a Karen por placer.

Teniendo en cuenta lo anterior, Miriam había hecho un trabajo rápido en el arresto del Florista y llegaría a tiempo para la barbacoa en casa de Fany.[2]

El viaje de regreso desde Matamoros a San Fernando recorre la costa del Golfo de México durante aproximadamente 160 km, un viaje de una hora y media hacia el sur por la Carretera Federal 101. Mientras ella y Luis avanzaban por la autopista, Miriam llamó por teléfono a Mariano para contarle lo que había sucedido y agradecerle su ayuda. Él respondió con una risa ronca, ya que había sido informado sobre el arresto del Florista.

De todos con los que trabajaba Mariano, Miriam tenía la mejor información: nombres, números, direcciones, todo lo necesario.[3] Tenía un talento innato y sabía cómo seguir una pista o presionar a un testigo. Se acordaba de todo. Para entonces, Miriam se había vuelto tan útil para él que empezó a llevarla a las operaciones de búsqueda de sospechosos; ella vestía un uniforme completamente negro y un pasamontañas para que los criminales a los que señalaba no pudieran identificarla. Tenía un acuerdo similar con la

---

[2] Entrevista con Yazmín Sánchez y Azalea.

[3] Entrevista con Mariano de la Fuente y Adrián López Sosa.

Marina y el Ejército, a quienes ayudaba a localizar sospechosos y traficantes buscados. Ella estaba encantada de poder contribuir; conocía las ventajas de un pacto de asistencia mutua, en particular con las fuerzas armadas.

Pero cuando se trataba de su lista de implicados en el asesinato de Karen, prefería seguirles la pista ella misma y confiar en las autoridades solo cuando ya se había tendido una trampa. Había aprendido por las malas que cederles el control operativo desembocaba en caos, ya fuera por los arrestos fallidos o por el derramamiento masivo de sangre y los asesinatos extrajudiciales.

Mariano escuchó en silencio mientras Miriam le contaba sobre la detención del Florista y la felicitó, pasando por alto sus tácticas legalmente cuestionables.

—Bueno, ya está, ¿no? —dijo, sugiriendo que la cacería podría haber llegado a su fin. Su incansable persecución, aunque admirable, era peligrosa—. Ya has hecho bastante.

—Todavía no —replicó—. Todavía tengo que encontrar a esas perras.[4]

Es decir, a la Chaparra, la Güera Soto y la Machorra, quienes habían participado en el secuestro y tortura de Karen y habían demostrado ser más difíciles de rastrear que los hombres.

Miriam revivía a menudo los días posteriores a la desaparición de Karen, cuando conducía por la ciudad en estado de locura y vio a la Chaparra sentada en una mesa de plástico en un restaurante de carne asada, actuando de manera sospechosa. Confirmó sus sospechas de que la muchacha había estado vigilando el camino hacia el Basurero para Los Zetas cuando revisó las coordenadas GPS de las llamadas realizadas en relación con el rescate de Karen. Se realizaron desde la casa de la abuela de la Chaparra.[5]

Miriam sabía por entonces que la Chaparra trabajaba como prostituta de vez en cuando, una profesión de índole oculta y secreta. En una ocasión, Miriam había estado a punto de detenerla en Ciudad Victoria, después de seguirle la pista hasta una peluque-

---

4 Entrevista con Mariano de la Fuente y Adrián López Sosa.

5 Entrevista con Luis Salinas.

ría donde esperaba a uno de sus clientes.[6] Se habían peleado en la calle, pero la joven escapó.

La Güera Soto, al igual que la Chaparra, había ejercido la prostitución. Se había acercado a Los Zetas de San Fernando en aquellos años, primero como mujer pública y luego como novia del Kike.[7] Miriam había escuchado que era pariente de Sama, pero no había podido confirmarlo.[8] En realidad, era la que menos sabía de aquella muchacha.

Miriam también odiaba a la Machorra, por su sádica obsesión con Karen y las golpizas aleatorias; todo porque Karen era bonita, o quizá porque la Machorra se consideraba fea. El rencor sin sentido y la intimidación hacían que los hechos del asesinato de Karen fueran aún más difíciles de soportar. Como si matar a Karen no fuera suficiente.

Mariano sabía que no debía discutir con Miriam; sabía que ella nunca se detendría. Le había preguntado si había terminado su cacería con el mismo ánimo con el que había recorrido la ciudad justo después del secuestro de Karen: hacer algo, aunque fuera inútil, porque no hacer nada era desestimar la gravedad de la situación.

De regreso en San Fernando, Miriam cruzó a toda prisa la ciudad para reunirse con Azalea en casa de Fany Sánchez. La Ciudadela era una gran finca de aproximadamente 5 acres con un muro exterior fortificado y una entrada con portón. Fany estaba en Matamoros, pero su padre, un destacado médico, estaba en el amplio

[6] «Parte informativo», 30 de octubre de 2015. PGJT, Güera Soto, expediente 008/2017, vol. 2, 1865-1866.

[7] Miriam solicitó que los investigadores inspeccionaran una casa morada en San Fernando, donde creía que Los Zetas mantenían a sus víctimas de secuestro. Dentro de la casa, las paredes estaban cubiertas de grafitis, incluidos los nombres de la célula Zeta involucrada en el secuestro y asesinato de Karen. Uno de los mensajes decía: «Wera y Kike, los amo, mi vida». «Diligencia ministerial de inspección», 21 de mayo de 2016. PGJT, Machorra, expediente 0011/2017, vol. 3, 3082.

[8] «Parte informativo», 23 de diciembre de 2016. PGJT, Machorra, expediente 0011/2017, vol. 4, 3769-3774.

patio trasero, con su hija mayor, Yazmín, también médica, asando tiras de carne de res bien salada y cebollines al carbón.

Aunque Fany ya no vivía en San Fernando y rara vez regresaba después de lo que le pasó a Karen, Miriam siguió siendo amiga de la familia Sánchez. Eran lo suficientemente cercanos como para que a Miriam no le importara llevar puesto su pijama, abrigo y sombrero para la parrillada, luciendo más como una exhibicionista callejera que como una mujer que suele llevar una bolsa de maquillaje del tamaño de una del supermercado. Se quedó con las demás junto a la parrilla, todavía emocionada por el arresto del Florista, charlando animadamente.[9]

Azalea y Yazmín se dieron cuenta de que, por primera vez en mucho tiempo, Miriam parecía realmente feliz. Les contó a todos cómo había detenido al Florista. Los demás rieron nerviosos, incluso Azalea. Perseguir a un delincuente violento, amenazarlo con una pistola y llamar a la policía para que acudiera y lo arrestara era, para ellas, como algo sacado de una película.

Miriam a menudo se perdía en los entresijos de sus persecuciones y se volvía ajena a la temeridad, a cómo sus descripciones gráficas y su lenguaje soez eran percibidos por cualquiera que no estuviera inmerso en su mundo. Sus amigos temían por Miriam y por su seguridad, pero también temían por ellos mismos y por el peligro que implicaba su proximidad a ella.

Yazmín consideraba a Miriam una tía y se refería a ella como tía Miriam. Ambas trabajaban en el principal centro de salud de la ciudad, Yazmín como doctora y Miriam como defensora de la salud, un papel que había asumido además de administrar su tienda y dirigir su colectivo.[10] En el trabajo, Yazmín y Miriam solían compartir comidas en la cantina. A veces, cuando Miriam se lanzaba a contar una de sus historias sobre una operación de vigilancia, una redada de la Marina o los lazos familiares de un peligroso narcotraficante al que estaba investigando, Yazmín le pedía que parara. No quería saber. En lo que a ella respectaba, cuanto menos supiera, mejor.[11]

---

9 Entrevista con Yazmín Sánchez y Azalea.

10 Entrevista con Yazmín Sánchez y María Dolores Guzmán.

11 Entrevista con Yazmín Sánchez y Azalea.

De pie en el patio trasero, Yazmín le hizo a Miriam una pregunta que, para entonces, Miriam ya había oído cientos de veces, la última de Mariano: ¿por qué no dejarlo pasar? Tal vez era mejor y más seguro dejar la persecución de los criminales en manos de la policía.

—¿Por qué no les das la información que tienes y dejas que hagan los arrestos? —preguntó Yazmín—. No tienes por qué estar con ellos y correr todos esos riesgos.

Miriam negó con la cabeza y soltó una risa triste.

—Ni hablar. No confío en ellos. Por sí solos, siempre la cagan.[12]

○●○

El Florista ofreció detalles sobre la estructura de la célula Zeta en San Fernando.[13] Desde su perspectiva, cerca de la base de la jerarquía, los dividió de manera general en dos grupos: los vigías, que se apostaban en puntos estratégicos de la ciudad para informar sobre cualquier actividad sospechosa, y la seguridad armada, que realizaba secuestros y asesinatos, llamados *estacas*.

Sentado en el cuartel general de la policía, el Florista hablaba con nerviosismo, utilizando una serie de frases sueltas que relataban los hechos tal como se le ocurrían. Recitó una lista de nombres que para entonces eran familiares para los fiscales y la policía: Sama; el Chepo, el exboxeador convertido en Zeta; Cristiano, y el Flaco. Los cuatro estaban en prisión, sobre todo gracias a Miriam. Todos ellos estaban encerrados en Ciudad Victoria, que había sido la cárcel designada para los presos Zeta.

Compartió su propia historia de cómo se unió a Los Zetas, que sonaba más a una leva forzosa que a un reclutamiento.[14] El Chepo, el exboxeador, le había dicho un día al Florista que el jefe, el Larry, había decidido que era hora de que se uniera a Los Zetas.

---

[12] Entrevista con Yazmín Sánchez y Azalea.

[13] «Declaración informativa del ciudadano [el Florista] alias el Trini», 29 de marzo de 2016. PGJT, Kike, expediente 0049/2016, vol. 3, 2864-2875.

[14] *Idem.*

—Papá Larry cree que la gasolinera donde lavas parabrisas es un buen mirador —dijo, refiriéndose al voluble líder de Los Zetas en San Fernando, el Larry, quien vestía sombreros de vaquero y conducía una camioneta Ford Ranger blanca con el emblema del presidente municipal.

—¿Qué? ¿Por qué haces eso si ni siquiera he decidido trabajar para ustedes? —respondió el Florista.

—Al patrón le vale madres lo que quieras o no —respondió el Chepo.

El Florista se convirtió en Zeta después de eso.

A esas alturas, Miriam ya sabía casi todo. No se molestó en seguir a la policía hasta el Ministerio Público para escuchar la declaración del Florista, como lo habría hecho unos meses antes. Podría leer su declaración más tarde, en caso de que ofreciera nuevos detalles.

Había algunos datos útiles. El Florista mencionó al Kike, el Zeta de ojos caídos que había ayudado a estrangular a Karen, y a su novia, una mujer que acabaría convirtiéndose en el centro de atención de Miriam, una exprostituta que ahora trabajaba para Los Zetas: la Güera Soto.

○●○

En la casa de Fany, después de que terminaron de comer, quedaron varias botellas de cerveza vacías esparcidas alrededor. Miriam tomó algunas y caminó con ellas hasta el límite de la propiedad, donde había una pared de bloques de cemento sin terminar en medio de la construcción. Colocó algunas en el borde superior de la pared y luego unas cuantas más. Después caminó de regreso hacia donde estaban los demás y sacó una pistola calibre .38 de su bolsa.

Con los años, sus amigos llegaron a asociarla con esa pistola como se asocia a un amante con un aroma o a un restaurante con un plato. Su presencia completaba el conjunto; su ausencia despojaba a la propietaria de su identidad. Años antes había solicitado un permiso para el arma, pero se lo denegaron. México, aunque inundado de armas de fuego ilegales, tiene algunas de las normas sobre armas de fuego más estrictas del mundo.

Que supiera disparar o no era harina de otro costal: pocos la habían visto hacerlo. Miriam levantó su pistola semiautomática y apuntó. Disparó varias veces e hizo que las botellas salieran volando de la pared y estallaran en mil pedazos. Les dio a todas sin desperdiciar un solo disparo.

Yazmín silbó, admirada, mientras el patio trasero se llenaba de fragmentos de botellas vacías.

—Tía, por eso nunca quiero meterme contigo.[15]

Un segundo entierro

En abril de 2016, el laboratorio forense estatal volvió con los resultados de ADN de la ronda final de pruebas de los restos recolectados en el Basurero en mayo de 2014, los que habían permanecido enterrados en una fosa común durante casi dos años.[16]

Las piezas pertenecían a Karen.[17]

Miriam aceptó sin rechistar la conclusión de las pruebas, pero pidió que le enviaran por escrito las conclusiones oficiales. Además, solicitó la devolución de los restos de su hija que habían sido depositados en un archivador en Ciudad Victoria, a fin de «organizar un funeral de acuerdo con nuestras tradiciones».[18]

---

[15] Entrevista con Yazmín Sánchez y Azalea.

[16] «Confrontación de los perfiles genéticos obtenidos de los CC. Miriam Elizabeth Rodríguez Martínez y Luis Héctor Salinas», 26 de abril de 2016. PGJT, Machorra, expediente 0011/2017, vol. 3, 2960-2962.

[17] «Acuerdo». Entrega de restos de Karen a Miriam y Luis, 5 de mayo de 2016. PGJT, Machorra, expediente 0011/2017, vol. 3, 2996.

[18] «Comparecencia de la Ciudadana Miriam Elizabeth Rodríguez Martínez», Ciudad Victoria, 5 de mayo de 2016. PGJT, Güera Soto, expediente 008/2017, vol. 3, 3008-3009.

En la mañana del 5 de mayo, Miriam y Luis se dirigieron a Ciudad Victoria para reunirse con los agentes de la Unidad de Servicios Forenses. Miriam vestía una blusa negra con cuello de encaje, un collar de oro y aretes a juego. Luis llevaba puesta una camisa negra, pantalones de mezclilla y botas de vaquero. Cuando llegaron a las oficinas designadas, los hicieron pasar a una pequeña habitación con un escritorio y dos sillas.

Chalo, quien también había llegado en coche, se hizo cargo de los restos y los colocó en un ataúd forrado de seda sobre rieles en el compartimento con cortinas de su coche fúnebre. También se había arreglado para la ocasión, con pantalones oscuros y una chamarra negra; el pelo corto. Chalo dio cierta continuidad a la errática cronología de los esfuerzos de Miriam; había estado presente tras la incursión de la Marina en el Basurero y en todas las búsquedas posteriores. Había salvaguardado el primer conjunto de restos de Karen, identificados en 2015, y enterrado los demás en una fosa común por orden del Gobierno, para exhumarlos 18 meses después con la misma autorización.[19] Ahora los enterraría —y a Karen— por segunda y última vez.

A su funeraria, solamente asistió un pequeño grupo; Luis Héctor no pudo unirse. Esta vez no hubo fanfarria, ni música, ni presentación de imágenes para acompañar el entierro. Permanecieron en silencio y se marcharon uno a uno hacia el cementerio, donde los nuevos restos serían depositados junto a los antiguos.

Miriam se quedó atrás cuando los demás se fueron y Azalea se unió a ella. Se quedó mirando a su madre, cuyo rostro estaba desgastado y surcado por el tiempo. Ya casi no quedaba nada de dulzura; la alegría y el humor, la risa frívola y la sonrisa despreocupada de los primeros años habían desaparecido.

—¿Cuándo terminará esto? —preguntó Azalea.

—¿Cuándo terminará qué? —quiso saber Miriam.

—Esto —dijo Azalea, agitando los brazos sobre el ataúd, bajo la iluminación sombría, entre cortinas cerradas, alfombras oscuras y el opresivo silencio de la funeraria.

---

[19] «Transcripción de diligencia de entrega de restos óseos [de Karen]», PGJT, 5 de mayo de 2016, Machorra, expediente 0011/2017, vol. 3, 3013-3014.

Miriam había prometido que su campaña terminaría una vez que encontrara a Karen y ahora, después de haber hecho lo impensable, Azalea quería saber si Miriam tenía la intención de cumplir su palabra.[20] Todo el mundo temía por su seguridad y la de ellos mismos. Incluso enfrentarse a Los Zetas, o al crimen organizado en general, era una locura. Pero ¿meter a miembros del cártel en prisión y hacer que el submundo criminal se sintiera inseguro? Parecía un deseo de muerte.

Miriam abrió la tapa del ataúd y sacó una pequeña bolsa de su interior, del tamaño de un niño; fragmentos de huesos tan frágiles y diminutos como los de un ave.

—Esto —replicó sosteniendo la bolsa— es lo que me dejaron de mi hija. ¿Crees que me detendré?[21]

Los otros objetivos

Objetivo #5: el Mario

Miriam les envió mensajes a amigos que vivían fuera del estado o que se dedicaban a actividades comerciales en San Fernando, como la venta de autos usados, para ver si alguien había descubierto algo de sus objetivos. Y así fue como se enteró de los rumores sobre el Mario, el líder de Los Zetas de mayor edad a quien Carlos había visto en el rancho.

Ya había capturado al Mario una vez; literalmente, lo había inmovilizado contra una pared esperando que la policía llegara

[20] Entrevista con Azalea.

[21] «Informe fotográfico». Informe fotográfico de la entrega de los restos óseos de Karen a Miriam y Luis el 10 de febrero de 2016. PGJT, 5 de mayo de 2016.

a arrestarlo.[22] Nunca llegaron, en parte, porque no pudo comunicarse con nadie por teléfono. No es que importara: había entrado a la casa del Mario sin una orden judicial. Todavía conservaba una foto de él contra la pared, con una cara de terror. Le había enviado la imagen a su amigo policía, Mariano de la Fuente.

Al final, el Mario, vendedor de coches, fue detenido sin incidentes, gracias a un mapa dibujado a mano por Miriam con su ubicación exacta.[23] Pero no permanecería encarcelado mucho tiempo, ya que el abogado privado del Mario empezó a explotar las incoherencias del caso del Gobierno, el caso que Miriam había construido por su cuenta.[24]

No había pruebas físicas que vincularan a ninguno de los sospechosos con el asesinato.[25] Miriam había regresado una y otra vez al Basurero para buscarlas —una camiseta, un cinturón, una huella dactilar, cualquier cosa que pudiera demostrar la implicación de la célula Zeta allí—, pero no había encontrado nada.[26]

Solo hubo unos cuantos testigos presentes en el secuestro de Karen: Carlos y su primo, Ulises, y el novio venezolano de Karen. Ulises estaba comprometido, pues había jurado lealtad a Los Zetas, y el venezolano no aparecía por ninguna parte: la policía fue a buscarlo a media docena de lugares, pero no encontró nada.[27]

---

[22] Entrevista con Mariano de la Fuente y Adrián López Sosa.

[23] *Proceso*, «Cae líder de una banda de plagiarios que operaba en San Fernando», 14 de abril de 2016. Entrevistas con Mariano de la Fuente y Luis Héctor.

[24] Desde su primera declaración, el Mario tenía un abogado defensor que cuestionaba la investigación realizada por Miriam.

[25] Entrevista con un abogado defensor anónimo.

[26] Durante tres años, Miriam realizó una gran cantidad de búsquedas oficiales y no oficiales para identificar cualquier evidencia que pudiera implicar a los acusados.

[27] Las autoridades fueron a su trabajo y les dijeron que no había trabajado allí durante al menos dos meses. También visitaron la dirección de su supuesta casa, pero no hubo respuesta. «Constancia de notificación», 17 de abril de 2015. PGJT, Güera Soto, expediente 008/2017, vol. 1, 1110; «Parte Informativo», 23 de junio de 2016. PGJT, Machorra, expediente 0011/2017, vol. 3, 3202-3208.

Para entonces, Carlos ya había dado más de una declaración a las autoridades.[28] El hecho de que esas dos declaraciones difirieran se utilizó para sugerir que Carlos estaba mintiendo o, por lo menos, que no se podía confiar en que recordara los detalles del secuestro. Sus contradicciones se convertirían en el centro de la estrategia de defensa de Los Zetas.[29]

El caso dependía totalmente de Miriam y de su presencia. Si bien ella era la fuente de su fuerza —su existencia misma—, también era fundamental para sus defectos. Miriam no era fiscal y no sabía exactamente cómo construir un caso, especialmente en el arcaico sistema mexicano de jurisprudencia.

Aun así, Miriam siguió adelante, encontrando nuevas formas de vincular a los individuos con Los Zetas, y a estos con el secuestro en San Fernando; todo para demostrar un patrón probatorio de conducta criminal y hacerlos pagar por Karen.

Se coló en la casa morada, donde ella y Luis habían seguido a Sama y a su jefe en 2014, un edificio de un solo piso con rejas blancas en las ventanas y un patio cubierto de maleza, donde Los Zetas mantenían a sus víctimas.[30] En las paredes, Los Zetas habían garabateado sus apodos con tinta negra.

Miriam tomó cada nombre y lo relacionó con las cuentas de Facebook correspondientes, donde había localizado a casi todos Los Zetas de San Fernando, y donde la mayoría había publicado fotos de

---

[28] «Comparecencia voluntaria de la ciudadana Miriam Elizabeth Rodríguez Martínez», 5 de diciembre de 2014. PGJT, Güera Soto, expediente 008/2017, vol. 1, 631-632; «Declaración ministerial de [Carlos]», 9 de febrero de 2015. PGJT, Güera Soto, expediente 008/2017, vol. 1, 988-1002; «Comparecencia voluntaria en parte de la ciudadana Miriam Elizabeth Rodríguez Martínez», 13 de febrero de 2015. PGJT, Güera Soto, expediente 008/2017, vol. 1, 791-796; «Entrevista del c. [Carlos]», 28 de septiembre de 2015. PGJT, Sama, expediente 0029/2014, vol. 1, 566-570.

[29] Entrevista con un abogado defensor anónimo. Dos años después, el impulso del caso había comenzado a disminuir. Sama y Cristiano se retractaron de sus declaraciones iniciales, alegando que las habían dado bajo coacción. La propia Miriam había llegado a un punto en el que las distintas líneas de su campaña —formar un colectivo, encontrar los restos de Karen y perseguir a Los Zetas— comenzaron a enredarse.

[30] «Comparecencia voluntaria de la ciudadana Miriam Elizabeth Rodríguez Martínez», 19 de mayo de 2016. PGJT, Machorra, expediente 0011/2017, vol. 3, 3061; «Diligencia ministerial de inspección», 21 de mayo de 2016. PGJT, Machorra, expediente 0011/2017, vol. 3, 3082.

sí mismos.[31] Encontró mensajes entre ellos, escritos en los muros de Facebook de unos y otros, para mostrar la interconexión del grupo.

Entre las cuentas que descubrió había dos nombres que seguían prófugos: la Machorra, la mujer que había atacado a Karen con tanta saña, y la Güera Soto, la exprostituta que ayudó a Los Zetas.[32]

Objetivo # 6: la Chaparra

La violencia en San Fernando, una pequeña ciudad en esencia, era muy íntima, aunque en escala y gravedad rivalizara con zonas de guerra a un mundo de distancia. Las personas se conocían, o como mucho estaban separadas por uno o dos grados. Miriam nunca tuvo que buscar demasiado lejos para encontrar a un pariente, una tía o abuela involuntaria, o un tío despistado, que le diera detalles valiosos sobre su objetivo. Y nunca tuvo que buscar demasiado lejos para encontrar conexiones entre los propios Zetas, incluso románticas. A través de su red de fuentes, Miriam había descubierto que la Chaparra estaba saliendo con el Cherokee, el Zeta con la cicatriz a lo largo del cuello, el que había ayudado a estrangular a Karen.[33]

En un caluroso día de agosto de 2016, Miriam estaba sentada afuera de la penitenciaría de Ciudad Victoria, observando desde su auto cómo un grupo de visitantes salía de las instalaciones.[34] Para entonces, el Cherokee estaba encarcelado allí por un delito distinto al secuestro de Karen y, tras algunas minuciosas averiguaciones, Miriam descubrió que la Chaparra había estado visitándolo.

La última vez que Miriam la había visto, se habían peleado en la calle y esta había escapado. Miriam no volvería a cometer ese

[31] «Parte informativo», 23 de mayo de 2016. PGJT, Machorra, expediente 0011/2017, vol. 3, 3084-3099.

[32] *Idem.*

[33] «Comparecencia de la ciudadana Miriam Elizabeth Rodríguez Martínez», 16 de abril de 2015. PGJT, Güera Soto, expediente 008/2017, vol. 1, 1073.

[34] Entrevistas con Azalea, Luis Héctor y Mariano de la Fuente.

error. Cuando por fin vio a la chica saliendo del penal, Miriam la siguió hasta su casa en lugar de enfrentarse a ella. Luego llamó a la policía para que la arrestaran.[35]

Bajo custodia, la Chaparra afirmó que había sido secuestrada por el mismo grupo que secuestró a Karen y que, para salvar su propia vida, había aceptado trabajar para ellos.[36]

Miriam observó con recelo cómo la joven contaba su historia. Entregó a los fiscales algunas fotografías de la Chaparra con Los Zetas, del brazo, para saber qué decía al respecto, incluida una con otra joven que Miriam creía implicada en el asesinato de Karen, la Güera Soto.

Alta, de cara ancha, ojos verdes y piel blanca, la Güera Soto creció en el pueblo Nuevo Padilla, no lejos de San Fernando. Por lo que Miriam pudo averiguar, ya no trabajaba con Los Zetas, sino que había estado buscando empleo en Ciudad Victoria.[37]

De hecho, había un detalle más sobre la Güera, una conexión que Miriam había escuchado, pero no confirmado: era prima de Sama.[38]

Objetivo #7: el Kike

La iglesia evangélica era pequeña y estaba escondida en una calle lateral de la capital. Miriam había estado allí algunos días antes para echarle un vistazo. Se había interesado especialmente

---

[35] «Detención de [la Chaparra] en Ciudad Victoria, menciona que tiene orden de aprehensión del 14 de abril de 2016», 4 de agosto de 2016. PGJT, Machorra, expediente 0011/2017, vol. 3, 3221-3222; *Milenio*, «Detienen a presunta asesina de jóvenes de San Fernando», 5 de agosto de 2016, https://www.milenio.com/estados/detienen-presunta-asesina-jovenes-san-fernando.

[36] «Declaración informativa de [la Chaparra]», 15 de agosto de 2016. PGJT, Sama, expediente 0029/2014, vol. 1, 599-602.

[37] *Idem.*

[38] «Parte informativo», 23 de diciembre de 2016. PGJT, Machorra, expediente 0011/2017, vol. 4, 3769-3774.

por uno de los ayudantes del sacerdote, un hombre alto, de pelo corto y oscuro, de unos 30 años, con rasgos que parecían demasiado marcados en su rostro.

Ahora estaba segura, mirándolo aquella tarde del 14 de noviembre de 2016.[39] Era el Kike.

Cuando los policías esposaron al Kike, el sacerdote le preguntó a Miriam si no sentía compasión. Ella se detuvo y miró fijamente al hombre, vestido con sus sagradas vestiduras.

—¿Y dónde estaba su compasión cuando mataron a mi hija? —preguntó.[40]

Burocracias: María Inés

—¿Señora María Inés? —preguntó la persona que llamó.[41]

—Diga.

—Escuche, quiero informarle que hemos encontrado a su hijo —dijo la mujer, cuya voz María Inés reconoció como la de la gestora de su caso en el Gobierno—. Tiene que presentarse aquí, en Matamoros.

Lo había dicho así, fría y directamente, como si fuera una citación judicial. María Inés se quedó inmóvil. Cinco años de dolor desentrañados en cinco palabras: *hemos encontrado a su hijo*.

En la sala de espera de un hospital, mientras operaban a su madre, María Inés se sentó un momento y repasó la breve y abrupta conversación.

---

[39] «Detención de El Kike», 12 de noviembre de 2016. PGJT, Kike, expediente 0049/2016, vol. 3, 3762.

[40] Entrevista con Luis Héctor.

[41] Entrevista con María Inés Vera Hernández.

María Inés volvió a llamar.

—Disculpe, ¿cómo que han encontrado a mi hijo? —preguntó.

Las palabras en sí le provocaron un nudo en la garganta. Llevaba años esperando una llamada así, incluso había soñado con ella. Y ahora que la había recibido, solo sentía frustración. Antes de que la mujer pudiera responder, María Inés le hizo la pregunta que más temía y al mismo tiempo más deseaba saber.

—¿Cómo lo encontraron? —preguntó—. ¿Está bien? ¿Está muerto?

—Sí, muerto —respondió la mujer rotundamente, y luego colgó.

María Inés se derrumbó en el suelo entre sollozos. Tras cinco años buscando a su hijo, los traumas acumulados emergieron de golpe al entender que su búsqueda había terminado. Llamó a Miriam, quien le dijo que tenía que ser fuerte; perder la compostura solo haría que todo fuera más difícil.

Miriam consiguió los boletos de autobús para que María Inés y su familia viajaran a Matamoros. A la mañana siguiente, en Matamoros, María Inés y su familia fueron conducidos a una sala donde esperaron horas para ver a la agente que había llamado a María Inés.

Cuando ya estaban dentro de la oficina, la agente dijo que no tenía información sobre el hijo de María Inés. Lo dijo con tal convicción que María Inés se preguntó si había escuchado mal.

Antes de que María Inés pudiera responder, la agente le dijo que estaba demasiado ocupada para atender su petición y que otro agente la atendería.

María la miró incrédula, sin palabras para expresar la combinación de ira, humillación y confusión que brotaba de su interior. Un funcionario trajeado condujo a la familia a otra área, donde, tras otra larga espera, el nuevo agente declaró que no había registro del paradero de Eduardo en el sistema.

—Pero me llamaron y me dijeron que habían identificado su cuerpo —insistió María Inés.

El funcionario le dijo nuevamente que debía de haber algún error; es decir, no que la Fiscalía hubiera cometido algún error, o que la hubieran llamado por equivocación, sino que había ocurrido algún error irreprochable, huérfano, que la había llevado a estar mal informada sobre la ubicación de su hijo muerto.

María Inés, indefensa ante la intransigencia gubernamental, se marchó sin protestar. Si Miriam hubiera estado con ella, habría arremetido contra los funcionarios. Pero María Inés no se sentía con derecho a nada, ni siquiera a la verdad.

o●o

Miriam gritó al teléfono cuando María Inés la llamó desde el autobús de camino a casa desde Matamoros.[42]

—¿No te dijeron nada? —preguntó—. Esta gente no tiene corazón, no es capaz de ponerse en el lugar de los demás.

El feroz apoyo de Miriam reconfortó a María Inés; la hizo sentir menos sola y más validada en su ira. Después de todo, ¿qué sabía ella? Como tantos otros, era una novata, demasiado intimidada para exigir siquiera cortesía.

El encogimiento de hombros frío y practicado, el rostro inescrutable, las frases inocuas que podían significar cualquier cosa para el solicitante inexperto: todo eso significaba que no ibas a conseguir nada del burócrata con cara de piedra que te decía con tensa formalidad que tu solicitud tardaría «el tiempo necesario».

Miriam le dijo a María Inés que irían a Ciudad Victoria a exigir respuestas.

o●o

Miriam sabía que tenía enemigos, Los Zetas, por ejemplo. Pero también había otros que no aprobaban su nueva posición en la comunidad activista, o que sentían que se estaba volviendo arrogante e imprudente con su influencia. No obstante, en 2016, tras haber pasado los dos últimos años enemistada con los burócratas, se encontró en el punto de mira del Gobierno.

Todo comenzó con una simple investigación sobre los fondos que había recibido de la Comisión Estatal de Atención a Víctimas

[42] Entrevista con María Inés Vera Hernández.

de Tamaulipas.[43] ¿Qué había hecho Miriam con los fondos que le habían asignado en nombre de su colectivo?

A primera vista, parecía inocuo, incluso justificable, pero el Gobierno hizo creer que Miriam había aceptado decenas de miles de dólares que no había recibido.[44] La cifra máxima era asombrosa, casi 50 000 dólares en total.

La cifra de 50 000 dólares no habría escapado a la mirada de otros activistas y personas de su colectivo.[45] El Gobierno se había asegurado de que no pasara desapercibida. Esa cantidad de dinero para una familia de clase trabajadora en Tamaulipas equivalía al salario de varios años. ¿Cómo era posible que una sola activista hubiera recibido esa cantidad?

La investigación se realizó en respuesta a la queja de Miriam ante la comisión de Derechos Humanos del Estado de Tamaulipas, en la que acusaba al Gobierno estatal por su gestión de los res-

---

[43] El 15 de diciembre de 2016, se solicitó verificar y contabilizar la ayuda económica que el Estado supuestamente le había proporcionado a Miriam Rodríguez. Se alegaba que la suma total era de casi un millón de pesos. Una semana después, el 21 de diciembre, Miriam negó haber recibido muchos de los beneficios mencionados. Instituto de Atención a Víctimas del Delito, «Atención a oficio de requerimiento de información», 22 de diciembre de 2016. Oficio No. SGG/SDH/0272/2016.

[44] Algunos funcionarios del Gobierno despreciaban a Miriam por la forma malhablada en que se dirigía a ellos, las acusaciones casuales que les lanzaba y el poder que tenía para hacerles la vida imposible si hacían caso omiso de sus ruegos. «Llegaba gritándome como si yo trabajara para ella», dice Gloria Garza, exresponsable de los derechos de las víctimas en Tamaulipas. Cuando Miriam entraba al edificio del Ministerio Público en San Fernando, «la gente corría a esconderse en la oficina de alguien más», recordó una amiga. «La primera vez que la vi, antes de que pudiera presentarme, me llamó corrupto», dijo un fiscal. Pero todos estaban de acuerdo: ella traía la mercancía. En palabras de un exprocurador de Tamaulipas: «Nunca me gustó su forma de hablar ni de tratar al personal. Pero al menos venía con algo más que insultos y quejas. Siempre nos traía información genuina».

[45] A medida que pasaba el tiempo y crecía la influencia de Miriam, algunos de los otros miembros del colectivo empezaron a acusarla en voz baja de abusar de su posición. Algunos acusaron a Miriam de ignorar a sus miembros y de utilizar su creciente número para darse a conocer. Algunos incluso afirmaron que se quedaba con dinero destinado a otros. Pocas de estas personas quisieron declarar y ninguna pudo aportar pruebas de ningún comportamiento impropio por parte de Miriam. Familiares y amigos atribuyeron estas acusaciones a los celos. Entrevista con Rosa Cisneros Espinoza, líder del colectivo; Edgar Galván, representante de las víctimas; Luis Héctor y Azalea.

tos de Karen.[46] La investigación fue una venganza disfrazada de auditoría burocrática. La comisión había detallado todos y cada uno de los gastos que el Gobierno había realizado en su nombre.[47]

Miriam tardó meses en evaluar línea por línea cada uno de los gastos que se le habían imputado.[48] Encontró errores flagrantes. Por ejemplo, el costo asociado con las pruebas de ADN de los restos de Karen, aproximadamente 15 000 dólares, incluía casi con toda seguridad las pruebas de otras familias.[49] En la auditoria figuraban los gastos escolares de sus hijos entre las prestaciones, pero Miriam no tenía hijos en edad escolar.[50] El Gobierno simplemente intentaba darle a Miriam tantos dolores de cabeza como ella les había dado a ellos.

Miriam sabía cómo enfrentarse al fantasma de los documentos esgrimidos por el Estado. Sabía que había que infligir burocracia a la burocracia. Envió una carta exigiendo cuentas detalladas de cada gasto: copias de boletos, recibos de las escuelas, documentación con su firma reconociendo los pagos cuestionables.[51]

«Aunque fuera cierta la cantidad de dinero que ustedes establecen en este documento, no me han pagado ni la décima parte de las pérdidas económicas que he sufrido», escribió.[52]

---

[46] «Queja de Miriam en la Comisión de Derechos Humanos del Estado de Tamaulipas», 17 de marzo de 2015. PGJT, Güera Soto, expediente 008/2017, vol. 1, 1016-1019.

[47] La forma en que se presentan los datos hace parecer que Miriam recibió y malversó grandes cantidades de recursos públicos. Instituto de Atención a Víctimas del Delito, 22 de diciembre de 2016.

[48] En los archivos personales de Miriam se pueden ver las marcas que hizo en el documento original, incluidas sus preguntas sobre los costos y la tachadura de ciertos gastos enumerados por el Gobierno. De hecho, ella elaboró su propia lista con la ayuda económica que recibió. Instituto de Atención a Víctimas del Delito, 22 de diciembre de 2016.

[49] «Reporte de orden de pago internacional», Banorte. El pago por el análisis de ADN en el laboratorio Bode fue de 35 800 dólares, realizado el 24 de abril de 2015. PGJT, Machorra, expediente 0011/2017, vol. 1, 1142.

[50] Aproximadamente 13 000 pesos mexicanos (setecientos dólares) destinados a supuestas inscripciones escolares. Instituto de Atención a Víctimas del Delito, 22 de diciembre de 2016.

[51] Comparecencia escrita de Miriam en la Secretaría General de Gobierno, Ciudad Victoria, Tamaulipas, 16 de marzo de 2017.

[52] *Idem.*

○●○

Poco después del fallido viaje de María Inés a Matamoros, Miriam rentó una camioneta para llevarla a ella y a otras mujeres a Ciudad Victoria. Las mujeres rieron y bromearon durante el viaje hacia el sur; la mayoría de ellas estaba emocionada por tener una audiencia con funcionarios que durante mucho tiempo les habían negado información o acceso.

En el estacionamiento, Miriam tomó del brazo a una nerviosa María Inés y la guio a través de la entrada de la Fiscalía General. Pasaron junto a la hilera de retratos de los solemnes procuradores generales de Tamaulipas que se remontaban a más de cien años atrás, y luego subieron las escaleras hacia las oficinas de paredes de cristal del fiscal general de Tamaulipas.

En la entrada había un guardia que les impedía el paso.

—Nadie puede atenderlas ahora mismo —dijo el guardia, mirando por detrás de la cabeza de Miriam.

—¿Cómo que no puedo pasar? —dijo Miriam, alzando la voz.

El hombre empezó a mirar a su alrededor mientras la gente se reunía en los pasillos para ver qué gritaba la mujer de cabello rojo brillante.

—No estoy pidiendo permiso para pasar —replicó ella, empujando con un dedo el pecho del hombre—. Vamos a entrar.

En ese momento, alguien de la oficina del fiscal general salió, reconoció a Miriam y le hizo una seña para que pasara a una sala.

—Necesito hablar con el fiscal general —le dijo.

El fiscal general no estaba, pero el hombre dijo que las atendería él mismo.

Miriam fue la que más habló, explicando la situación de María Inés, la humillación a manos de agentes estatales y la revictimización. El funcionario escuchó en silencio y luego pidió que le trajeran un expediente. Lo revisó lentamente mientras las mujeres esperaban sentadas, devolvió la carpeta y miró a Miriam y María Inés.

—Estamos trabajando en ello —refirió.

Explicó que el Estado estaba buscando ayuda externa para dirigir el proceso de identificación, concretamente, los restos que se remontaban a 2011, cuando Eduardo desapareció. Expertos internacionales iban a tomar más muestras de ADN de los familiares de las víctimas para ayudar a organizar la identificación de los restos.

María Inés salió de la reunión con cierta esperanza. Le dijeron que alguien se pondría en contacto con ella en poco tiempo, y así fue.

Sabas

La tristeza era un asunto privado en San Fernando. Los espectáculos públicos para expresar duelo eran raros, excepto los funerales. Nadie quería que otros vieran su sufrimiento, por si podía ser utilizado en su contra, o para aprovecharse de ellos. Rodeo Boots era una excepción, un respiro para las familias de los desaparecidos y, gracias a Miriam, una válvula de escape para la paranoia que convertía el duelo en un lastre.[53]

Una mañana de marzo de 2017, Miriam estaba en su tienda revisando el inventario cuando una amiga irrumpió en la puerta.[54] En un ataque de llanto, María Dolores Guzmán le dijo a Miriam que su hermano había desaparecido. Mencionó que la familia había intentado presentar una denuncia, pero Sabas Guzmán llevaba desaparecido menos de 72 horas, por lo que la policía se negó a ayudar.[55] Había ido a vender un automóvil a Guanajuato, pero nadie sabía nada de él desde la noche anterior.

Miriam se puso a trabajar.

---

[53] Entrevista con Edgar Galván.

[54] Entrevista con María Dolores Guzmán, hermana de Sabas.

[55] Entrevista con Yulissa Guzmán, hija de Sabas.

Unas horas más tarde, sonó el teléfono de Miriam. En el estado de Guanajuato, se había descubierto un cadáver que coincidía con la descripción de Sabas.[56] La persona que llamó estuvo hablando con Miriam durante un rato.

Cuando colgó, Miriam miró al hermano de Sabas.

—Debes ir allá ahora mismo —dijo ella, mirando su reloj; eran las 10:30 p. m.

El tono de Miriam había cambiado ligeramente, estaba más agitada, como si supiera algo, pero no mencionó nada.

—Lleguen temprano, cuando abran a las ocho de la mañana —les dijo.

Lo que Miriam había escuchado era que las autoridades se disponían a enviar el cadáver a una fosa común.[57] Normalmente, había un periodo de gracia para que la familia reclamara los restos; no obstante, por alguna razón desconocida, las autoridades habían truncado el proceso.

Por la mañana, en la comisaría, la familia fue tratada como si ellos mismos hubieran matado a Sabas. Los agentes a cargo ignoraron sus preguntas, o respondieron con las suyas: ¿cómo conocían al fallecido? ¿A qué se dedicaba? Todo orientado a confirmar que Sabas era un criminal y se merecía lo que le había pasado.

La familia llamó a Miriam. A los 30 minutos, uno de los policías se acercó con otra pregunta:

—¿A quién llamaron? —gritó—. Nuestros jefes nos están gritando en este momento. Esa persona se está saltando la cadena de mando.[58]

Una semana después, en el funeral de Sabas, María Dolores quiso saber por qué Miriam había insistido en que la familia condujera durante toda la noche para ver a la policía.

—Porque si no hubieras llegado a la mañana siguiente, tu hermano habría ido a parar a una fosa común —explicó Miriam.[59]

[56] El pueblo donde desapareció Sabas fue San Felipe Torres Mochas.

[57] Entrevista con María Dolores Guzmán.

[58] Entrevista con María Inez Flores García, esposa de Sabas.

[59] Entrevista con María Dolores Guzmán, hermana de Sabas.

A María Dolores se le atragantó la voz. Le dijo a Miriam que no había forma de agradecerle lo que había hecho: rescatar a su hermano de una muerte anónima y a la familia del trauma de una desaparición.

Miriam se sacudió la gratitud y advirtió a María Dolores que tuviera cuidado, que se guardara para sí lo que le había ocurrido a Sabas. San Fernando no era un lugar para buscar compasión.

—Todas las personas que están aquí —refirió, señalando hacia los dolientes—; la mayoría de ellos no son tus amigos.[60]

María Dolores se sorprendió al escuchar a Miriam sonar tan amargada.

—Solo los que hemos compartido este dolor entendemos lo que es perder a un ser querido —concluyó Miriam.

[60] Entrevista con María Dolores Guzmán

XI. LA RUPTURA

Prisión

La noche del 22 de marzo de 2017, 29 reclusos excavaron su camino para salir de la penitenciaría de Ciudad Victoria, una instalación en ruinas con muy pocos guardias, demasiados presos y un historial de fugas.[1] Los convictos cavaron un túnel desde el lado norte del complejo,[2] donde en un conjunto informal de chozas se albergaba al exceso de población, hasta un campo situado más allá del muro de seguridad exterior, a casi 37 m de distancia.[3]

El penal de Ciudad Victoria había sido designado años antes para Los Zetas, al igual que el de Matamoros estaba destinado al Cártel del Golfo. Los grupos estaban recluidos en prisiones separadas para evitar el tipo de motines que se habían producido décadas antes, cuando Juan García Abrego dirigía el Cártel del Golfo. Era una forma de salvar vidas y mantener el sistema roto fuera de las noticias,

---

[1] *Animal Político*, «Reportan motín en el penal de Tamaulipas donde se fugaron 29 reos», 23 de marzo de 2017, https://www.animalpolitico.com/2017/03/victoria-fuga-carcel; *La Jornada*, «Escapan por un túnel 29 reos del penal de Ciudad Victoria», 24 de marzo de 2017, https://www.jornada.com.mx/2017/03/24/estados/037n1est; YouTube, «Fuga de 29 reos de penal de Tamaulipas», https://www.youtube.com/watch?v=86gwgitsVNM.

[2] *Animal Político*, «Reportan motín en el penal de Tamaulipas...», *op. cit.*

[3] En la superficie, no había nada excepcional en la fuga de la prisión de marzo; ni siquiera era la primera vez que los prisioneros en Tamaulipas intentaban construir un túnel para liberarse. El sistema penitenciario era una mancha en los esfuerzos del país por procurar justicia: sobrepoblado, con pocos recursos y plagado de funcionarios corruptos que sabían que no podían controlar a los reclusos, por lo que en su lugar aceptaban sobornos para hacerse de la vista gorda. Diseñada para ochocientas personas, la prisión en Ciudad Victoria albergaba casi a mil. *Proceso*, «Se fugan 29 reos por un túnel cavado en penal de Ciudad Victoria; recapturan a 10», 23 de marzo de 2017, https://www.proceso.com.mx/nacional/estados/2017/3/23/se-fugan-29-reos-por-un-tunel-cavado-en-penal-de-ciudad-victoria-recapturan-10-181027.html.

o al menos intentarlo; la contrapartida era que, como los criminales tenían en gran medida el control de las prisiones, la farsa de la autoridad gubernamental era difícil de mantener.

Casi todos los que Miriam había encarcelado por el asesinato de Karen, e incluso los que no, estaban alojados en el penal de Ciudad Victoria. Buscó frenéticamente en las noticias qué había ocurrido y quién se había escapado. Solo los funcionarios de la prisión de la capital tenían dificultades para averiguar quién se había fugado.

Varias horas más tarde, los medios de comunicación recibieron una lista provisional de los fugitivos.[4] En la primera fila de las fotografías compartidas con los periodistas, había un rostro que Miriam reconoció: el Kike, el Zeta de mirada lenta que había jalado la cuerda que le había costado la vida a Karen.[5]

Miriam se dirigió a Ciudad Victoria para encontrar a Luis Héctor.

—Quédate con esto —dijo Miriam, poniéndole una pistola en la mano a Luis Héctor cuando abrió la puerta—. No dudes en usarla si van a tu casa.[6]

Luis Héctor tomó el arma. Estaba menos preocupado que su madre por la posibilidad de que el Kike fuera por la familia y se sorprendió por la reacción de su madre.[7] Parecía inverosímil que alguien se escapara de la cárcel y buscara venganza de inmediato. Querían evitar la prisión, no reservar un boleto de regreso solo de ida.

Pero Miriam tuvo una premonición.

Por primera vez en su vida, Miriam dejó traslucir un sentimiento de miedo. En los días posteriores a la fuga, Miriam solicitó protección al Gobierno estatal y federal, un derecho garantizado

---

[4] *La Jornada*, «Escapan por un túnel 29 reos del penal...», *op. cit.*

[5] *Idem.*; *Proceso*, «Se fugan 29 reos por un túnel cavado en penal...», *op. cit.*

[6] Entrevista con Luis Héctor.

[7] «Acuerdo». Medidas de protección para Miriam y Luis, 23 de marzo de 2017. Machorra, expediente 0011/2017, vol. 4, 3860.

por las leyes de atención a víctimas.[8] Envió cartas a la policía local, estatal y federal, al Ministerio Público y al Ejército, pidiendo que enviaran unidades para vigilar su casa, así como su lugar de trabajo.

Una tras otra, denegaron sus peticiones, inventando excusas basadas en las interpretaciones más endebles de la ley y de su escasa responsabilidad dentro de ella.[9] Finalmente, la policía de San Fernando se encargó de patrullar con vehículos su casa y su lugar de trabajo. Pero apenas contestaban a sus teléfonos cuando ella llamaba.[10]

Miriam empezó a ver y sentir lo que otros habían percibido mucho antes: el peligro que corría ella misma. Su cuñada se había distanciado de ella, preocupada de que pudiera quedar atrapada en el fuego cruzado de un asesinato; su hermano, Jorge, le pidió una pistola para protegerse en caso de que Los Zetas lo persiguieran; su esposo se quejó de que él también podría quedar atrapado en medio del conflicto.

Sin embargo, no dejó de perseguir a Los Zetas. Ignoró las súplicas de su familia y amigos. Ellos tenían miedo, tanto miedo al crimen organizado que ni siquiera querían que otros les plantaran cara.

Miriam había decidido mucho antes que no le importaba que la gente comprendiera o aceptara sus acciones. Tras la fuga de la prisión, le dijo a un amigo periodista que sospechaba que podría morir en su empeño de acabar con quienes les habían hecho daño a Karen y a tantos otros.[11] Estaba convencida de que la fuga se relacionaba de algún modo con ella.

Estaban sentados en la casa de su amigo, muy cerca de la de ella. Él le preguntó qué haría.

---

[8] *Idem*; solicitudes a siete diferentes instituciones de medidas de protección para Miriam, 23 de marzo de 2017.PGJT, Güera Soto, expediente 008/2017, vol.4, 3862-3868.

[9] Denegación de la solicitud de medidas de protección, Secretaría de Seguridad Pública Tamaulipas, 24 de marzo de 2017. PGJT, Güera Soto, expediente 008/2017, vol. 4, 3873; Denegación de la solicitud de medidas de protección, Dirección de Seguridad, Tránsito y Vialidad, 24 de marzo de 2017. PGJT, Güera Soto, expediente 008/2017, vol. 4, 3875; Denegación de la solicitud de medidas de protección de siete autoridades, Procuraduría General de Justicia del Estado de Tamaulipas, 19 de mayo de 2017.

[10] YouTube, «Pido protección; el asesino anda suelto», 12 de mayo de 2017. https://www.youtube.com/watch?v=rzZGvSxddlE.

[11] Entrevista con Aristeo Manilla.

—No puedo parar —protestó—. Solo espero que esos cabrones me den la oportunidad de devolverles el tiro cuando vengan por mí.

○●○

Miriam no solo estaba preocupada por el Kike. A través de su red de fuentes, empezó a oír rumores de que, en la prisión, centro neurálgico de los comandantes Zeta, se había dado la orden de que la mataran, y que a algunos de los 12 fugitivos restantes se les había encomendado el trabajo.[12]

Su activismo se estaba convirtiendo en una molestia para Los Zetas.[13] Estaba dando un ejemplo preocupante a cualquiera que quisiera desafiar la primacía del crimen organizado. Los criminales prosperaban con la permisividad que concedía el miedo; ella era un ejemplo de cómo las cosas podrían ser diferentes. Miriam había dicho que el miedo era solo una palabra. Para Los Zetas, era mucho más que eso.

Miriam sabía que, si alguien quería matarla, podía hacerlo. Ella no era una jefa de Estado con protección las 24 horas del día. Ni siquiera podía conseguir que la policía pasara por su casa una vez cada 24 horas. El miedo era algo que podía soportar, que había aprendido a suprimir e ignorar; hasta cierto punto, también lo era la muerte.

Objetivo # 8: la Güera Soto

A finales de ese mes, Miriam condujo hasta el pueblo de Nuevo Padilla, una pequeña localidad construida para remplazar a la antigua capital del distrito, Padilla, que se había inundado a principios

---

[12] Entrevistas con Luis Héctor y Luis Salinas.

[13] Entrevistas con Luis Héctor y Luis Salinas.

de la década de 1970.[14] A lo largo de las orillas del lago, donde se asentaba el antiguo pueblo, los tejados de los edificios de Padilla aún eran visibles a través de la superficie del agua.

En el pueblo, Miriam recorrió las calles, escudriñando las casas escondidas tras muros de concreto. Allí vivía la familia de la Güera Soto, la joven que había estado con Los Zetas cuando capturaron a Karen. Había salido con el Kike y seguía suelta. Preguntó en las pequeñas tiendas locales para averiguar si alguien sabía dónde vivía la familia.

Finalmente, le indicaron una pequeña calle residencial en el extremo sur de la ciudad, una casa modesta detrás de un muro de bloques de concreto. Miriam llamó a la puerta de la familia.

Un familiar contestó y le dijo a Miriam que la Güera Soto estaba trabajando.

Miriam, fingiendo ser una amiga, preguntó dónde.

—Ella está en Ciudad Victoria, trabajando como niñera.[15]

o●o

A María Inés le gustaba trabajar con Miriam, sus chistes soeces, su temperamento feroz, el ambiente familiar que creaba en Rodeo Boots. Hacía mucho tiempo que María Inés no tenía un trabajo fijo; limpiar casas era temporal, mal pagado y muy duro para las manos y las rodillas. Había extrañado su trabajo en la fábrica, el estatus que le proporcionaba.

Miriam había contratado a María Inés en marzo, con la esperanza de aliviar su carga en la tienda.[16] Ella y Miriam se habían hecho muy amigas en los tres años que habían pasado desde que María Inés se había unido a su colectivo. Confiaban la una en la otra, y María Inés veía en Miriam una especie de modelo a seguir.

Desde la fuga de la prisión, se daba cuenta de que Miriam estaba más estresada de lo normal, más molesta.[17] A Miriam siempre le

[14] Gobierno del Estado de Tamaulipas, «Padilla», https://www.tamaulipas.gob.mx/estado/municipios/padilla/.

[15] Entrevista con Luis Héctor.

[16] Entrevista con María Inés Vera Hernández.

[17] Entrevista con María Inés Vera Hernández.

ocurrían varias cosas a la vez, y todas le causaban cierto nivel de molestia. Pero esto era diferente. Hablaba del Kike y de su frustración con el Gobierno por haberlo dejado escapar; se obsesionaba con que la Güera Soto trabajara de niñera, cómo era posible que alguien la hubiera puesto a cargo de su hijo; se preguntaba si la Güera Soto y el Kike estarían planeando algo, un pacto de amantes para vengarse de ella.

Miriam nunca se había preocupado por su propia seguridad, como si estuviera protegida por algún amuleto mágico. Eso surgía cada vez que María Inés la veía. También se manifestaba en otros lugares.

En abril, Miriam asistió a una reunión entre el Gobierno estatal y los colectivos de Tamaulipas para discutir la nueva propuesta de Ley de Atención a Víctimas del estado.[18] Reuniones como esta tendían a derivar de discusiones puntuales a quejas más genéricas sobre la ineficacia del Gobierno, las necesidades de las familias y el deseo de que se realizaran más búsquedas para encontrar a los desaparecidos.

Miriam quería hablar de seguridad. De pie frente al auditorio donde estaban reunidos los colectivos, reprendió a Gloria Garza, directora estatal de Derechos Humanos. Le dijo a Garza que todavía había presos sueltos de la fuga del penal de Ciudad Victoria, incluyendo a uno que estaba involucrado en el secuestro de Karen, y que ella estaba en peligro.

Presintiendo un enfrentamiento, el amigo de Miriam, Guillermo Riestra, que dirigía su propio colectivo, filmó el encuentro con su teléfono.

—He solicitado seguridad hasta que se recapture al preso fugado —refirió Miriam, hablando por encima de Garza—. Hasta la fecha no he visto la seguridad solicitada.

Miriam mencionó que el policía asignado a su equipo de protección nunca contestaba el teléfono. Ella lo había llamado en vano, incluso para una emergencia reciente.

—Lo llamé como treinta veces y nunca contestó —puntualizó.

---

[18] YouTube, «Pido protección; el asesino anda suelto», 12 de mayo de 2017.

Objetivo # 8: la Güera Soto, segunda parte

Miriam estaba estacionada en la calle vacía, con el motor en marcha para poder escuchar la radio.[19] Habían pasado horas desde que la Güera Soto había entrado en la anodina casa, donde trabajaba como niñera. A medida que se acercaba la medianoche, Miriam necesitaba ir al baño. Orinar afuera no era una opción, como tampoco lo era abandonar su puesto para buscar un baño, así que Miriam tomó un termo Yeti que María Inés le había regalado y alivió su necesidad en él.[20]

Ese mismo día, las autoridades tamaulipecas, al manejar mal un proceso legal,[21] le habían anunciado a la Güera Soto su inminente arresto.[22] Miriam estaba furiosa; nada impedía a la Güera Soto huir de la ciudad y escapar, como su novio, el Kike.[23]

---

[19] Entrevista con Luis Héctor.

[20] Entrevista con María Inés Vera Hernández.

[21] «Citatorio para comparecer» [Güera Soto], 17 de abril de 2017. PGJT, Machorra, expediente 0011/2017, vol. 4, 3968-3969; «Juicio de amparo», 20 de abril de 2017. PGJT, Machorra, expediente 0011/2017, vol. 4, 3989-3992.

[22] Esa misma mañana, la Güera Soto había sido llamada a la corte para testificar en la investigación en curso sobre el secuestro y asesinato de Karen Salinas Rodríguez, el resultado de meses de esfuerzo de Miriam para construir un expediente preciso sobre su participación. La fiscalía le había enviado una citación a su casa, pidiéndole que testificara voluntariamente. Cuando la policía llegó para entregar la citación, la Güera Soto se escondió en su habitación y dejó que su padre recibiera los documentos. Días después, cuando la Güera Soto se presentó ante las autoridades, se negó a testificar. Sin una orden de arresto, las autoridades la dejaron ir. «Citatorio para comparecer» [Güera Soto], 17 de abril de 2017. PGJT, Machorra, expediente 0011/2017, vol. 4, 3968-3969; «Parte informativo», 21 de abril de 2017. PGJT, Güera Soto, expediente 008/2017, vol. 4, 3997-3998.

[23] En ese momento, Miriam estaba sentada en la cafetería del ministerio de salud local en San Fernando, charlando con Yazmín y otra compañera de trabajo, ajena al procedimiento judicial en curso. Cuando el personal del Ministerio Público llamó para informarle sobre la citación, Miriam explotó. Sacó su pistola de su bolso y la golpeó sobre la mesa, en medio del desayuno. «¿Qué carajos quieren decir con que la dejaron ir?», gritó por teléfono, asustando a los demás. «Ella sabe que la van a arrestar, y ahora le han dado ventaja». Entrevista con Alejandro Rodríguez Sosa, compañero de trabajo de Miriam, y Mariano de la Fuente.

La Güera Soto trabajaba casi todas las tardes cuidando niños para una familia en Ciudad Victoria, hecho que Miriam había comprobado tras seguirla un día. Si quería que la arrestaran —lo sabía—, tendría que esperar afuera de la casa para ver si salía.

Llevaba varias horas sentada escuchando la radio, esperando a que saliera la Güera Soto, cuando se le agotó la batería del auto. Eran las tres de la madrugada.

Atascada, decidió llamar a Luis Héctor.

Este se detuvo con los faros apagados y Miriam y él vigilaron la casa donde trabajaba la Güera Soto, rezando para que no se encendiera ninguna luz mientras conectaban los cables de arranque.

Al amanecer, Miriam llamó a la policía para que enviaran unidades. Cuando la Güera Soto salió de la casa hacia la calle, Miriam saltó de su auto y la persiguió, gritando a la policía para que la siguiera.[24] Jaló a la Güera Soto del cabello y la tiró al suelo, cayendo ella también en el acto y fracturándose un pie.[25]

○●○

Pocos días después, Miriam cruzó la frontera rumbo a Álamo, Texas, para participar en la Caravana contra el Miedo, una iniciativa que recorrió la frontera entre Estados Unidos y México para denunciar las políticas dirigidas a los migrantes.[26]

La esencia de la Caravana era contrarrestar las narrativas de miedo y odio sobre los migrantes, sobre todo en el periodo previo a las elecciones presidenciales de 2018 en Estados Unidos, donde el candidato Donald J. Trump estaba subiendo en las encuestas gracias a una retórica que atacaba a los migrantes, especialmente a los mexicanos.

Miriam subió al escenario con muletas, frente a una multitud de varias decenas de personas reunidas a la sombra de una gran carpa. A su lado, un joven traducía su discurso al inglés.

---

[24] Entrevista anónima con el abogado defensor.

[25] Entrevista con el Ministerio Público Adrián López.

[26] «"Estamos en pie de lucha", mensaje de Miriam Rodríguez en la Caravana contra el Miedo», 11 de mayo de 2017.

Lo que tenía que decir solo estaba relacionado tangencialmente con el tema de la migración y el mensaje de trabajo duro y comunidad que la Caravana buscaba difundir ante la creciente xenofobia en Estados Unidos. Entrelazó temas relevantes de la vida en la frontera: falta de empleo, crimen incontrolable y violencia.

Miriam se alejó del miedo a los inmigrantes en Estados Unidos, de la marginación del extranjero que tanto éxito tuvo en las encuestas. Habló de lo que sabía y, de ese modo, devolvió la mirada hacia los mismos responsables políticos que actuaban en el extranjero como si el núcleo de sus problemas se originara en las naciones más pobres de América Latina.

Habló de las familias cuyos padres y hermanos estaban desaparecidos debido a una guerra contra el narcotráfico, alimentada en gran medida por la demanda estadounidense de cocaína, heroína y metanfetamina, y firmada por los políticos que necesitaban buscar culpables fuera de sus propias fronteras por el azote de la delincuencia y la adicción.

Era cierto que la ausencia de un Estado de derecho funcional en México hacía que las particularidades del tráfico de drogas fueran más violentas. La gente huía, las familias se separaban y los estadounidenses tenían miedo. Pero nadie pagó un precio más alto por ello que los mexicanos, que vieron cómo los cárteles prosperaban gracias a la incapacidad de su propio gobierno y a la estrategia singularmente brusca e ineficaz del Gobierno estadounidense para perseguirlos.

Miriam les habló de las familias de Tamaulipas y de lo que estaban sufriendo. Que había un destino peor que la demonización, que convertirse en una herramienta política de la campaña de un nacionalista para atraer votantes influenciados por el agravio. Había padres cuyos hijos habían desaparecido; su amor había sido utilizado como arma en su contra; su todo se había convertido en nada. Personas que vivían en un estado de dolor permanente e inacabado, un dolor que no se desvanecía ni disminuía con el tiempo, que conservaba su ardiente pureza porque la esperanza era la brasa que ardía en su interior.

—Todas y cada una de estas familias tamaulipecas no podrán encontrar la paz, ni cerrar el ciclo de dolor mientras se siga sin saber el destino final de nuestros seres queridos. Los queremos vivos, por supuesto —dijo—. Pero si los encontramos muertos, entonces con dolor en el corazón lo aceptaremos, porque al menos sabremos por fin dónde están.

La víspera del Día de las Madres

Antes del Día de las Madres, el 9 de mayo de 2017, Miriam recibió una llamada de un periodista local.[27] El hijo de una amiga, Chuy, había sido asesinado en Guanajuato, y necesitaban ayuda para localizar y recuperar el cuerpo.

Miriam se reunió con la familia en las oficinas del representante de la víctima en la ciudad, un pequeño lugar con una vitrina y una reja blanca. La familia llegó antes que Miriam y se unió a la multitud congregada en el lugar. Estaban perdidos, viendo a los demás bromear con el representante, Edgar Galván, sobre los detalles mundanos de los informes: gastos, búsquedas, casos.[28]

Miriam se abrió paso entre la multitud. Presentó a la madre y a la hija a Edgar, quien comenzó a explicarles los protocolos y los beneficios disponibles para las víctimas. En la abarrotada sala, la familia se sintió incómoda al hablar sobre la muerte de Chuy ante extraños y al escuchar los beneficios a los que tenían derecho, como si hubieran ganado un sorteo.[29]

Miriam, al ver su incomodidad, le gritó a Edgar.

—Este no es el lugar para tener esta conversación —le dijo—. Ven a mi tienda y hablaremos allí.

---

[27] Entrevista con Javier Manilla.

[28] Entrevista con Edgar Galván.

[29] Entrevista con Alejandra Guadalupe Martínez Pérez.

La madre de Chuy estaba fuera de sí. Perder a un hijo en la víspera del Día de las Madres le parecía un giro especialmente cruel del destino. Aun así, había sido una de las afortunadas; al menos sabía que su hijo estaba muerto y, con la ayuda de Miriam, conseguiría llevar su cuerpo a casa. Miriam tenía una lista de más de 200 familias que ni siquiera contaban con eso.[30]

Dentro de la tienda, la hermana de Chuy contó lo que sabían, que no era mucho. Solo que alguien le había avisado a su madre que Chuy había muerto y que alguien debía recuperar el cuerpo. La persona que llamó ni siquiera mencionó cómo había muerto Chuy. En pocos minutos, Miriam encontró su cuerpo, averiguó el número de caso asociado con su asesinato e inició el traslado de su cuerpo de regreso a San Fernando.

Miriam continuó haciendo llamadas, charlando y persuadiendo a los funcionarios que había conocido durante experiencias pasadas. Había un patrón en el trabajo de los colectivos, uno que Miriam siguió y del que fue pionera.[31] Los líderes necesitaban tanto vilipendiar como congraciarse; amenazar a los poderosos con la humillación pública a manos de sus colectivos, pero también mantener una buena relación para obtener lo que necesitaban en momentos de urgencia.

Pero Miriam era, y siempre sería, más palo que zanahoria. Durante la búsqueda del cuerpo de Chuy, un funcionario la dejó plantada, una sensación que ella había sufrido antes, pero que ahora casi disfrutaba. Llamó al jefe de su jefe, y poco después recibió otra llamada del hombre, esta vez para disculparse.[32]

En pocas horas, envió a Chalo a recoger el cuerpo de Chuy.[33]

---

[30] Revisión del registro físico de víctimas de desaparecidos de Miriam.

[31] Entrevista con Guillermo Riestra.

[32] Entrevista con Alejandra Guadalupe Martínez Pérez.

[33] Entrevista con Chalo.

10 de mayo de 2017

María Inés fue a trabajar temprano el Día de las Madres, el 10 de mayo de 2017; esperaba salir temprano para celebrar con su hija.[34] Llegó poco antes de las nueve de la mañana para abrir la tienda. Miriam llegó alrededor de las diez de la mañana, más tarde de lo habitual; caminaba con un pie roto y desplazarse con muletas le tomaba más tiempo.

Dentro, las dos se sentaron juntas y tomaron café, esperando a los clientes. María Inés le preguntó los precios de algunos pares de botas de mujer; después de todo, era el Día de las Madres y esa noche había un baile en la ciudad. Pero la primera persona en llegar fue la hija de María Inés, que llevaba flores. Se las entregó a su madre. Tras la desaparición de su hijo, María Inés había redoblado su compromiso con sus hijos vivos. No era como si pudiera superar su pérdida, pero podía aplicar la brutal lección de un hijo desaparecido para expresar más a menudo su amor por los que aún estaban aquí. La chica permaneció en silencio frente al mostrador, con las manos cruzadas a la cintura.

Miriam miró el ramo e hizo una mueca. Habiendo asistido a demasiados funerales, a Miriam no le gustaban las flores para celebrar.

—No deberías darle flores por el Día de las Madres —la reprendió Miriam—. Dale flores cuando esté muerta. Mientras esté viva, llévala a comer.

La hija menor de María Inés se mostraba tímida ante Miriam, se sentía asombrada y asustada a partes iguales. Unos días antes, Miriam le había enseñado a la niña a empuñar un arma. Cuando Miriam desempacó su bolsa aquella mañana, vació su monedero y, junto con unas cuantas monedas, se derramaron algunas balas sobre el mostrador. Los ojos de la niña se habían fijado en los casquillos.

Miriam tomó uno para verlo mejor.

---

[34] Entrevista con María Inés Vera Hernández.

—Pastillas para el dolor de cabeza —bromeó Miriam—. Para matar el dolor.

Miriam sacó la pistola de la bolsa, le quitó el cargador y jaló hacia atrás el seguro de la corredera para asegurarse de que estaba descargada.[35] Luego le entregó el arma a la hija de María Inés, que tenía 14 años.

La chica miró la pistola con la misma fascinación que sentía por la propia Miriam: intriga mezclada con miedo. Sujetó el arma como si fuera una frágil reliquia familiar hasta que Miriam le mostró la forma correcta de empuñarla.

Muchas personas vivían con miedo: miedo al crimen organizado; miedo al Gobierno; miedo a que les arrebataran lo más preciado de sus vidas en un instante, sin remedio; miedo incluso a defenderse. El miedo corría como una corriente por San Fernando, alimentando la oscura imaginación de su población. Miriam podía verlo en la incertidumbre de la chica que sostenía el arma.

Defenderse no consistía en la ausencia de miedo, sino en vencerlo. Miriam puso su mano sobre la de la chica.

—No tengas miedo nunca —le había dicho Miriam—. No tienes motivos para tener miedo. Nunca debes dejar que el miedo te controle, especialmente como mujer.

○●○

Esa tarde, Luis Héctor estaba en Ciudad Victoria. Un nuevo gobierno había llegado al poder unos meses antes y la dinámica en la Secretaría de Obras Públicas, donde él trabajaba, estaba cambiando.[36] Había querido ir a casa para celebrar con su mamá, pero necesitaba estar en la oficina.

---

[35] Entrevista con María Inés Vera Hernández.

[36] «Tamaulipas dice no al PRI», *El País*, 6 de junio de 2016; https://elpais.com/internacional/2016/06/06/actualidad/1465203426_204482.html; David Vela, «Para Cabeza de Vaca, más del 50% de los votos en Tamaulipas», *El Financiero*, 7 de junio de 2016, https://www.elfinanciero.com.mx/nacional/para-cabeza-de-vaca-mas-del-50-de-los-votos-en-tamaulipas/.

Luis llamó a Miriam para desearle un feliz Día de las Madres y disculparse por su ausencia.[37] Miriam estaba almorzando con Azalea.

—No te preocupes, nos veremos este fin de semana —le respondió Miriam.

Sin embargo, Luis Héctor no colgó de inmediato; quería saber su opinión sobre un problema que tenía con su padre.[38] Cuando Luis Héctor estaba molesto o decepcionado con su padre, generalmente llamaba a Miriam para desahogarse, compadecerse o pedirle consejo. Esa vez, la disputa había comenzado por un nuevo negocio que Luis Héctor estaba emprendiendo: comprar materiales de construcción a granel en la ciudad de Monterrey y llevarlos a San Fernando para venderlos al por menor.

La primera vez que Luis Héctor le propuso la idea a su padre, unos meses antes, Luis se había burlado de él. Luis Héctor ya vendía botas y sombreros en Ciudad Victoria, así que su padre no veía la necesidad de que hiciera más que eso.

—¿Por qué estás tirando dinero bueno tras dinero malo? —criticó—. Ya tienes un negocio, lo que propones no es un negocio.

Aunque herido por la desaprobación de su padre, Luis Héctor puso en marcha el negocio. Al cabo de un mes, el negocio estaba floreciendo, y su padre empezó a actuar como si hubiera apoyado la idea desde el principio, e incluso les contaba a otras personas sobre la nueva empresa, algo que Luis Héctor le había pedido que no hiciera.

Luis Héctor estaba expuesto a la competencia, y no había barreras para entrar en el negocio. Él fue la primera persona en pensarlo, como cuando Miriam comenzó a vender botas de vaquero en la ciudad. Su negocio estuvo en auge hasta que todos los demás se dieron cuenta, momento en el que sus ganancias disminuyeron y se convirtió en un negocio como cualquier otro, ganándose la vida venta a venta.

Cuando confrontó a su padre por poner en peligro su negocio, este le dijo que estaba siendo estúpido.

---

[37] Entrevista con Azalea.

[38] Entrevista con Luis Héctor.

Al teléfono con Miriam, Luis Héctor le contó su frustración. Ella se disculpó en nombre de Luis, ya que sabía que él nunca lo haría.

—¿Qué necesitas? —le preguntó a Luis Héctor.

—Un camión —respondió él.

Con un camión podría aumentar el tamaño de los envíos a San Fernando, lo que le permitiría crecer más rápido.

Ella preguntó cuánto costaría.

—Unos 3 000 dólares —le respondió.

—Hagámoslo —dijo Miriam—. No tengo el dinero ahora mismo, pero lo conseguiré.

Luis Héctor mencionó que podría devolverle el préstamo en unos meses, pero Miriam se negó.

—No te preocupes por tu papá —replicó—. Y no le pidas nada.

○●○

Azalea pasó el almuerzo escuchando a Miriam recibir llamadas de la familia de Chuy, de sus compañeros comerciantes del mercado San Fernando y luego de Luis Héctor.[39] Ella pasaba más tiempo que nadie con su madre, y estaba acostumbrada al aluvión de llamadas y peticiones que le llegaban a diario. Azalea había esperado un Día de las Madres libre de la agitada agenda de su madre, un almuerzo libre de otros pidiéndole algo a Miriam. En lugar de eso, las dos decidieron volver a verse más tarde esa noche, para tomar café y comer pastel. Sin embargo, Miriam necesitaba ir primero a la tienda a terminar algunas cosas.

A las siete de la tarde, Miriam llamó a Azalea para decirle que seguía en el trabajo. Le sugirió que se reunieran para comer una tarta en un restaurante local y le dijo que la llamaría cuando saliera. Miriam trabajó hasta casi las diez de la noche, más de lo que esperaba; prefería ocuparse de los registros durante la noche, cuando no había clientes. Llamó a María Inés para preguntarle por algunos recibos antes de irse a casa.[40]

---

[39] Entrevista con Azalea.

[40] Entrevista con María Inés Vera Hernández.

Pasaban de las diez de la noche y Azalea había salido con una amiga a comer tacos. Había estado esperando a su madre casi toda la noche; ahora se imaginaba que, si su madre llamaba, podría ir a reunirse con ella.

Luis Héctor también trabajó hasta tarde ese día y su jefe lo llevó a casa. En el complejo de departamentos donde vivía Luis Héctor, los dos se sentaron en la escalera, fumando cigarros y conversando sobre el nuevo entorno laboral.

Alrededor de las 11:00 p. m., recibió una llamada de Azalea.

—Le dispararon a mamá —dijo.[41]

○●○

Miriam salió del trabajo a las 10:21 p. m. el 10 de mayo de 2017.[42] Salió del estacionamiento frente al mercado y condujo hacia el sur por la avenida Segundo Centenario hasta la calle Abasolo, luego giró a la derecha en la carretera hacia el sur, que conduce a su colonia en Paso Real. Alrededor de las 10:30 p. m., se estacionó en la calle sin pavimentar frente a su casa.

Estacionada a unos 30 m de distancia, a la sombra del jardín de un vecino, un grupo de hombres la observaba desde una camioneta Nissan blanca. Cuando Miriam bajó de su auto, con las muletas en la mano, dos de los hombres bajaron de la camioneta con pistolas de 9 mm y se acercaron sigilosamente por detrás.[43] Dispararon 13 veces contra Miriam y la hirieron 8 veces.[44]

---

[41] Miriam fue asesinada el 10 de mayo, día en que se celebra el Día de las Madres en México. BBC *News*, «La trágica muerte de Miriam Rodríguez, la mexicana que encontró a los asesinos de su hija y terminó abatida a balazos», 12 de mayo de 2017, https://www.bbc.com/mundo/noticias-america-latina-39892613; *Dallas News*, «Miriam Rodríguez: Activista mexicana asesinada en Tamaulipas se sentía insegura», 12 de mayo de 2017, https://www.dallasnews.com/espanol/al-dia/mexico/2017/05/12/miriam-rodriguez-activista-mexicana-asesinada-en-tamaulipas-se-sentia-insegura/.

[42] «Carpeta procesal», Supremo Tribunal de Justicia del Estado, San Fernando, 6 de abril de 2018.

[43] *Idem*.

[44] «Comunicado de prensa», Procuraduría General de Justicia, Comunicación Social. PGJT, Machorra, expediente 0011/2017, vol. 4, 4253.

Luis, su esposo, oyó los disparos por encima del ruido de la televisión y saltó de la cama.[45] Desde la puerta de cristal de la entrada, vio el coche de Miriam estacionado en la calle. Salió corriendo y gritando su nombre, atravesó el garaje, pasó delante de la puerta principal y llegó a la calle, donde la vio tendida bocabajo en el suelo, a unos 2 m de su coche. Tenía la mano metida en la bolsa, donde guardaba su pistola.

Luis volteó el cuerpo de Miriam para buscar heridas y no encontró ninguna. Sin embargo, respiraba con dificultad y era evidente que estaba herida, pero no podía ver dónde. Sentado a su lado, llamó a Ernesto e intentó explicarle lo que había sucedido, luego colgó y llamó a la policía.

Ernesto llamó a Azalea.

Azalea podía oír la tensión en su voz, sus palabras tensas y entrecortadas, igual que en los días posteriores al intento de secuestro, cuando habían huido de San Fernando a Texas.[46]

—¿Qué ocurre? —preguntó ella.

—Tu madre —respondió— está herida.

Cuando ella exigió saber más, él le dijo que Miriam se había desmayado.

Ernesto recogió a Azalea frente a la taquería y ambos se dirigieron a Paso Real. Su hijo, de 14 años, iba con ellos. En el auto, Ernesto se mostró evasivo hasta que llegaron a la calle Margarita, donde estaba la casa de Miriam, y por fin le contó la verdad: a Miriam le habían disparado.

Afuera, bajo el resplandor ámbar de una lámpara por la que Miriam había pasado años luchando con el ayuntamiento para que la instalaran, Luis estaba de pie con Miriam en el suelo a su lado.

Azalea saltó de la camioneta y corrió hacia ella. Se agarró a los brazos de su madre e intentó hablarle. Miriam dejó escapar un lento ronquido, pero no dijo nada. Azalea buscó sangre o señales de heridas; pero, al igual que su padre, no encontró nada.

Mientras esperaban a la ambulancia, Azalea llamó a Luis Héctor e hizo lo que Ernesto había hecho con ella: suavizar la verdad.

---

[45] *Idem.*

[46] Entrevista con Azalea.

Mencionó que Miriam había recibido un disparo en la pierna, pero que estaba bien. Cuando Luis Héctor le contestó que iría enseguida a San Fernando, ella le dijo que tuviera cuidado. Todo estaba bien, no necesitaba correr hasta allí.

Media hora después de la llamada, dos agentes designados por el Ministerio Público llegaron a la casa.[47] Uno de ellos se acercó a Miriam, le tomó el pulso y luego miró al otro con complicidad, como si no hubiera nada más que hacer. Azalea les suplicó que llevaran a Miriam al hospital, pero los agentes se negaron, insistiendo en que esperaran a la ambulancia, como si en ese momento lo que se requería fuera una medida de control, como si la forma de sortear el caos fuera atenerse a los protocolos.

Aquellos minutos se convirtieron en una eternidad, mientras Azalea escuchaba el lento y suave traqueteo de la respiración de su madre. Sujetó la mano de Miriam mientras su pecho subía y bajaba con cada respiración dificultosa. Esperaron sentadas a la ambulancia hasta que la policía cedió y permitió que Ernesto subiera a Miriam a la parte trasera de su camioneta. Azalea corrió a la casa a traer una manta para cubrir a su madre. Azalea mantuvo la esperanza, incluso después de la larga espera en la calle Margarita. Su madre respiraba y no había visto heridas de bala ni sangre.

En el hospital, se sintió alentada por la urgencia del personal: todos corrían de un lado a otro con un propósito, se ponían batas y guantes y se preparaban para la cirugía. Azalea pensó que aún debía tener signos vitales para que se movieran con tanta determinación. Después de que su madre ingresó al quirófano, Azalea se sentó en la sala de espera, temblando incontrolablemente.

Un médico le dio un sedante para tranquilizarla, pero la pastilla parecía hacer que todo lo demás se ralentizara. Al cabo de un rato, se dio cuenta de que no eran los medicamentos. Los médicos ya no corrían de un lado a otro, la cadencia de las enfermeras había cambiado, incluso los ruidos eran diferentes.[48] No más portazos, menos pitidos.

---

[47] «Carpeta procesal: CP/0032/2017», Supremo Tribunal de Justicia del Estado, San Fernando, 6 de abril de 2018.

[48] Entrevista con Azalea.

Una amiga médica de Azalea entró en la sala de espera y la abrazó mientras lloraba. Su amiga le acarició la parte interior del antebrazo para calmarla, pero Azalea la instó a que se alejara, preguntándole por qué no estaba con su madre, por qué no había entrado a ver qué estaba pasando.

—Me voy —dijo la amiga, aún abrazando a Azalea.

○●○

Luis Héctor estaba sentado en su pequeño departamento, pensando qué hacer.[49] Alejado de la situación, consideró los hechos con más cuidado. El grupo al que su madre llevaba enfrentándose tres años, cuyos miembros eran asesinados o encarcelados, cuya infraestructura y red de miedo había ido desmantelando con la contundente eficiencia de una excavadora, por fin había buscado venganza.

Pero ¿por qué ahora? ¿Por qué después de tantos años, un tiempo durante el cual el poder y la influencia de su madre no habían hecho más que crecer? Incluso desde la distorsionada perspectiva de Los Zetas, intentar acabar con una destacada activista era una estupidez. Provocaría indignación y atención mediática, lo que a su vez generaría presión gubernamental, y eso era malo para el negocio.

Aun así, se sintió reconfortado por los detalles que Azalea le había contado: que la bala solo había alcanzado las piernas de su madre y que ella ya estaba de camino al hospital. Se concentró en averiguar cómo llegar a San Fernando. Si el cártel buscaba vengarse de Miriam, él también podría ser un objetivo, lo que significaba que conducir solo por la autopista a las 11:00 p. m. era un riesgo. Necesitaba una escolta o que la policía lo llevara.

Luis Héctor intentó llamar a varios agentes de la policía que conocía, pero nadie respondió. Condujo hasta el Ministerio Público de Ciudad Victoria, donde estaba la división de secuestros, adonde había ido tras el arresto de Sama y donde su madre conocía a todo el mundo. Para entonces, era casi medianoche y dudaba que

[49] Entrevista con Luis Héctor.

hubiera alguien allí. Tocó el timbre y llamó a la puerta; finalmente, un agente que se mostraba cauteloso se acercó a la puerta.

—Soy hijo de Miriam Rodríguez —señaló.

La puerta se abrió y Luis Héctor entró. En menos de 10 minutos, los funcionarios en turno organizaron una escolta policial hasta San Fernando.

Durante el trayecto, los policías ministeriales platicaron despreocupadamente con Luis Héctor, como si no hubiera pasado nada. Condujeron a la velocidad permitida y evitaron hablar del tiroteo. Hablaron en cambio del negocio de Luis Héctor y de los aspectos económicos de trabajar en el mercado: ¿cuánto subía el precio de las botas que vendía?, ¿en dónde las conseguía? ¿Se podía vivir decentemente comprando productos al por mayor y vendiéndolos al por menor? ¿Les haría un descuento si iban a su tienda?

A Luis Héctor le pareció extraño el interés que mostraban por su trabajo, y más extraño aún que no se apresuraran a llevarlo rápidamente al hospital. Eran amables y educados, pero parecían eludir el hecho en cuestión: a su madre le habían disparado y que él necesitaba su ayuda para llegar a San Fernando a verla. Cada vez que les preguntaba qué sabían, o qué habían oído sobre el estado de su madre, no le decían nada o respondían que no estaban al tanto de los detalles. Ninguno de los agentes le aseguró que Miriam se pondría bien, unas cuantas palabras que le habrían ayudado a tranquilizarse. Luis Héctor controló sus sospechas y rezó para que no tuvieran fundamento, para que las cosas fueran como su hermana le había dicho: su madre estaba bien.

El trayecto duró dos horas. Cuando llegó a la ciudad, llamó a Azalea, quien le dijo que fuera a la casa de Miriam. Ya no estaban en el hospital. La policía giró en Paso Real, y luego en la calle Margarita, donde Luis pudo ver el baile de luces de emergencia parpadeando sobre la arboleda.

Lo supo cuando vio la camioneta estacionada afuera: Servicios Forenses; solo investigaban muertes.

○●○

Dentro del quirófano, las luces estaban apagadas. Miriam yacía sobre una mesa de metal, desnuda bajo una sábana blanca. Parecía tranquila y, en el silencio tenue, Azalea retiró la manta para examinar el cuerpo de su madre.

Ya no podía oír la respiración de su madre, el gruñido grave que emanaba de su garganta y que le había dado a Azalea la esperanza de que Miriam seguía viva y podría sobrevivir. El único ruido que se oía ahora era un débil sonido metálico al otro lado del hospital. Las heridas de Miriam ahora eran fáciles de detectar, por las quemaduras de pólvora a lo largo de la piel, sobre todo a lo largo de sus piernas, a excepción de una bala que había pasado por debajo de su brazo, entre las costillas. Azalea pasó los dedos por los bordes de las heridas, perforaciones limpias marcadas por anillos oscuros.

Azalea permaneció sentada en silencio durante varios minutos, registrando la forma que tenía ante ella con la de su madre, cuyo cuerpo yacía parcialmente envuelto en una sábana. Permitió que la realidad alcanzara a la emoción, y la emoción, a la pena. Se quedó allí con su madre hasta que el personal del hospital le pidió amablemente que se fuera. Tenían que trasladar el cuerpo a la funeraria de Chalo, y Azalea debía regresar a la casa de Miriam.[50] Para entonces, Luis Héctor ya habría llegado y probablemente habría supuesto lo que había ocurrido. Quién sabía dónde estaba su padre; la última vez que lo había visto, vagaba como un niño perdido en el estacionamiento del hospital.

Luis Héctor se quedó en la calle viendo cómo llegaban uno tras otro los funcionarios, agentes y policías. Podía ver en tiempo real cómo sucedía todo, cómo entre las filas de los responsables se daban cuenta de la gravedad del asunto: una activista con una gran reputación, que les había advertido en repetidas ocasiones de los

---

[50] «Parte informativo», 18 de mayo de 2017. PGJT, Machorra, expediente 0011/2017, vol. 4, 4315-4322.

riesgos que el crimen organizado suponía para su vida, asesinada a tiros frente a su propia casa.

Todos se desvivieron por ofrecer sus condolencias a Luis Héctor, quien les estrechó la mano y asintió con la cabeza cuando le prometieron justicia. Mientras que su madre los habría mandado a la mierda a cada uno de ellos o habría encontrado otra forma pintoresca de insultarlos, Luis Héctor estuvo atento a cualquier cosa útil que pudiera usar en su contra.

Mientras los vehículos de emergencia iban y venían, le entregaron el teléfono de su madre. Abrazó a su hermana y a su padre, y se quedó perplejo ante la escena del crimen. Aquellos cobardes habían disparado a su madre por la espalda; se habían acercado sigilosamente mientras ella luchaba por salir de su auto con muletas. Le molestaba que mataran a su madre sin darle la oportunidad de defenderse. Sabía que existía la posibilidad de que Los Zetas fueran por ella, aunque la consideraba remota. Hacer algo así sería una locura de su parte; ella se había vuelto demasiado poderosa e influyente, y su muerte, como ya evidenciaban los vehículos de emergencia que se agolpaban en la calle, crearía un escándalo. Pero lo que más le enfurecía era la forma en que la habían asesinado, la cobardía. Quienquiera que lo hubiera hecho debía temer que ella se defendiera. Su mano en la bolsa lo indicaba: su último gesto fue agarrar su pistola.

Luis Héctor sabía que le tocaría organizar el funeral de su madre, y luego tratar de llenar el vacío que su ausencia dejaría entre las otras víctimas de San Fernando. No tenía ni idea de las cosas que hacía su madre como líder de un colectivo. Más difícil aún sería encontrar la manera de tranquilizar a un grupo —ya de por sí vulnerable— que ahora estaba aún más aterrorizado tras el asesinato de Miriam: literalmente, el asesinato de un símbolo de resistencia frente al imperio del miedo. Si podían matar a Miriam, ¿quién estaba a salvo?

De pie junto a su hermana, Luis respondió las llamadas que llegaban una tras otra al teléfono de su madre. En un momento, miró hacia abajo y vio un número que Miriam no había guardado. En circunstancias normales, lo habría ignorado. Pero la noticia del tiroteo contra su madre ya circulaba en internet.

—¿Señora Miriam? —preguntó la voz al otro lado.

Era la hermana de Chuy. Quería que Miriam supiera que el cuerpo de su hermano sería devuelto a la mañana siguiente. La familia planeaba velarlo ese mismo día y quería saber si Miriam asistiría.

—Mi madre está muerta —respondió Luis Héctor.[51]

---

[51] Entrevista con Luis Héctor y Alejandra Guadalupe Martínez, hermana de Chuy.

CAPÍTULO 4

XII. UNA HERENCIA INESPERADA

Una nota fúnebre

Luis Héctor estaba de pie en medio de la oscura sala, estrechando manos y aceptando las condolencias.[1] Había pasado la noche en la funeraria, mientras Chalo preparaba los restos de su madre. Prefería esto a estar en la casa de sus padres, donde los investigadores habían trabajado hasta altas horas de la noche para evitar cualquier acusación sobre su trabajo o la ausencia de este, y donde cada cierto tiempo se percibía la sensación de que aparecía otro funcionario.

Lo animó la afluencia de personas al velorio de su madre, personas que la habían conocido, que habían trabajado junto a ella en el mercado o en el colectivo, amigos de la preparatoria e incluso algunas personas que llegaron en auto desde fuera de la ciudad. No obstante, se había preguntado si alguien asistiría; mucha gente temía asistir al funeral de alguien asesinado por el cártel, el efecto contagio.

Había estado tan ocupado con los detalles del funeral de su madre que apenas se había dado cuenta de su propio dolor; ni siquiera había llorado. Su padre estaba sentado solo, junto al ataúd de Miriam, ignorando a la multitud. Solo unas pocas personas se habían molestado en acercarse y presentar sus respetos al hombre mayor. Él permaneció sentado, estrechando manos sin apenas mirarlas. Luis Héctor y Azalea, en cambio, cumplieron con los deberes familiares.

[1] Entrevistas con Luis Héctor, Azalea y Chalo.

La multitud estaba llena de desconocidos, personas a las que su madre había ayudado en sus horas más oscuras y que siempre estarían en deuda con ella, y aquellos que habían ayudado a Miriam a llevar a cabo sus propios actos de venganza. Sin embargo, la familia de Miriam no reconocía a casi ninguno de ellos; así de separada había mantenido su vida como activista.

El velorio de Miriam se celebró en la funeraria de Chalo, durante las abrasadoras horas del mediodía del 11 de mayo de 2017;[2] su ataúd yacía en un vestíbulo, rodeado de gigantescas coronas funerarias, con una foto suya en el centro, donde llevaba una chamarra azul brillante y el cabello de un tono parecido al de una rosa descolorida.[3] Los asistentes formaron una fila para presentar sus respetos: amigos y familiares, miembros de su colectivo, funcionarios locales, agentes de la ley y todo tipo de burócratas que consideraban necesario acercarse a mostrar su preocupación. Había más de cien personas en total, aunque no todos por Miriam. Chalo celebró el velorio de Miriam junto con el de Chuy, un homenaje inesperado al trabajo al que había dedicado los últimos tres años de su vida y un cumplimiento accidental de la solicitud de su familia para que Miriam asistiera.[4]

Desde el otro lado de la capilla, Luis Héctor vio a un amigo de la infancia que se dirigía hacia él con determinación. Tras un rápido abrazo, el amigo le dijo que había alguien afuera que quería hablar con él. A Luis Héctor le pareció extraño que el hombre, quienquiera que fuera, hubiera enviado a su amigo a pedirle una charla. ¿Por qué no unirse al velorio como todos los demás? Se le ocurrió brevemente la idea de que podía tratarse de una trampa, que quien había matado a Miriam iba ahora por él, pero Luis conocía a aquel amigo desde la más tierna infancia y confiaba en él. Se disculpó, salió de la habitación y siguió a su amigo hasta una camioneta estacionada.

---

[2] Parte informativa de la protección otorgada por la policía del 11 al 14 de mayo. PGJT, Machorra, expediente 0011/2017, vol. 4, 4315-4321.

[3] Carlos M. Juárez, «Tres años sin justicia en el asesinato de Miriam, la madre activista», *A dónde van los desaparecidos*, 11 de mayo de 2020, https://adondevanlosdesaparecidos.org/2020/05/11/tres-anos-sin-justicia-en-el-asesinato-de-miriam-la-madre-activista/.

[4] Entrevista con Alejandra Guadalupe Martínez.

Luis Héctor conocía al hombre que iba sentado en el interior de la camioneta, aunque no tan bien como su amigo.[5] Era un delincuente de poca importancia.

El hombre le expresó a Luis Héctor que lamentaba lo de Miriam y que siempre la había respetado. Luego le entregó a Luis Héctor un papel con un número de teléfono.

—¿Conoces al Aluche? —preguntó el joven.

Luis respondió que había oído hablar de él.

—Cuando empieces a investigar lo que pasó, tienes que centrarte en él —señaló el joven.

Era una pista vaga, sin pruebas ni explicaciones. Si el informante le iba a dar un nombre, ¿por qué no darle algunos detalles más para que realmente pudiera usar la información o dársela a la policía? A Luis le molestó un poco que lo sacaran del velorio.

—¿Qué estás tratando de decir? —preguntó Luis Héctor—. Sé directo conmigo.

—No puedo decir nada más —respondió el hombre—. Ni siquiera debería decirte esto, pero tienes que investigar a ese pendejo.

La camioneta se alejó y Luis Héctor se quedó afuera, bajo el calor abrasador de la tarde, con el papel en la mano. Miró a su alrededor por primera vez y se dio cuenta de lo concurrido que estaba el lugar. Había policías en los bordes de la calle, donde algunas zonas de sombra protegían del sol. Los vehículos del Gobierno abarrotaban el estacionamiento y la entrada de la funeraria, causando un escándalo, como diría Miriam, como si su abrumadora demostración de fuerza pudiera compensar ahora su ausencia durante la noche anterior.

Luis Héctor se quedó mirando el número. Lo que sabía del Aluche lo había obtenido de publicaciones en Facebook escritas por periodistas anónimos.[6] Era el típico Zeta que extorsionaba a los ciudadanos y cometía delitos por toda la ciudad, un nombre como tantos otros que había escuchado a lo largo de los años, un agente de la miseria totalmente prescindible. Los blogs difundían

---

[5] Entrevista con Luis Héctor.

[6] *Idem.*

rumores de fuentes poco fiables, pero no hacía falta saber nada sobre el Aluche para saber exactamente quién era.

De regreso en la capilla, Luis Héctor se tomó un momento para adaptarse a la fría oscuridad. Encontró a su padre todavía sentado solo cerca del ataúd de su madre. Su padre siempre había sido antisocial y agresivo, pero unido a la doble tragedia de perder a su hija y a su esposa, pareció sumirse aún más en su egocéntrica hostilidad. Él y Miriam nunca reanudaron nada parecido a un matrimonio normal después de que Karen desapareció. Aunque volvieron a vivir juntos, toda su unión se formó en torno a la persecución de los asesinos de su hija y al trauma específico que compartían y que solo ellos podían entender el uno en el otro. Como dos mitades de un todo roto, no había otro lugar donde pudieran encajar. En las últimas semanas antes de su muerte, ella y Luis peleaban más a menudo. Él la presionaba para que dejara su campaña de una vez por todas y renunciara a ella. Le advirtió que algo malo ocurriría. Sin embargo, haber tenido razón ahora era un consuelo menor. Estaba enterrando a su segundo familiar en poco más de tres años.

Luis Héctor se sentó junto a su padre y le contó lo que había escuchado sobre el Aluche del hombre de la camioneta.

—Tu mamá estaba investigando al Aluche —expresó su padre, sin sorprenderse.

—¿Qué? —preguntó Luis Héctor.

—Ella lo sabía —repitió—. Tenía información de que habían contratado al Aluche para matarla. Ella lo estaba investigando.

Luis Héctor se levantó y se alejó, sabiendo que no iba a sacarle más información a su padre. Por supuesto, estaba sorprendido por esta nueva información y, al mismo tiempo, no. Ahora tenía sentido por qué Miriam había estado tan asustada, por qué sus reclamos al Gobierno habían cobrado tanta fuerza. Había estado en peligro desde el momento en que decidió perseguir a los asesinos de Karen, pero solo en los últimos meses había parecido tener miedo o haberse molestado siquiera en pedir protección.[7] Ella sabía algo.

---

[7] YouTube, «Pido protección; el asesino anda suelto», 12 de mayo de 2017, https://www.youtube.com/watch?v=rzZGvSxddlE.

Y ahora también lo sabía Luis Héctor.

En la modesta capilla, recorrió con la mirada las filas de asistentes. No se le había ocurrido repasar los detalles de la noche anterior con los presentes; aún estaba en estado de *shock* por haber perdido a la persona más importante de su vida. Pero los uniformados y trajeados que iban y venían de la funeraria poseían información valiosa; muchos de ellos habían sido aliados de su madre. Llevaban consigo fragmentos de información útil pero inconexa; todo lo que Luis Héctor necesitaba era unir los fragmentos.

Cruzó la capilla y se dirigió a un agente de la Policía Federal que había sido cercano a su madre y le contó lo que había oído sobre el Aluche. El oficial se ofreció a ayudarle con la vigilancia. Un amigo de la preparatoria que trabajaba en el Gobierno municipal también se encontraba entre la multitud y le contó que la policía ya estaba revisando las grabaciones de video de la noche del incidente. Utilizando las cámaras de la calle, habían podido rastrear a Miriam desde el momento en que salió de su tienda hasta el momento en que entró en su vecindario, dijo. De hecho, las autoridades habían identificado una camioneta Nissan que la había estado siguiendo momentos antes de que la asesinaran.[8]

○●○

Unos días después, Luis fue a ver al jefe de la Policía de Investigación en San Fernando. En la recepción, un amigo de la preparatoria trabajaba en el turno de día. Se saludaron y el amigo expresó sus condolencias. Luis Héctor pasó entonces a los detalles de la investigación. Preguntó por las cámaras de videovigilancia de la calle. Ya había visto a su madre hacer eso antes: tomar un fragmento de información clasificada y presentarlo como un hecho para que la persona a la que interrogaba asumiera que ya lo sabía todo.

Durante los años en los que su madre había estado investigando a duras penas, Luis se había mantenido al margen. Ahora podía

---

[8] «Audiencia de procedimiento abreviado», caso de Miriam. Gobierno de Tamaulipas, Poder Judicial, 6 de abril de 2018, Carpeta Procesal CPI/0032/2017.

ver cómo se las había arreglado, siguiendo pistas, apoyándose en amigos, haciendo nuevos contactos para verificar información u ofrecer nuevas pistas, avanzando punto por punto.

El amigo confirmó que la policía había identificado la camioneta Nissan. Era un vehículo característico —dijo—, con una caja de herramientas en la parte trasera y franjas de carreras pintadas en los costados.

Mientras hablaban, sonó el teléfono de Luis Héctor.

Se trataba de un amigo de su madre, un periodista local que había hablado con ella la noche del asesinato, cuando regresaba a casa desde Rodeo Boots.[9] El mismo hombre al que le había confiado su premonición de muerte.

—Tienen a alguien detenido —le dijo a Luis Héctor.

Luis Héctor esperó al comandante de policía en la comisaría, que seguía siendo tan poco acogedora como siempre: iluminación deficiente, banquetas cubiertas de maleza y un ligero olor a abandono. El comandante llegó media hora más tarde y no se sorprendió al encontrar a Luis Héctor esperándolo.

Negó tener a alguien detenido y reiteró que se trataba de una investigación en curso. Cuando Luis lo presionó, el comandante reconoció que habían detenido a alguien en los últimos dos días, pero no por la muerte de Miriam.

Luis volvió a llamar al periodista, quien le aseguró que el comandante estaba mintiendo.

—La persona que detuvieron es el dueño de la camioneta —afirmó el periodista.

Luis Héctor volvió a abordar al comandante con más preguntas, utilizando la misma táctica que había utilizado con su amigo: fingir que ya conocía detalles clave para que el comandante los confirmara sin darse cuenta. Mencionó la camioneta Nissan, el arresto del hombre que la conducía e incluso al Aluche. Luis Héctor no pasó por alto que Miriam habría sido la persona perfecta para obligar al comandante a decir la verdad.

Pero ella estaba allí, a su manera. La red que había construido durante años —una lista de ciudadanos y funcionarios, periodistas

---

[9] Entrevista con Luis Héctor y una fuente anónima.

y criminales, cuya única conexión era que se preocupaban por ella o le debían favores— recaía ahora de forma natural en Luis Héctor, una herencia involuntaria en el momento en que más la necesitaba; la pista sobre el Aluche, la información sobre el arresto, incluso su persistencia ante la ofuscación del comandante; allí estaba Miriam.

Luis le preguntó al comandante si podían detener al Aluche, agarrarlo cuando lo más probable era que aún estuviera en la ciudad y no supiera que ya era sospechoso. Cuanto más esperaran, más posibilidades tendría de escapar, señaló.

El comandante negó con la cabeza.

—No tenemos ninguna orden de arresto ni ninguna forma concreta de vincularlo con el caso —replicó.

Luis Héctor sugirió que lo arrestaran y esperaran hasta que esas conexiones estuvieran más claras, porque, de nuevo, si fallaban el tiro, quizá no volverían a encontrarlo.

El comandante le dijo que así no se hacían las cosas.

Luis Héctor sabía que los funcionarios ocultarían su incompetencia tras formalidades y procedimientos, y que desestimarían las preguntas con tópicos sobre la observancia del protocolo legal adecuado. Pero empezó a sospechar que al comandante le ocurría algo más que la ineptitud habitual. No tenía pruebas, pero su negativa a comprometerse en absoluto hizo sospechar a Luis. ¿Por qué no admitir lo que tenían, información que tres personas ya le habían confirmado a Luis? ¿Por qué no proponer soluciones en lugar de impedimentos?

Luis Héctor mantuvo la calma. Era menos propenso a los ataques de ira y más inclinado a trabajar con las limitaciones de las personas. No era desapasionado, pero al haber crecido en un hogar donde sus padres se peleaban a menudo, sentía aversión por los conflictos y prefería un enfoque más tranquilo para resolver los problemas. Intentó razonar con el comandante. Podrían encontrar más testigos —sugirió—, incluida la persona que ya había sido detenida. Otros confirmarían sin duda la implicación del Aluche. Podrían vigilarlo y controlar el número de teléfono que Luis Héctor había recibido en el velorio.

El comandante dijo que no.

A Luis Héctor le parecía que todo lo que decía el comandante lo negaba, lo desestimaba o lo ignoraba. Empezó a simpatizar con las tácticas abusivas de su madre. Mientras reflexionaba sobre una nueva estrategia, su teléfono volvió a sonar. Era el gobernador de Tamaulipas.

Luis Héctor dio las gracias al gobernador, quien prometió justicia rápida. ¿Y por qué no lo haría? El asesinato de Miriam era el tipo de desastre que podría hacer descarrilar una nueva administración si no se manejaba bien. Lo que le dio una idea a Luis Héctor.

Incluso los funcionarios corruptos querían conservar sus puestos. Podían ignorar, o incluso maltratar, a quienes acudían a ellos en busca de ayuda, pero nunca ignorarían a sus superiores. La jerarquía era importante, estaba integrada en el sistema político, y ejercer influencia sobre funcionarios recalcitrantes suponía casi siempre una amenaza para su seguridad laboral.

Luis interrumpió al gobernador para decirle que estaba al tanto de la detención y que varias fuentes le habían informado que un hombre al que le decían el Aluche era el principal responsable del asesinato de su madre.

El gobernador parecía saber acerca del arresto del dueño de la camioneta Nissan, pero se animó cuando Luis mencionó el dato sobre el Aluche. Estaba entusiasmado por tener una pista tan poco tiempo después del asesinato.

Luis Héctor estuvo de acuerdo en que aquella pista era sólida. Pero había un problema.

—Su comandante aquí no quiere arrestarlo —expresó Luis Héctor.[10]

El gobernador se quedó en silencio.

—Dígale al comandante que mantenga encendido el teléfono —dijo—. El fiscal general lo llamará.[11]

---

[10] Entrevista con Luis Héctor.

[11] Entrevista con Luis Héctor e Irving Barrios.

Objetivo #1: el Aluche

El nuevo Gobierno estatal se encontró en el centro de una tormenta mediática, con periódicos, emisoras de radio y reporteros de televisión cubriendo los detalles del asesinato de Miriam con un vigor implacable que ni siquiera los cárteles pudieron detener.[12] El asesinato de Miriam era noticia nacional.

Aumentó la presión para hacer algo. Una madre afligida se había visto obligada a resolver la desaparición de su hija por su cuenta, y luego fue asesinada por ello. Era difícil exagerar hasta qué punto se habían desmoronado las cosas. El gobernador condenó el cobarde asesinato de Miriam con tópicos sobre la justicia.[13]

—No permitiremos que la muerte de Miriam Rodríguez sea una estadística más —afirmó.

Lo dijo sabiendo lo malas que eran las estadísticas.[14] La guerra contra los cárteles, que cumplía 15 años en México, había fracasado. No importaba que cada vez llegaran más drogas a Estados Unidos, donde las muertes por sobredosis habían alcanzado cifras récord; en México, la violencia relacionada con las drogas estaba matando a más personas que en cualquier otro momento desde que el Gobierno comenzó a recopilar estadísticas de homicidios unos 20 años antes.

---

[12] *El País*, «Asesinada una madre activista que buscaba a desaparecidos en México», 11 de mayo de 2017, https://elpais.com/internacional/2017/05/11/mexico/1494518780_900906.html; BBC *News*, «La trágica muerte de Miriam Rodríguez», 12 de mayo de 2017, https://www.bbc.com/mundo/noticias-america latina 39892613; *Dallas News*, «Miriam Rodríguez: Activista mexicana asesinada en Tamaulipas se sentía insegura», 12 de mayo de 2017, https://www.bbc.com/mundo/noticias-america-latina-39892613.

[13] Perfil de Twitter del gobernador de Tamaulipas Francisco Cabeza de Vaca, 10 de mayo de 2017, https://twitter.com/fgcabezadevaca/status/862668083269390337?ref_src=twsrc%5Etfw&lang=fr.

[14] Arturo Ángel, «Enero 2015: Guerrero y Tamaulipas siguen a la cabeza en homicidios y secuestros», *Animal Político*, 25 de febrero de 2015, https://www.animalpolitico.com/2015/02/enero-2015-guerrero-y-tamaulipas-siguen-la-cabeza-en-homicidios-y-secuestros; Juan Omar Fierro, «Tamaulipas: 6 años de violencia continua, más de 4 500 muertos», *Aristegui Noticias*, 11 de julio de 2016, https://aristeguinoticias.com/1107/mexico/tamaulipas-6-anos-de-violencia-continua-mas-de-4500-muertos/.

El Gobierno tamaulipeco entró en acción, pero de una manera que parecía sacada de sus propios archivos. La muerte de Miriam fue otro momento destacado en una serie de fracasos estatales que se remontan 70 años atrás, con las hazañas de Juan Guerra y su sobrino, García Ábrego. El asesinato provocó la indignación de los periódicos locales y nacionales, la indignación de los políticos y la promesa de que se haría justicia. Los funcionarios del Gabinete celebraron una conferencia de prensa, un esfuerzo coreografiado para expresar la indignación, prometer resultados y mitigar el alboroto que amenazaba con socavar los dos primeros actos de la representación.[15]

La danza kabuki había comenzado.

Se llevó a cabo el consabido esfuerzo por distanciarse de la culpa. Los funcionarios estatales aclararon que el Kike nunca había escapado de la prisión. Para ellos era importante que el público supiera que la metáfora del fracaso no era tan perfecta: que no había sido uno de los hombres que Miriam había puesto en prisión el que se había escapado y la había matado, al menos no él en concreto.

A medida que la investigación evolucionaba, los investigadores descubrieron que dos de los cuatro hombres implicados en el asesinato de Miriam formaban parte de la fuga de la prisión, y muy probablemente habían recibido la orden mientras estaban encerrados con Los Zetas que Miriam había encerrado.

En la misma rueda de prensa, convocada apresuradamente, las autoridades afirmaron que el Gobierno le había otorgado protección a Miriam y que la policía había patrullado su casa tres veces al día. Habían hecho su trabajo, de acuerdo con la Ley General de Víctimas, y no eran responsables de su imprevisible muerte.

Pero hubo cierta confusión al respecto. Gloria Garza, integrante de la «orquesta estatal», afirmó más tarde que Miriam había rechazado la protección del Estado porque no confiaba en que la

---

[15] Conferencia de prensa de Irving Barrios sobre la detención de dos presuntos asesinos de Miriam. YouTube, «Detienen a presuntos asesinos de activista Miriam Rodríguez Martínez», 30 de junio de 2017, https://www.youtube.com/watch?v=xhEah5ePk24&t=1s.

mantendrían a salvo.[16] Ese mismo día, Guillermo Riestra publicó el video que había grabado durante una reunión de los colectivos con Garza, un video en el que se veía a Miriam pidiendo protección y quejándose de que el policía destinado a ello no le contestaba el teléfono.[17]

La confusión fue tal que la Comisión Nacional de los Derechos Humanos inició una investigación para llegar al fondo del asunto. Por ley, el Gobierno estaba obligado a proteger a Miriam; por inútil que hubiera sido una escolta policial en un tiroteo real, podría haber sido un elemento disuasorio, especialmente para los sicarios que disparaban por la espalda.

Lo que la comisión encontró fue que la agencia de la policía estatal encargada de realizar las rondas de patrullaje hizo un trabajo tan deficiente y errático que, cuando se les pidió documentación para demostrar que lo habían hecho, al principio se negaron a entregar las hojas de control de los horarios de los policías y luego presentaron documentos falsificados.[18]

Pero el enfoque en la protección, que al final pudo o no haber hecho una diferencia, distrajo la atención de un problema mayor, el más grande. Miriam había enfrentado el azote del crimen organizado en Tamaulipas, y por eso había sido asesinada frente a su propia casa, el Día de las Madres, un acto de propaganda criminal tan degenerado como ingenioso.

Los Zetas habían eliminado a un enemigo, prevenido a otros para que no se volvieran demasiado activos y demostrado que la promesa del Gobierno de proteger a sus ciudadanos era tan hueca como sus políticos. El tipo de gesto que hace que las personas se pregunten si viven en un Estado fallido, donde el crimen organizado puede operar sin preocuparse de nada.

El Gobierno no podía hacer mucho para arreglar el pasado; alguien, tal vez todos, no habían protegido a una mujer a la que

---

[16] Entrevista con Gloria Garza.

[17] YouTube, «Pido protección; el asesino anda suelto», 12 de mayo de 2017.

[18] CNDH, «Recomendación No. 50/2018. Sobre el caso de violación al derecho a la vida de la defensora de derechos humanos y a la seguridad jurídica en agravio de V1, V2, V3 y V4, en el estado de Tamaulipas», 31 de octubre de 2018.

estaban legalmente obligados a proteger. Pero podían asegurarse de actuar con rapidez para atrapar a los responsables y llevar a cabo la venganza póstuma de Miriam persiguiendo al último de los individuos que habían asesinado a su hija.

○●○

El arresto se produjo tal como lo había relatado el periodista: el 14 de mayo, la policía arrestó al propietario de la camioneta Nissan blanca que había seguido a Miriam la noche de su asesinato.[19] Era cierto que el dueño de la camioneta era buscado por otro asunto, un secuestro en San Fernando que precedió al asesinato. Pero mientras estaba detenido, la policía lo interrogó sobre el vehículo y su implicación en el asesinato de Miriam.

Misael, de 24 años, contó a las autoridades una extraña historia.[20] Un jefe criminal conocido simplemente como el Chofer le había encargado que siguiera a tres hombres que habían llegado a la ciudad para asesinar a un activista en San Fernando. El Chofer le había dicho que los presuntos asesinos se habían escapado de la prisión de Ciudad Victoria en marzo pasado y que no le gustaba tenerlos en la ciudad.

Misael describió la apariencia de cada uno de los hombres, los automóviles y las motocicletas pequeñas en las que se movían por la ciudad, incluso sus apodos. El más importante de ellos era su líder, el Aluche. Aunque en su declaración Misael nunca admitió haber apretado el gatillo, el joven se declaró culpable de asesinato y recibió una sentencia reducida de 15 años de prisión por su cooperación.

El Gobierno lo consideró un gran logro, aunque en privado la familia de Miriam pensó que la sentencia era ridícula.[21] ¿Cómo podían condenar a 15 años de cárcel a un asesino que nunca había admitido haber matado a nadie?

---

[19] STJE, «Carpeta procesal», 6 de abril de 2018.

[20] «Audiencia de procedimiento abreviado», Gobierno de Tamaulipas, Poder Judicial, 6 de abril de 2018.

[21] Entrevista con Luis Héctor y un abogado defensor anónimo.

El día del arresto de Misael, otra prueba clave aterrizó literalmente en la puerta de los investigadores, un documento tan conveniente como cómico: una nota anónima pegada a la entrada del Ministerio Público en San Fernando, en la que se ofrecían los nombres y datos de los hombres involucrados en el asesinato de Miriam.[22] Un empleado descubrió la carta a las 8:30 a. m. del 14 de mayo.

La nota se leía como si un policía intentara hacerse pasar por un delincuente, una combinación de jerga e improperios combinados con detalles específicos necesarios para conseguir una orden de arresto. El tipo de documento que un investigador sometido a una enorme presión podría utilizar para unir los hilos discordantes de una investigación.

La nota señalaba al Aluche como el autor material del asesinato, e incluía su nombre real y su número de teléfono, que coincidía con el que Luis había facilitado a la policía después del velorio. Descrito como el líder de una banda de Los Zetas que causaba miseria por todo San Fernando, el Aluche era acusado de robar, extorsionar y matar a voluntad.

«Oigan, compas, no sean idiotas. Les voy a pasar información para que no anden como pendejos y puedan hacer algo con todas las chingaderas que estamos viviendo en San Fernando», comenzaba la carta. «El nombre del cabrón que mató a la señora Rodríguez es conocido como el Aluche, cuyo verdadero nombre sé que es Juan Manuel Alvarado».

La nota dedicaba bastantes líneas a insultar a la policía y a lamentar del estado de la seguridad en San Fernando, especialmente para los ciudadanos normales que estaban ocupados «con un montón de trabajo y más trabajo solo para que esta banda de pendejos que lidera el Aluche nos siga jodiendo».

En medio del colorido lenguaje, la carta mencionaba la camioneta Nissan blanca con franjas negras. El autor aseguraba saber que su dueño estaba detenido y quc, de hecho, formaba parte del grupo criminal que dirigía el Aluche.

---

[22] Gobierno de Tamaulipas, «Audiencia de procedimiento abreviado», Poder Judicial, 6 de abril de 2018.

La mayoría de los abogados defensores, e incluso Luis Héctor, pensaron que la carta era falsa.[23] En la historia de San Fernando, ¿cuándo alguien había pegado una nota explicando los detalles de los autores de un crimen en la puerta de entrada del Gobierno? Aun así, su existencia, junto con el testimonio de Misael, dio a los investigadores los motivos que necesitaban para perseguir al Aluche y obtener una orden de arresto en su contra.

No es que tuvieran mucha suerte en localizarlo. Si Luis Héctor heredaba las conexiones de su madre, también heredaba sus preocupaciones.

Luis, a través de su red de fuentes heredadas, había recopilado un registro de direcciones que, al parecer, el Aluche frecuentaba. Incluso había escuchado fragmentos de conversaciones en las que el Aluche se jactaba en una reunión de lo que había hecho, el tipo de cosas que legalmente no valían mucho, pero que endurecieron la determinación de Luis Héctor de encontrar al asesino de su madre.

Luis estaba aprendiendo más sobre su objetivo, guardando pequeños detalles que podía utilizar. El Aluche no había escapado de prisión como los demás; había cumplido su condena y acababa de salir. Pero había coincidido con los objetivos de Miriam en el centro penitenciario de Ciudad Victoria. El Aluche era huérfano, criado por una tía y un tío en San Fernando. Luis Héctor rastreó el lugar donde vivía la pareja de ancianos y realizó sus propios patrullajes por la casa, con la esperanza de localizar al Zeta.

Lo que Luis aún no había aprendido era un escepticismo inquebrantable ante la policía y los funcionarios del Gobierno. Cometió el error de compartir la dirección de la familia del Aluche con el comandante de San Fernando, con la esperanza de que enviara unidades a vigilar la casa.

En lugar de eso, la policía hizo una redada en la casa y no encontró nada.

No solo el Aluche no aparecía por ningún lado, sino que ahora sabía que la policía lo estaba buscando.

---

[23] Entrevista con un abogado defensor anónimo y Luis Héctor.

○●○

A medida que pasaba el tiempo, Luis Héctor se encontraba asumiendo algo más que solo la investigación sobre los asesinos de su madre; día a día, se veía más empujado hacia el rol que su madre había dejado atrás: líder del colectivo de familias de desaparecidos en San Fernando.

Había intercambiado duras palabras con una de las aliadas de su madre, quien anunció en las redes sociales que iba a fundar su propio colectivo y que lo nombraría en honor a Miriam. Las dos habían sido amigas, Miriam y la otra mujer, pero se habían distanciado porque Miriam insistía en perseguir a los asesinos de su hija y la otra mujer simplemente quería encontrar los restos de la suya.

Luis Héctor consideró que la mujer era presuntuosa y divisiva. Aunque ella afirmaba que quería ponerle a su colectivo el nombre de su madre, hablaba mal de Miriam y la acusaba de aceptar dinero del Gobierno para sus propios fines, no para ayudar a las familias a las que representaba.[24] Tras ver su publicación, Luis Héctor llamó a la mujer y le exigió que la quitara; él se haría cargo del colectivo de su madre y no permitiría que ella traficara con influencias utilizando el nombre de su madre.

Solamente que ahora, tras haber asumido el liderazgo del colectivo de su madre, Luis Héctor se dio cuenta de que no sabía lo que estaba haciendo. Le quedaba combinar lo que había aprendido de su madre con su propio estilo de liderazgo, que difería del de ella. Quizá no fuera tan diferente de investigar a los asesinos de su madre: adaptar las tácticas de ella a su disposición y temperamento.

Unas semanas más tarde, el 31 de mayo, Luis Héctor celebró su primera reunión al frente del colectivo de su madre. O más bien se hizo cargo de un evento que su madre había planeado antes de su muerte. La reunión, celebrada en el Salón Ramón Ayala, un espacio elegante en el extremo sureste de la ciudad, se convirtió en una especie de homenaje a Miriam, con dignatarios que volaron y condujeron a San Fernando para la ocasión, incluido el jefe de la Comisión Ejecutiva de Atención a Víctimas, y representantes del

---

[24] Entrevista con Rosa Cisneros Espinoza.

Alto Comisionado para los Derechos Humanos de la Organización de las Naciones Unidas, así como de la oficina del gobernador, incluida Gloria Garza, directora estatal de Derechos Humanos.[25]

Se turnaron para compartir recuerdos de Miriam. Había sido una oponente dura, combativa y conflictiva. Pero también había obligado a los funcionarios a reconocer la inercia de sus propias instituciones; incluso los más fervientes devotos del sistema sabían que necesitaban una «patada» de vez en cuando.

Cuando Gloria Garza subió al escenario, el público la abucheó. Muchos la culparon de la muerte de Miriam, o al menos de la incapacidad del Gobierno para protegerla. Gloria Garza comenzó a balbucear durante su discurso, claramente sobresaltada, hasta que Luis Héctor se adelantó para intervenir.

Pidió a los miembros de su colectivo que fueran respetuosos y la dejaran hablar, algo que hubiera sido impensable si Miriam hubiera estado en su lugar.

Objetivo #9: la Machorra

Mientras el Aluche eludía su captura, el Gobierno se apresuraba a atar los cabos sueltos que quedaban en el caso de Karen. La única persona que quedaba en la lista de Miriam era a la que había llegado a detestar quizá más que a cualquier otra: la Machorra.[26]

Antes de morir, Miriam había reunido material dedicado a la Machorra en una carpeta: fotografías, publicaciones de Facebook

---

[25] Entrevistas con Luis Héctor, Gloria Garza, María Inés Vera Hernández y Guillermo Riestra. Expreso.press, «Hijo de Miriam seguirá búsqueda», 31 de mayo de 2017, https://expreso.press/2017/05/31/hijo-miriam-seguira-busqueda/.

[26] Entrevista con Luis Héctor.

y detalles personales.[27] Entre los detalles se incluía que ella vivía en Veracruz y que su nuevo empleador era un operador de una base de taxis. La Machorra tenía un hijo pequeño, a quien Miriam también había rastreado. Sabía a qué escuela iba; lo confirmó con los administradores escolares haciéndose pasar por una amiga de la familia.

Esta información se mantuvo oculta durante meses mientras Miriam persuadía a los funcionarios para que pusieran en marcha una operación en todo el estado del Golfo de México. Ahora, menos de un mes después de su muerte, las autoridades habían arrestado a la Machorra en la ciudad portuaria de Veracruz.[28]

Bajo custodia, la Machorra se declaró inocente, alegando que no conocía a Karen y que no se encontraba en San Fernando en enero de 2014, cuando se produjo el asesinato. Al igual que otras personas, afirmó que ella misma había sido secuestrada.[29] Unos hombres armados la habían bajado de un autobús que pasaba por San Fernando y la habían retenido durante dos días antes de permitirle irse.

Cuando le mostraron fotografías en las que aparecía con otros miembros de la red de secuestradores de Los Zetas, negó que fuera ella. Estaba delgada en la época en que se tomaron las fotografías y tenía el pelo largo y rizado, no el estilo corto de la mujer de las imágenes.

—Es otra Machorra —replicó.

---

[27] «Parte informativo». Reporte de visita a la casa de la Machorra el 29 de abril de 2017, y búsqueda en su perfil de Facebook el 11 de mayo de 2017. PGJT, Machorra, expediente 0011/2017, vol. 4, 4256-4267.

[28] «Orden de aprehensión de la Machorra». PGJT, Machorra, expediente 0011/2017, vol. 4, 4561-4749. En la misma orden de arresto de la Machorra viene una recopilación de las denuncias y comparecencias de Miriam y Luis. PGJT, Machorra, expediente 0011/2017, vol. 5, 4687-4699; «Arresto de La Machorra». Documentos mencionan el arresto de la Machorra el 6 de junio en el puerto de Veracruz. Transfirieron a la Machorra de Veracruz a San Branado, «donde ella permanece internada en las celdas ocupadas por Seguridad Pública». Cumplimiento de la orden de detención y del acta de entrega del detenido. PGJT, Machorra, expediente 0011/2017, vol. 5, 4751-4752.

[29] «Declaración preparatoria de la inculpada [la Machorra]», 8 de junio de 2017. PGJT, Machorra, expediente 0011/2017, vol. 5, 4774-4782.

○●○

Unas semanas más tarde, las autoridades de Tamaulipas encontraron a otro de los sospechosos del asesinato de Miriam. Había sido detenido por las autoridades del vecino estado de Nuevo León, portando un pequeño arsenal de armas, varios frascos de metanfetamina y unos 1 500 dólares en efectivo.[30]

El sospechoso se había fugado del penal de Ciudad Victoria en marzo, donde cumplía una condena de cuarenta años por portar un arma de uso militar. Al igual que el Aluche, el sospechoso había pasado tiempo en prisión con Sama, el Kike, el Chepo y otros, mientras estaba recluido en Ciudad Victoria por un delito no relacionado.

Y ahí terminaba la teoría del Gobierno.

«Nuestra principal hipótesis es que estos sospechosos coincidieron en el penal de Ciudad Victoria con los detenidos responsables del secuestro de la hija de Miriam», dijo Irving Barrios, fiscal general de Tamaulipas, en una conferencia de prensa el 29 de junio.[31]

El Aluche, segunda parte

La noche del 15 de octubre de 2017, Luis permanecía junto al grupo de soldados, ponderando la probabilidad de que el Aluche hubiera regresado a la casa de la calle Canales.

---

[30] Cuando las autoridades de Tamaulipas intentaron extraditarlo, les dijeron que tendrían que esperar. Primero tenía que terminar de cumplir su condena en Nuevo León.

[31] Conferencia de prensa de Irving Barrios sobre la detención de dos presuntos asesinos de Miriam. YouTube, «Detienen a presuntos asesinos de activista Miriam Rodríguez Martínez», 30 de junio de 2017, https://www.youtube.com/watch?v=xhEah5ePk24&t=1s.

Lo habían visto salir para hacer un recado momentos antes, pero cuando el vehículo de Los Zeta regresó nadie pudo ver si estaba dentro. La entrada a la casa se encontraba detrás de un muro perimetral de concreto y el bloque vacío apenas era visible en el frío azul de la luz de la casa de un vecino.

Un informante le había dicho a Luis Héctor que el Aluche se escondía de vez en cuando con su novia, la Gorda Inez, y que esa misma noche estaría en su casa.[32] Y así fue. Después ya no regresó.

La decisión de hacer o no la redada era de Luis Héctor. Y todo dependía de si el Aluche estaba adentro o no. Luis Héctor le pidió al comandante del escuadrón un minuto para pensarlo.

Poco después del funeral de su madre, Luis había visitado Ciudad de México para pedir ayuda. Se había reunido con investigadores federales de la división de delitos mayores y les había pedido que se hicieran cargo de la investigación del homicidio de su madre. Trabajaban en los casos importantes y disponían de los recursos necesarios, como la capacidad de interceptar llamadas telefónicas. Ya tenían interceptado el teléfono del Aluche, y estaban interviniendo otros de su red.[33]

Luis Héctor también había conocido a algunos policías federales en San Fernando, en el periodo posterior a la muerte de su madre, cuando la casa se llenó de visitantes. Los días transcurrían uno tras otro y había olvidado la mayoría de los encuentros. Pero le agradaban los policías federales que habían ido a visitarlos a su casa. Tomaban la iniciativa. Uno de ellos le había dado su número y le había dicho que se mantuviera en contacto. Se hacía llamar Paisa.

Luis Héctor y Paisa se enviaban mensajes con regularidad, incluso —si se podía llamar así— se habían hecho amigos.[34] Luis Héctor ni siquiera sabía su verdadero nombre. Cuando se lo preguntó, el oficial le respondió que lo llamara Paisa, por paisano, o

---

[32] Entrevista con una fuente anónima.

[33] Entrevista con Luis Héctor y víctima que prefirió permanecer en el anonimato.

[34] Entrevista con Luis Héctor.

compatriota. Paisa tenía su base en Ciudad Victoria, pero cubría una amplia región, y estaba demasiado ocupado como para encargarse de la redada en la casa de la Gorda Inez.

Ese era el problema con todos los federales: estaban demasiado lejos y tenían demasiado trabajo por delante, lo que significaba que era prácticamente imposible que participaran en operaciones urgentes. Al mismo tiempo, Luis Héctor necesitaba eludir al comandante local, que o estaba aliado con Los Zetas o era tan incompetente que no importaba.

Luego llamó al fiscal general de Tamaulipas.

El fiscal general, Irving Barrios, había sido de gran ayuda para Luis Héctor en el pasado. Entendió rápidamente la urgencia de la llamada y le dijo a Luis Héctor que tenía un equipo especial para operaciones tan delicadas como esta, dirigido por un hombre llamado el Cóndor.[35]

—Espérelo antes de hacer cualquier cosa —advirtió el fiscal general a Luis Héctor, pasándole el número del Cóndor—. Y no se lo diga a nadie en San Fernando.

Por teléfono, el Cóndor le dijo a Luis Héctor que visitara a un oficial amigo suyo del Ejército mexicano, destacado en el 8.º Batallón, en las afueras de San Fernando; él le ayudaría.

Los soldados se habían movido rápidamente, con mapas de la ciudad para planificar la operación en detalle. Necesitaban establecer un perímetro, es decir, cerrar las calles cerca de la casa. Cuando llegara el Cóndor, abrirían una brecha. Pero él estaba tardando más de lo previsto, y el tiempo corría en su contra.

Ahora, tras ver salir y regresar el automóvil del Aluche, el teniente le preguntó a Luis qué quería hacer.

Si allanaban la casa y el Aluche no estaba allí, perderían la oportunidad de capturarlo y, de paso, provocarían que nunca regresara. Si no allanaban la casa, quién sabe cuántos meses más tendrían que esperar con la esperanza de encontrar otra pista como esta.

Luis Héctor dio luz verde.

---

[35] Entrevista con Luis Héctor e Irving Barrios.

Las unidades se movieron alrededor de la casa, bloqueando ambos extremos de la calle. Luis Héctor avanzó con un equipo táctico.

Cuando se acercaban a la puerta principal, sonó el teléfono de Luis; era el Cóndor.

—Estoy aquí —dijo.

Los soldados retrocedieron hasta el perímetro y dejaron al Cóndor y a otro hombre, que había traído consigo para llevar a cabo el arresto, junto con Luis Héctor. Desde afuera, los tres pudieron ver a varias personas hacinadas en una sola habitación en la planta baja.[36] El zumbido de un aparato de aire acondicionado rompía la tranquilidad nocturna. Uno de los hombres intentó abrir la puerta principal, pero estaba cerrada. Dieron la vuelta hacia la parte trasera; el informante había dicho que la puerta solía estar abierta.

En el interior, los agentes avanzaron rápidamente por un pasillo oscuro hacia el resquicio de luz que emanaba por debajo de la puerta del dormitorio. Luis Héctor los siguió. Pasaron junto a un cuarto de baño donde había un hombre de rodillas junto al inodoro.[37] Los policías lo arrastraron con ellos hasta el final del pasillo.

El Cóndor y el otro oficial entraron primero. El Aluche estaba tendido en la cama contra la pared del fondo, al lado de la Gorda Inez, quien se puso de pie de un salto y se aplastó contra la pared. Otro hombre estaba sentado junto a la cama, viendo la televisión. En la mesita de noche había una pistola. Todos los presentes levantaron las manos en señal de rendición.

Luis Héctor fue el último en entrar, empuñando la pistola que su madre le había regalado después de la noticia de la fuga del penal. Cuando vio al Aluche, con la barba y el bigote recortados, los tatuajes en el cuello, se sintió mareado.

—¿Creías que podrías esconderte para siempre? —le gritó Luis Héctor.

Una expresión de confusión se extendió por el rostro del Aluche; sus ojos se abrieron de par en par. Se giró hacia el arma que estaba en la mesita de noche y se abalanzó sobre ella. Logró

[36] Entrevista con dos fuentes anónimas.

[37] Entrevista con dos fuentes anónimas.

disparar una bala perdida antes de que el Cóndor devolviera el fuego.[38]

La frente del Aluche se echó hacia atrás antes de que sonara la detonación en la pequeña habitación; se desplomó contra la pared del fondo; la sangre le corría por la parte delantera de la cara. Luis vio cómo se le ponían los ojos en blanco y luego lo vio morir.

En el tumulto, el hombre que estaba sentado en la silla recibió un disparo en el pecho. La policía ignoró sus gritos mientras registraba la casa. La Gorda Inez fue detenida junto con el hombre del baño, un plomero al que había llamado para que arreglara el inodoro.[39]

Al día siguiente, el Gobierno anunció la muerte del Aluche y el arresto de otros tres sospechosos de una banda de secuestradores.[40]

«Con estas acciones refrendamos nuestro compromiso con el establecimiento del orden, la legalidad y la paz en el estado, una de las principales demandas de los tamaulipecos», señalaba el comunicado.

El plomero, que era inocente, pasaría más de un año en prisión antes de poder limpiar su nombre.

---

[38] *Reporte Índigo*, «Así abatieron a "el Alushe", el presunto asesino de la activista Miriam Rodríguez», 15 de octubre de 2017, https://www.reporteindigo.com/reporte/asi-abatieron-a-alushe-presunto-asesino-la-activista-miriam-Rodríguez/; YouTube, «Abaten a "el Alushe", autor material del asesinato de Miriam Rodríguez», https://www.youtube.com/watch?v=BF33OwKHrUA; *Cartel Chronicles*, «El Ejército Mexicano mata a líder del cártel Los Zetas vinculado al asesinato de activista», Breitbart, 18 de octubre de 2017, https://www.breitbart.com/border/2017/10/18/mexican-army-kills-los-zetas-cartel-leader-tied-activists-murder/.

[39] Entrevista con dos fuentes anónimas; *La Tarde*, «Da pelea y lo matan», 16 de octubre de 2017, https://www.latarde.com.mx/miregion/da-pelea-y-lo-matan/447428.

[40] *La Tarde*, «Da pelea y lo matan»; Néstor Negrete, «Muere en enfrentamiento el "Alushe", presunto asesino de la activista Miriam Rodríguez», Aristegui Noticias, 16 de octubre de 2017, https://aristeguinoticias.com/1610/kiosko/muere-en-enfrentamiento-el-alushe-presunto-asesino-de-la-activista-miriam-Rodríguez-video/; *Reporte Índigo*, «A Miriam Rodríguez la mataron por su trabajo de activista: PGJE», 30 de junio de 2017, https://www.reporteindigo.com/reporte/mata-a-activista-por-buscar-a-su-hija/.

XIII. CIERRE

Objetivo # 2: Pata de Queso

Los policías registraron el lugar mientras el hombre herido yacía en el suelo, retorciéndose de dolor por la bala en el pecho. Encontraron dos pistolas, un rifle y una escopeta, además de varias bolsas de marihuana, antes de que apareciera la policía local, que había sido informada de la redada.

No estaba claro cómo los policías supieron que debían acudir al escondite del Aluche, pero habían llevado más hombres y una ambulancia. El Cóndor estaba furioso. Para empezar, no confiaba en ellos. Pero estaba especialmente furioso por la ambulancia. No tenía la intención de salvar la vida del hombre que estaba en el suelo, quien respondía al nombre de Rocco.

—Prefiero las carrozas fúnebres —replicó el Cóndor, mirando por la ventana.

La ambulancia significaba atención médica, atención que Rocco no iba a recibir hasta que el Cóndor y Luis Héctor tuvieran la oportunidad de hacerle algunas preguntas. Ahora tendrían que darse prisa.

La policía subió a los detenidos a sus vehículos mientras Rocco era introducido en la ambulancia en una camilla. El Cóndor y Luis Héctor subieron con él y cerraron las puertas tras ellos.

El Cóndor le dijo al conductor que no se moviera y luego se dirigió a Luis Héctor.

—¿Qué quieres saber? —preguntó.

—¿Por qué mataron a mi madre? —preguntó Luis Héctor.

El hombre se negó a hablar al principio y exigió que lo llevaran al hospital. Tenía derechos y se estaba muriendo; jadeaba. Después de un minuto, mientras seguía desangrándose y el vehículo de emergencia no se movía, tuvo claro que la policía preferiría dejarlo morir.

—No sé por qué —balbuceó finalmente—. Solo sé que Pata de Queso dio la orden y el Hugo hizo el pago al Aluche.[1]

—¿Cuánto? —preguntó el Cóndor.

—Cincuenta mil pesos —dijo; aproximadamente, 2 700 dólares.[2]

○●○

Unas semanas después, Luis Héctor bajó de un avión en Ciudad de México para reunirse con funcionarios de la división de delincuencia organizada de la Fiscalía General de la República.[3] Quería información actualizada sobre el caso de su madre.

Gracias al informante de Luis Héctor, las autoridades habían estado monitoreando el teléfono celular del Aluche durante meses, creando un mapa de contactos y conspiradores que trabajaban para Los Zetas en San Fernando y sus alrededores.[4] Entre esas figuras estaba Pata de Queso, el jefe regional de Los Zetas.[5] Era un individuo de 56 años, un anciano en comparación con el promedio de edad de los capos. No solo había logrado evitar el destino de la mayoría, asesinados por rivales, aliados o fuerzas armadas, sino que, de alguna manera, había evitado la prisión durante casi 20 años cuando su nombre salió a la luz por ordenar la muerte de Miriam.

Su apodo cumplía con la tradición de nombres extraños otorgados a los gánsteres de los cárteles mexicanos. Se decía que una vez había espiado a una asesina del cártel mientras se bañaba y que, en respuesta, ella había salido de la regadera y le había disparado en el pie.[6]

---

[1] Entrevista con Luis Héctor.

[2] Entrevista con Luis Héctor y una fuente anónima de las fuerzas del orden.

[3] Entrevista con un funcionario anónimo de derechos humanos en México y Luis Héctor.

[4] Entrevista con un funcionario anónimo de derechos humanos en México y Luis Héctor.

[5] Dennis García, «Perfil. "el Pata de Queso", zeta de la vieja escuela», *El Universal*, 17 de noviembre de 2017, https://www.eluniversal.com.mx/nacion/seguridad/perfil-una-mujer-le-disparo-en-el-pie-entonces-lo-apodaron-el-pata-de-queso.

[6] García, «Perfil. "el Pata de Queso"...», *op. cit.*

No se sabía mucho sobre Pata de Queso. No había llegado muy alto en las filas de Los Zetas, sobre todo teniendo en cuenta el tiempo que había pasado en ellas. Su principal zona de operaciones era Las Norias, al sur de San Fernando. Pero después de que Miriam comenzara su campaña, que incluyó ayudar a encarcelar al jefe de la plaza de San Fernando, Pata de Queso ascendió. Cuando fue investigado por ordenar el asesinato de Miriam, su imperio también incluía San Fernando.

Pata de Queso casi nunca hablaba por teléfono, ya que dejaba que sus socios de menor rango transmitieran sus órdenes. Sin embargo, esos colaboradores utilizaban un teléfono y Luis Héctor se sentaba con funcionarios en la sede de la entonces Procuraduría General de la República, en Ciudad de México, mientras ellos le reproducían sus conversaciones grabadas. Las llamadas eran a la vez mundanas y sombrías: pedidos de comida para el jefe, llevados en motocicleta a escondites remotos en las montañas; órdenes de secuestrar a automovilistas y matarlos si no se pagaban los rescates; preocupaciones de salud vagas, pero que dejaban claro que Pata de Queso tenía algún tipo de enfermedad.

La instalación de una intervención telefónica había llevado más tiempo del que Luis Héctor esperaba, en parte debido a un escándalo de piratería informática que estaba arrasando al país ese año, 2017. El Gobierno mexicano había sido acusado de utilizar ilegalmente *software* espía israelí para vigilar a periodistas, abogados de derechos humanos y activistas anticorrupción, aparentemente sin órdenes judiciales.[7] Las revelaciones, que salieron a la luz en una serie de artículos de *The New York Times*, habían impulsado investigaciones internas sobre la campaña de espionaje ilícito, y eso había significado que las intervenciones telefónicas ahora requerían plena autorización judicial.

Aparte de los requisitos legales, que durante mucho tiempo habían sido ignorados por las fuerzas del orden, vigilar el teléfono

[7] Azam Ahmed y Nicole Perlroth, «"Somos los nuevos enemigos del Estado": el espionaje a activistas y periodistas en México», *The New York Times*, 18 de junio de 2017, https://www.nytimes.com/es/2017/06/19/espanol/america-latina/mexico-pegasus-nso-group-espionaje.html.

de un objetivo requería una cantidad increíble de personal. Y en el poco tiempo que llevaban interceptando sus llamadas telefónicas, los policías que supervisaban la investigación apenas habían oído la voz de Pata de Queso. Casi nunca entraba en las ciudades o en los núcleos de población.

o●o

A principios de noviembre, la policía capturó a Pata de Queso en el interior del Hospital General de Ciudad Victoria, donde se sometía a diálisis por insuficiencia hepática.[8] Los agentes que lo arrestaron tomaron una foto del famoso criminal antes de que lo trasladaran a Ciudad de México para que enfrentara una letanía de cargos. Sentado en una silla de ruedas, el otrora temible Pata de Queso había quedado reducido a un hombre viejo y enfermo. Tenía la cara demacrada, el cabello blanco y los brazos cubiertos de moretones. Con una manta hecha jirones envuelta alrededor de sus hombros, parecía un fugitivo de un asilo de ancianos.

Luis Héctor había recibido una llamada la noche anterior de Paisa, quien había efectuado el arresto. Paisa le había dicho a Luis Héctor que acompañaría a Los Zetas en su traslado a la Ciudad de México y, aunque no tenía tiempo para explicárselo, quería avisarle a Luis Héctor y darle la oportunidad de hacer preguntas.

Luis Héctor tenía las mismas preguntas de siempre: ¿por qué habían matado a su madre? La razón parecía bastante obvia, pero quería oírla de boca del hombre que había ordenado el asesinato. El policía prometió preguntar. Tres días después, Pata de Queso

---

[8] Idelfonso Ortiz y Brandon Darby, «Exclusivo-Gobierno del estado fronterizo mexicano ignoró durante años la inteligencia sobre ubicaciones de un líder del cártel fugitivo», Breitbart, 16 de noviembre de 2017, https://www.breitbart.com/border/2017/11/16/exclusive-mexican-border-state-government-ignored-intel-fugitive-cartel-leaders-location-years/; *Aristegui Noticias*, «Cae "el Pata de Queso", cabecilla de Los Zetas, por masacre en San Fernando (Video)», 15 de noviembre de 2017, https://aristeguinoticias.com/1511/kiosko/cae-el-pata-de-queso-cabecilla-de-los-zetas-por-masacre-en-san-fernando-video/.

estaba muerto.[9] Los Zetas eligieron al Hugo, su mano derecha, para remplazarlo, el mismo individuo que pagó por el asesinato de Miriam.

Un colectivo dividido

Luis Héctor intentó mantenerse al tanto de las necesidades del colectivo, convocando reuniones e interviniendo con el Gobierno, tanto estatal como federal.[10] Ayudó a coordinar visitas con el Equipo Argentino de Antropología Forense, expertos de renombre internacional que el Gobierno contrató para averiguar las identidades de las personas enterradas en las fosas comunes de 2011.[11] Necesitaban recolectar el ADN de las víctimas y sus familias. Necesitaban a María Inés.

María Inés se había tomado muy mal la muerte de Miriam. Se había quedado sola tras la muerte de Eduardo; sus emociones e instintos eran incontrolables. Miriam había aliviado el dolor de María Inés; cuando Miriam ya no estuvo, la sensación de vacío se volvió aún más profunda por haber sido aliviada brevemente. Rodeo Boots cerró y ella volvió a quedarse sin trabajo.

---

[9] *El Imparcial*, «Muere "el Pata de Queso", líder de "Los Zetas"», 17 de noviembre de 2017, https://www.elimparcial.com/sonora/mexico/Muere-El-Pata-de-Queso-lider-de-Los-Zetas-20171117-0104.html; García, «Perfil. "el Pata de Queso"...», *op. cit.*

[10] Expreso.press, «Hijo de Miriam seguirá búsqueda», 31 de mayo de 2017, https://expreso.press/2017/05/31/hijo-miriam-seguira-busqueda/.

[11] El grupo argentino fue solicitado para asistir en la identificación de los restos descubiertos en San Fernando en 2011. Segob, «Convenio de Colaboración para la identificación de restos localizados [...]», DOF, 4 de septiembre de 2013, https://www.dof.gob.mx/nota_detalle.php?codigo=5312887&fecha=04/09/2013#gsc.tab=0. Para más contexto: Mary Beth Sheridan, «Una abogada luchó por justicia tras una masacre en México. Luego, el Gobierno la convirtió en sospechosa», *The Washington Post*, 23 de noviembre de 2021, https://www.washingtonpost.com/world/2021/11/23/mexico-desaparecidos-crimen-organizado/.

María Inés se mantuvo al lado de Luis Héctor en el colectivo, aunque muchos colectivos rivales habían surgido después de la muerte de Miriam. Sabía que Luis Héctor no tenía el mismo impulso que su madre, la energía salvaje que solo puede provenir de un padre al que le han robado a su hijo, pero ella era leal. Miriam había tenido un tanque sin fondo del que sacaba fuerzas, una energía incansable que nunca se quedaba sin combustible. Luis Héctor había perdido a su madre y a su hermana a mediados de los treinta, ambas de forma violenta. Levantarse, vestirse y mantener un ingreso era un milagro diario, y quienes habían querido a Miriam también querían a Luis Héctor porque, a pesar de la vida rota que le quedaba, seguía intentándolo. Pero él no era su madre, si es que alguna vez pudo serlo, y menos en la dolorosa ausencia que había dejado su asesinato.

A mediados de 2017, el tiempo de María Inés en el colectivo estaba llegando a su fin. La llamaron a Ciudad de México, donde ella y su familia debían entregar múltiples muestras de ADN a los forenses argentinos.[12] Ella ya había entregado muestras en otras dos ocasiones. Pero los expertos le aseguraron que esta vez sería diferente, y les creyó. Se hizo amiga de una de los científicos, que, a diferencia de los funcionarios del Gobierno de Tamaulipas, la había tratado con amabilidad y respeto. Respondió las preguntas de María Inés con paciencia y tranquilizó su miedo constante.

A través de ellos, terminó por enterarse de lo que le había sucedido a su hijo.

Jesús Eduardo Cerda Vera había desaparecido la noche del 4 de marzo de 2011, cuando Los Zetas lo secuestraron en el estacionamiento del Oxxo, en la plaza central de San Fernando. Un mes después, las autoridades que realizaban una búsqueda en la zona de El Arenal, sitio favorito de Los Zetas, donde decenas de personas habían sido enterradas, descubrieron su cuerpo en una fosa común.[13]

La horrenda y casi criminal manipulación de los restos era ya tan común que parecía un cliché, un subproducto mexicano de la

---

[12] Entrevista con María Inés Vera Hernández.

[13] Entrevista con María Inés Vera Hernández.

máquina de muerte creada por la guerra contra el narcotráfico. Pero el dolor no era rutinario. María Inés vivió en un estado de duelo suspendido durante cinco años para averiguar lo que el Gobierno ya sabía, pues tenía pruebas científicas que lo confirmaban.

Si la muerte y el desmembramiento podían normalizarse, también podía hacerlo la fría indiferencia de la ineptitud. Las víctimas habían perdido tanto su capacidad de acción que apenas esperaban más. Esto solamente ocasionó que los encargados de limpiar el desastre creado por la violencia fueran aún menos receptivos: un sistema en una espiral de muerte.

A lo largo de los años, las autoridades habían tomado varias muestras de ADN de María Inés y su esposo. En teoría, esas muestras deberían haber sido fáciles de cotejar con los restos de Eduardo. Pero eso nunca ocurrió, por razones desconocidas. En 2013, los restos de Eduardo fueron enterrados en una fosa común en Ciudad Victoria, al igual que los de Karen.

Todo esto se lo explicaron a María Inés en junio de 2017, poco menos de un mes después de la muerte de Miriam. Ella no tenía nada de práctica en el arte de soportar el dolor estratificado de una desaparición. Su alivio por haber recuperado a Eduardo superó a la amargura, pero por poco. Las capas no podían quitarse; permanecían como un tapón asfixiante sobre ella y su familia.

Pero por fin podía dejar de buscar.

○●○

Durante un tiempo, María Inés siguió asistiendo a las reuniones del colectivo, incluso después de recuperar a su hijo. Pero las reuniones dejaron de ser periódicas y, en el vacío dejado por la muerte de Miriam, algunas de las más de cien familias de su grupo abandonaron el barco y se fueron a colectivos rivales.[14]

Era difícil culparlas; Luis Héctor vivía en Ciudad Victoria y, aunque había dejado su trabajo para dirigir el colectivo, no podía estar tan presente como algunos de los otros líderes, con quienes Miriam

[14] Entrevista con Luis Héctor y María Inés Vera Hernández.

había trabajado durante años. Tenían más contactos, conocían mejor la ley y la forma de ejercer poder e influencia sobre los funcionarios estatales predispuestos a negar las solicitudes. Y él no podía competir con su compromiso: las mujeres que siguieron adelante con sus propios colectivos eran mucho mayores; la mayoría había renunciado a cualquier esperanza de una vida que no estuviera abocada a la búsqueda de su ser querido desaparecido. Luis Héctor tenía apenas 33 años y era soltero. Lo agobiaba tanto dolor como a cualquiera, incluso más. Pero abandonarse a él habría sido renunciar a su propio futuro. Quería una vida más allá de la pérdida.

Había pasado más de un año desde el asesinato de Miriam. En ese tiempo, Luis Héctor se había vuelto cínico respecto de todo el proceso y de su lugar en él. Odiaba tratar con los funcionarios, de quienes sabía de primera mano que mentirían y fabricarían pruebas para satisfacer sus propósitos. También sabía que financiarían a otros colectivos para disminuir el poder del suyo y provocarían enfrentamientos entre los líderes de San Fernando. El Gobierno cancelaba la violencia que no podía contener con un cheque, una ínfima parte de su presupuesto, y las víctimas estaban tan desesperadas por conseguir algo, cualquier cosa, que hacían fila para recibir las migajas. Se había dado cuenta de que el activista más eficaz no era necesariamente el que ayudaba a esas víctimas a encontrar justicia, sino el que las ayudaba a encontrar recursos.

Luis Héctor se enfrentaba a sus propias críticas en ese frente. Él y su familia habían recibido escolta policial en la prisa del Estado por enmendar los errores tras no haber protegido a Miriam. Fue un correctivo costoso y probablemente exagerado. Después de que Los Zetas se dieran cuenta de la tormenta que habían desatado al matar a Miriam, nadie sería tan estúpido como para ir por su familia. Pero los habitantes de San Fernando ponían los ojos en blanco cuando uno de los miembros de la familia aparecía en un restaurante, en un bar o en el mercado con un par de agentes de policía a cuestas, como un trágico premio de consolación por haber sufrido tan públicamente.[15]

---

[15] «Acuerdo». Acuerdo en el que se decreta la protección de los familiares de Miriam. PGJT, Machorra, expediente 0011/2017, vol. 4, 4261-4263.

El sistema siempre ganaría; Luis Héctor lo sabía. No tenía la fuerza ni la legitimidad de su madre. Lo que sí tenía Luis Héctor era un nombre destacado, que lo convertía en un peón útil en los juegos de los demás, incluso de amigos. Si tenía alguna duda al respecto, a principios de 2019, fue inhabilitado para formar parte de la Comisión Estatal de Búsqueda de Personas en Tamaulipas, una comisión que debía supervisar el proceso de cómo y cuándo se realizaban esas búsquedas, un interlocutor entre el Gobierno y los colectivos. Todo el mundo sabía que los funcionarios a cargo a menudo montaban espectáculos, enviando policías y soldados a zonas de búsqueda sin un plan ni un propósito real, un esfuerzo destinado a calmar los nervios de los padres desesperados sin que nunca aparecieran fosas comunes.

Para entonces, Tamaulipas había empezado a contar en serio el número de desaparecidos dentro de sus fronteras, y rápidamente había ascendido a la cima de la lista de estados a nivel nacional con más de 10 000.[16] El trabajo importaba, o podía importar, dependiendo de quién se hiciera cargo y de si se le permitía o no hacerlo. Eso era una gran incógnita. En algunos estados, los funcionarios admitieron en privado que ya no buscaban fosas comunes; no tenían los recursos para gestionar los cadáveres que ya tenían.

Guillermo Riestra, líder de un colectivo en Ciudad Victoria y amigo de Miriam, había convencido a Luis Héctor de postularse en 2018, antes de la elección. Su perfil por sí solo ayudaría, ya que era hijo de la activista más famosa del estado. Los colectivos estaban cansados de los juegos y querían a alguien en quien pudieran confiar y con quien pudieran razonar, alguien que los entendiera, para supervisar algo tan delicado como la búsqueda de los desaparecidos.

«Esperamos que quien decida lo haga de la mejor manera posible, y como he dicho, no abandonaremos a la gente que estamos ayudando», dijo Luis Héctor a un reportero en una entrevista con motivo del lanzamiento de su candidatura. «Y si no es uno de

---

[16] Alejandro Páez, «10 entidades del país concentran más de la mitad de desaparecidos y no localizados en México», *Crónica*, 17 de julio de 2022, https://www.cronica.com.mx/nacional/10-entidades-pais-concentran-mitad-desaparecidos-localizados-mexico.html.

nosotros, seguiremos empujando desde afuera como siempre lo hemos hecho».[17]

El Congreso del Estado de Tamaulipas fue el responsable de elegir al comisionado, y pocos creían que elegiría a alguien de un colectivo, alguien fuera de la esfera de control gubernamental, para supervisar las cosas. Nunca lo dirían, por supuesto, pero encontrarían un tecnicismo para descalificarlo a él y a otros. En enero de 2019, la solicitud de Luis Héctor fue desestimada por falta de documentación, junto con la de otras tres personas, casi todas activistas.

Al mes siguiente, se eligió al comisionado, un exfiscal cuyo trabajo más reciente había sido investigar casos de personas desaparecidas en Tamaulipas. Los colectivos armaron un escándalo, señalando que había sido el mediocre trabajo de las autoridades estatales en la localización de personas desaparecidas lo que había hecho necesario un comisionado en primer lugar.[18] Y ahora se les estaba asignando a alguien que corría el riesgo de «convertir todo el esfuerzo en una simulación», dijo Riestra. En otras palabras, una danza kabuki.

Los colectivos habían propuesto a Luis Héctor precisamente por esa razón —señaló—, para colocar a alguien dentro de la burocracia opresora que tuviera posibilidades de luchar contra ella. Un asalariado, y mucho menos uno que haya pasado su carrera en el pantano de la policía tamaulipeca, nunca aportaría el mismo

[17] Luis dio entrevistas a medios locales y nacionales para apoyar su candidatura, respaldado por colectivos de todo el estado. Entendía que tenía todo en su contra, pero prometió perseverar. Enrique Jonguitud, «Hijo de activista asesinada busca ser comisionado estatal de desaparecidos», *Últimas Noticias en Red*, 5 de diciembre de 2018, https://ultimasnoticiasenred.com.mx/local/hijo-de-activista-asesinada-busca-ser-comisionado-estatal-de-desaparecidos/.

[18] Cristina Adame, «Hijo de activista Miriam pretende comisión estatal de búsqueda», *El Cinco*, 21 de enero de 2019, https://www.elcinco.mx/cd-victoria/hijo-activista-miriam-pretende-comision-estatal-busqueda; Alberto Serna, «Reitera hijo de Miriam Rodríguez ir por Comisión de Búsqueda en Tamaulipas», *Hoy Tamaulipas*, 10 de diciembre de 2018, https://www.hoytamaulipas.net/notas/365494/Reitera-hijo-de-Miriam-Rodriguez-ir-por-Comision-de-Busqueda-en-Tamaulipas.html; Lupita Domínguez, «Colectivo exige trabajo a Comisión Estatal de Búsqueda en Tamaulipas», *Vox Populi*, 16 de julio de 2019, https://voxpopulinoticias.com.mx/2019/07/colectivo-exige-trabajo-a-comision-estatal-de-busqueda-en-tamaulipas/.

compromiso «que alguien que conoce el dolor de un desaparecido», señaló.

—Pero supongo que el Congreso no lo vio así —concluyó.

Objetivo # 3: el Hugo

El Hugo, mano derecha de Pata de Queso, seguía libre. Se había hecho cargo del control de la plaza de San Fernando tras la muerte de su jefe y, según la mayoría de las versiones, era un líder más astuto. Luis Héctor lo había oído en las grabaciones, hablando de pagos de rescates y extorsiones a los negocios a lo largo de la carretera, incluida una destilería de mezcal.[19] Para Luis Héctor, era la última persona que quedaba por localizar y encarcelar.

Luis Héctor estaba resentido por su postulación fallida a la candidatura de un cargo público y se había desengañado de la esperanza de que las cosas pudieran ser diferentes, o quizá de que él pudiera marcar la diferencia. Por supuesto, el Congreso eligió a un antiguo investigador criminal, alguien experto en burocratizar las demandas de las familias de los desaparecidos y cuya lealtad al Estado estaba asegurada.[20] Pero Luis Héctor también estaba desilusionándose con el trabajo de los colectivos en general.

Había llegado a sentirse parte de un juego entre las víctimas y el Gobierno. Cada uno maniobraba para flanquear al otro, extraer más recursos o inhibirlos, proponer nuevas leyes o suavizarlas,

[19] Entrevista con una fuente anónima de las fuerzas del orden en Tamaulipas.

[20] A. Hernández, «Pasan 4 de 8 aspirantes a Comisión de Desaparecidos», *Milenio*, 8 de febrero de 2019, https://www.pressreader.com/mexico/milenio-tamaulipas/20190208/281500752502937; Carlos M. Juárez, «Eligen a J. Ernesto Macías en Comisión de Búsqueda», *El Mañana*, 14 de febrero de 2019, https://www.elmanana.com/eligen-a-j-ernesto-macias-en-comision-de-busqueda/4752251.

solicitar transparencia y oscurecer los mecanismos de la toma de decisiones. Había que querer la lucha y tener la energía para mantenerla. Ya no estaba seguro de reunir ninguna de las dos condiciones.

Luis Héctor siguió viviendo en Ciudad Victoria y, aunque había renunciado a su trabajo formal con el Estado, siguió trabajando como empresario, vendiendo revestimientos y techos. El negocio que su padre le había desaconsejado emprender se había convertido en su principal actividad. Esto le dio la flexibilidad para dirigir el colectivo y continuar visitando Ciudad de México, donde seguía de cerca el caso de su madre.

La forma en que habían detenido a Pata de Queso seguía siendo un secreto; Luis Héctor sabía que le seguían la pista, pero no tenía idea de que estuvieran tan cerca. Los investigadores rara vez compartían detalles como ese, y ahora que Pata de Queso estaba muerto, no había nada más de qué hablar. Luis Héctor lamentaba no haber tenido la oportunidad de preguntarle al líder de Los Zetas por qué había ordenado el asesinato de su madre. Paisa había participado en el arresto e incluso se había ofrecido a hacer la pregunta en nombre de Luis Héctor. Pero Paisa desconfiaba de los teléfonos y, siempre que Luis Héctor lo llamaba, se mostraba evasivo. Probablemente le ponía nervioso hablar por celular, después de haber visto lo extendidos que estaban los intentos de pirateo del Gobierno.

○●○

Un día, a principios de 2019, poco después de la accidentada campaña para comisionado, Luis Héctor limpiaba su camioneta en un autolavado de Ciudad Victoria cuando notó que un hombre lo miraba fijamente.[21] Se sobresaltó y se dispuso a irse, pero el hombre levantó la mano en un saludo amistoso y se acercó, sonriendo.

En los dos años que Luis llevaba en contacto con Paisa, no recordaba cómo era. Aunque habían intercambiado llamadas te-

[21] Juárez, «Eligen a J. Ernesto Macías...», *op. cit.*

lefónicas y mensajes, triangulado detalles sobre la red de Pata de Queso y discutido estrategias para las visitas de Luis Héctor a los jefes en Ciudad de México, solo se habían visto en persona una vez. Luis Héctor aún lo tenía guardado en los contactos de su teléfono como Paisa.

Cuando el hombre le tendió la mano a Luis Héctor, se dio cuenta: era Paisa. Para Luis Héctor, el rencuentro fue como encontrarse con un viejo amigo, cálido, extraño e íntimo a la vez.[22] Tenían tantas cosas de qué hablar. Los dos se sentaron en el autolavado durante más de una hora, mientras el policía le contaba lo que había sucedido la noche en que finalmente capturaron a Pata de Queso, un misterio que Luis Héctor había esperado un año y medio para desentrañar.

A principios de noviembre de 2017, no mucho después de que mataran al Aluche, la Policía Federal había tenido suerte, según le contó el policía a Luis Héctor: uno de los lugartenientes de Pata de Queso informó por teléfono que el capo estaba enfermo y necesitaba una ambulancia. La enfermedad era lo bastante grave como para que lo llevaran de inmediato a un hospital en Ciudad Victoria.

Por primera vez en meses, la policía tenía una pista real. Y si Pata de Queso estaba debilitado, mejor aún, sobre todo porque esa noche solo estaban en servicio el Paisa y otro policía. Los demás estaban en otra misión y no podrían regresar a tiempo.

Paisa y el otro policía salieron corriendo de su oficina en Ciudad Victoria para intentar interceptar la ambulancia que se dirigía a la ciudad. Resultó ser un plan problemático: no tenían forma de identificar la ambulancia y no tenían idea de a qué hospital se dirigía Pata de Queso, condujeron sin rumbo fijo. En el Hospital de Especialidades, en la zona noreste de la ciudad, donde supusieron que un narco adinerado podría acudir en busca de atención médica, detuvieron al azar a un par de ambulancias.

De regreso al centro de la ciudad, se cruzaron con otra ambulancia y, a falta de una idea mejor, decidieron detenerla. El ve-

22 Entrevista con Luis Héctor.

hículo estaba vacío, pero los policías insistieron. ¿El conductor había llevado a alguien que coincidiera con la descripción de Pata de Queso a un hospital durante la última hora? Para su asombro, el conductor asintió. Había llevado a un hombre con insuficiencia renal al Hospital General hacía menos de 30 minutos. El paciente iba acompañado por otro hombre, y el conductor los había dejado en urgencias.

Paisa se dirigió a toda prisa hacia el Hospital General, situado en pleno centro de la ciudad. Este no era un lugar ideal para realizar un arresto: si se producía un tiroteo, había todo tipo de peatones y transeúntes que podrían quedar atrapados en el fuego cruzado.

En la recepción, tras mostrar su placa a una recalcitrante recepcionista, Paisa fue guiado a la planta donde Pata de Queso estaba hospitalizado. Dejó a su compañero afuera, para que vigilara la puerta por si llegaban Zetas a ver al jefe, y se dirigió solo al pasillo exterior de la habitación de Pata de Queso. Al asomarse por el pasillo, el policía creyó reconocer al hombre que custodiaba la puerta de Pata de Queso, por las horas que pasaba escuchando las grabaciones de las llamadas.

En los más de veinte años que Pata de Queso llevaba aterrorizando a las personas de la zona de San Fernando, era improbable que alguna vez se hubiera encontrado tan vulnerable, enfermo y con un solo guardaespaldas cuidándolo. Paisa le mencionó a Luis Héctor que le preocupaba que aparecieran más refuerzos de Los Zetas; ya había pedido sus propios refuerzos, pero la policía de carreteras, la única agencia federal disponible con poca antelación, se estaba tomando su tiempo.

Luis Héctor escuchó atentamente la historia. No dudaba de su veracidad; en primer lugar, parte de la información que compartía Paisa, sobre inteligencia y las intercepciones a las células criminales, la había escuchado él mismo mientras estaba en la división de delincuencia organizada de la Ciudad de México. Pero, además, ¿quién podría inventar una operación tan espontánea y sin planificación?

Desde el final del pasillo, Paisa llamó al guardaespaldas por su nombre, como si lo conociera.

—¿Está el jefe ahí dentro? —preguntó casualmente, fingiendo ser un Zeta.

El hombre pareció confundido al principio, y luego aliviado. Asintió y dejó pasar al policía al interior de la habitación.

Pata de Queso estaba tendido en una cama de hospital, con el rostro demacrado y el cuerpo flácido. Tenía el cabello blanco. El líder de Los Zetas miró al policía cuando entró.

—Oye, hombre, ¿me reconoces? —preguntó Paisa.

Pata de Queso negó con la cabeza.

—¿Estás seguro de que no me reconoces? Porque yo definitivamente te conozco.

Pata de Queso miró hacia la puerta y luego de nuevo al oficial.

—Soy policía federal —puntualizó—. Tenemos rodeado todo el hospital.

○●○

Paisa y Luis Héctor observaban, desde la camioneta del primero, cómo se formaba una fila de autos en el estacionamiento. Era un lugar popular para lavar autos en Ciudad Victoria, el favorito de Luis Héctor. Paisa le contó que, en el avión de Ciudad Victoria a Ciudad de México, le había preguntado a Pata de Queso por Miriam. Incluso entonces estaba claro que el líder de Los Zetas se estaba muriendo, y él no podía estar seguro de si la respuesta era genuina o si hablaba el delirio. Cualquiera que fuera el caso, era lo que habían supuesto, le dijo a Luis Héctor.

—Ella les estaba causando problemas —expresó Paisa—, haciéndoles caer la ley encima.

No era una revelación, pero sí una especie de cierre para Luis Héctor. Le habría gustado oírlo él mismo, ejercitar su instinto conspirador y hacer algunas preguntas más sobre si alguien por encima de Pata de Queso lo había aprobado o no, tal vez si alguien en el Gobierno lo sabía: es decir, el tipo de preguntas que una mente cansada de la sospecha podría plantearse.[23] Ahora no

---

[23] Entrevista con Luis Héctor y un funcionario anónimo de derechos humanos en México.

importaba. En realidad, solo había otra persona a la que podían preguntar: el Hugo, la mano derecha de Pata de Queso.

—¿Alguna novedad sobre el Hugo?

El Hugo había sido quien realizó el supuesto pago por el asesinato de Miriam. Por sus propios medios, Luis sabía que el Hugo, cuyos apodos eran el Ganso y Cuello Corto, vivía en Ciudad Victoria. Solo que no sabía dónde.

—¿Quieres ir a ver su casa? —preguntó Paisa.

Se llevaron la camioneta de Paisa al Barrio de Pajaritos, un emplazamiento urbano en el extremo noreste de la ciudad, donde el Hugo tenía una casa. Afuera había cámaras de vigilancia instaladas por todas partes. Las ventanas tenían rejas.

—Apuesto a que tiene un montón de dinero y armas ahí dentro —dijo el Paisa mientras pasaban.

El Hugo llevaba años dirigiendo a una banda de secuestradores en la zona de San Fernando, desapareciendo personas de casas y carreteras, y exigiendo rescates de decenas de miles de dólares. Había sido un líder más hábil que Pata de Queso —según la estimación de algunos investigadores—, y muchos sospechaban que, lejos de ser la mano derecha, era en realidad la persona que dirigía las operaciones de Los Zetas en la zona de San Fernando.[24]

Luis Héctor preguntó por qué, si sabían dónde vivía, la policía no había allanado la casa para arrestarlo. Paisa refirió que él había querido hacerlo, pero que el fiscal que llevaba el caso le había pedido cautela. Las autoridades consideraron que necesitaban más pruebas; los rumores y los testimonios extraoficiales sobre el asesinato de Miriam no eran suficientes.

A Luis Héctor siempre le pedían que encontrara un equilibrio entre hacer un arresto y preparar un caso. Los fiscales nunca parecían tener pruebas suficientes por sí mismos, lo que significaba que podían pasar años antes de que estuvieran preparados para presentar cargos. En ese lapso, el delincuente podía desaparecer y, a pesar de todo el esfuerzo en reunir pruebas irrefutables, podían perder la oportunidad de detener al sospechoso. Igualmente pro-

[24] Entrevista con una fuente anónima de las fuerzas del orden.

blemática era la alternativa: arrestar a la persona antes de tener lo que necesitaban y que quedara libre.

En el imperfecto mundo de las fuerzas del orden mexicanas, Luis Héctor solía decantarse por realizar un arresto mientras se pudiera. En el peor de los casos, la policía estaba obligada a encontrar un arma o drogas que pudieran utilizar para acusar al sospechoso mientras continuaban con la investigación. Luis Héctor también había aprendido a aceptar algo de justicia en lugar de ninguna.

Luis Héctor había conocido al Hugo una vez, años antes, en un popular lugar para vacacionar los fines de semana, llamado Los Troncones, un parque ecológico al pie de la Sierra Madre, en las afueras de Ciudad Victoria. Un bosque frondoso situado en un valle con un río cristalino era un destino popular para familias y jóvenes estudiantes.

Luis había estado allí con unos amigos, poco después del secuestro de Karen, cuando apareció el Hugo. Estaban bebiendo cerveza con una hielera al lado y Luis Héctor estaba un poco achispado. Al principio no había notado al Hugo y estaba en medio de una diatriba contra la escoria que se unía al crimen organizado cuando uno de sus amigos le dio un codazo y le dijo que se callara.

—Ese es el Hugo de San Fernando —susurró el amigo.

Luis Héctor bajó la voz. No reconocía al Hugo, aunque conocía su reputación.[25] Imaginó que era alguien cuando el Hugo se detuvo en una camioneta nueva, con su amigo y financista, un hombre al que llamaban el Diablo. Luis Héctor pasó las horas siguientes bebiendo cerveza con los dos. El Hugo era relativamente tranquilo, pero soltaba chistes y se llevaba bien con todo el mundo. Luis Héctor disimuló su enfado y fingió no saber quiénes eran.

Se topó con él una o dos veces más después de eso, pero cada vez fue como la primera: no logró reconocer al Hugo. No es que el Hugo fuera insignificante en sí, sino más bien que hacía un buen trabajo para no llamar demasiado la atención. Tenía un bigote ralo y una barba de chivo; no era ni alto ni bajo, ni gordo ni delgado.

---

[25] Entrevista con Luis Héctor.

Vestía ropa normal y nunca iba bien arreglado. Las personas que acompañaban al Hugo solían ir mejor vestidas que él.

Aquel día en el río, el Diablo se veía más arreglado que el Hugo; si no lo supiera, Luis habría pensado que Diablo era el jefe. El Diablo era quien conducía la camioneta elegante, y vestía pantalones de mezclilla nuevos y una camisa de cuello planchado con botas vaqueras brillantes. El Hugo, por su parte, llevaba ropa arrugada y una camisa desabrochada. Luis recordaba el aspecto del Diablo: corpulento, con papada y alto.

Luis Héctor no tenía idea de que la policía estuviera siguiendo al Hugo tan de cerca. Por supuesto, así se lo habían dicho los fiscales en Ciudad de México, cada vez que iba a preguntar por los avances. Pero había aprendido lo suficiente de su madre como para saber que esas conversaciones no siempre eran sinceras, y que el progreso no se medía necesariamente por lo que uno había hecho, sino por lo que uno podía aparentar que había hecho. Luis Héctor no lo habría creído si no se hubiera topado con Paisa en el autolavado.

Pata de Queso llevaba décadas en el punto de mira de las fuerzas de seguridad, y solo después de que lo señalaran como el autor intelectual del asesinato de Miriam, lo sacaron de allí. Y ahora, el Hugo, de quien Luis Héctor prácticamente había perdido el rastro, estaba bajo la atenta mirada de la Policía Federal, que tenía su casa marcada y solo esperaba la orden para allanarla.[26]

La verdad era que los fiscales podían esperar eternamente buscando pruebas para detener al Hugo, pero sin la voluntad política para construir el caso, eso nunca sucedería. Surgían nuevas prioridades, a menudo en respuesta a nuevos escándalos. La aplicación de la ley era flexible en ese sentido; los políticos determinaban los objetivos y, durante el tiempo transcurrido desde el asesinato de su madre, Luis Héctor se dio cuenta de que el interés público estaba menguando.

Otros elementos también estaban cambiando. Se había elegido a un nuevo presidente, un líder populista que se impuso a

---

[26] Segob, «[El Hugo], líder delictivo en el Barrancón, Cruillas», México, Secretaría de Gobernación, Comisionado Nacional de Seguridad, Policía Federal.

los demás partidos y cuya victoria puso de rodillas al PRI.[27] Para diferenciar los enfoques, prometió una estrategia de «abrazos, no balazos», y disolvió a la Policía Federal para crear una nueva fuerza federal con un nuevo nombre, conocida como Guardia Nacional.

Luis Héctor podía perder sus contactos en el Gobierno federal en cualquier momento; tras la elección de Andrés Manuel López Obrador, se puso en marcha una purga para limpiar las filas y empezar de cero con la nueva política de no confrontación. Mientras la división contra la delincuencia organizada siguiera ocupándose del caso de su madre, mientras siguiera existiendo presión política para responder, mientras los investigadores individuales que él conocía aún no hubieran sido transferidos bajo el nuevo gobierno, él quería tomar medidas.

Paisa regresó al autolavado. Antes de bajarse de la camioneta del policía, Luis Héctor le prometió que se pondría en contacto con el fiscal, pero quería una cosa a cambio: si la policía iba a allanar la casa del Hugo, él quería participar.

○●○

Al mes siguiente, Luis voló a Ciudad de México para cumplir su promesa. En una agradable tarde de verano, se sentó con los investigadores, los hombres de traje con los que se había estado reuniendo durante dos años, aquellos cuya misión era la ilimitada empresa de la delincuencia organizada en México.

Normalmente iba a escuchar las actualizaciones del caso. Pero esta vez era diferente. Iba con una petición.

Luis Héctor sacó de su bolsillo un papel donde había escrito la dirección del Hugo y se lo entregó al investigador principal.

---

[27] Alberto Nájar, «López Obrador gana en México: ¿por qué es histórico el triunfo de AMLO en la elección presidencial mexicana?», *BBC News Mundo*, 2 de julio de 2018, https://www.bbc.com/mundo/noticias-america-latina-44678613; Azam Ahmed y Paulina Villegas, «López Obrador gana la presidencia de México con una victoria aplastante», *The New York Times*, 1.º de julio de 2018, https://www.nytimes.com/es/2018/07/02/espanol/america-latina/eleccion-2018-amlo-lopez-obrador.html.

—Aquí es donde vive en Ciudad Victoria —explicó Luis Héctor.[28]

El fiscal miró el papelito. La dirección coincidía con la del expediente, como si Luis Héctor lo hubiera obtenido por su cuenta. El hecho de que confirmara lo que la fiscalía tenía archivado pareció complacer al investigador. Luis Héctor no aclaró que, de hecho, había recibido la información de alguien de esa misma oficina.

No tenían pruebas suficientes para armar un caso contra el Hugo —explicó el investigador—, y para Luis Héctor, aquella conversación podría haber sido cualquiera de las docenas que había tenido con las fuerzas del orden durante los cinco años anteriores. Le preguntó al fiscal qué tenía de malo arrestarlo por cualquiera de esas declaraciones.

El investigador le dijo que no funcionaba así. Escuchar a Los Zetas hablar de su actividad criminal era solo una parte de lo que necesitaban. Necesitaban corroboración, el testimonio de un testigo o de una víctima; necesitaban un cadáver.

Por ejemplo, en el caso de Miriam, tenían una confesión extrajudicial de un Zeta moribundo que señalaba al Hugo como el hombre que pagó por el asesinato.[29] Nunca podrían llevar eso ante un juez y esperar que emitiera una orden de arresto, aunque fuera cierto.

Luis Héctor estaba familiarizado con el «protocolo». Utilizaban la falta de pruebas o testimonios para justificar su inacción, lo cual resultaba irónico porque su inacción era el motivo por el que carecían de pruebas y testimonios. Luis Héctor tenía la esperanza de que los investigadores federales fueran diferentes a las autoridades estatales. Habían tardado meses en atrapar a Pata de Queso, y la única razón por la que había funcionado era el valor y el ingenio del agente de policía que le había dicho a Luis Héctor que debían ir a dar el golpe en casa del Hugo.

---

[28] Entrevista con Luis Héctor.

[29] Entrevista con Luis Héctor e Irving Barrios.

○●○

Los federales allanaron la casa la última hora de la mañana del 7 de julio de 2019, un domingo.[30] Luis Héctor se enteró por Azalea, quien lo vio en las noticias.

La policía acordonó la cuadra en el Barrio Pajaritos, un vecindario tranquilo, conformado por viviendas de ingresos mixtos, ubicado en el extremo noreste de Ciudad Victoria, aunque no era necesario. Un gigantesco árbol de pimienta de California, de unos 15 m de altura, se alzaba sobre el lote vecino, con sus ramas cayendo en cascada y obstruyendo la visibilidad. Solo un reportero se molestó en presentarse en el lugar.

El Hugo se había escondido a plena vista. Nadie lo había molestado porque nadie había tenido problemas con él, la historia de tantos narcos de rango medio. Construir un caso requería tiempo y esfuerzo, pruebas, vigilancia y testigos. Los delincuentes hacían un trabajo bastante bueno eliminando a los integrantes de sus propias filas. Que finalmente lo encerraran fue mérito de Miriam y Luis Héctor. Su persistencia, su insistencia, significaba que el Hugo pasaría un largo tiempo en la cárcel y significaba que, de una vez por todas, Luis Héctor podría librarse de su vida bifurcada, una en la que su dolor crudo se refinaba hasta convertirse en un propósito, y otra en la que intentaba seguir adelante.

La policía encontró una pistola y trescientas bolsitas de marihuana, suficientes para justificar la detención del Hugo. Se lo llevaron esposado mientras los agentes encargados de asegurar el perímetro sufrían el calor cegador de julio.

Luis Héctor se sentía frustrado porque la policía no había tenido la cortesía de avisarle. Aun así, se sintió aliviado de que tuvieran al Hugo bajo custodia. El Zeta llevaba años esquivando a la policía, con sobornos y situaciones de riesgo en San Fernando y sus alrededores. Desde la detención de Pata de Queso, el perfil del

---

[30] *El Mañana*, «Capturan a líder Zeta en Cd. Victoria», 7 de julio de 2019, https://www.elmanana.com/capturan-a-lider-zeta-en-cd-victoria/4863779; *Breitbart*, «Autoridades mexicanas detienen a líder Zeta ligado a homicidio de activista», 8 de julio de 2019, https://www.breitbart.com/border/2019/07/08/autoridades-mexicanas-detienen-a-lider-zeta-ligado-a-homicidio-de-activista/.

Hugo había aumentado. Se había convertido en el jefe regional, extorsionando a empresas locales, supervisando secuestros e incluso el robo de combustible de los oleoductos del Gobierno. Tras un casi arresto en 2017, y otro en 2018 que duró apenas 48 horas, se había mudado a Ciudad Victoria, al Barrio Pajaritos, donde la policía finalmente lo atrapó, aunque solo por unas horas.

Poco después de su detención, un juez federal ordenó su liberación inmediata.[31] Las autoridades no podían retenerlo indefinidamente por cargos menores, y no tenían una orden de arresto que justificara la prisión preventiva. Era la ley, aunque aplicada de manera inconveniente. A las ocho de la noche de ese mismo día, el Hugo fue liberado bajo fianza. Mientras esperaba el juicio por los cargos de posesión de armas y marihuana, tendría que presentarse periódicamente ante las autoridades y firmar documentos en los que se comprometía a no huir.

La noticia de la liberación del Hugo sumió a Luis en un estado de abatimiento similar al que había sentido tras la muerte de su madre, o incluso tras el secuestro de Karen. Una sensación de desesperanza e impotencia que contradecía la pregunta obvia de cómo había podido ocurrir algo así. Lo sabía; trabajo deficiente, corrupción, mala suerte; no importaba. Si el Hugo había pensado antes que pasaba desapercibido, ahora sabía que no era así. Al menos un periodista bien informado, al escribir sobre su detención, mencionó incluso la conexión con el caso de Miriam, que en ese momento no era público.

Para Luis, la liberación del Hugo fue como si todos los miedos que había albergado se le vinieran encima de golpe. Era peor que el Aluche se enterara de su orden de arresto, porque el Aluche era un don nadie de bajo rango, sin dinero ni recursos. El Hugo era el jefe de la plaza de San Fernando, y no el típico matón. Había hecho una fortuna solo con secuestros, y podía financiar fácilmente su huida de Tamaulipas o su venganza contra la familia de Miriam. Y ahora estaba en libertad bajo fianza porque, de alguna manera, en su prisa por allanar su casa, nadie había conseguido una orden de arresto adecuada.

---

[31] *Llamas Comunicación*, «Juez federal libera a líder de Los Zetas», 10 de julio de 2019, https://www.llamascomunicacion.com/tamaulipas/juez-federal-libera-a-lider-de-los-zetas/.

Luis Héctor llamó a Azalea para desahogarse. Ella lo escucharía, aunque no pudiera entender del todo cuánto pesaba sobre su hermano. Azalea tenía una vida fuera de la sombra de su madre, su propia familia de la que preocuparse. Tenía un medio para distanciarse del trauma que supuso su muerte. Luis Héctor tenía el caso de su madre, y sus sentimientos un tanto ambivalentes sobre asumir su papel como activista de las familias de los desaparecidos. Perder al Hugo no fue un fracaso suyo, pero lo sintió como algo personal: la devastación de saber que no podía doblegar el sistema a su voluntad como lo había hecho su madre.

Azalea compartía su frustración y decepción, pero no podía hacer nada al respecto. Mientras Luis Héctor había estado haciendo un seguimiento a las autoridades, Azalea había regresado, aunque de manera gradual, a su antigua vida. Podía poner distancia entre su decepción y su bienestar. Luis Héctor, en cambio, sí podía hacer algo para enmendar el error, lo que le hacía cargar con la culpa de que nunca hacía lo suficiente.

Voló de vuelta a Ciudad de México y pudo ver la cinta reproduciéndose ante él: de vuelta en las monótonas oficinas de los investigadores federales, sentado frente a ellos; los fiscales asienten e ignoran el impulso de discutir, prometen hacer lo correcto, es decir, construir un caso. Por qué no lo hicieron en todos los años anteriores es un misterio que quizá ni ellos mismos puedan responder. ¿Por qué no hacer un buen trabajo la primera vez? ¿Por qué atrapar solo lo que no cae en las grietas? ¿Por qué permitir las grietas y mantenerlas? Porque no todo el mundo iba a hacer lo que hizo Luis Héctor. No todo el mundo iba a presentarse y exigir respuestas. Y estaban contentos por eso, porque había más gritos que oídos para escuchar, más necesidad que capacidad para responder. Despojados de expectativas, la mayoría de las personas aceptaba, incluso esperaba, que sus casos, sus deseos y su justicia cayeran al subsuelo. Se habían acostumbrado tanto a ello que lo sentían como la única forma en que podían ser las cosas.

El Hugo era la última persona en la lista de Luis Héctor, y el Gobierno acababa de regalarle al capo no solo su libertad, sino también un aviso de que lo estaban buscando.

La moralidad de una circunstancia dada y la rectitud de la propia causa eran insuficientes en un sistema malformado desde sus orígenes. Había visto a su madre dar la vida por oponerse a él, por alinear el Estado con sus intereses, por crear un nuevo paradigma, y había sido asesinada por ello. Con todo lo que había sucedido en los años posteriores a su muerte, se preguntaba si tendría la energía necesaria para una batalla así o la determinación para pagar el precio. Era una empresa de todo o nada. Después de haber perdido a una hermana y a una madre a causa de la violencia, estaba casi listo. Pero no podía vivir como alguien que espera la muerte, como su madre. Por ahora, sin embargo, seguiría adelante.

EPÍLOGO

Un sombrío día de invierno de diciembre de 2020, Luis Héctor y yo visitamos el rancho donde asesinaron a Karen. Sentí que necesitaba ver ese pedazo de tierra de labranza sin nombre que ancló a su familia en la tragedia; Luis Héctor, que nunca había estado allí, insistió en llevarme.

El cielo estaba encapotado, las nubes hinchadas y grabadas en grafito. Salimos de la autopista por caminos de tierra tallados en matorrales desérticos, tan densos y altos como un laberinto de jardín. Sin mapa, nos basamos en el testimonio de Cristiano, el joven Zeta que describió a las autoridades cómo llegar al Basurero.

La camioneta de Luis Héctor se ladeaba entre piedras y grietas dejadas por la lluvia; dimos varias vueltas, perdidos. Me dijo que ahora podría resultar difícil reconocer el rancho. Su madre había pasado los años anteriores a su muerte presionando al Gobierno para que expropiara el lugar. No solo por razones personales, sino porque aún podría haber más secretos enterrados bajo su superficie.

Luis Héctor había visto las cosas claras con el Hugo. En julio de 2020, los federales obtuvieron su orden de arresto y, unos meses después, el Hugo estaba detenido.[1] No había huido, como le preocupaba a Luis Héctor. En lugar de eso, se había acomodado al acuerdo de fianza que el juez había ordenado por su cargo de posesión de armas.[2]

El 27 de octubre de 2020, cuando se presentó a firmar una nueva declaración, la Policía Federal detuvo al Hugo por segunda vez y lo acusó de asesinato. No se trataba del asesinato de Miriam Rodríguez; la policía no tenía pruebas suficientes para presentar ese caso. Encontraron otro asesinato que imputarle, con testigos y un cadáver, y pruebas potencialmente suficientes para encerrarlo durante cuarenta años.[3]

Luis Héctor ya no sabía si los cargos se mantendrían, si las horas de grabaciones telefónicas serían admisibles, si los testigos declararían. Se había distanciado del caso. Había una nueva administración, con nuevos fiscales y policías, y Luis ya no conocía a casi nadie. Su principal interlocutor, un abogado de las víctimas de voz suave, también había sido despedido durante la purga que siguió a la llegada del nuevo gobierno.[4]

Pero su desvinculación no solo tenía que ver con la agitación administrativa. Luis Héctor ya no quería problemas, «pedos», como él los llamaba. Tampoco su familia. Su madre no había sabido cómo detenerse, pues no le importaba el precio que tuviera que pagar por su persecución. Luis Héctor quería otras cosas en la vida, ninguna más que mantener a salvo a la familia que aún tenía. Estaba cansado y se mostraba escéptico ante la venganza. Nada de lo que pudiera hacer traería de vuelta a Karen o a su madre, como su padre le decía a menudo.

---

[1] Segob, «[El Hugo], líder delictivo en el Barrancón, Cruillas», México, Secretaría de Gobernación, Comisionado Nacional de Seguridad, Policía Federal; *El Universal*, «Procesan a "el Ganso", segundo implicado en la masacre de los 72 migrantes en San Fernando», 4 de noviembre de 2020, https://www.eluniversal.com.mx/estados/procesan-el-ganso-segundo-implicado-en-la-masacre-de-los-72-migrantes-en-san-fernando.

[2] *Llamas Comunicación*, «Juez federal libera a líder de Los Zetas», 10 de julio de 2019, https://www.llamascomunicacion.com/tamaulipas/juez-federal-libera-a-lider-de-los-zetas/.

[3] UGI: Hidalgo, «Imputados: Cesar Morfin "Primito" y [el Hugo] "Ganso"», 2018.

[4] Entrevista con un exdefensor de víctimas y Luis Héctor.

Incluso las claras victorias de Miriam empezaban a desvanecerse. El Mario estaba libre gracias a un abogado particular y al testimonio desigual de Carlos.[5] La Chaparra había cumplido 5 años, la pena máxima para un menor, y saldría en 8 meses. El Florista, también menor, podría salir incluso antes, suponiendo que su madre encontrara su acta de nacimiento para demostrar su edad.

Luis Héctor temía que el sacrificio de Miriam cayera en el olvido, que su recuerdo fuera una marca medio hundida en la arena, algo efímero. Aunque no tenía la voluntad de mantener su lucha, juró conmemorar lo que ella había hecho: luchar contra el olvido. Por eso, a pesar del dolor que le infligía, Luis estaba decidido a llevarme al rancho.

Esperábamos encontrar campos invadidos por hierba alta y arbustos, una cápsula del tiempo descolorida con retazos de su vida anterior. En lugar de eso, encontramos surcos bien hechos en la suave tierra marrón y una valla nueva instalada en la entrada, cuyos postes de madera pelada brillaban bajo la luz nublada.

Luis Héctor parecía desconcertado y tenía los ojos entrecerrados. La verja estaba sujeta por una cuerda, la quitó y entró, dejándola abierta tras de sí. Un largo camino en curva bordeaba los campos y conducía a una serie de pequeñas cabañas blancas. Al final del camino había un molino de agua y, más allá, un bosquecillo de árboles. Muchos de los puntos de referencia mencionados por los secuestradores seguían ahí: el tractor rojo oxidado al borde de la fosa común, ahora solo una depresión cubierta de hierba; el árbol retorcido donde Los Zetas habían ahorcado a Karen; un gallinero destartalado.

Pero era difícil pasar por alto lo que había cambiado. La hierba estaba recién cortada y su incongruente olor llenaba el aire húmedo. Había maquinaria agrícola nueva colocada en hileras, sembradoras y cortadoras pintadas de amarillo y verde brillantes. La tierra labrada se extendía ante nosotros en líneas perfectas.

El renacimiento de la tierra le pareció a Luis Héctor una traición, un pecado contra la memoria de su pasado. Desde afue-

[5] Entrevista con un abogado defensor que pidió el anonimato.

ra, se parecía a cualquier otra granja en funcionamiento en San Fernando, llena de árboles y cuidada, con su vida anterior oculta por el progreso. Mejor en barbecho que renacida bajo la égida de falsas esperanzas, normalizada como cualquier otra atrocidad cometida en la ciudad. ¿Quién tenía siquiera la capacidad de comprar terrenos abandonados? ¿Y quién explotaría un cementerio con fines lucrativos?

Volvimos la vista hacia la entrada y vimos una camioneta que avanzaba por el largo camino de entrada; detrás de él venía un remolque con estacas de madera. Esperamos a que el vehículo llegara hasta nosotros. Cuando el conductor se detuvo, bajó con una sonrisa y saludó a Luis con un abrazo. Era alto y corpulento, llevaba una gorra de beisbol y ropa de trabajo. Ninguno de los dos mencionó cómo se conocieron, y yo no pregunté.

Luis le explicó lo que estábamos haciendo en su rancho y lo que le había pasado a Karen. Su amigo hizo una mueca y negó con la cabeza. Nos explicó que había comprado el terreno unos meses antes por un buen precio. Nadie le había contado la historia del lugar. Ahora —dijo— lo estaba preparando para cultivar sorgo y era claro que había invertido. Junto a la nueva maquinaria agrícola, había montones de materiales de construcción.

Al cabo de media hora, se quedaron sin cosas que decir. La conversación se sentía forzada, y no era para menos debido a la incomodidad de las circunstancias. Finalmente, Luis Héctor se despidió. Los dos se dieron la mano y nos subimos a la camioneta.

Seguimos el camino de vuelta a la carretera, conduciendo más rápido por la curva que cuando habíamos entrado. El rostro de Luis Héctor permaneció fijo e indescifrable. Estaba callado y sus ojos se clavaron en el espejo retrovisor, donde el rancho y su nuevo dueño se alejaban.

—Es una locura que tu amigo haya comprado el rancho —le dije.

Él no mencionó nada.

—¿Cómo lo conoces? —intenté de nuevo.

Condujo hasta la puerta y se volvió hacia mí.

—Él no es mi puto amigo —replicó.

Sacó su teléfono y lo movió en distintas direcciones, buscando señal.

—Ese tipo trabaja para el Hugo —señaló.

Los hechos tardaron un segundo en alinearse y ordenarse. Sabía quién era el Hugo, lo que había hecho y su relación con el asesinato de Miriam. No lo había vinculado con el rancho porque, hasta ese momento, no existía una conexión directa.

Pero ahora la había. El hombre que había financiado el asesinato de Miriam, el Hugo, una acción emprendida en respuesta a sus acciones, acababa de comprar el lugar donde nació el activismo de Miriam: el lugar del asesinato de su hija.

—¿Recuerdas a ese tipo del que te hablé, el que trabaja para el Hugo, el Diablo? —continuó Luis Héctor, entrecerrando los ojos como si experimentara un tic.

Sí lo recordaba; el que había estado con el Hugo en el río, en Ciudad Victoria.[6]

—Era él —dijo, señalando hacia atrás—. El financista del Hugo.

El Diablo manejaba el dinero del Hugo, razón por la cual Luis Héctor estaba seguro de que el Hugo había hecho la compra.[7] La presencia del Diablo en el rancho era toda la evidencia que necesitaba. Luis Héctor aceleró y la camioneta avanzó por el camino irregular como un barco que se balancea entre las olas; me agarré de la manija superior.

Para entonces, ya tenía señal en su teléfono y estaba haciendo una llamada. No hubo respuesta.

—Pero lo abrazaste —dije, más como pregunta que como afirmación.

—Es porque no sabe que yo sé quién es —respondió—. O que yo sé que el Hugo pagó para que mataran a mi madre.

Luis se adentró en la autopista y aceleró a fondo. Condujo a toda velocidad hacia la ciudad, cada punto de referencia que veía parecía un vestigio profanado: el puesto de carne a la parrilla donde la Chaparra montaba guardia; el hotel Tenos donde se alojaban Los Zetas; la cuenca del río San Fernando, un punto de cruce para Los Zetas que habían escapado de la incursión de la Marina.

---

[6] Entrevista con Luis Héctor.

[7] Entrevista con Luis Héctor.

Luis condujo por la principal arteria comercial, pasando por delante de las fachadas vacías de las tiendas, tan llamativas como dientes perdidos. Algo de vida había regresado a San Fernando desde los peores días, pero las reliquias vacías de tiempos mejores seguían rindiendo tributo al pasado. El descolorido abandono del hotel América, las casas con árboles adultos que se extendían por sus techos desnudos, las calles convertidas en salvajes desiertos.

El acto era asombroso, la capacidad de profanar con una perfección tan implacable. La medida de su alcance: una madre asesinada el Día de las Madres; un matadero condenado y luego revivido por los mismos asesinos. Cada acto era una declaración de poder; cada tragedia, un prólogo de la siguiente. La ira de Miriam era un antídoto, una sustancia más fuerte que su malicia. Si la de ellos era una fuerza tallada en los recovecos de un estado de abandono, la de ella había sido un don de Dios. ¿Cómo iba a renunciar a su lucha?

En el centro de la ciudad, sonó su teléfono. Era Paisa, el policía, que le devolvía la llamada.

—No vas a creer quién acaba de comprar el rancho —dijo Luis Héctor—. El Hugo.

AGRADECIMIENTOS

Este libro no existiría sin el apoyo de la familia de Miriam Rodríguez, en particular Luis Héctor y Azalea, quienes demostraron paciencia, amabilidad y constancia a lo largo de años de entrevistas y visitas, preguntas de seguimiento incesantes y verificación de hechos; pero, sobre todo, por los años dedicados a revivir los peores momentos de sus vidas. Este libro es, en muchos sentidos, para ellos y para las familias de más de 100 000 personas que han desaparecido en el crisol de la violencia en México. A la gente de San Fernando, muchos de los cuales me concedieron entrevistas o explicaciones detalladas sobre su hogar: gracias. En el momento de las últimas ediciones de este libro, lo impensable estaba ocurriendo una vez más en su ciudad: otro cártel estaba organizando convoyes de vehículos blindados para tomar el control una vez más en San Fernando, el interminable carrusel de violencia que parece girar perpetuamente.

Quisiera agradecer a mi agente, Binky Urban, quien estuvo a mi lado mucho antes de tener razón para hacerlo; a mi editora, Kate Medina, quien es una leyenda y con justa razón; y a *The New York Times*, por apoyar la investigación que originó este libro y luego respaldándolo, en particular a Dean Baquet, Michael

Slackman, Greg Winter y Sam Dolnick. También quiero agradecer al resto de mi equipo en Random House, incluidos Andy Ward, Rachel Rokicki, Monica Brown, Greg Kubie, Michael Hoak y Ada Maduka.

Hay muchos amigos y seres queridos que resultaron ser una red de apoyo invaluable. Un agradecimiento especial a Paulina Villegas, Luke Mogelson, Kevin Sieff, Marcos Mendoza, Dudley Althaus, Iqbal Ahmed, Elda Cantú y Pratik Sharma, cuyo cuidadoso trabajo de edición y retroalimentación hicieron una gran diferencia, tanto para mí como para el libro.

A mis amigos en la Ciudad de México y en otros lugares, gracias por el amor y el apoyo, que van más allá de este libro: Jason Motlagh, Daniel Berehulak, Natalie Kitroeff, Maria Abi-Habib, Ana Sosa, Mariana Courtney, Brett Gundlock, Megan Twohey, Francisco Goldman, Mauricio Katz, Albert Cuahonte y John Zach. A mi asistente de investigación, Emiliano Canseco, cuyos enormes esfuerzos hicieron que mi trabajo fuera mucho más fácil de lo que hubiera sido sin él. Un agradecimiento especial a Javier Manilla, quien me ayudó a navegar los complicados espacios de San Fernando con calidez, generosidad y un profundo amor por su ciudad natal, así como a aquellos a quienes no puedo nombrar, por razones de seguridad o privacidad, pero cuyo apoyo fue esencial para contar esta historia. Gracias a Alfredo Peña, por su calidez y hospitalidad en Ciudad Victoria. Más ampliamente, quiero reconocer a los numerosos reporteros y académicos mexicanos, incluidos Carlos Flores Pérez y Sergio Aguayo, cuyo trabajo ayudó a dar forma a la investigación que sustentó este libro y sin quienes no sabríamos nada de lo que realmente ocurrió en México.

Gracias a la New America Foundation y, en particular, a la Emerson Collective, por brindar apoyo a este proyecto, y especialmente a mi viejo colega Peter Lattman, quien fue y sigue siendo el mejor colega que un periodista podría pedir.

Quiero agradecer a mi familia por soportar años de viajes, vivir en el extranjero, perderse momentos importantes, por los sustos, los accidentes y los incidentes cercanos, por perdonarme mi naturaleza.

Y a Sarah Jean Cunningham, quien más que cualquier otra persona es responsable de este libro. Por tu amor y apoyo, por la familia que hemos construido, por tu capacidad única de acompañarme y seguir amándome a pesar de mí mismo. Te amo y siempre te estaré agradecido.

Y a nuestros hijos, que me hicieron comprender.

NOTAS

En los cuatro años de reporteo, que llevaron a este libro, realicé más de un centenar de entrevistas que sumaron cientos de horas. Algunas personas, como los generosos miembros de la familia de Miriam y sus amigos más cercanos, se sentaron para numerosas y extensas entrevistas; otros hablaron conmigo solo bajo la condición del anonimato y, aun así, con temor. Aunque los peores días de San Fernando parecen haber quedado atrás, el miedo a las atrocidades sigue vivo en la mente de quienes vivieron el 2010 y sus secuelas. A un número limitado de fuentes se les concedió anonimato para hablar sobre sus experiencias o lo que observaron, y he verificado sus relatos siempre que fue posible, cotejándolos con otras fuentes, incluidas personas o documentos. Cuando no logré verificar los testimonios, decidí no incluir el material.

Como parte de mi investigación, obtuve los expedientes judiciales de cada uno de los sospechosos del secuestro y asesinato de Karen, un registro clasificado y sellado por las autoridades de Tamaulipas. Los archivos en conjunto contienen más de 20 000 páginas de material y fueron las fuentes más importantes para documentar la búsqueda de Miriam de los asesinos de su hija y muchos otros eventos ocurridos entre 2014 y 2017. Este material se utilizó para verificar, corregir o ampliar las versiones recordadas por diversas fuentes, incluidos la familia y los amigos de Miriam, así como autoridades estatales y federales. También obtuve documentos judiciales relacionados con el asesinato de Miriam durante el proceso de investigación, los cuales forman parte de las secciones que tratan sobre su muerte.

Aunque el material sigue siendo clasificado es posible que en algún momento estos expedientes se hagan públicos. Por esta razón he citado las páginas utilizadas para corroborar eventos o recrear la narrativa de la búsqueda de Miriam. También se utilizaron otros documentos judiciales, algunos clasificados y otros obtenidos por otros medios u organizaciones civiles; he citado sus orígenes en la sección de referencias. Este libro comenzó con un artículo publicado en diciembre de 2020 en *The New York Times*, titulado «*She Stalked Her Daughter's Killers Across Mexico, One by One*». Cualquier discrepancia entre el material de ese artículo y el libro es el resultado de nuevas fuentes o información que obtuve en mi investigación y en los años transcurridos desde la publicación del artículo.

Para las secciones sobre la historia del crimen organizado en Tamaulipas y sus líderes, me he basado en diversas fuentes primarias e históricas, incluidos textos académicos y reportajes contemporáneos. Una fuente merece mención especial: Carlos Antonio Flores Pérez, cuyo libro *Historias de polvo y sangre. Génesis y evolución del tráfico de drogas en el estado de Tamaulipas* ofrece el relato más profundamente investigado sobre el nexo entre el crimen y la política en Tamaulipas. Hay muchas otras fuentes: algunas personas me asesoraron personalmente, el trabajo de otras me inspiró y sumó información al mío, especialmente sobre los detalles de las masacres de San Fernando en 2010 y 2011, y la vasta cantidad de información sobre Los Zetas y las guerras del narcotráfico en México. Merecen mención especial: Ioan Grillo, Guadalupe Correa-Cabrera, Marcela Turati, Sergio Aguayo, Gary Moore, Lorena Delgadillo, Ricardo Ravelo y Diego Osorno.

Si una persona es citada en el libro, la cita proviene de una entrevista con ella, de relatos de testigos presenciales de la conversación que cito o de documentos judiciales y transcripciones que contienen la cita. En algunos casos, el relato fue transmitido por

Miriam a uno de sus hijos o a un amigo cercano inmediatamente después del incidente. La mayoría de las personas citadas en el libro aceptaron hablar conmigo, pero no todas, incluidos los presuntos responsables de los asesinatos de Karen y Miriam (a pesar de numerosos intentos, incluidas llamadas, mensajes a través de intermediarios y visitas a las prisiones donde la mayoría están detenidos). Sus declaraciones fueron tomadas directamente de entrevistas que concedieron a los fiscales.

No he utilizado los nombres completos de todas las personas en la historia, ya sea porque me pidieron que no lo hiciera o porque sus procesos judiciales aún están en curso y no han sido condenados por los crímenes de los que se les acusa.

No he incluido en mis referencias cada entrevista individual que realicé, ya que no son de dominio público y citarlas no tendría un propósito significativo. Gran parte, aunque no toda, de la historia temprana de Miriam Rodríguez se basa en entrevistas con su familia, amigos, vecinos y conocidos. De manera similar, los detalles incluidos en los capítulos que se centran en Luis Héctor o Azalea provienen en gran medida de ellos y han sido validados por los recuerdos de otros, incluidos policías y funcionarios públicos, o por registros judiciales.

He pasado años viajando de ida y vuelta a San Fernando, las localidades, restaurantes, calles y el terreno circundante han sido descritos con base en observaciones personales. Cuando cito instalaciones que fueron destruidas, me he basado en los recuerdos de testigos, así como en fotografías y videos cuando ha sido posible.

BIBLIOGRAFÍA

LIBROS, PUBLICACIONES PERIÓDICAS Y SITIOS WEB

ABC News, «New Zetas Cartel Leader Violent "To the Point of Sadism"», 12 de octubre de 2012, https://abcnews.go.com/Blotter/ruthless-drug-lord-takes-control-deadly-cartel/story?id=17455674.

Adame, Cristina, «Hijo de activista Miriam pretende comisión estatal de búsqueda», *El Cinco,* 21 de enero de 2019, https://www.elcinco.mx/cd-victoria/hijo-activista-miriam-pretende-comision-estatal busqueda.

Agencia Reforma, «Miriam Rodríguez: Activista mexicana asesinada en Tamaulipas se sentía insegura», *Dallas News,* 12 de mayo de 2017, https://www.dallasnews.com/espanol/al-dia/mexico/2017/05/12/miriam-rodriguez-activista-mexicana-asesinada-en-tamaulipas-se-sentia-insegura/.

Aguilar, Héctor, «La captura criminal del Estado», *Nexos,* 1.º de enero de 2015, https://www.nexos.com.mx/?p=23798

Ahmed, Azam, «Mexican Military Runs Up Body Count in Drug War», *The New York Times,* 27 de mayo de 2016, https://www.nytimes.com/2016/05/27/world/americas/mexican-militarys-high-kill-rate-raises-human-rights-fears.html.

—, «In Mexico, "It's Easy to Kill a Journalist"», *The New York Times,* 29 de abril de 2017, https://www.nytimes.com/2017/04/29/world/americas/veracruz-mexico-reporters-killed.html.

—, «In Mexico, Not Dead. Not Alive. Just Gone», *The New York Times,* 20 de noviembre de 2017, https://www.nytimes.com/2017/11/20/world/americas/mexico-drug-war-dead.html.

Ahmed, Azam, y Nicole Perlroth, «"Somos los nuevos enemigos del Estado": el espionaje a activistas y periodistas en México», *The New York Times,*

18 de junio de 2017, https://www.nytimes.com/es/2017/06/19/espanol/america-latina/mexico-pegasus-nso-group-espionaje.html.

Ahmed, Azam, y Paulina Villegas, «López Obrador gana la presidencia de México con una victoria aplastante», *The New York Times*, 1.º de julio de 2018, https://www.nytimes.com/es/2018/07/02/espanol/america-latina/eleccion-2018-amlo-lopez-obrador.html.

Alejandro, Florencia, *et al.*, «Competitividad de la producción de sorgo en el norte de Tamaulipas, México», *Revista Mexicana de Ciencias Agrícolas*, vol. 11, núm. 1, 2 de marzo de 2021, https://www.scielo.org.mx/scielo.php?pid=S2007-09342020000100139&script=sci_arttext&tlng=en.

Alexander, Ryan M., *Fortunate Sons of the Mexican Revolution: Miguel Alemán and His Generation*, 1920-1952, The University of Arizona, 2011.

Alvarado, Ignacio, «Una historia de narcopolítica», *El Universal*, 17 de junio de 2012, https://archivo.eluniversal.com.mx/notas/853903.html.

Ángel, Arturo, «Enero 2015: Guerrero y Tamaulipas siguen a la cabeza en homicidios y secuestros», *Animal Político*, 25 de febrero de 2015, https://www.animalpolitico.com/2015/02/enero-2015-guerrero-y-tamaulipas-siguen-la-cabeza-en-homicidios-y-secuestros.

Animal Político, «Reportan motín en el penal de Tamaulipas donde se fugaron 29 reos», 23 de marzo de 2017, https://www.animalpolitico.com/2017/03/victoria-fuga-carcel.

Aristegui Noticias, «Cae "el Pata de Queso", cabecilla de Los Zetas, por masacre en San Fernando (video)», 15 de noviembre de 2017, https://aristeguinoticias.com/1511/kiosko/cae-el-pata-de-queso-cabecilla-de-los-zetas-por-masacre-en-san-fernando-video/.

ARTICLE 19, «La impunidad y negación ante la violencia extrema contra la prensa persiste», 2022, https://articulo19.org/primer-semestre-2022/.

Ashby, Paul, «Enabling Failure: U.S. Military Training, Mexico's Security Crisis and the Paradoxes of Military Aid», *Academia*, 2010.

Astorga, Luis, *El siglo de las drogas*, México: Espasa-Calpe Mexicana, 1996.

BBC News, «La trágica muerte de Miriam Rodríguez, la mexicana que encontró a los asesinos de su hija y terminó abatida a balazos», 12 de mayo de 2017, https://www.bbc.com/mundo/noticias-america-latina-39892613.

——, «México: asesinan a alcalde en Tamaulipas», 30 de agosto de 2010, https://www.bbc.com/mundo/america_latina/2010/08/100830_0426_mexico_asesinato_alcalde_hidalgo_tamaulipas_jg.

Bellinghausen, Hermann, «Zapatistas, una transformación de 25 años», *Revista de la Universidad de México*, abril de 2019, https://www.revistadelauniversidad.mx/articles/86c78d97-8a18-4088-bdde-0f20069ec0ef/zapatistas-una-transformacion-de-25-anos.

Berger, Miriam, «Justice for Victims of Violent Crime in Mexico Is Rare. Can Deaths of Nine Mormons Change That?», *The Washington Post*, 12 de noviembre de 2019, https://www.washingtonpost.com/world/2019/11/08/justice-victims-violent-crime-mexico-is-rare-can-deaths-nine-mormons-change-that/.

Bleynat, Ingrid, «The Business of Governing: Corruption and Informal Politics in Mexico City's Markets, 1946-1958», *Journal of Latin American Studies*, 14 de agosto de 2017, 50:2 (mayo de 2018): 355-381, https://www.cambridge.org/core/journals/journal-of-latin-american-studies/article/business-of-governing-corruption-and-informal-politics-in-mexico-citys-markets-19461958/5B09CFA8B021FCB75C153E3AF5D70A42.

Breitbart, «Autoridades mexicanas detienen a líder zeta ligado a homicidio de activista», 8 de julio de 2019, https://www.breitbart.com/border/2019/07/08/autoridades-mexicanas-detienen-a-lider-zeta-ligado-a-homicidio-de-activista/.

—, «Mexican Army Kills Los Zetas Cartel Leader Tied to Activist's Murder», 18 de octubre de 2017, https://www.breitbart.com/border/2017/10/18/mexican-army-kills-los-zetas-cartel-leader-tied-activists-murder/.

The Brownsville Herald, «Alemán Receives Warm Reception as 1st Mr. Amigo», 12 de octubre de 1964, p. 1, https://newspaperarchive.com/brownsville-herald-oct-12-1964-p-1/.

—, «Matamoros Queen participates», 4 de marzo de 1962, p. 12A (foto), https://newspaperarchive.com/brownsville-herald-mar-04-1962-p-12/.

Buenos Aires Times, «Families Look to Argentine Forensic Team to ID Their Missing Loved Ones», 9 de junio de 2018, https://www.batimes.com.ar/news/latin-america/families-look-to-argentine-forensic-team-to-id-their-missing-loved-ones.phtml.

Campbell, Lisa, «Los Zetas: Operational Assessment», *Small Wars & Insurgencies* 21:1 (12 de marzo de 2010): 55-80, https://www.tandfonline.com/doi/abs/10.1080/09592310903561429?journalCode=fswi20.

Castillo, Gustavo, «Autoridades alertan por riesgo de ataques en el municipio fronterizo», *La Jornada*, 26 de febrero de 2010, https://www.jornada.com.mx/2010/02/26/politica/007n2pol.

—, «Confirman asesinato del MP que indagaba matanza en Tamaulipas», *La Jornada*, 28 de agosto de 2010, https://www.jornada.com.mx/2010/08/28/politica/005n1pol.

—, «En nombre de "la paz social", extradita México a 15 presos a EU; 10 son narcos», *La Jornada*, 20 de enero de 2007, https://www.jornada.com.mx/2007/01/20/index.php?section=politica&article=005n1pol.

Castillo, Gustavo, Armando Torres, y Martín Sánchez Treviño, «Bajo fuego, la captura del capo Osiel Cárdenas», *La Jornada*, 15 de marzo de 2003, https://www.jornada.com.mx/2003/03/15/048n1con.php?printver=0.

Castillo López, Carlos (comp.), «Mensaje con motivo de los sucesos de San Fernando, Tamaulipas (4 de mayo de 2011)», Discursos presidenciales. Felipe Calderón Hinojosa, 2013, 279, https://frph.info/wp-content/uploads/2025/02/D_Presidenciales_FCH.pdf.

Cedillo, Juan Alberto, *Las guerras ocultas del narco*, Grijalbo, 2018.

Chivis, «Throwback Series: 1980's Gulf Cartel Bosses "El Cacho" and "El Profe"», *Borderland Beat*, 6 de enero de 2020, http://www.borderlandbeat.com/2020/01/1980s-gulf-cartel-bosses-el-cacho-and.html.

—, «Zetas: San Fernando Plaza Chief Captured with el Tiburon and el Choforo», *Borderland Beat*, 19 de julio de 2013, http://www.borderlandbeat.com/2013/07/zetas-san-fernando-plaza-chief-captured.html.

Corchado, Alfredo, y Kevin Krause, «Deadly Deal. A Drug Kingpin's Plea with the U.S. Triggered Years of Bloodshed Reaching All the Way to Southlake», *Dallas Morning News,* 14 de abril de 2016, http://interactives.dallasnews.com/2016/cartels/.

Correa-Cabrera, Guadalupe, *Los Zetas Inc.*, Austin: University of Texas Press, 2018.

Cuevas, Alejandro, «Revolución verde», *El Mañana,* 2 de marzo de 2018, https://www.elmanana.com/opinion/columnas/revolucion-verde-4336830.html.

Dávila, Enrique, y Maite Guijarro, «Evolución y reforma del sistema de salud en México», *Serie Financiamiento del Desarrollo,* Chile, CEPAL, 2000, https://repositorio.cepal.org/server/api/core/bitstreams/6228a484-7b05-42cf-ba15-43b3b77e2160/content.

De Llano, Pablo, «Así masacraron Los Zetas: "Cuando se terminó, dormimos normalmente"», *El País,* 10 de octubre de 2016, https://elpais.com/internacional/2016/10/09/mexico/1476044097_559947.html.

Diario de la Tarde, «Consignación del "caso Piedras Negras"», Matamoros, 16 de abril de 1960.

—, «Dramático careo entre "la Máquina", su madre y su esposa», Matamoros, 21 de abril de 1960.

—, «Elegante enlace del señor Edemir Hernández y la señorita Leonor Guerra», Matamoros, 9 de abril de 1956.

—, «Enérgica batida al contrabando dispone el Gobierno federal», Matamoros, 26 de abril de 1960.

—, «Juan N. Guerra expresa sus deseos de respetar la ley. Acudió hoy ante los militares de la Presidencia», Matamoros, 20 de septiembre de 1960.

—, «Los Villa se enfrentan a los contrabandistas. Dos hermanos más colaboran con Trinidad, jefe de Vigilancia. Amplias facultades les dio el presidente, al que prometieron no ejercer venganza», Matamoros, 14 de mayo de 1960.

—, «Nuevos jefes aduanales para sustituir a los Villa Coss», Matamoros, 24 de mayo de 1960.

—, Columna «Pizcando», Matamoros, 28 de abril de 1956.

Dillon, Sam, «Matamoros Journal; Canaries Sing in Mexico, but Uncle Juan Will Not», *The New York Times,* 9 de febrero de 1996, https://www.nytimes.com/1996/02/09/world/matamoros-journal-canaries-sing-in-mexico-but-uncle-juan-will-not.html.

Domínguez, Lupita, «Colectivo exige trabajo a comisión estatal de búsqueda en Tamaulipas», *Vox Populi,* 16 de julio de 2019, https://voxpopulinoticias.com.mx/2019/07/colectivo-exige-trabajo-a-comision-estatal-de-busqueda-en-tamaulipas/.

Eduardo, Lalo, «Asesinan a MP que investigaba masacre en Tamaulipas», *Animal Político,* 27 de agosto de 2010, https://www.animalpolitico.com/2010/08/asesinan-a-funcionarios-que-investigaban-masacre-en-tamaulipas.

El Economista, «Caen 4 "Zetas" ligados a matanza de familia de marino», 23 de diciembre de 2009, https://www.eleconomista.com.mx/ultimas-noticias/Caen-4-zetas-ligados-a-matanza-de-familia-de-marino-20091223-0083.html.

——, «Fue 2011 año histórico en homicidios: Inegi», 20 de agosto de 2012, https://www.eleconomista.com.mx/politica/Fue-2011-ano-historico-en-homicidios-INEGI-20120820-0136.html.

——, «Matan a cuatro policías en Tamaulipas», 16 de abril de 2010, https://www.eleconomista.com.mx/ultimas-noticias/Matan-a-cuatro-policias-en-Tamaulipas-20100416-0039.html.

El Imparcial, «Muere "el Pata de Queso", líder de "Los Zetas"», 17 de noviembre de 2017, https://www.elimparcial.com/sonora/mexico/Muere-El-Pata-de-Queso-lider-de-Los-Zetas-20171117-0104.html.

El Mañana, «Capturan a líder Zeta en Cd. Victoria», 7 de julio de 2019, https://www.elmanana.com/capturan-a-lider-zeta-en-cd-victoria/4863779.

El Mundo, «Una tragedia impresionante registrada en H. Matamoros. La Sra. Gloria Landeros fue muerta a balazos por su marido. Porque la visitaron sus padres [*sic*]. Delante de sus hijos y de sus suegros, la dejó moribunda», 24 de julio de 1947, Tampico, Tamaulipas, 1.

El País, «Asesinada una madre activista que buscaba a desaparecidos en México», 11 de mayo de 2017, https://elpais.com/internacional/2017/05/11/mexico/1494518780_900906.html.

——, «Despliegue del Ejército de México contra el narcotráfico en ocho ciudades», 14 de junio de 2005, https://elpais.com/internacional/2005/06/14/actualidad/1118700011_850215.html.

El Regional de Matamoros, «El juez federal le negó el amparo a Juan N. Guerra», 11 de junio de 1960.

——, «Grandiosa inauguración del Salón Piedras Negras», 6 de junio de 1952, Matamoros, 6.

——, «"¿Por qué te declaras culpable de un crimen que no cometiste? ¿Qué acaso no te importan tus pobres hijos desamparados?". Dura interpelación de la esposa y la madre de "La Máquina"», 21 de abril de 1960, 1 y página policiaca.

——, «Que "La Máquina" no mató al militar. Sorpresivas revelaciones hacen la esposa y madre de Carlos García», 20 de abril de 1960, página policiaca.

El Sol de Tampico, «Cosas del determinismo», 17 de noviembre de 1991, pp. 1 y 10, tercera sección.

El Universal, «Enfrentamiento deja 6 muertos en San Fernando», 10 de marzo de 2014, https://archivo.eluniversal.com.mx/estados/2014/enfrentamiento-san-fernando-tamaulipas-994002.html.

——, «Procesan a "el Ganso", segundo implicado en la masacre de los 72 migrantes en San Fernando», 4 de noviembre de 2020, https://www.eluniversal.com.mx/estados/procesan-el-ganso-segundo-implicado-en-la-masacre-de-los-72-migrantes-en-san-fernando.

Excélsior, «Abaten a "el Alushe", autor material del asesinato de Miriam Rodríguez», https://www.youtube.com/watch?v=BF33OwKHrUA.

——, «Fuga de 29 reos de penal de Tamaulipas», https://www.youtube.com/watch?v=86gwgitsVNM.

Expansión, «Agencia consular de EU en Reynosa cierra por tiroteos», 25 de febrero de 2010, https://expansion.mx/nacional/2010/02/25/agencia-consular-de-eu-en-reynosa-cierra-por-tiroteos.

——, «Criminales y militares se enfrentan en Tamaulipas; hay ocho muertos», 11 de marzo de 2011, https://expansion.mx/nacional/2011/03/11/criminales-y-militares-se-enfrentan-en-tamaulipas-hay-ocho-muertos.

Expreso.press, «Hijo de Miriam seguirá búsqueda», 31 de mayo de 2017, https://expreso.press/2017/05/31/hijo-miriam-seguira-busqueda/.

——, «San Fernando: de la bonanza a la pesadilla», 13 de agosto de 2017, https://expreso.press/2017/08/13/san-fernando-la-bonanza-la-pesadilla/.

Fernández, Jorge, *El Otro Poder. Las Redes del Narcotráfico, la Política y la Violencia en México*, Aguilar, 2001.

——, *Narcotráfico y Poder*, Rayuela Editores, 1999.

Ferri, Pablo, y Constanza Lambertucci, «El país de los 100 000 desaparecidos», *El País*, 17 de mayo de 2022, https://elpais.com/mexico/2022-05-18/el-pais-de-los-100000-desaparecidos.html.

Fierro, Juan O., «Tamaulipas: 6 años de violencia continua, más de 4 500 muertos», *Aristegui Noticias*, 11 de julio de 2016, https://aristeguinoticias.com/1107/mexico/tamaulipas-6-anos-de-violencia-continua-mas-de-4500-muertos/.

Figueroa, Carlos, y Martín Sánchez Treviño, «Matan en Tamaulipas a 5 presuntos gatilleros del cártel de Sinaloa», *La Jornada*, 10 de octubre de 2004, https://www.jornada.com.mx/2004/10/10/034n1est.php?printver=1&fly=.

Fineman, Mark, y Lianne Hart, «Drug Lord Sentenced to 11 Life Terms, Fined $128 Million», *Los Angeles Times*, 1.º de febrero de 1997.

Flores, Carlos, *Negocios de sombras. Red de poder hegemónica, contrabando, tráfico de drogas y lavado de dinero en Nuevo León*, Casa Chata.

Flores Pérez, Carlos Antonio, *Historias de polvo y sangre. Génesis y evolución del tráfico de drogas en el Estado de Tamaulipas*, México: Centro de Investigaciones y Estudios Superiores en Antropología Social, 2013.

——, «Political Protection and the Origins of the Gulf Cartel», *Crime, Law and Social Change*, 517-539, 2013.

Franzblau, Jesse, «PGR entrega datos sobre participación de policías de San Fernando en masacre de migrantes», *Animal Político*, 22 de diciembre de 2014, https://www.animalpolitico.com/2014/12/policias-de-san-fernando-participaron-en-masacre-de-migrantes-pgr-entrega-datos-del-caso.

García, Dennis, «Perfil. "el Pata de Queso", zeta de la vieja escuela», *El Universal*, 17 de noviembre de 2017, https://www.eluniversal.com.mx/nacion/seguridad/perfil-una-mujer-le-disparo-en-el-pie-entonces-lo-apodaron-el-pata-de-queso.

Garcia-Diaz, Rocio, «Effective Access to Health Care in Mexico», *BMC Health Services Research*, 12 de agosto de 2022, https://bmchealthservres.biomedcentral.com/articles/10.1186/s12913-022-08417-0.

Garza, Luis A., y Carlos Puig, «A los 77 años y en silla de ruedas. *The New York Times* censuró la impunidad en México y enseguida la Judicial capturó a Juan N. Guerra», *Proceso*, 26 de octubre de 1991, https://la-via-lactea.livejournal.com/62890.html.

Gillingham, Paul, «Corruption in the Formation of the Modern Mexican State: Notes Towards a History», AHRC Conference La Construcción del Cargo Público, CIDE, México, 2017, https://warwick.ac.uk/fac/arts/history/research/centres/ehrc/research/previous_research/constructionspublicoffice/mexico/scenarios/corruption__consent_in_the_formation_of_the_pri_gillingham.pdf.

Gómez, Francisco, «Cae Osiel Cárdenas», *El Universal*, 15 de marzo de 2003, https://archivo.eluniversal.com.mx/nacion/94595.html.

——, «Los Zetas por dentro», *El Universal*, 31 de diciembre de 2008, https://archivo.eluniversal.com.mx/nacion/164819.html.

González, Héctor, «Llegan 650 militares a nuevo cuartel en San Fernando, Tamaulipas», *Excélsior*, 19 de enero de 2012, https://www.excelsior.com.mx/2012/01/19/nacional/802854.

González, Luis Gerardo, «Matamoros de ayer y hoy», *Frontera de Tamaulipas*, diciembre de 2012, https://www.periodicofronteradetamaulipas.com/2012/12/un-reencuentro-historico.html.

González Casanova, Pablo, *Los zapatistas del siglo XXI*, México: Siglo del Hombre Editores, Clacso, 2009, http://biblioteca.clacso.edu.ar/clacso/coediciones/20150112060638/12.pdf.

Grayson, George W., y Samuel Logan, *Executioner's Men: Los Zetas, Rogue Soldiers, Criminal Entrepreneurs, and the Shadow State They Created*, New Brunswick, N.J.: Transaction Publishers, 2012.

Grillo, Ioan, *El Narco: Inside Mexico's Criminal Insurgency*, Nueva York: Bloomsbury Publishing Inc., 2011.

——, «Special Report: Mexico's Zetas Rewrite Drug War in Blood», *Reuters*, 23 de mayo de 2012, https://www.reuters.com/article/us-mexico-drugs-zetas-idUSBRE84M0LT20120523.

Guerrero, Eduardo, «El dominio del miedo», *Nexos*, 1.º de julio de 2014, https://www.nexos.com.mx/?p=21671.

Hernández, A., «Pasan 4 de 8 aspirantes a Comisión de Desaparecidos», *Milenio*, 8 de febrero de 2019, https://www.pressreader.com/mexico/milenio-tamaulipas/20190208/281500752502937.

Hernández-Hernández, Óscar M., «Antropología de las masacres en San Fernando, Tamaulipas», *Nexos*, 24 de agosto de 2020, https://seguridad.nexos.com.mx/antropologia-de-las-masacres-en-san-fernando-tamaulipas/#_ftn3.

Herrera, Claudia, «El gobierno se declara en guerra contra el hampa; inicia acciones en Michoacán», *La Jornada*, 12 de diciembre de 2006, https://www.jornada.com.mx/2006/12/12/index.php?article=014n1pol§ion=politica.

Herrera, Octavio, *Breve historia de San Fernando*, Ayuntamiento de San Fernando, 2001.

——, *Historia breve de Tamaulipas*, México: Fondo de Cultura Económica, 2011.

Hora Cero, «Pido protección; el asesino anda suelto», 12 de mayo de 2017, https://www.youtube.com/watch?v=rzZGvSxddlE.

Jonguitud, Enrique, «Hijo de activista asesinada busca ser comisionado estatal de desaparecidos», *Últimas Noticias en Red*, 5 de diciembre de 2018, https://ultimasnoticiasenred.com.mx/local/hijo-de-activista-asesinada-busca-ser-comisionado-estatal-de-desaparecidos/.

Juárez, Carlos M., «Eligen a J. Ernesto Macías en Comisión de Búsqueda», *El Mañana*, 14 de febrero de 2019, https://www.elmanana.com/eligen-a-j-ernesto-macias-en-comision-de-busqueda/4752251.

—, «Tres años sin justicia en el asesinato de Miriam, la madre activista», *A dónde van los desaparecidos*, 11 de mayo de 2020, https://adondevanlos-desaparecidos.org/2020/05/11/tres-anos-sin-justicia-en-el-asesinato-de-miriam-la-madre-activista/.

La Jornada, «Arrojan 5 cabezas humanas en centro nocturno de Uruapan», 7 de septiembre de 2006, https://www.jornada.com.mx/2006/09/07/index.php?section=estados&article=037n1est.

—, «Declara "El Wache" sobre caso San Fernando», 22 de junio de 2011, https://www.youtube.com/watch?v=UycQ0P9jCts&t=306s.

—, «Emboscan y asesinan al titular de seguridad pública en Nuevo Laredo», 4 de febrero de 2011, https://www.jornada.com.mx/2011/02/04/politica/009n2pol.

—, «Escapan por un túnel 29 reos del penal de Ciudad Victoria», 24 de marzo de 2017, https://www.jornada.com.mx/2017/03/24/estados/037n1est.

—, «La lucha contra el narco deja saldo de 32 muertos; hubo 10 solo en Tamaulipas», 12 de marzo de 2011, https://www.jornada.com.mx/2011/03/12/politica/013n1pol.

—, «Sacan hasta 61 cuerpos de dos narcofosas localizadas en San Fernando, Tamaulipas», 7 de abril de 2011, https://www.jornada.com.mx/2011/04/07/politica/012n1pol.

La Tarde, «Da pelea y lo matan», 16 de octubre de 2017, https://www.latarde.com.mx/miregion/da-pelea-y-lo-matan/447428.

Lemus, J. Jesús, *Los Malditos*, México: Debolsillo, 2019.

Llamas Comunicación, «Juez federal libera a líder de Los Zetas», 10 de julio de 2019, https://www.llamascomunicacion.com/tamaulipas/juez-federal-libera-a-lider-de-los-zetas/.

Lohmuller, Michael, «Witness Reveals Zetas Recruitment, Structures in Guatemala», *Insight Crime*, 24 de enero de 2014, https://insightcrime.org/news/brief/witness-reveals-zetas-recruitment-structures-in-guatemala/.

Manatt Jones Global Strategies, «Mexican Healthcare System Challenges and Opportunities», enero de 2015, https://www.wilsoncenter.org/sites/default/files/media/documents/event/mexican_healthcare_system_challenges_and_opportunities.pdf.

Marley, David F., *Mexican Cartels: An Encyclopedia of Mexico's Crime and Drug Wars*, Santa Barbara, Calif.: ABC-CLIO, 2019.

Márquez, Graciela, y Lorenzo Meyer, «Del autoritarismo agotado a la democracia frágil, 1985-2010», El Colegio de México, 449-511.

Martín Pérez, Fredy, «Desempleo orilla a soldados a involucrarse en el narco: coronel», *El Universal*, 3 de octubre de 2006, https://archivo.eluniversal.com.mx/estados/62639.html.

Mexicanos al grito, «¿Zona caliente? Sí, Tamaulipas, de nuevo. 31 de marzo», 31 de marzo de 2010, https://mexicanosalgrito.wordpress.com/2010/03/31/.

Mexico News Daily, «With 52,000 Unidentified Bodies, Government Admits Forensic Crisis», 24 de diciembre de 2021, https://mexiconewsdaily.com/news/52000-unidentified-bodies-forensic-crisis/.

Meza, Felipe, *The Case of Mexico. The Monetary and Fiscal History of Mexico, 1960-2017, Macro Finance Research Program*, 2019, https://bfi.uchicago.edu/wp-content/uploads/The-Case-of-Mexico.pdf.

Milenio, «Detienen a presunta asesina de jóvenes de San Fernando», 5 de agosto de 2016, https://www.milenio.com/estados/detienen-presunta-asesina-jovenes-san-fernando.

Montoya, Juan, «Steve Manos, B'ville Reporter Heralded Cartels», *El Rrun Rrun*, 11 de agosto de 2013, https://rrunrrun.blogspot.com/2013/08/steve-manos-bville-reporter-heralded.html?m=1.

Moon, Claire, y Javier Treviño-Rangel, «"Involved in Something (Involucrado en Algo)": Denial and Stigmatization in Mexico's "War on Drugs"», BJS: *The British Journal of Sociology* 71:4 (2020): 722-740, https://onlinelibrary.wiley.com/doi/10.1111/1468-4446.12761.

Moore, Gary, «Unravelling Mysteries of Mexico's San Fernando Massacre», *Insight Crime*, 19 de septiembre de 2011, https://insightcrime.org/investigations/unravelling-mysteries-of-mexicos-san-fernando-massacre/.

Muñoz, Juan M., «México detiene y entrega a Estados Unidos a su principal narcotraficante», *El País*, 15 de enero de 1996, https://elpais.com/diario/1996/01/16/internacional/821746813_850215.html.

Nájar, Alberto, «Las 3 vidas del subcomandante Marcos, el personaje más emblemático del movimiento zapatista, que cumple en México 25 años», BBC *News*, 31 de diciembre de 2018, https://www.bbc.com/mundo/noticias-america-latina-46657842.

—, «López Obrador gana en México: ¿por qué es histórico el triunfo de AMLO en la elección presidencial mexicana?», BBC *News Mundo*, 2 de julio de 2018, https://www.bbc.com/mundo/noticias-america-latina-44678613.

National Drug Intelligence Center, «National Drug Threat Assessment 2008», octubre de 2007, https://www.justice.gov/archive/ndic/pubs25/25921/border.htm.

Negrete, Néstor, «Muere en enfrentamiento el "Alushe", presunto asesino de la activista Miriam Rodríguez», *Aristegui Noticias*, 16 de octubre de 2017, https://aristeguinoticias.com/1610/kiosko/muere-en-enfrentamiento-el-alushe-presunto-asesino-de-la-activista-miriam-Rodríguez-video/.

The New York Times, «U.S. Jury Convicts Mexican on Drug Charges», 17 de octubre de 1996.

Niblo, Stephen R., *Mexico in the 1940s: Modernity, Politics, and Corruption, Scholarly Resources Inc.*, 1999.

Noticias en Interacción, «Detienen a presuntos asesinos de activista Miriam Rodríguez Martínez», 30 de junio de 2017, https://www.youtube.com/watch?v=xhEah5ePk24 &t=1s.

Noticiero, «Comerciante de H. Matamoros que asesina a su joven esposa. Horrible tragedia que se incubó con los humos del licor y un complejo absurdo», 24 de julio de 1947, Ciudad Victoria, Tamaulipas.

——, «El C. procurador de justicia salió ayer para Matamoros. El gobierno decidido a restaurar el imperio de la ley en aquella ciudad de la frontera. Quedó sin efecto el cambio de agentes del M. Público, pues De la Garza Kelly era el defensor de Juan N. Guerra. Por órdenes expresas del señor gobernador, toda la población ha sido despistolizada por fuerzas militares de la guarnición local», 1.º de agosto de 1947, Ciudad Victoria, 1.

——, «Entrevista Noticiero con el torvo asesino de Gloria. "Debías haber matado a los dos viejos también, pues de la cárcel te saco con dinero", dijo su padre al criminal. Los hermanos Guerra desde hace mucho tienen a toda la ciudad bajo sus pistolas», 2 de agosto de 1947, Ciudad Victoria, 4.

——, «Fue procesado en Jojutla el uxoricida Juan N. Guerra. Por haber herido a un menor de edad y haber despojado de dos mil pesos a otro delincuente», 16 de septiembre de 1947, Ciudad Victoria, 4.

——, «Juan N. Guerra tiene sed de sangre. Amenazó de muerte a un cabo celador. La peligrosidad del uxoricida llega a límites de locura», 10 de septiembre de 1947, Ciudad Victoria, 1.

——, «No quedará impune el salvaje asesinato de la señora G. Landeros», 25 de julio de 1947, Ciudad Victoria.

——, «Pide justicia el padre de Gloria Landeros, acusando a todas las autoridades de Matamoros de estar vendidas o atemorizadas ante el sádico asesino Juan N. Guerra. Ningún abogado matamorense se atreve a patrocinar la parte civil, porque temen a la familia Guerra. Toda clase de consideraciones se están dispensando al criminal, las actas se levantan a su antojo y se le está preparando ya la libertad bajo caución», 31 de julio de 1947, Ciudad Victoria, 4.

——, «Querían hacer aparecer como muerte accidental el cobarde asesinato de Gloria Landeros. El agente del M.P., Ciro A. Espinosa y el juez Pompeyo Gómez, parciales al asesino. El procurador, Lic. Z. Fajardo, se concretó a amonestarlos y ordenó reponer el expediente», 2 de agosto de 1947, Ciudad Victoria, 1.

——, «La rápida intervención del Sr. gobernador evitó que quedara en libertad el uxoricida Juan N. Guerra. Cese del agente del M. Público en Matamoros, por venal negligencia. Patética carta del padre de la asesinada en la que exhibe la corruptela del personal judicial de allá. Salió para Matamoros el nuevo agente del Ministerio Público para evitar que se tuerza la acción de la justicia con dinero y las amenazas del criminal», 31 de julio de 1947, Ciudad Victoria, 1.

Ortiz, Idelfonso, y Brandon Darby, «Exclusive—Mexican Border State Government Ignored Intel on Fugitive Cartel Leader's Locations for Years», *Breitbart*, 16 de noviembre de 2017, https://www.breitbart.com/border/2017/11/16/exclusive-mexican-border-state-government-ignored-intel-fugitive-cartel-leaders-location-years/.

Osorno, Diego, *La guerra de Los Zetas. Viaje por la frontera de la necropolítica*, México: Debate, 2017.

Padgett, Humberto, *Tamaulipas. La casta de los narcogobernadores: Un eastern mexicano*, México: Indicios, 2016.

Páez, Alejandro, «10 entidades del país concentran más de la mitad de desaparecidos y no localizados en México», *Crónica*, 17 de julio de 2022, https://www.cronica.com.mx/nacional/10-entidades-pais-concentran-mitad-desaparecidos-localizados-mexico.html.

Parish, Nathaniel, «Is Mexico Prepared to Confront Coronavirus?», *Americas Quarterly,* 17 de marzo de 2020, https://www.americasquarterly.org/article/is-mexico-prepared-to-confront-coronavirus/.

Peralta, Concepción, «Masacre de San Fernando: Fredy Lala sigue huyendo de la muerte», Pie de Página, 17 de septiembre de 2015, https://enelcamino.piedepagina.mx/ruta/masacre-de-san-fernando-fredy-lala-sigue-huyendo-de-la-muerte/.

Pérez Aguirre, Manuel, «Anexo 2: La masacre de 72 migrantes en San Fernando, Tamaulipas», en Aguayo, Sergio (coord.), *El Desamparo,* El Colegio de México, 2016, https://eneldesamparo.colmex.mx/images/documentos/anexo-2.pdf.

Prensa de Reynosa, «Asesinaron a dos valientes periodistas de Matamoros. Ernesto Flores Torrijos y Norma Moreno, acribillados», 18 de julio de 1986, Reynosa, 5D.

——, «¡Masacre en el penal! Saldo sangriento en Matamoros: 17 muertos y 3 heridos», 18 de mayo de 1991, Reynosa, p. 1A.

Priest, Dana, «Censurar o morir: la noticia en la era de los cárteles», *El Economista,* 19 de diciembre de 2015, https://www.eleconomista.com.mx/internacionales/Censurar-o-morir-la-noticia-en-la-era-de-los-carteles-20151217-0143.html.

Proceso, «Balacera entre zetas y el cártel del Golfo cerca de Matamoros», 24 de febrero de 2010, https://www.proceso.com.mx/nacional/2010/2/24/balacera-entre-zetas-el-cartel-del-golfo-cerca-de-matamoros-10824.html.

——, «Identifica el EZLN a militares que asesinaron a zapatistas en el 94», 14 de febrero de 2004, https://www.proceso.com.mx/nacional/2004/2/14/identifica-el-ezln-militares-que-asesinaron-zapatistas-en-el-94-56495.html.

——, «Mata Ejército a ocho sicarios en Tamaulipas», 11 de marzo de 2011, https://www.proceso.com.mx/nacional/2011/3/11/mata-ejercito-ocho-sicarios-en-tamaulipas-84772.html.

——, «Se fugan 29 reos por un túnel cavado en penal de Ciudad Victoria; recapturan a 10», 23 de marzo de 2017, https://www.proceso.com.mx/nacional/estados/2017/3/23/se-fugan-29-reos-por-un-tunel-cavado-en-penal-de-ciudad-victoria-recapturan-10-181027.html.

Raphael, Ricardo, *Hijo de la Guerra,* México: Seix Barral, 2019.

Ravelo, Ricardo, *En manos del narco. El nuevo rostro del crimen y su relación con el poder,* México: Penguin Random House, 2016.

——, *Osiel, vida y tragedia de un capo,* México: Grijalbo, 2013.

Reporte Índigo, «A Miriam Rodríguez la mataron por su trabajo de activista: PGJE», 30 de junio de 2017, https://www.reporteindigo.com/amp/opinion/A-Miriam-Rodriguez-la-mataron-por-su-trabajo-de-activista-PGJE-20170630-0003.html.

——, «Así abatieron a "el Alushe", el presunto asesino de la activista Miriam Rodríguez», 15 de octubre de 2017, https://www.reporteindigo.com/opinion/Asi-abatieron-a-El-Alushe-el-presunto-asesino-de-la-activista-Miriam-Rodriguez-20171015-0003.html.

Revista Vertical, «Don Juan N. Guerra: Amo y señor», https://www.youtube.com/watch?v=dR1C9rHK1cM, min. 31:00.

Ríodoce, «Deja seis muertos enfrentamiento en San Fernando, Tamaulipas», 10 de marzo de 2014, https://riodoce.mx/2014/03/10/deja-seis-muertos-enfrentamiento-en-san-fernando-tamaulipas/.

Rodríguez, Ariel, y Renato González, «El fracaso del éxito, 1970-1985», El Colegio de México.

Rompeviento Televisión, «"Estamos en pie de lucha", mensaje de Miriam Rodríguez en la Caravana contra el Miedo», 11 de mayo de 2017.

Salvucci, Richard, «The Economic History of Mexico», EH.net, https://eh.net/encyclopedia/the-economic-history-of-mexico/.

Sánchez del Ángel, Delia, «Anexo 8: La masacre de San Fernando, Tamaulipas, y la desaparición forzada de personas en Allende, Coahuila: un análisis desde el derecho penal internacional», en Aguayo, Sergio (coord.), *En el desamparo. Los Zetas, el Estado, la sociedad y las víctimas de San Fernando, Tamaulipas (2010), y Allende, Coahuila (2011)*, México: El Colegio de México, 2016, https://eneldesamparo.colmex.mx/images/documentos/anexo-8.pdf.

—, «Anexo 3: San Fernando. El Estado Mexicano», in Aguayo, Sergio (coord.), *En el desamparo. Los Zetas, el Estado, la sociedad y las víctimas de San Fernando, Tamaulipas (2010), y Allende, Coahuila (2011)*, México: El Colegio de México, 2016, https://eneldesamparo.colmex.mx/images/documentos/anexo-3.pdf.

Sánchez Treviño, Martín, y Gustavo Castillo, «Comando asesina a Torre Cantú y 4 acompañantes», *La Jornada*, 29 de junio de 2010, http://jornada.com.mx/2010/06/29/politica/002n1pol.

Sánchez Valdés, Víctor Manuel, y Manuel Pérez Aguirre, *El origen de Los Zetas y su expansión en el norte de Coahuila*, México: El Colegio de México.

Schiller, Dane, «DEA Agent Breaks Silence on Standoff with Cartel», *Houston Chronicle*, 15 de marzo de 2010, https://www.chron.com/news/houston-texas/article/DEA-agent-breaks-silence-on-standoff-with-cartel-1713234.php.

Schiller, Dane, «Mexican Crook: Gangsters Arrange Fights to Death for Entertainment», *Houston Chronicle*, 11 de junio de 2011, https://www.chron.com/news/nation-world/article/Mexican-crook-Gangsters-arrange-fights-to-death-1692716.php.

Serna, Alberto, «Reitera hijo de Miriam Rodríguez ir por Comisión de Búsqueda en Tamaulipas», *Hoy Tamaulipas*, 10 de diciembre de 2018, https://www.hoytamaulipas.net/notas/365494/Reitera-hijo-de-Miriam-Rodríguez-ir-por-Comision-de-Busqueda-en-Tamaulipas.html.

Shelley, Louise, «Corruption and Organized Crime in Mexico in the Post-PRI Transition», *Journal of Contemporary Criminal Justice*, agosto de 2001, https://citeseerx.ist.psu.edu/viewdoc/download?doi=10.1.1.461.3057&rep=rep1&type=pdf.

Sheridan, Mary Beth, «A Lawyer Fought for Justice After a Mexican Massacre. Then the Government Made Her a Suspect», *The Washington Post*, 23 de noviembre de 2021.

Sisk, Mack, «A Reputed Crime Lord Embroiled in a Gangland War...», UPI, 19 de mayo de 1984, https://www.upi.com/Archives/1984/05/19/A-reputed-crime-lord-embroiled-in-a-gangland-war/2878453787200/.

Smith, Benjamin T., *The Dope: The Real History of the Mexican Drug Trade,* Nueva York: W. W. Norton & Company, 2021.

Stockton, William, «Journalism in Mexico Can Turn into a Risky Craft», *The New York Times,* 23 de julio de 1986, https://www.nytimes.com/1986/07/23/world/journalism-in-mexico-can-turn-into-a-risky-craft.html.

Tabor, Damon, «Radio Tecnico: How the Zetas Cartel Took Over Mexico with Walkie-Talkies», *Popular Science,* 25 de marzo de 2014, https://www.popsci.com/article/technology/radio-tecnico-how-zetas-cartel-took-over-mexico-walkie-talkies/.

Tamaulipas al Cien, «San Fernando tiene su propia identidad gastronómica», 2 de octubre de 2020, https://tamaulipasalcien.com/blog/2020/10/02/san-fernando-tiene-su-propia-identidad-gastronomica/.

——, «Se registra abundante captura de camarón en aguas de la laguna madre», 7 de mayo de 2021, https://tamaulipasalcien.com/blog/2021/05/07/se-registra-abundante-captura-de-camaron-en-aguas-de-la-laguna-madre/.

Thorpe, Helen, «Anatomy of a Drug Cartel», *Texas Monthly,* enero de 1998, https://www.texasmonthly.com/articles/anatomy-of-a-drug-cartel/.

Todo San Fernando, «Balacera en San Fernando Tamaulipas 31/mar/2010», 31 de marzo de 2010, http://todosanfernando.blogspot.com/2010/03/.

Treaster, Joseph B., «Miguel Aleman of Mexico Is Dead; Was President from 1946 to 1952», *The New York Times,* 15 de mayo de 1983, https://www.nytimes.com/1983/05/15/obituaries/miguel-aleman-of-mexico-is-dead-was-president-from-1946-to-1952.html.

Turati, Marcela, «A la luz, los secretos de las matanzas de Tamaulipas», *Proceso,* 2 de noviembre de 2013, https://www.proceso.com.mx/reportajes/2013/11/2/la-luz-los-secretos-de-las-matanzas-de-tamaulipas-125419.html.

——, «La matanza de San Fernando: inconsistencias y falsedades», *Proceso,* 26 de mayo de 2015, https://www.proceso.com.mx/reportajes/2015/5/26/la-matanza-de-san-fernando-inconsistencias-falsedades-147530.html.

——, «San Fernando: El terror que jamás se ha ido», *Proceso,* 31 de agosto de 2016, https://www.proceso.com.mx/reportajes/2016/8/31/san-fernando-el-terror-que-jamas-se-ha-ido-169847.html.

Uhlig, Mark A., «Drug Baron Defiant in Mexican Jail», *The New York Times,* 29 de mayo de 1991, https://www.nytimes.com/1991/05/29/world/drug-baron-defiant-in-mexican-jail.html

——, «Standoff at Matamoros», *The New York Times,* 6 de octubre de 1991, https://www.nytimes.com/1991/10/06/magazine/standoff-at-matamoros.html.

Valdés Castellanos, Guillermo, *Historia del narcotráfico en México,* Aguilar, 2013.

Vigilantes del Mante, «Fotos de la balacera de sanfernando tamaulipas» [*sic*], 31 de marzo de 2010, http://vigilantesmante.blogspot.com/2010/03/fotos-de-la-balacera-de-sanfernando.html.

YouTube, «Balacera en "sanfernando el mas visto"» [*sic*], https://www.youtube.com/watch?v=U2NnGzBLs8Y&t=2s.

Zárate Ruiz, Arturo (coord.), *Matamoros violento: La ilegalidad en su cultura y la debilidad en sus instituciones*. Tomo II, Tijuana: El Colegio de la Frontera Norte, 2014.

DOCUMENTOS PRIMARIOS

AGN, «Versión pública de los informes de la Dirección Federal de Seguridad (DFS) sobre la muerte de Casimiro Espinosa Campos y la matanza en la clínica La Raya 1984», México, Archivo General de la Nación, 16 de abril de 1984, https://biblioteca.archivosdelarepresion.org/item/83581#?c=&m=&s=&cv=2&xywh=-125%2C624%2C1583%2C1055.

CNDH, «Recomendación No. 23VG/2019. Sobre la investigación de violaciones graves a los derechos humanos por la falta de acceso a la justicia, en su modalidad de procuración de justicia y a la verdad, con motivo del hallazgo en el año 2011 de fosas clandestinas en San Fernando, Tamaulipas, así como con la investigación sobre la desaparición de 57 personas», México, Comisión Nacional de los Derechos Humanos, 30 de septiembre de 2019, https://www.cndh.org.mx/sites/default/files/documentos/2019-10/REC_2019_23VG.pdf.

——, «Recomendación No. 50 /2018. Sobre el caso de violación al derecho a la vida de la defensora de derechos humanos v1 y a la seguridad jurídica, en agravio de v1, v2, v3 y v4, en el estado de Tamaulipas. México, Comisión Nacional de los Derechos Humanos», 31 de octubre de 2018.

CODHET, «Queja presentada por la C. Miriam Elizabeth Rodríguez Martínez en la que denunció que incumplimiento de la función pública en la procuración de justicia por parte del Agente del Ministerio Público Especializado en el Combate al Delito de Secuestro», Comisión de Derechos Humanos del Estado de Tamaulipas, 23 de marzo de 2015, https://drive.google.com/file/d/1PAGdo84Ft3RYuYKbtZ6tIDhuiNy7Zmlj/view.

Comparative Health Policy Library, «Mexico Summary», https://www.publichealth.columbia.edu/research/comparative-health-policy-library/mexico-summary.

Coneval, «Sistema de Protección Social en Salud: Seguro Popular y Seguro Médico Siglo XXI», https://www.coneval.org.mx/Evaluacion/IEPSM/Documents/Seguro_Popular_Seguro_Medico_Siglo_XXI.pdf.

Congreso del Estado Libre y Soberano de Tamaulipas, comunicado de prensa, «Reconocen diputados a Don Enrique Cárdenas González exgobernador de Tamaulipas», 7 de marzo de 2018, https://www.congresotamaulipas.gob.mx/SalaPrensa/Boletines/Boletin.asp?IdBoletin=2759.

Data México, «Matamoros, Municipality of Tamaulipas», https://datamexico.org/en/profile/geo/matamoros-28022.

DEA, «Federal Agents Dismantle International Drug Trafficking Organization», Drug Enforcement Administration, 14 de diciembre de 2000, https://web.archive.org/web/20070203212334/https://www.dea.gov/pubs/pressrel/pr121400.htm.

——, «Los Zetas Fact Sheet», Drug Enforcement Administration, febrero de 2010.

DFS, «Versión pública del expediente de Octavio Villa Coss», México, Dirección Federal de Seguridad, 11 de octubre de 1960, https://drive.google.com/file/d/1vzeU-4tFa-XZaNyL47xGgIEvfIsp_tL8/view?usp=sharing.

FBI, «Osiel Cárdenas-Guillen, Former Head of the Gulf Cartel, Sentenced to 25 Years' Imprisonment», Federal Bureau of Investigation, 24 de febrero de 2010, https://archives.fbi.gov/archives/houston/press-releases/2010/ho022410b.htm.

——, «Los Zetas: An Emerging Threat to the United States», Federal Bureau of Investigation, 15 de julio de 2005.

Federal Reserve History, «Latin American Debt Crisis of the 1980s», 22 de noviembre de 2013, https://www.federalreservehistory.org/essays/latin-american-debt-crisis#:~:text=The%20spark%20for%20the%20crisis,at%20that%20point%20totaled%20%2480.

FJEDD, «Ficha técnica: 48 fosas clandestinas de San Fernando», México, Fundación para la Justicia y el Estado Democrático de Derecho.

——, «Ficha técnica: Masacre de Cadereyta», México, Fundación para la Justicia y el Estado Democrático de Derecho.

——, «Ficha técnica: Masacre de 72 migrantes», México, Fundación para la Justicia y el Estado Democrático de Derecho.

FORLAC, «Informal Employment in Mexico: Current Situation, Policies and Challenges», International Labour Organization, https://www.ilo.org/sites/default/files/wcmsp5/groups/public/@americas/@ro-lima/documents/publication/wcms_245889.pdf.

Gobierno de Tamaulipas, «Audiencia de procedimiento abreviado», Poder Judicial, 6 de abril de 2018.

Gobierno del Estado de Tamaulipas, «Atención a oficio de requerimiento de información», Instituto de Atención a Víctimas del Delito, 22 de diciembre de 2016, Oficio No. SGG/SDH/0272/2016.

——, «Padilla», https://www.tamaulipas.gob.mx/estado/municipios/padilla/.

History, Art & Archives, «The Volstead Act», United States House of Representatives, https://history.house.gov/Historical-Highlights/1901-1950/The-Volstead-Act/#:~:text=Known%20as%20the%20Volstead%20Act,as%20their%20production%20and%20distribution.

Inegi, «Clasificación de Instituciones de Salud-Histórica», Clasificación de Instituciones de Salud (inegi.org.mx).

Justia U.S. Law, «United States v. Cárdenas-Guillen, No. 10-40221 (5th Cir. 2011)», 17 de mayo de 2011, https://law.justia.com/cases/federal/appellate-courts/ca5/10-40221/10-40221-cv0.wpd-2011-05-18.html.

Justice in México, «Cartel-Related Violence», Trans-Border Institute, News Report, septiembre de 2010, https://justiceinmexico.org/wp-content/uploads/2010/10/2010-09-september_news_report.pdf.

Másde72, «Masacre de 72», *Capítulo 1: La Masacre*, https://adondevanlosdesaparecidos.org/masde72-1-presentacion/.

Movimiento Ciudadano, «En lo que va del 2015 desaparecen 11 personas cada día», 14 de junio de 2015.

NSArchive, «Alien and Narcotics Smuggling Along the Southwest Border», U.S. Defense Intelligence Agency, Intelligence Information Report, noviembre de 2013.

——, «Arrest of Zeta Dto. Cell Head Martin Omar Estrada-Luna and Seizure of Weapons», Drug Enforcement Administration, National Security Archive, julio de 1996.

——, «Continuing Violence in Northern Mexico Between Gulf Cartel and Los Zetas», Department of Homeland Security, Washington D. C., National Security Archive, abril de 2011.

——, «Holy Week Vacations Marred by Violence; San Fernando Body Count Reaches 196», U.S. Consulate Matamoros, cable, sensitive, National Security Archive, 29 de abril de 2011, https://nsarchive2.gwu.edu/NSAEBB/NSAEBB499/DOCUMENT34-20110429.PDF.

——, «Matamoros Emergency Action Committee», U.S. Consulate Matamoros, National Security Archive, marzo de 2010.

——, «Mexican Army Seizes Weapons of Local Police in Tamaulipas», U.S. Consulate Matamoros, National Security Archive, mayo de 2011.

——, «Mexican Political Highlights», Embassy Mexico, National Security Archive, febrero de 2012.

——, «Mexico Presents Migrant Protection Plan», Embassy Mexico, National Security Archive, septiembre de 2011.

——, «More Mass Graves Found in Tamaulipas: Body Total Now 81», U.S. Consulate Matamoros, National Security Archive, abril de 2011, https://nsarchive2.gwu.edu/NSAEBB/NSAEBB499/DOCUMENT32-20110408.pdf.

——, «Narcotics Affairs Section Mexico Monthly Report for April 2011», Embassy Mexico, National Security Archive, mayo de 2011.

——, «Narcotics Affairs Section Mexico Monthly Report for March 2011», Embassy Mexico, National Security Archive, abril de 2011.

——, «Narcotics Affairs Section Mexico Monthly Report for May 2011», Embassy Mexico, National Security Archive, junio de 2011.

——, «Nuevo Leon: Citizens Wonder Who´s Winning in the Fight Against Organized Crime», Consulate Monterrey, National Security Archive, marzo de 2010.

——, «A Perilous Road Through Mexico for Migrants», Embassy Mexico, National Security Archive, enero de 2011.

——, «RR Shutdown Slows but Doesn´t Stop Central Americans Headed North», Embassy Mexico, National Security Archive, agosto de 2007.

——, «State of Cartels», Unclassified, National Security Archive, 8 de marzo de 2013.

——, «Tamaulipas' Mass Graves: Body Count Reaches 145», Unclassified, National Security Archive, abril de 2011.

——, «Timeline of Violent Events Occurring in Matamoros Consular District», Consulate Matamoros, National Security Archive, 22-27 de agosto de 2010.

——, «Timeline of Violent Events Occurring in Matamoros Consular District», Consulate Matamoros, National Security Archive, 29 de agosto-3 de septiembre de 2010.

——, «Two Mass Graves Containing 48 Bodies Discovered in the San Fernando Area», U.S. Consulate Matamoros, National Security Archive, abril de 2011.

——, «Zetas Massacre 72 Migrants in Tamaulipas», U.S. Consulate Matamoros, cable, unclassified, 3, p. 2, National Security Archive, agosto de 2010, https://nsarchive2.gwu.edu/NSAEBB/NSAEBB499/DOCUMENT22-20100826.pdf.

——, «Los Zetas Threat Assessment. Operation Noble Hero», National Security Archive, 5 de septiembre de 2021.

OHCHR, «Extrajudicial Killings and Impunity Persist in Mexico», UN rights expert's follow-up report, United Nations Human Rights Office of the High Commissioner, 20 de junio de 2016, https://www.ohchr.org/en/press-releases/2016/06/extrajudicial-killings-and-impunity-persist-mexico-un-rights-experts-follow.

——, «Mexico: Dark Landmark of 100 000 Disappearances Reflects Pattern of Impunity, UN Experts Warn», United Nations Human Rights Office of the High Commissioner, 17 de mayo de 2022, https://www.ohchr.org/en/statements/2022/05/mexico-dark-landmark-100000-disappearances-reflects-pattern-impunity-un-experts.

Open Society, «Naming the Disappeared of Mexico's Dirty War», Open Society Justice Initiative, https://www.justiceinitiative.org/litigation/naming-disappeared-mexicos-dirty-war.

PGJ, Archivo «Juan N. Guerra Cárdenas Agente de Cuarta de la Policía Judicial del D.F.», México, Procuraduría General de Justicia.

PGR, «Quinto informe de gobierno», México, Procuraduría General de la República, 2011, 84-85, http://cnpj.gob.mx/informesinstitucionale/INFORME%20DE%20LABORES/2011.pdf.

——, «Tarjeta informativa», México, Procuraduría General de la República, 9 de junio de 2017.

Segob, «Convenio de Colaboración para la identificación de restos localizados en San Fernando, Tamaulipas y en Cadereyta, Nuevo León que se llevará a cabo por conducto de una Comisión Forense, que celebran la Procuraduría General de la República, el Equipo Argentino de Antropología Forense; el Comité de Familiares de Migrantes Fallecidos y Desaparecidos de El Salvador; el Comité de Familiares de Migrantes de El Progreso, la Fundación para la Justicia y el Estado Democrático de Derecho; la Casa del Migrante de Saltillo, Coahuila; el Centro Diocesano de Derechos Humanos Fray Juan de Larios A.C.; la Asociación Civil Voces Mesoamericanas; la Mesa Nacional para las Migraciones en Guatemala; la Asociación Misioneros de San Carlos Scalabrinianos en Guatemala, el Centro de Derechos Humanos Victoria Diez, A.C., y el Foro Nacional para la Migración en Honduras», México, Secretaría de Gobernación, *DOF*, 4 de septiembre de 2013, https://www.dof.gob.mx/nota_detalle.php?codigo=5312887&fecha=04/09/2013#gsc.tab=0.

Semar, «Personal de la armada de México descubre rancho de presuntos delincuentes en San Fernando, Tamaulipas» (Comunicado de prensa), México, Secretaría de Marina, 24 de agosto de 2010, https://2006-2012.semar.gob.mx/sala-prensa/comunicados-2010/1436-comunicado-de-prensa-216-2010.html.

Shriners Children's, «Financial Assistance. Shriners Children's Provides Care for Families Regardless of Financial Circumstances», https://www.shrinerschildrens.org/en/patient-information/billing-insurance-and-financial-assistance/financial-assistance.

—, «Shriners Hospitals for Children Recognized Six Times by U.S. News & World Report», 18 de junio de 2021, https://www.shrinerschildrens.org/en/news-and-media/news/2021/06/us-news-and-world-report-21-22.

Southern District of Texas, «Osiel Cárdenas-Guillen, Former Head of the Cartel, Sentenced to 25 Years Imprisonment» (Comunicado de prensa), 24 de febrero de 2010.

STJE, «Carpeta procesal», Supremo Tribunal de Justicia del Estado, San Fernando, 6 de abril de 2018.

UGI: Hidalgo, «Imputados: Cesar Morfin "Primito" y Hugo Sánchez García "Ganso"», 2018.

U.S. Court of Appeals for the Fifth Circuit, «United States of America, Plaintiff-appellee, v. Juan García Ábrego, Defendant-appellant, 141 F.3d 142 (5th Cir. 1998) », 6 de mayo de 1998.

U.S. DHS, «Sinaloa Cartel Offensive Posture Against Los Zetas and Its Implications to Nuevo Laredo Plaza», United States, Department of Homeland Security, 21 de mayo de 2012.

U.S. Diplomacy, «Mexico: More Interagency Cooperation Needed on Intelligence Issues», Public Library of U.S. Diplomacy, 10 de noviembre de 2009.

U.S. District Court, *United States of America v. Juan García Ábrego, CR. NO. H-93-167-SS*, Docket's document 443.

—, *United States of America v. Oziel Cárdenas-Guillen, CR 00118-S1-001*, Southern District of Texas, 3 de marzo de 2010.

U.S. Embassy, «Mexico Is Losing Drug War, Says US», US embassy cables, 2 de diciembre de 2010.

World Bank, «Mexico-Technical Assistance for Public… Sector Social Security Reform (ISSSTE)», 18 de julio de 2022, https://documents1.worldbank.org/curated/en/236881468774584398/pdf/multi0page.pdf.

ARCHIVOS DE CASOS CRIMINALES

PGJT, Chepo, expediente 0034/2014, vol. 1, Procuraduría General de Justicia de Tamaulipas.

—, Flaco, expediente 0023/2015, vols. 1, 2, 3, Procuraduría General de Justicia de Tamaulipas.

—, Güera Soto, expediente 008/2017, vols. 1, 2, 3, 4, 5, 6, Procuraduría General de Justicia de Tamaulipas.

—, Kike, expediente 0049/2016, vols. 1, 2, 3, 4, 5, Procuraduría General de Justicia de Tamaulipas.

—, Machorra, expediente 0011/2017, vols. 1, 2, 3, 4, 5, Procuraduría General de Justicia de Tamaulipas.

——, Mario y Trini, expediente 001/2016, vols. 1, 2, 3, 4, Procuraduría General de Justicia de Tamaulipas.

——, Sama, expediente 0029/2014, vols. 1, 2, Procuraduría General de Justicia de Tamaulipas.